Henry Lee's Crime Scene Handbook

헨리 리의
과학수사 핸드북

ISBN : 9780124408302
Translated Edition ISBN : 978-89-5526-746-4
Publication Date in Korea : 5 December, 2014

Translated by Bookshill.
Printed in Korea

Henry Lee's Crime Scene Handbook

헨리 리의
과학수사 핸드북

Henry C. Lee · Timothy M. Palmbach · Marilyn T. Miller 지음
장윤식 · 유제설 · 홍성욱 · 정진성 옮김

ELSEVIER

북스힐

역자 머리말

지금 이 순간에도 사건의 해결을 위해 현장의 비밀을 하나씩 풀어나가고 있을 과학수사요원들에게 이 책을 바칩니다.

사건현장은 반드시 해야 할 일과 반드시 하지 말아야 할 일이 함께 존재하는 참으로 복잡한 공간이다. 그리고 우리는 현장 보존이라는 표현을 즐겨 사용하지만 완벽한 현장 보존이란 있을 수 없다. 현장감식을 시작하는 순간, 현장은 훼손되기 때문이다. 그리고 그렇게 훼손되기 시작하는 현장에 대해서 대부분의 경우에 두 번 감식할 기회조차 주어지지 않으므로 실수는 용납되지 않는다. 감식요원은 이런 상황 속에서 증거물과 그 증거물에 담긴 최상의 정보를 이끌어내는 사람들이다.

현장감식 매뉴얼은 사건현장에서 따라야 할 절차를 적은 문서이다. 따라서 현장감식을 할 때의 실수를 줄이는 가장 좋은 방법은 매뉴얼에 적힌 대로 감식하는 것이다. 그런데 이 세상에 똑같은 사건현장은 존재하지 않는다. 우리에게는 참으로 안타까운 일이지만 모든 현장에 적용할 수 있는 만능 매뉴얼이 존재하지 않는 이유도 이 때문이다. 따라서 감식요원은 현장상황에 맞게 감식방법/순서를 바꿔야 하고 그러다 보면 실수할 가능성이 생긴다. 이런 상황 속에서 실수 없이 현장감식하는 최상의 방법은 현장감식에 담긴 기본원리를 이해하고 그 원리의 틀 안에서 행동하고 판단하는 것이다.

수많은 미국의 법과학자들이 이런 점을 인식하여 현장감식의 원리를 담은 책을 출판해 왔고 이 책은 그런 책 중의 하나이다. 따라서 말초신경을 자극하는 지식에 관심 있는 사람들에게 이 책은 따분한 교과서에 불과할 것이다. 그러나 현장감식의 기본원리를 이해하고 현장감식 기술을 발전시키고자 하는 사람들에게는 이 책은 보배와 같은 존재가 될 것이라 믿어 의심하지 않는다. 더구나 이 책의 저자는 피상적인 이론가가 아니라 수없이 많은 강력사건 현장을 직접 감식했던 화려한 현장 수사관으로서의 경력과 법과학자로서의 경력을 모두 갖춘 분이다. 이 책에는 그러한 경력을 가진 저자의 경험과 이론이 잘 녹아들어가 있다. 번역하는 동안 현장에서 수사관들과 함께 호흡하고 있는 저자의 목소리를 직접 듣는 듯한 착각이 들었을 만큼 이 책 속의 지식들은 매우 현장 중심적이다. 이 책을 접하는 독자들은 현장감식 실무와 법과학적 감정을 연결시키는 데 필요한 더없이 귀중한 지식을 얻을 수 있을 것이다.

머리말

우리에게 교훈을 주는 수많은 역사적인 사건들에도 불구하고 현장수사와 관련된 실수들로 인해 해결되지 않거나 잘못된 중대한 사건들은 끊이지 않는다. 사실, 미국을 포함하여 어떤 나라에서도 이러한 문제를 갖고 있지 않은 곳은 없다. 법과학은 많은 발전을 이루고 있지만 범죄현장 수사관들에게 있어서 법과학의 적용은 여전히 멀게만 느껴질 것이다. 현장이 적절하게 취급되지 않는다면 우리가 현재 갖고 있는 모든 발전된 기법들과 앞으로 얻게 될 미래의 기술들도 이러한 문제를 극복할 수 없을 것이고 진정한 정의는 여전히 멀리 있게 될 것이다.

수준 높은 현장감식은 그렇게 복잡하지도 않고 아주 정교할 필요도 없다. 간단한 기본원리와 절차만 있으면 충분하다. 범죄현장에서의 기본적인 임무수행은 현장의 모든 물적 증거에 대한 인지, 기록, 수집, 관리와 관련되어 있다. 현장감식의 기본은 사건과 관련된 패턴증거, 상태증거, 일시적 증거, 전이증거, 연관증거를 모두 인지, 기록, 수집 및 관리하는 것이다. 현장 수사에서 이러한 요소들이 성공적으로 이루어진다면 현장에서 수집한 정보에 대한 정확한 해석과 관련 사실들의 재구성을 통해서 사건은 해결될 가능성이 매우 높아진다.

그러나 모든 개별 사건에 대해서 매 단계마다 수사관에게 필요한 것들을 구체적으로 가르쳐줄 방법은 없다. 이 책의 궁극적인 목표는 바로 일반화된 현장수사 권고사항들과 수사관들이 논리적인 계획을 수립할 수 있도록 잘 만들어진 가이드라인을 제시하는 데 있다.

이 책에서 제시하는 기본적인 요소를 인지하고 그것이 상호간 또는 전체 수사와 어떻게 관련되어 있는지를 아는 것은 수사를 성공으로 이끄는 중요한 열쇠가 될 것이다. 수사관들은 범죄현장 절차를 수행하는 과정에서 많은 경험을 얻게 되고 그것을 통해 논리적이고 체계적인 접근이 매우 중요하다는 사실도 알게 될 것이다. 그러나 각 사건들은 개인이 혼자 해결하기에는 어려울 만큼 매번 다른 쟁점들과 새로운 문제들을 던지면서 수사관들을 당황하게 할 것이다. 이것을 해결하는 가장 좋은 방법은 다름 아닌 팀워크이다. 아무리 뛰어난 수사관이라 하더라도 혼자서 모든 것을 해낼 수는 없다. 가능한 범위 내에서 경찰관, 현장 기술자, 법과학자, 검시관이나 법의관, 검사, 학계 전문가 등 필요한 모든 사람의 도움을 받는 것이 이상적이다. 우리의 목표는 더 이상 현장에서의 실수로 인해서 재판이나 수사가 잘못되는 일이 발생하지 않는 날을 보는 것이다. 셜록홈즈와 같은 소설이나 영웅이 등장하는 영화와는 달리 우리에게는 현장을 볼 기회가 단 한 번밖에 주어지지 않는다. 역사는 참으로 가치 있는 교훈이다. 우리는 우리의 경험이 이 분야를 공부하는 사람들에게 도움을 주고 숙련된 수사관들 역시 과거의 교훈으로부터 많은 것을 배워서 현장수사에서 비슷한 실수를 반복하지 않게 되기를 희망한다.

저자에 대해서

헨리 리(Henry C. Lee)

헨리 리 박사는 1938년에 중국에서 태어났다. 그는 1960년에 대만 중앙 경찰대학 경찰학과를 졸업했다. 경찰서장으로 대만에서 몇 년간 재직한 후에 더 공부를 하기 위해서 미국행을 택했다. 1972년 그는 뉴욕의 존제이(John Jay) 칼리지에서 법과학 학부를 취득하고, 1974년에 뉴욕대 생화학 석사, 같은 대학에서 이듬해에 생화학 박사를 취득하였다. 또한 코네티컷의 뉴 헤이븐(New Haven) 대학교, 세인트 조셉 칼리지, 브릿지 포트 대학교, 로저 윌리암스 대학교 등에서 명예 박사학위를 취득하였다.

헨리 리 박사는 1966년부터 1975년까지 뉴욕 대학교의 메디컬 센터에서 재직하였다. 1975년에 뉴 헤이븐 대학교에 법과학부를 직접 설치하고 그곳의 조교수로 임용되었다. 3년 후 종신교수가 되었으며, 그는 코네티컷 주 공공안전국의 국장, 코네티컷 주 법과학연구소 소장 등을 역임하였다. 현재도 코네티컷 주 법과학 연구소의 명예소장으로 이름을 올리고 있다. 뉴 헤이븐 대학교의 법과학 프로그램의 교수와 다른 8개 대학의 외부교수로도 활동하고 있다.

1986년 미국법과학회, 1989년에 국제 감식협회로부터 헨리 리 박사는 최고 법과학자 표장을 받는 등 수백 회의 수상 경력을 갖고 있다. 1992년에는 미국 법과학회에서 최고 위원으로 선정되었다. 미국 법과학회지의 편집자를 비롯하여 7개의 학술 저널의 편집 위원으로도 활동하고 있으며 30권의 저서, 약 400편의 논문을 발표하였다. 그는 국내외 법과학, 형사사법, 교육 훈련 분야의 위원으로서 800회가 넘는 워크숍과 세미나를 개최하고 수행하였다.

헨리 리 박사는 세계 각국 경찰의 7000건이 넘는 중요 사건을 지원하였고 1000회가 넘는 민형사 재판에서 전문가로서 증언을 하였다. 현재까지도 900개의 기관에 법과학 및 범죄수사 컨설턴트로 활동하고 있다.

티모시 팜백(Timothy M. Palmbach)

티모시 팜백은 코네티컷 대학교에서 법학 박사학위를 취득하고 다시 법과학 전공으로 뉴 헤이븐 대학교에서 석사를 취득하였다. 또한 동 대학에서 화학과 학부를 졸업하기도 하였다.

1982년에 코네티컷 주 경찰에 들어가서 법과학 연구소의 약독물 실험실 등의 책임자를 역임하였다. 그 이전에는 주 경찰의 공공안전국, 중요 범죄 수사팀의 부책임자로서, 그 기간 동안 코네티컷 주와 연방의 많은 사건에서 범죄현장분석과 혈흔형태분석 분야에 관련해 전문가로서 증언하였다.

팜백은 매우 중요한 사건들에서 헨리 리 박사와 함께 사건을 분석하고 재구성하는 일을 맡아서 수행하였다. 현재 그는 국내외 법과학 모임의 임원으로도 활동하고 있다. 이러한 모임은 헨리 리 박사를 비롯하여 세계적인 법과학자들이 멤버로 활동하고 있다.

팜백은 현재 뉴 헤이븐 대학교 법과학부의 교수로 재직 중이며, 다른 여러 대학의 외부 교수도 맡고 있다. 미국 내에서 법집행 기관의 법과학 업무 종사자들에 대한 교육을 담당하고 있고 아시아 몇 개국의 교육과 훈련에도 관여하고 있다. 또한, 국제 혈흔학회와 미국 법과학회의 일원으로 활동하고 있으며, 국제 감식협회의 선임 현장분석가 그룹에 이름을 올리고 있다.

메릴린 밀러(Marilyn T. Miller)

메릴린 밀러는 플로리다 서던 칼리지 화학과를 졸업하고 피츠버그 대학교에서 법화학 석사를 취득하였다. 그녀는 현재 뉴헤이븐 대학교의 법과학 학부의 교수로 재직 중이다. 미국 법과학회, 미국 화학회 등 다수의 법과학 관련 학회의 정회원이며 헨리 리 법과학 연구소의 교직도 담당하고 있다. 그녀는 미국 전역의 수백 회에 이르는 법과학 세미나에서 발표하고 교육하였다.

그녀는 노스 캐롤라이나, 펜실바니아, 플로리다에서 15년 넘게 법과학자로서 법집행기관을 지원하고 있다. 각급 법원에서 법과학과 범죄현장 재구성과 관련하여 350회가 넘는 전문가 증언을 하였으며 플로리다의 웨스트 코스트에 법과학 연구소를 만들어 운영하기도 하였다. 수백 건의 현장 수사에 참여하였고 수사기관뿐만 아니라 변호인 측을 위해서도 법과학적 조언을 하고 있다.

차례

제 1 장

범죄 현장 개요

범죄 현장 수사는 단순히 범죄 현장을 처리 · 기록하거나 물적 증거를 수집하는 것에 그치지 않는다. 그것은 모든 범죄행위에 대한 법과학적 수사에 있어 첫 단계이자 가장 중요한 과정이기도 한데, 과학수사의 성패는 현장 수사관이 물적 증거가 크건 작건 간에 찾아내고 그 중요성을 인식(recognition)할 수 있는 능력에 따라 좌우된다고 해도 과언이 아니다. 그런 다음 물적 증거를 확인하고, 그 증거의 출처를 찾아내는 개별화(individualization)의 과정이 이루어진다. 적절한 범죄 현장 수사는 이미 발생한 범죄사실을 재구성하는 과정, 즉 범죄 현장 재구성의 출발점이 되는 것이다. 물론 전술한 범죄 현장 처리와 기록, 물적 증거의 수집 역시 범죄 현장 수사와 전체 수사과정에 있어 매우 중요한 부분임을 부인할 순 없다.

도입

범죄 현장 수사는 단순히 범죄 현장을 처리 · 기록하거나 물적 증거를 수집하는 것에 그치지 않는다. 그것은 모든 범죄행위에 대한 법과학적 수사에 있어 첫 단계이자 **가장 중요한 과정**이기도 한데, 과학수사의 성패는 현장 수사관이 물적 증거가 크건 작건 간에 찾아내고 그 중요성을 인식(recognition)할 수 있는 능력에 따라 좌우된다고 해도 과언이 아니다. 그런 다음 물적 증거를 확인하고, 그 증거의 출처를 찾아내는 개별화(individualization)의 과정이 이루어진다. 적절한 범죄 현장 수사는 이미 발생한 범죄사실을 재구성하는 과정, 즉 범죄 현장 재구성의 출발점이 되는 것이다. 물론 전술한 범죄 현장 처리와 기록, 물적 증거의 수집 역시 범죄 현장 수사와 전체 수사과정에 있어 매우 중요한 부분임을 부인할 순 없다.

범죄 현장 수사는 인기 있는 텔레비전 프로그램이나 영화에서 비춰지는 것과 달리 그렇게 매력적이지도 않으며 손쉽게 이루어지는 일도 아니다. 그것은 조직적이고 과학적이며 논리적인 과정으로써 제대로 이루어지기 위해서는, 각 수사관이 적절한 훈련을 지속적으로 받고 많은 경험을 쌓아야 하며, 또한 잘 정비되고 조직화된 팀 차원의 노력이 수반되어야 한다. 범죄 현장 수사는 현장에서 나온 정보를 차단하지 말고, 가능한 현장 수사

그림 1.1
법과학적 조사 과정

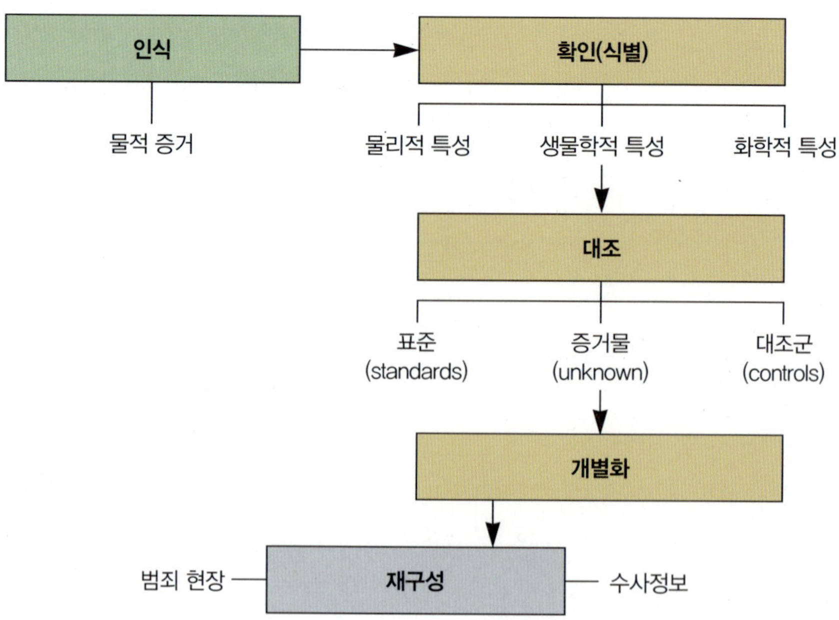

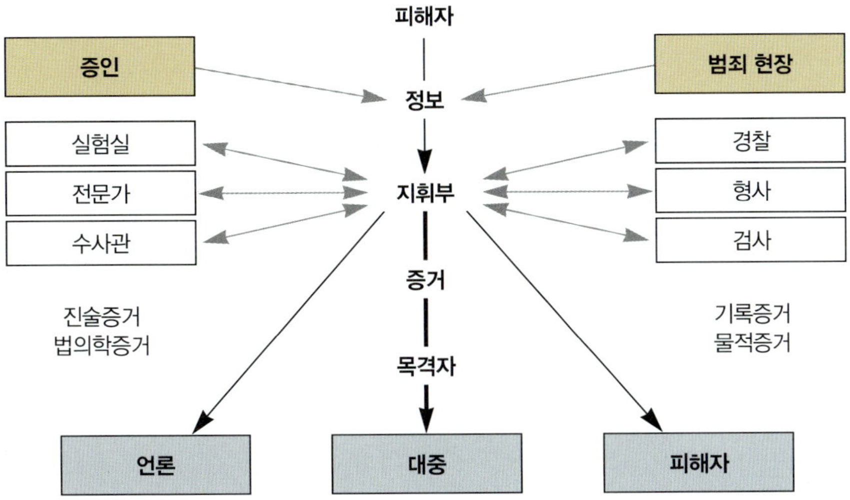

그림 1.2
범죄수사에서 현장의 역할

관들과 다른 수사 요원들 간의 소통이 촉진될 수 있도록 해야 한다. 결국 **소통과 팀 차원의 노력**이 모든 범죄 현장 수사에 있어 가장 중요한 요소임을 명심해야 한다. 그림 1.2는 범죄 현장 수사에 필요한 협력모델을 제시하고 있다.

범죄 현장 유형

범죄 현장을 분류하는 방식은 다양하다. 범죄가 발생한 장소를 기준으로 하는 방법이 있고, 현장의 경계와 현장에서의 행위를 기준으로 하는 방법도 있으며, 현장의 크기나 상태를 기준으로 하는 방법도 존재한다. 몇 가지 일반적인 현장유형을 살펴보면 다음과 같다.

1차 현장과 2차 현장

이는 범죄가 발생한 장소를 기준으로 구분하는 방법이다.

1999년 11월 22일 미드포인트 경찰서에 의심스런 시체를 수사해달라는 한 통의 전화가 걸려온다. 현장에 도착한 경찰관은 버려진 차고에서 옷이 일부 벗겨진 여성의 시체를 발견한다. 시체 바로 옆에는 타이어 자국이 선명하게 나있다. 피해자의 옷에는 많은 섬유성 물질이 묻어 있고 시체 일부는 커튼 천으로 휘감겨져 있다. 몇 개의 작은 고리와 하얀 끈을 이용해 시체를 묶은 흔적이 보인다. 그렇다면 여기는 범죄가 원래 발생한 곳인가 아니면 단지 시체가 버려진 곳인가? 범죄와 관련된 다른 현장도 있을까? 이 사건에서 용의자는 피해자를 자신의 집으로 유인하여 묶고 목 졸라 살해했다. 그런 다음 자신의 차를 이용하여 그 버려진 차고에 시체를 유기했다. 결과적으로 이 사건과 관련된 많은 장소들이 수사대상에 포함될 것이다. 그리고 이 사건을 해결하기 위해서는 세심한 범죄 현장 수사와 현장에서 수집된 물적 증거에 대한 법과학적 검증이 철저히 이루어져야 할 것이다. 예를 들어 시체를 묶은 하얀 끈이 용의자의 집에 있는 커튼 끈과 일치한다든지, 피해자의 옷에 묻은 섬유류가 용의자의 집에 있는 카펫 섬유와 동일하다는 점을 밝혀야 할 것이다. 성공적인 수사를 위해서는 모든 현장에서 수집된 물적 증거가 필요한 것이다.

과거에는 시체가 발견된 장소를 사건 현장으로 간주했다. 하지만 위 사례에서와 같이 용의자의 집, 피해자의 집, 용의자의 차량, 차고로 향하는 길 등 어떤 장소든 살인사건과 연관되어 있을 수 있다. 따라서 사건 현장은 하나 이상이 될 수 있음을 주지해야 한다. 피해자의 집 · 근무지 · 차량, 용의자의 집 · 근무지 · 차량 및 이동 경로, 시체가 발견된 장소 등이 모두 범죄 현장이 될 수 있는데, 이 가운데 최초로 범죄행위가 발생한 장소를 **1차 현장**이라 하며, 이후의 행위가 벌어진 장소(들)를 **2차 현장(들)**이라 한다 (사진 1.1 참조).

사진 1.1
2차 범죄 현장: 피해자가 살해된 후 숲에 유기된 모습을 보여주는 옥외의 2차 현장이다.

다른 예를 들어보자. 와이오밍 주 리버튼에 있는 포 코너 은행(Four Corner National Bank)에 두 명의 무장강도가 복면을 하고 침입한다. 한 여성 공모자는 도주용 차량에서 대기하고 있다. 돈을 빼앗으러 카운터로 들어가는데, 그중 한 명은 더 많은 돈을 훔치기 위해 금고로 들어간다. 잠시 후 강도들이 밖으로 나와 차에 올라타면서 돈 가방 하나를 떨어뜨린다. 나중에 한 경찰관이 순찰 도중 은행에서 수마일 떨어진 곳에 버려진 도주 차량을 발견한다. 이 경우 어느 곳이 1차 현장이고 2차 현장(들)은 또 어디인가?

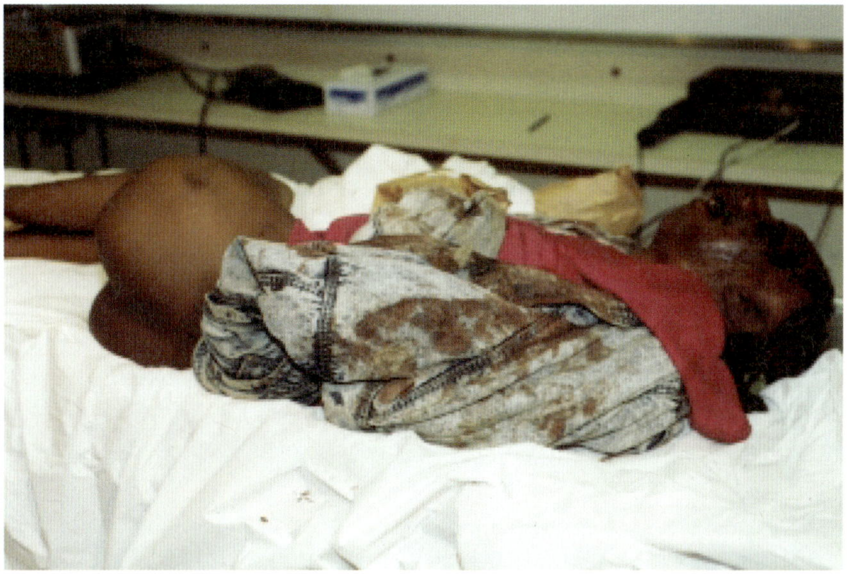

사진 1.2
신원미상의 한 시체가 보스턴의 뒷골목에서 발견되었다. 시체는 많은 종류의 증거를 포함하고 있기 때문에 그 자체가 범죄 현장으로 간주되어야 한다.

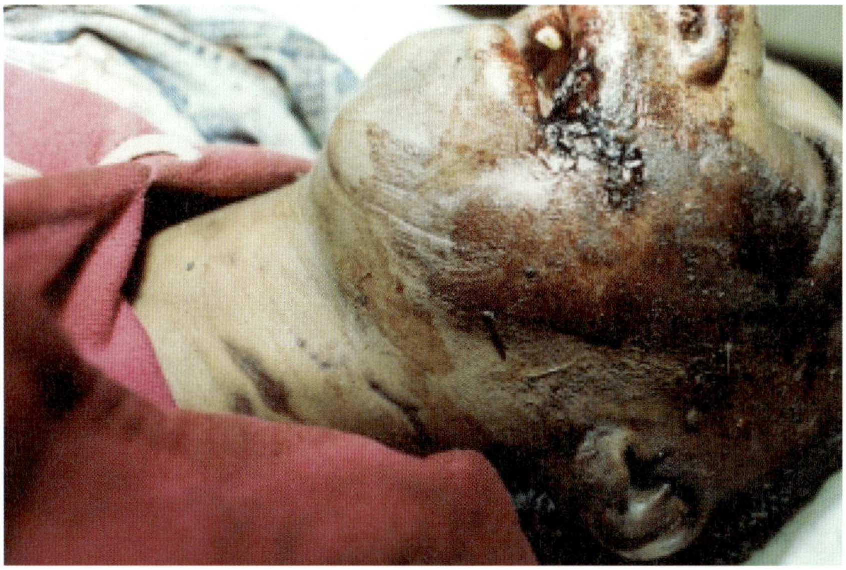

사진 1.3
피해자의 얼굴을 자세히 관찰하면 식물류가 뒤범벅된 흙 부스러기, 생리학적 물질, 패턴 증거 등을 발견할 수 있다.

거시 현장과 미시 현장

이는 사건 현장의 크기에 따라 구분하는 방법이다.

범죄 현장은 거시적 관점과 미시적 관점으로 구분될 수 있는데, 거시적 관점은 장소뿐만 아니라 피해자의 신체, 용의자의 신체, 주거지, 차량 등을 모두 포함한다. 거시적 관점은 하나의 범죄 현장 내에 존재하는 다양한 크기의 현장들을 모두 중시하며 철저히 조사한다. 미시적 관점은 범죄와 관련된 특정 물건이나 물적 증거들 하나하나를 범죄 현장으로 간주한다. 예를 들면 시체에서 발견된 교흔(bitemarks)이나 매듭, 섬유 · 머리카락, 손톱, 담배꽁초, 자국, 끈 등이 미시적인 범죄 현장으로 간주되어 모두 조사대상이 된다.

사진 1.2와 1.3에서 볼 수 있듯이, 모든 범죄사건은 많은 거시 현장과 미시 현장을 포함하게 되는데, 이들의 상호 관계는 중요하므로 항상 염두에 두어야 한다. 거시 현장이든 미시 현장이든 범죄수사와 해결에 있어 유용한 정보를 제공할 수 있다.

기타 유형

전술한 방법 외에도 범죄 현장 분류는 범죄유형(살인, 폭행, 강도 등), 장소(실내 vs 옥외), 현장상태(정돈 vs 난잡), 범죄행태(적극 vs 소극) 등을 기준으로 이루어질 수 있다.

범죄 현장은 다른 많은 분류방식에 따라 구분될 수 있다. 예컨대, 살인사건 현장, 성폭행 현장, 침입절도 현장 등과 같이 범죄유형에 따라 구분될 수 있다. 또한 실내 현장, 옥외 현장과 같이 물리적 위치를 기준으로 구분할 수도 있다. 위치를 기준으로 하는 방식을 좀 더 세분화하여 매장 현장, 수중 현장과 같이 시체나 물적 증거가 발견된 구체적 장소를 기준으로 하기도 한다. 또한 주택, 기차, 은행, 자동차와 같은 현장 위치를 기준으로 하는 방식도 있으며, 잘 정돈된 현장인지 아니면 난잡한 현장인지처럼 현장의 상태를 기준으로 하기도 한다. 이와 같은 범죄 현장 분류는 수사과정에서 프로파일링이 증가하면서 최근 주목을 받고 있다. 아울러 '적극 vs 소극', '정돈 vs 난잡'과 같은 분류는 범죄 현장의 상태를 알려주기도 한다.

요약

범죄 현장과 수사의 모든 요소들을 충족시킬 수 있는 **하나의 유일한 분류 방식**이란 존재하지 않는다. 현장 수사관은 얼마나 많은 그리고 어떤 유형의 범죄 현장이 사건과 관련되어 있는지 분석하고 추론하는 능력을 반드시 개발해야 한다.

범죄 현장의 경계가 설정되면 그곳은 철저히 보존되고 규정에 따라 처리되어야 한다. 범죄 현장에서의 모든 행동은 법적 · 과학적 기준과 요구에 부합해야 한다. 정확한 현장 경계가 언제나 잘 설정되는 것도 아니고 때로는 수사가 진행됨에 따라 변하기 때문에, 범죄 현장 수사관은 범죄 현장이 다수 그리고 다양한 형태로 존재할 수 있다는 것을 이해하고 있어야 한다. 일단 현장들이 결정되면, 일련의 범죄행위 과정이 재구성되고 각 현장에서 수집된 물적 증거를 인식하게 되는데, 이리하여 범죄 현장 수사와 법과학적 절차가 시작된다.

물적 증거

도입

물적 증거는 물리적 상태, 범죄유형, 증거의 특성, 구성물질, 해결해야 할 문제유형 등 다양한 기준에 의해 분류될 수 있다. 각 분류 방식은 범죄 현장 수색이나 기타 수사 행위에 도움이 되는 유용한 아이디어와 수단을 제공해준다. 분류 방식에 대한 보다 상세한 논의는 후술하기로 하며, 중요한 것은 현장 수사관이라면 물적 증거의 가치 뿐만 아니라 한계에 대해서도 잘 알고 있어야 한다는 것이다. 더불어 다양한 범죄 현장 분류 방식들 간의 상호연관성이라든지, 증거물 전이에 관한 이론, 거시 현장 내에 숨겨져 있는 미시 현장을 찾아내는 좋은 방법들에 대한 지식도 필요하다. 범죄 해결에 도움이 되는 결정적 단서들은 대부분 현장에서 수집된 물적 증거물이다. 전술한 사건에서도 피해자의 옷에 묻어 있던 베이지색 계통의 섬유류를 인식하고 그것이 용의자의 집에 깔려 있던 몬산토(Monsanto) 카펫 섬유와 일치한다는 식별(확인)과 개별화가 사건 해결에 결정적 역할을 했다. 따라서 범죄 현장 수사관은 물적 증거에 대한 지식을 최대한 활용하여 범죄 현장을 인식하고 분류하며 정의하는 등 수사의 효율성을 높여야 한다. 또한 경험 많은 범죄 현장 수사관은 예상치 못한 일이 언제든 발생할 수 있다는 사실을 잘 알고 있으며, 따라서 범죄 현장을 분류하고 정의하는 것이 효과적인 수사를 위해 꼭 필요한 절차라는 것을 이해하고 있다. 범죄 현장 수사관이 특정한 범죄 현장에서 어떤 종류의 물적 증거가 발견된 것이라는 것을 알아가는 것은 지속된 범죄 현장 분석경험을 통해서다. 그러한 경험은 더 나아가 범죄 현장 어디에서 물적 증거를 찾아야 하는지, 물적 증거를 어떻게 인식하고 수집하며 보존하고 처리해야 하는지, 그리고 실험실에서의 증거물 분석 결과를 현장 상황과 어떻게 결부시켜 사건을 재구성하는지에 대한 지식을 함양시켜 준다.

범죄 현장 수사의 목적은 현장에 남겨진 물적 증거를 인식하고 수집하며 해석하고 재구성하는 것이다. 물적 증거를 조사하는 것은 범죄를 해결하는 데 유용한 정보를 제공해주기 때문이다. 따라서 '과학적 범죄 현장 수사'의 토대는 바로 범죄 현장 수사의 목적과 물적 증거 조사의 목적이 적절히 조화를 이루는 데 있다고 할 수 있다.

물적 증거의 활용

다음 사례들은 범죄 현장 분석과 물적 증거 조사가 상호작용하는 예로써 그러한 상호작용이 범죄수사에 있어 얼마나 중요한지를 보여준다.

시체가 제공하는 정보

corpus delicti란 라틴어 자체가 의미하는 것처럼 단순히 사망 사건의 시체를 뜻하는 데 그치지 않고, 범죄가 발생했다는 본질적 사실(essential facts)을 결정짓는 기준이 된다. 본질적 사실에는 물적 증거, 현장에서의 증거물 패턴, 물적 증거에 대한 실험실 분석 결과 등이 포함된다. 깨진 유리창, 마구 흐트러진 방(사진 1.4 참조), 어질러진 금고, 안전을 위협하는 쇳조각 등은 침입절도가 발생했음을 보여주는 중요한 물적 증거가 될 것이다. 다른 예로, 고속도로 한 가운데서 혈흔이 발견되면 교통사고 뺑소니 사건이 발생했음을 짐작할 수 있는데, 실험실 분석 결과 그 피가 소의 피로 판명된 경우 정확히 어떤 사고가 발생했는지를 더 잘 알 수 있게 해준다. 이와 유사하게 피해자의 혈액이 어깨 높이가 아닌 바닥에서 발견된다면, 출혈 지점이 어디쯤인지 알 수 있고, 이는 폭행사건을 재구성하는 데 중요한 역할

사진 1.4
범죄 현장 내의 흐트러진 방 모습

사진 1.5
한 주거지역에서 침입절도가 연쇄적으로 발생했다. 침입은 항상 1층의 부엌 창문을 통해서 이루어졌다. 이러한 공통점을 찾아낸 것은 범죄수법을 규정하고 용의자를 찾아내는 데 큰 도움이 되었다. 헨리 리 박사가 FBI의 증거대응팀(Evidence Response Team) 요원들과 함께 조사하고 있다.

을 하게 된다.

범죄수법이 제공하는 정보

대부분의 경험 많은 수사관들은 범인들 가운데 다수가 특별한 범죄수법(modus operandi, MO)을 가지고 있다는 것을 알고 있다. 범죄수법은 각 범죄자가 범행을 저지르는 개인적이고 독특한 방식으로, 현장에서 발견된 물적 증거는 범죄수법의 패턴을 알아내는 데 매우 중요한 역할을 한다(사진 1.5).

예를 들어 침입절도의 경우 침입하는 방법과 그 결과로 남겨진 물적 증거들은 범죄수법을 규명하는 데 필요한 독특한 범행 특성을 보여준다. 폭발물 범죄에 있어서는 점화장치, 주요 폭발물 성분, 폭발 후 남겨진 파편 등의 물적 증거가 그 범인의 수법을 알아내는 데 도움이 된다. 범죄수법을 자세히 조사하면 전혀 관련이 없을 것으로 보이는 사건들 간의 연관성도 발견할 수 있다. 이처럼 물적 증거나 범죄수법을 이용해 사건의 관련성을 찾아내는 것은 특히 연쇄범죄 수사에서 중요한 역할을 한다.

사건관련자, 물체, 현장 간의 연결성

물적 증거는 사건관련자와 물체, 현장을 서로 연관시키는 기능을 하는데, 그중 용의자와 피해자를 연관시키는 것이 가장 일반적이고 중요한 형태의 연관이다(그림 1.3). 용의자와 피해자 간 연관은 특히 폭력범죄를 수사할 때 매우 중요하고 또한 방향성을 띠는 특징이 있다. 즉, 피해자에게 유류된 용의자의 물적 증거를 찾음으로써 연관을 판단하는 것이 중요한 만큼 용의자에게 유류된 피해자의 물적 증거를 찾는 것도 중요하다(범죄발생시점과 시간상 너무 동떨어져 있지 않다는 전제 하에). 예컨대, DNA 매칭분석을 통해 피해자에게 유류된 용의자의 정액을 확인(식별) 및 개별화함으로써 시도되는 연관 또는 용의자의 옷에 유류된 피해자의 혈액, 모발, 의복 섬유, 화장품 등을 발견함으로써 시도되는 연관이 모두 중요하다고 할 수 있다. 신용카드와 같은 피해자의 사적인 물품을 용의자가 가지고 있는 경우도 용의자와 피해자를 명백히 연관 지을 수 있을 것이다. 때로는 '미세 증거'와 같이 교환된 물적 증거가 너무 작아서 간과되거나 오염되어 버리는 경우가 있다. 따라서 2차 교차오염이나 증거의 손실을 피하기 위해서는 모든 물적 증거를 하나하나 주의 깊게 처리해야 한다.

사건관련자(용의자, 피해자, 또는 목격자까지)를 범죄 현장에 연관시키는 것

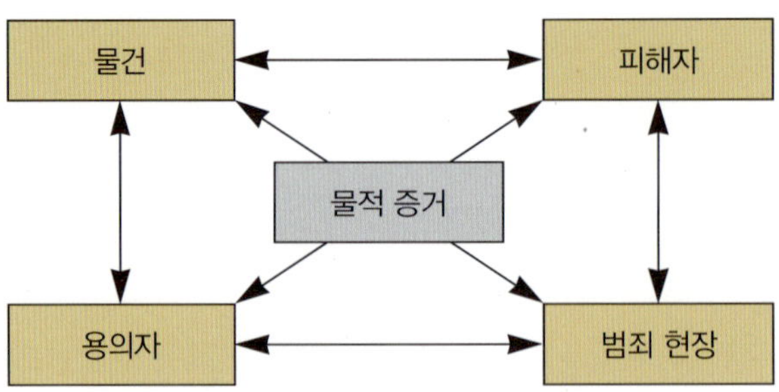

그림 1.3
연결 이론
(Linkage theory)

은 범죄 현장 수사와 물적 증거 분석을 통해 이루어진다. 범죄 현장에 유류된 특정인의 지문을 확인(식별)하는 것은 그 사람과 현장을 직접 연관시키는 수단이 된다. 새로운 기술들이 법과학 실험실에서 보편적으로 사용됨에 따라 혈액, 정액, 모발, 타액과 같은 생물학적 증거들이 사람과 현장을 직접 연관 짓는 데 활용될 수 있다. 한편, 물적 증거를 통해 사건관련자와 범죄 현장이 간접적으로 연관될 수도 있다. 예를 들어 현장에서 발견된 족적, 윤적, 도구흔, 사적 소유물 등과 같은 물적 증거는 간접적인 연관의 근거가 될 수 있다. 물체가 현장에서 분리될 수 있다는 사실은 간접적이면서 방향성을 띠는 연관도 가능케 하는데, 예를 들면 특정 범죄 현장의 토양이나 식물이 용의자의 바짓단이나 차량에 옮겨 묻는 경우가 있다. 또한 용의자 집에 있는 섬유류나 쓰레기가 피해자의 신체나 범죄 현장에 유류될 수도 있다.

사건관련자, 물체, 범죄 현장 간에 발생할 수 있는 또 다른 연관으로 물체를 특정 범죄에 연관시키는 경우가 있다. 어떤 장소나 사람에게서 발견된 물적 증거는 그 범죄 현장이나 사람을 특정한 범죄 행위에 연관시킬 수 있다. 예컨대 일련번호가 지워진 총기가 어떤 현장에서 발견된 경우, 법과학 실험실에서는 일련번호를 복구하고 추적하여 소유자가 확인되면 그 소유자는 해당 범죄와 연관되어 진다. 물체를 범죄에 연관시키는 보다 구체적인 사례를 살펴보면 1985년 발생한 세계무역빌딩 폭파사건을 들 수 있다

사진 1.6
참혹한 뉴욕 세계무역센터(World Trade Center) 폭탄테러 현장(저작권: 찰스 왈시, FBI)

(사진 1.6). 세계무역센터의 주차장 쓰레기더미에서 차대번호가 선명한 트럭의 잔해가 발견되었는데, 그 차대번호를 이용하여 트럭과 소유자 정보를 확인할 수 있었고, 이어진 수사 결과 해당 트럭을 빌린 후 도난당했다고 신고한 용의자를 찾아낼 수 있었다. 이런 식으로 범죄 현장에서 발견된 물건이 범죄와 연관되어질 수 있는 것이다(이 경우에는 사람과 연관되어짐).

목격자 진술이나 증언에 대한 부정 또는 지지

적절한 범죄 현장 수사와 물적 증거 분석은 피해자, 목격자, 심지어 용의자의 진술이나 증언의 신빙성을 판단하는 데 도움이 된다. 뺑소니 차량 운전자에 대한 수사를 예로 들어보자. 차량 조사 결과 범퍼 밑이나 휀더 부분에서 혈흔이 발견되었는데, 운전자는 그 혈흔과 차량손상이 개를 치어서 생긴 결과라고 주장하고 있다. 이런 경우 해당 혈액이 개의 혈액인지 아니면 사람의 혈액인지를 분석해보면 운전자 진술의 진위 여부를 판단할 수 있게 된다.

범죄 현장이나 물적 증거의 일정한 패턴은 진술의 신빙성을 판단하는 데 특히 도움이 된다. 예를 들면, 총격 사건 피해자의 셔츠에 묻은 총탄 잔해의 크기, 모양, 분포형태 등은 총탄이 발사된 거리를 추정하는 데 이용될 수 있다. 총격 사건에서는 피해자와 가해자 간의 거리에 대해서 목격자들의 진술이 엇갈리는 경우가 있는데, 일련의 발사 실험을 통해 어느 진술이

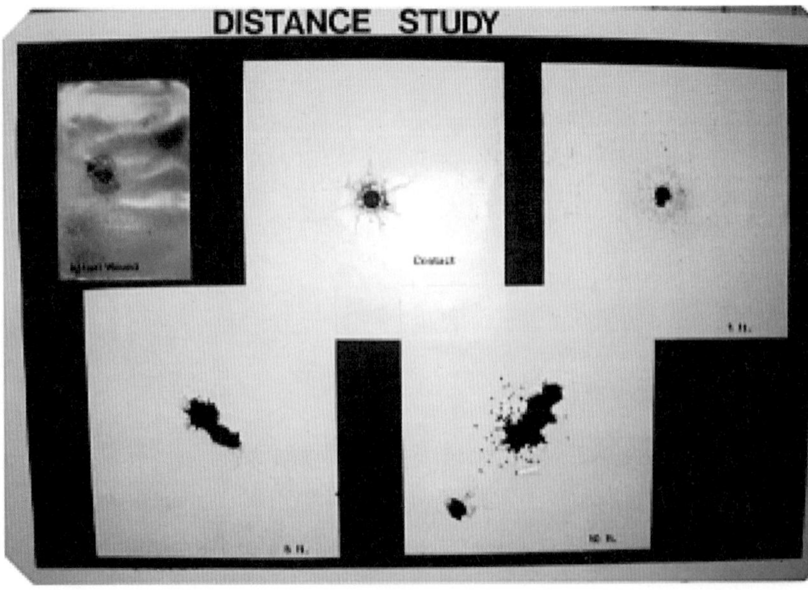

사진 1.7
총격 사건의 추정거리 연구: 좌측 상단 사진은 실제 상처를 보여주고 있고, 다른 사진들은 거리에 따른 실험 결과를 보여주고 있다. 목격자의 진술에 따르면 피해자는 가해자로부터 약 4~5피트(1.2~1.5미터) 떨어진 거리에서 산탄총 공격을 당했다.

맞는지를 검증할 수 있다(사진 1.7). 혈흔형태도 진술의 진위 여부를 판단하는 데 도움이 되는 패턴 증거 가운데 하나이다. 만약 용의자의 옷에 피해자의 혈액이 묻은 이유가 피해자를 부축했기 때문이라고 진술한다면, 혈흔형태의 유형을 확인함으로써 진술의 진위를 가릴 수 있다.

용의자 신원 확인

법과학적 수사는 다음과 같은 단계적 절차에 따른다. 인식, 확인(식별), 개별화, 재구성. 이 가운데 범죄 현장에 유류된 물적 증거를 이용해서 용의자의 신원을 확인하는 것은 첫 세 단계의 과정을 거친다. 즉, 물적 증거는 범죄 현장에서 인식(수집)되고 실험실에서 확인(식별)된 다음 그 원천이 어디인가를 찾는 개별화의 과정을 통해 분석된다. 많은 유형의 물적 증거들이 조사와 대조를 거쳐 개별화되는데, 용의자의 신원을 확인하기 위한 개별화의 가장 좋은 예는 지문 증거를 활용하는 것이다(사진 1.8). 범죄 현장에서 발견된 지문은 AFIS(자동지문검색 시스템)를 통해 검색되고 누구의 지문과 일치하는지 밝혀진다.

용의자의 신원을 확인하는 데 사용되는 다른 물적 증거들에는 교흔과 DNA가 있다. 특히 DNA의 경우에는, 현재 운영되고 있는 CODIS 데이터베이스를 활용해서 누구의 것인지 모르는 정액이나 DNA 표본들의 원천을 밝혀낼 수가 있다. 이는 물론 CODIS에 당사자의 DNA 표본이 저장되어 있는 경우에 가능한 것인데, 그림 1.4는 DNA 데이터베이스를 어떻게

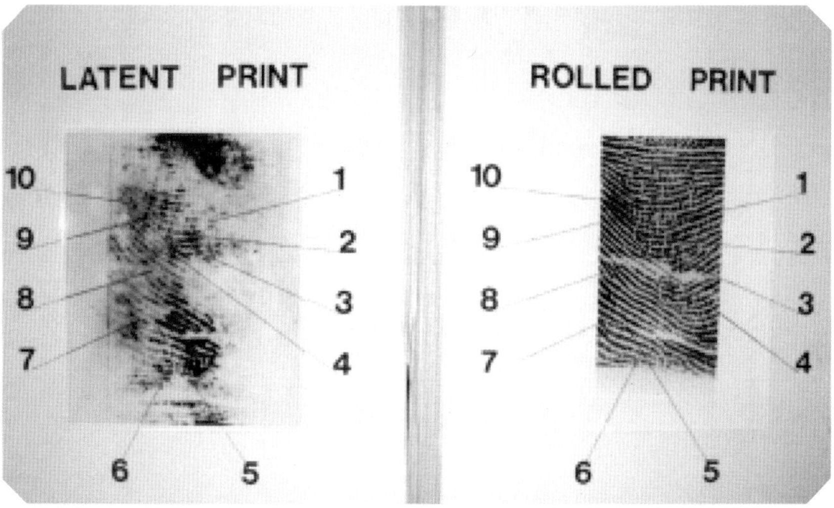

사진 1.8
잠재지문과 출처를 알고 있는 지문의 대조. 좌측의 잠재지문은 범죄 현장에서 발견된 것으로 용의자의 알려진 지문(우측)과 일치했다(저작권: 사라소타 보안관 사무실).

그림 1.4
(a) STR DNA 분석
(b) STR DNA 분석에서 13 core STR loci가 사용
(c) STR DNA 분석을 이용한 성폭행 중범죄자 검증
(저작권: CT 법과학 실험실 소속 Carl Ladd 박사, Michael Burke 박사)

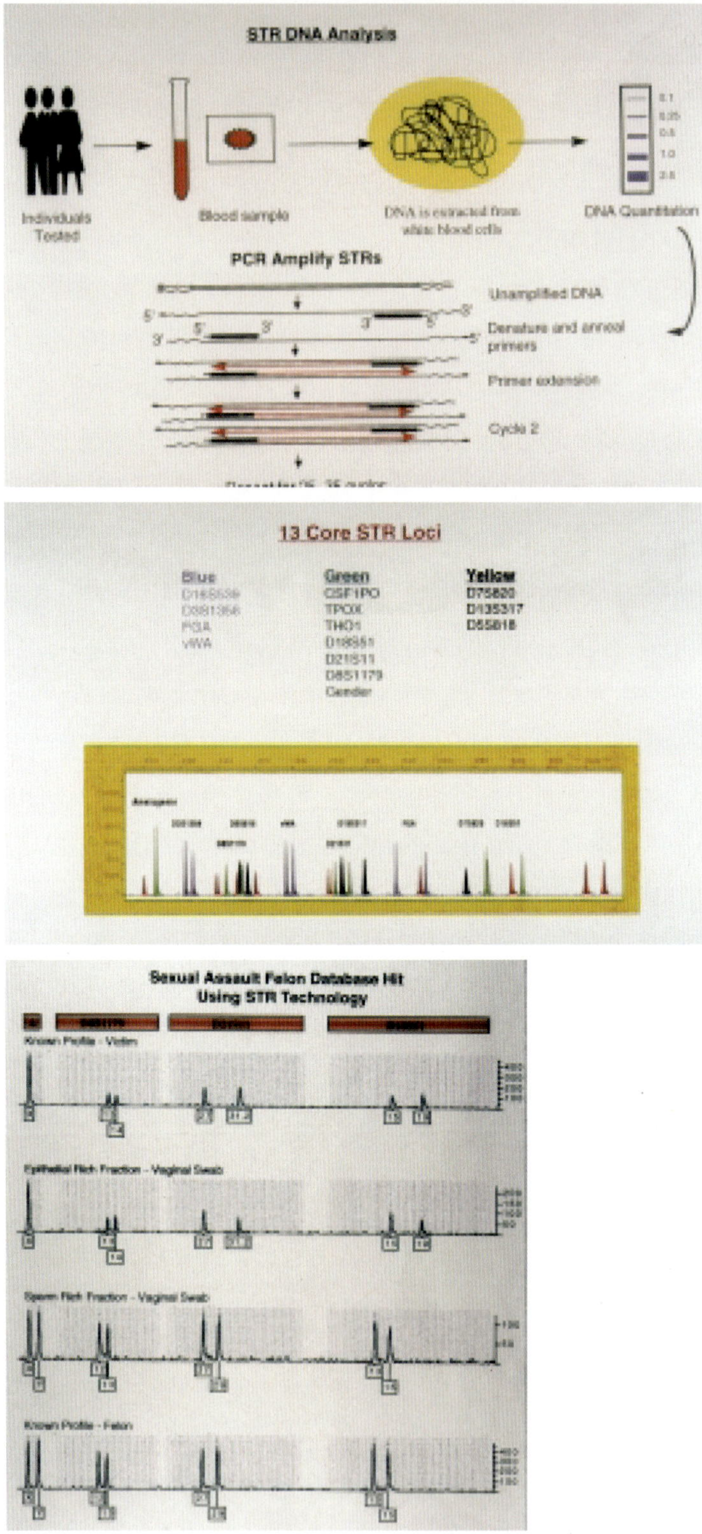

이용하는지 잘 보여주고 있다.

수사의 단서 제공

물적 증거를 인식하고 실험실에서 분석하는 것은 수사의 효율성을 높이는 데 매우 유용하다. 모든 물적 증거가 용의자와 직접 연관되거나 신원 확인에 결정적 역할을 하는 건 아니지만, 수사에 필요한 간접적인 정보나 단서를 제공할 수 있다. 이것이 바로 범죄 현장에서 물적 증거를 수집해야 하는 이유이다. 다시 말해, 모든 현장에서 명백한 증거나 목격자를 확보할 수는 없지만, 하찮아 보이는 물적 증거라 해도 수사관에게 유용한 정보를 제공할 수가 있는 것이다. 예를 들면, 뺑소니 사건을 수사할 때 피해자의 신체에서 다섯 겹으로 된 페인트 조각을 발견하면 용의 차량의 수와 종류를 좁혀갈 수 있게 된다. 또한 족적의 크기는 용의자를 용의선상에서 제외하거나 남겨둘 수 있어 수사에 중요한 단서로 이용될 수 있다(심지어 어떤 경우에는 용의자 신발의 개별 특성을 이용해 신원을 특정할 수도 있다). 상이한 유형을 가진 족적들의 수는(사진 1.9 참조) 현장에 있었던 사람들의 수를 알려주기도 하고, 족적들의 위치는 현장에서 일어난 사건의 일련 과정을 유추할 수 있도록 도와주기도 하며, 족적들의 상태는 어떤 행위가 발생했는지를 보여주기도 한다.

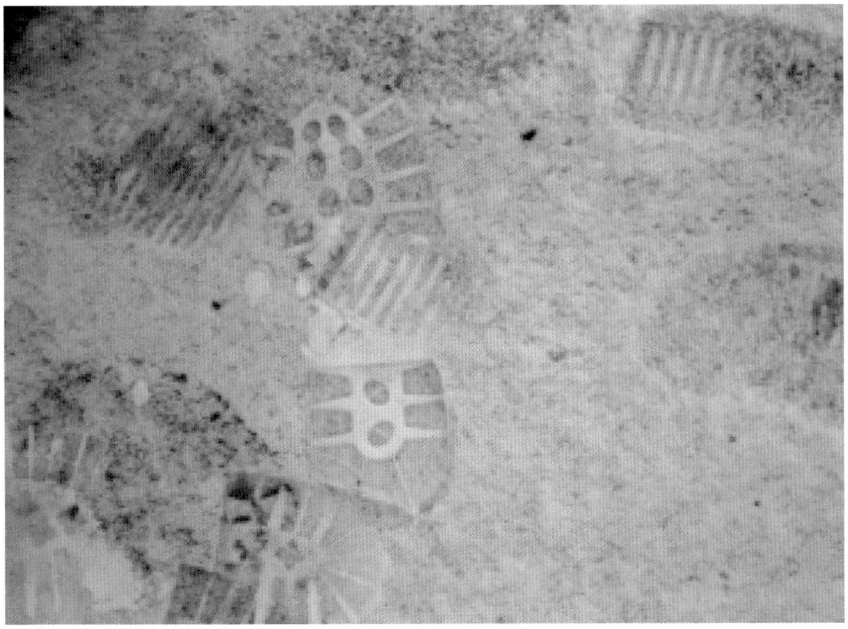

사진 1.9
눈 위에 남겨진 몇 가지 족적의 패턴이다. 혈흔으로 보이는 자국도 관찰되었다.

미상의 물질 확인(식별)

물적 증거가 유용하게 사용되는 또 다른 방법은 범죄 현장에 남겨진 미상의 물질이나 화학물의 성분을 확인하는 것이다. 사용이 제한된 물질이나 독극물을 확인하는 것이 대표적인 예인데, 그 외에도 방화 현장의 잔해에서 발견된 가연 물질, 혈액 표본의 알코올이나 독극물 농도, 페인트 부스러기의 성분 등을 분석함으로써 제조사를 확인하거나 용의 차량의 연식을 파악할 수 있다. 완성된 규제약물이 발견되지 않는 경우라 해도 그 규제약물을 몰래 생산해내는 시설에서 관련된 화학물질을 확인하면 불법행위 여부를 파악할 수 있게 된다.

범죄의 재구성

물적 증거를 이용해 범죄를 재구성하는 것 역시 법과학적 조사 과정의 일부이다. 많은 범죄 현장 수사에 있어 물적 증거를 확인(식별)하고 개별화하는 것이 중요하긴 하지만 수사의 초점이 되진 않는다. 더욱 중요한 것은 증거가 어떻게 만들어졌는지를 판단하고 결국 어떻게 그러한 범죄 현장이 생겨나게 되었는지를 결정하는 것이다. 즉, 범죄 현장 분석과 물적 증거 조사는 결국 범죄를 재구성하기 위한 정보를 획득하는 과정으로 볼 수 있다. 예를 들면 한 명의 피해자가 자신의 침실에서 피를 흘리고 있는 현장을 볼 때, 피해자 바로 옆 벽면에 묻어 있는 혈흔이 누구의 것인지를 확인하는 것

사진 1.10
중간 속도의 충격비산혈흔이 여러 군데 고여 있는 모습을 보여주는 사진이다. 휴지통은 비산혈흔이 고인 이후에 옮겨졌다.

도 중요하지만, 더 중요한 것은 그 혈흔의 형태가 묵직한 물체에 가격을 당했을 때 발생하는 혈흔의 형태와 일치하는지를 판단하는 것이다. 다시 말해 혈액이 피해자의 것과 일치하는지를 확인하는 작업도 이루어지겠지만, 수사관과 검사에게 특히 더 중요한 정보는 가격의 위치와 횟수, 이후 피해자가 이동한 경로나 움직임의 형태 등으로, 이를 통해 범죄가 어떻게 진행되었는가를 판단할 수 있기 때문이다. 사진 1.10은 혈흔 증거를 이용해서 어떻게 살인의 과정이 재구성되는지를 보여주고 있다.

과학적 범죄 현장 수사

현재 시중에 나와 있는 대부분의 교재들이 범죄 현장 수사에 대해서 범죄 현장을 기록하고 물적 증거를 수집하는 것으로만 기술하고 있는데, 이는 매우 제한적인 접근이다. 범죄 현장 수사관의 역할 또한 현장을 통제하고, 기록하며, 물적 증거를 수집하고 보존하는 범죄 현장 기술자와 같이 묘사되고 있어 매우 아쉽다. 물론 현장 기록과 증거 수집이 범죄 현장 수사에 있어 중요한 측면인 건 사실이고, 따라서 적절히 이루어져야 한다. 그러나 이는 순전히 기술적인 업무로써 최소한의 훈련을 받은 수사관이라면 누구나 잘 할 수 있는 일이라 사료된다. 다시 말해, 기술적인 업무를 온전히 수행하는 것이 물적 증거와 수사 결과의 무결성을 확보하는 데 꼭 필요하고 매우 중요하지만, 범죄를 해결하는 데는 제한적인 역할을 할 수 밖에 없는 것이다.

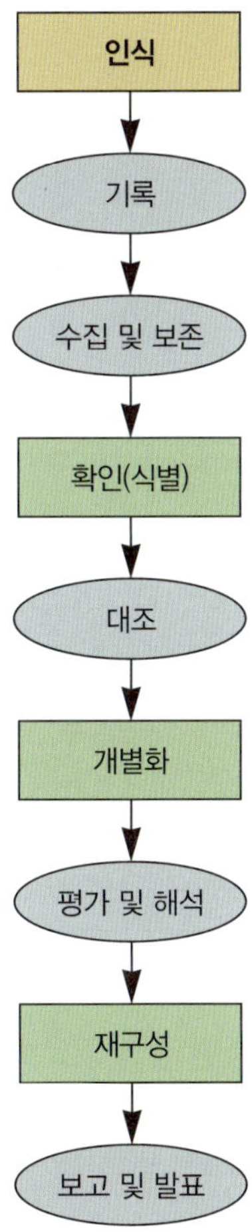

그림 1.5
과학수사 과정

그림 1.5에서 보이듯 과학적 범죄 현장 수사는 비단 현장 보존 및 기록, 증거 수집 및 보존과 같은 기술적 측면만을 포함하는 개념이 아니다. 현장에 대한 개괄적 조사와 정의 및 분석, 물적 증거와 관련자 간의 연관성 구축, 그리고 현장에 대한 재구성을 수행하는 훨씬 더 역동적인 과정을 포함하고 있다. 이러한 보다 역동적인 측면이 용의자(들)의 신원을 확인하고 범죄를 해결하는 데 핵심적인 역할을 하게

된다.

과학적 범죄 현장 수사는 과학적 방법을 기초로 하기 때문에 체계적이고 방법론적인 접근을 해야 한다. 이는 범죄 현장에 최초로 임장하는 시점을 기준으로 개시되며, 현장 보존, 현장에 대한 개괄적 조사, 현장 기록, 물적 증거 인식, 물적 증거 시각화와 증강, 물적 증거 수집 · 포장 · 보존, 물적 증거 분석, 범죄 현장 분석 및 프로파일링, 그리고 마지막으로 범죄 현장 재구성까지 이어진다. 더 나아가 체계적인 범죄 현장 수사를 위해서는 전이 이론(로카르의 교환법칙), 기초적인 논리 분석, 물적 증거를 분석하는 데 필요한 과학적 지식이 수반되어야 하며, 이러한 요소들이 적절히 결합되었을 때 궁극적으로 범죄를 해결할 수 있게 된다.

제 2 장

범죄 현장 관리의 요소

모든 관서는 범죄 현장 관리 절차가 왜 중요한지를 인식하고 반드시 양질의 절차를 마련해야 한다. 그렇지 않으면 어떤 관서라도 전술한 문제에 봉착할 수 있음을 명심해야 한다. 현대의 법정에서는 물적 증거를 가장 중요시하고 있다. 이러한 상황에서 예전의 주먹구구식 수사나 자백에 집중한 수사는 더 이상 범죄 해결에 큰 도움이 되지 않는다. 이유야 어찌됐든, 대부분의 현대 사법 시스템은 물적 증거, 물적 증거에 대한 법과학적 조사, 물적 증거와 관련된 범죄 현장 분석이 주된 과정을 이루고 있다.

도입

과거의 범죄수사는 수사관이 목격자와 용의자로부터 정보를 얻어내는 능력에 크게 의존했고, 때로는 정보원이나 비밀수사관(스파이)을 이용하기도 했다. 따라서 증언 · 심문을 통해 유용한 정보를 획득하지 못하거나 정보원이 없는 경우에는 사건이 해결되지 못하는 사례가 많았다.

그런데 최근에는 범죄 현장, 물적 증거, 각종 기록물, 목격자 등을 함께 활용하는 것이 성공적인 수사를 위해 꼭 필요하다는 인식이 확산되면서 그러한 수사기법과 절차를 적극 도입하는 수사기관이 많아지고 있고, 그만큼 수사역량도 강화되고 있다. 결국 오늘날의 범죄는 팀워크, 발전된 수사기법, 적절한 범죄 현장 처리, 그리고 연관된 물적 증거와 정보에 대한 인식 · 수집 · 보존 등에 중점을 둔 체계적 과정을 통해 해결되고 있다고 하겠다.

하지만 많은 사건을 처리하면서 우리가 알게 된 것은, 범죄 현장을 다루기 위한 다양한 기법들이 발전해왔고 많은 전문 요원들이 양성되어 왔지만, 수사의 효과성을 높이기 위해서는 범죄 현장이 제 기능을 발휘할 수 있도록 체계적으로 관리되어야 한다는 사실이다.

효과적인 범죄 현장 관리를 위한 구성요소

성공적인 범죄 현장 관리를 위해서는 네 가지 요소가 필요한데 이들은 개별적이면서도 서로 밀접하게 연관되어 있다. 그 요소로는 정보관리, 인력관리, 기술관리, 행정(logistics)관리가 있다. 한 요소라도 결함이 있거나 또는 다른 요소를 소홀히 한 채 한 요소만 지나치게 강조할 경우 전체적인 균형이 무너지면서 전체적인 범죄 현장 수사과정이 미흡해질 수 있다.

정보관리

지난 수백 년 동안 범죄는 수사관이 단서를 얼마나 효과적으로 수집하느냐에 따라 좌우되는 전통적인 방식으로 해결되어 왔다. 그러나 1970년대 이후 법원의 판결이 진술증거에만 의존하지 않게 되면서 전통적인 심문기법의 사용이 점차 제한되고 있다. 범죄 현장 기술이 발전함에 따라 수사관들은 범죄 현장이 엄청난 정보를 담고 있다는 사실을 알게 됐고, 그러한 정보를 이용해 용의자와 범죄 현장을 연관시키거나, 알리바이를 증명하고, 수사단서를 찾아내는 일을 하고 있다. 정보는 언어, 기록된 문서, 패턴 증거 등 다양한 형태를 띨 수 있으며, 정보가 얻어지는 원천 또한 다양해서 사건 현장에 있던 사람들이나 물적 증거, 패턴 증거 등이 포함될 수 있다. 정보는 빨리 인식 · 분석 · 수집 · 보존되면 될수록 사건의 해결 가능성을 더 커지게 한다.

다음과 같은 다양한 유형의 정보들이 범죄를 해결하는 데 유용하게 사용될 수 있다.

피해자 관련 정보

대부분의 사건에서 피해자의 배경에 대한 포괄적인 조사는 유용한 단서를 획득하는 좋은 방법이 된다. 이와 같은 배경 수사는 두 부분으로 나눌 수 있는데, 먼저 수사관은 사망 전 24시간 동안의 피해자와 소유물의 행적 · 행방에 대해 철저히 조사해야 한다. 이어서 인력과 시간을 더 투입해 사망 24시간 이전의 행적과 행방에 대해 조사함으로써 포괄적인 배경자료를 구축해야 한다. 그림 2.1과 2.2는 미국의 경찰서에서 사용되고 있는 두 종류의 배경 체크리스트를 보여준다.

사망 전 24시간 배경

피해자가 발견되면 즉시 피해자의 가족, 친구, 기타 지인들을 찾아 사망 전 24시간 동안의 행적을 조사하고, 이를 통해 어떻게 피해자가 사건 현장에 가게 됐는지 또는 피해자와 현장 간에 어떤 연관성이 있는지를 확인해야 한다. 피해자와 현장의 연관성이 적을수록 제3자가 개입되었을 가능성이 크다. 효과적인 수사를 위해서는 차량등록정보를 조사해서 피해자나 지인이 사용했을 가능성이 있는 차량을 확인해야 한다. 그리고 확인된 모든 차량을 찾아 행적을 조사해야 한다. 만약 어떤 차량이 사건발생과 동일하거나 유사한 시점에 현장에 있었다면, 그 차량은 유력한 증거의 원천으로써 적절히 보존되어야 한다.

또한 핸드백, 지갑, 신용카드, 금고열쇠, 귀금속 등과 같은 피해자의 모

CASE # ASSIST TOWN

VICTIM - NAME

	ASSIGNED	DATE OF REPORT
Background		
Criminal History		
Medical Records		
Death Certificate		
Birth Certificate		
Photo		
Interview		
Written Statement		
Re-Interview		
Other		

그림 2.1
피해자 배경 체크리스트

VICTIM CHARACTERIZATIONS

Name of victim (last, first, middle)					Address No. Street, Town, State
Birth date	Age		Height	Weight	Where Employed

DAY OF WEEK OF CRIME
- a Sunday
- b Monday
- c Tuesday
- d Wednesday
- e Thursday
- f Friday
- g Saturday

WAS CRIME REPORTED
- a Within 24 hours
- b 24 - 48 hours
- c 49 hours to week
- d One week to one month later
- e More than one month later

NUMBER OF TIMES SEXUALLY ATTACKED BY ASSAILANT(S)
- a Once
- b Twice
- c More than twice

VICTIM'S SEX
- a Male
- b Female

VICTIM'S RACE
- a White
- b Black
- c Hispanic/light, med.
- d Hispanic/dark
- e Oriental
- f Other ______
- j Unknown

VICTIM'S MARITAL STATUS
- a Married
- b Single
- c Separated
- d Divorced
- e Widow (er)

VICTIM'S OCCUPATION
- a Clerical, Office
- b Entertainer
- c Factory worker
- d Food service worker (cook, waitress, etc.)
- e Foreman
- f Health services
- g Housewife
- h Laborer (unskilled)
- i Laborer (skilled)
- j Manager, Administrator
- k Mechanic, Repairman
- l Police, Fire
- m Professional and Technical
- n Prostitute (known or admitted)
- o Salesperson
- p Service worker (custodian, etc.)
- q Stewardess
- r Student
- s Teacher
- t Telephone operator
- u Truck driver
- v Writer/Artist
- w Unemployed
- x Other ______

VICTIM RESIDES WITH
- a Parents
- b Spouse
- c Family, other than above
- d Alone
- e Roommate—male
- f Roommate—female
- g Children and other family
- h Children only

MEDICAL ASSISTANCE
- a Refused medical assistance
- b Treated and released
- c Private doctor
- d Injured/outpatient
- e Serious injury/hospitalized
- f Homicide

VICTIM'S RESISTANCE
- a No resistance
- b Physical resistance—successful
- c Physical resistance—unsuccessful
- d Verbal resistance—successful
- e Verbal resistance—unsuccessful
- f Used weapon on attacker
- g Other ______
- h Multiple—specify ______

VICTIM'S RESISTANCE OVERCOME
- a By threat
- b By slight force
- c By great force

MEANS EMPLOYED BY ASSAILANT
- a Hand gun
- b Alleged gun
- c Knife
- d Oral threat
- e Physical force
- f Chemical or drugs
- g Toy gun
- h Rifle/shotgun
- i Blunt instrument
- j Cutting instrument
- k Multiple weapons
- l Other ______

RELATIONSHIP OF ASSAILANT TO VICTIM
- a Date
- b Pick up
- c Hitchhiker
- d Friend/Social acquaintance
- e Babysitter
- f Relative (immediate family) (father, brother, etc.)
- g Relative (uncle, cousin)
- h Boyfriend/Girlfriend
- i Business relationship
- j Same school
- k Neighbor
- l Has seen in the neighborhood
- m Nickname known
- n Full name known
- o Name and address known
- p Co-worker
- q Landlord
- r Total stranger
- s Unknown - no information

PREMISES ACCOSTED
- a Abandoned building
- b Alleyway
- c Apartment
- d Automobile
- e Backyard
- f Bar/Inn/Tavern
- g Basement
- h Beach
- i Bus
- j Bushes
- k Church
- l Clubhouse
- m Day Care Center
- n Driveway
- o Dwelling
- p Elevator
- q Factory
- r Garage
- s Hallway
- t Hospital
- u Hotel/Motel
- v Laundry room
- w Loading platform
- x Loft
- y Massage parlor
- z Movie theater
- a Office/Business
- b Park/Sports arena
- c Prison
- d Parking lot
- e Restaurant
- f Rest room
- g Roof landing/top
- h School/premises
- i Shed
- j Stairwell
- k Store
- l Street
- m Subway
- n Subway station
- o Taxi
- p Truck
- q Train/Bus depot
- r Vacant lot
- s Wooded area
- t Unknown
- u Other ______

INSIDE/OUTSIDE
- a Inside
- b Outside
- c Accosted IPS, taken outside
- d Accosted outside, taken inside
- e Accosted inside, taken outside
- f Accosted IPS, taken inside (note: IPS-Interior Public Space)

CRIME
- a Rape
- b Rape and burglary
- c Rape and Robbery
- d Rape and Sodomy
- e Rape, Burglary and Sodomy
- f Rape, Robbery and Sodomy
- g Attempt Rape
- h Attempt Rape and Burglary
- i Attempt Rape and Robbery
- j Attempt Rape, Robbery and Sodomy
- k Attempt Rape, Burglary and Sodomy
- l Attempt Rape and Sodomy
- m Anal Sodomy
- n Attempt Anal Sodomy
- o Multiple Sodomy (Anal and Oral)
- p Oral Sodomy (Cunnilingus)
- q Oral Sodomy (Fellatio)
- r Attempt Oral Sodomy
- s Multiple Sodomy (Cunnilingus and Fellatio)
- t Sodomy and Burglary
- u Sodomy and Robbery
- v Sexual Abuse (contact)
- w Sexual Abuse and Attempted Rape

NUMBER OF ASSAILANTS OF THIS CRIME ______

VEHICLE TYPE (Used in crime)
- a Auto
- b Bus
- c Large Truck
- d Small Truck/Camper/Van
- e Motorcycle
- f Taxi
- g Bicycle
- h Other ______
- i Unknown

VEHICLE MAKE
- a GM
- b Ford
- c Chrysler
- d American Motors
- e Foreign
- f Other ______
- g Unknown

VEHICLE BODY COLOR
- a White/Cream/Light
- b Grey/Silver
- c Gold/Yellow
- d Red/Maroon
- e Brown/Beige/Tan
- f Black/Dark
- g Green
- h Blue
- i Other ______
- j Unknown

VEHICLE BODY STYLE
- a Four-door
- b Two-door
- c Convertible
- d Station Wagon
- e Compact
- f Sports Car
- g Other ______
- h Unknown

WEATHER CONDITIONS
- a Seasonal, No Precipitation
- b Rain
- c Snow
- d Exceptionally Hot
- e Exceptionally Cold
- f Foggy

VICTIM'S COMMENTS (IF ANY)
ADDITIONAL INFO (IF ANY)

그림 2.2

피해자 특성 체크리스트

든 소유물에 대한 조사가 신속히 이루어져야 한다. 없어진 물건에 대한 설명서나 사진들은 사건 해결에 매우 유용하게 쓰일 수 있다.

목격자나 지인을 찾았을 때 가장 먼저 조사해야 될 사항은 그들이 피해자와 관련하여 어떤 활동을 했는지를 최대한 사망 시점과 근접한 시점까지 확인하는 것이다. 아주 단순한 정보로 보일 수 있지만, 그들이 피해자를 마지막으로 봤을 때 피해자가 입고 있던 옷이나 먹은 음식에 대한 정보 등도 매우 중요할 수 있다. 부검을 통해 위 내용물을 조사하면 먹은 것으로 알려진 음식과 연관시켜 소화된 상태를 보고 대략적인 사망 시점을 판단할 수 있다. 또한, 부검 과정에서 미세물질, 외부에서 유입된 생물학적 물질, 마약 등과 같은 중요한 정보도 얻어질 수 있다.

사망 24시간 이전 배경

종합적인 피해자 배경 조사는 가능한 빨리 이루어져야 한다. 모든 직장 동료나 가족, 사적인 지인들이 하나도 빠짐없이 조사되어야 한다. 이때 피해자와 지인들 간의 관계에 대한 단편적인 정보 외에도 단서가 될 만한 요소들에 대해 질문해야 한다. 예를 들면, 피해자가 매주 금요일 저녁 일을 마치고 특정 술집에 들르는 습관적인 행위를 파악하는 것도 수사에 도움이 될 수 있다.

사건에 따라 피해자의 죽음이나 실종과 연관되었을 것으로 의심되는 용의자를 개별적으로 분리하되 가능한 모든 지인들과의 관련성을 조사하는 접근이 더 적절한 경우도 있다.

피해자의 사업(직장)이나 금융 관련 사항을 조사하는 것 역시 지루하지만 유용한 정보를 제공할 수 있다. 사망 시점에 이루어진 이상한 거래나 협상은 세심하게 수사해야 한다. 몇몇 사건에서는 피해자가 사망한 이후에도 범인이 피해자의 신용카드나 은행계좌를 계속 이용한 사례가 있다. 따라서 신용카드와 은행계좌에 대한 조사는 최대한 빨리 이루어져야 한다. 뿐만 아니라 통화기록, 문자메시지, 우편이나 전자메일, 기타 모든 대화 내용에 대해서도 자세히 조사해야 한다.

마지막으로 가족이나 가까운 지인의 도움을 받아 피해자의 거주지와 소지품들을 상세히 조사하고, 없어지거나 비정상적인(피해자의 평소 성향에 비추어 비정상적인) 물건이 있는지를 수사해야 한다.

목격자 관련 정보

목격자는 여러 부류의 사람들이 해당될 수 있기 때문에 가능한 꼼꼼히 찾아봐야 한다. 그런데 그동안의 경험에 의하면 특정 사건에 대한 개인의 인지는 20% 이상 실제와 일치하지 않는 것으로 드러났다. 따라서 목격자의 진술을 모두 신뢰해서는 안 된다. 그러나 어느 정도의 과장이나 왜곡이 있을 수 있겠지만, 사실인 부분도 있음을 명심해야 한다.

아무리 여러 여건이 좋은 경우에도 범죄 현장 수사과정은 결코 만만치 않다. 따라서 사건과 관련된 단서를 제공할 수 있는 정보는 무엇이든 간과해서는 안 된다. 그렇다고 목격자에게서 얻은 정보만 믿고 현장상황을 판단해서도 안 된다. 반드시 물적 증거를 최대한 수집해서 목격자 진술의 신빙성을 판단해야 한다. 때로는 목격자의 신체 상태를 반영한 현장 사진을 촬영하거나 노트를 이용해 현장을 기록해두는 것이 좋을 수도 있다. 목격자가 정확히 보고 듣는 것에 영향을 미칠 수 있는 조명상태나 장애물을 기록해두는 것도 큰 도움이 될 수 있다. 아래는 수사관이 가능한 빨리 조사해야 할 목격자들의 부류를 설명하고 있다.

직접 목격자

감각기관을 통해 사건의 일부라도 직접 인지한 사람에 대해서는 철저한 조사가 이루어져야 한다. 만약 목격자가 세부적인 사항에 대해서도 진술할 수 있다면, 그 진술의 신빙성은 매우 커진다. 물론 정확한 판단은 물적 증거를 통해서만 이루어질 수 있을 것이다. 목격자 진술의 신빙성을 검증할 수 있는 한 가지 방법은 목격자가 주장하는 목격 당시의 장소와 방법을 재현해보는 것이다. 예를 들어, 목격자가 주장하는 만큼 볼 수 있는 충분한 주변 조도가 확보되었는지를 확인하는 것이다.

추가로 반드시 고려해야 할 사항은 목격자가 범죄 현장을 훼손하거나 변형시켰을 가능성이 있는 행위를 했는지 확인하는 것이다.

최초 임장 요원

범죄 현장에 최초로 임장하는 경찰관이나 소방관은 아무리 경험이 많은 수사관이라 해도 나중에 도착하게 되면 알 수 없는 정보들을 목격하고 기록하는 경우가 종종 있다. 예를 들어 목격자와 용의자들은 아직 현장이나 그 인근에 있다가도 경찰관이 도착하면 떠나는 경우가 있는데, 나중에 그들의 신원을 확인할 수 있는 정보를 가지고 있다면 매우 유용할 것이다. 또한 최초 임장 요원들은 일시적 증거(transient or conditional evidence)를 분간하고 기록해야 한다. 예를 들면, 문의 위치나 전등 스위치의 켜짐 · 꺼짐 상태 등은 일시적 증거로 최초 임장 이후 언제든 변경될 수 있다. 오로지 최초 임장 요원만이 일시적 증거를 확보할 수 있도록 훈련 받은 사람이기 때문에 세심한 주의를 요한다.

일반 대중

범죄 관련 정보를 세세한 부분까지 일반에 공개해선 안 되지만, 시민들의 제보를 요청하는 것이 매우 효과적인 경우가 있다. 최근 발생한 살인 사건의 예를 살펴보자. 범죄 현장에서 부서진 손목시계가 발견되었는데, 그 시계는 용의자의 것으로 피해자와 격투하는 과정에서 벗겨진 것으로 판단되었다. 시계의 사진을 크게 찍어 지역 TV 방송국에 보냈는데, 한 시청자가 시계 소유자의 이름과 몇 가지 특성에 대해 경찰에 제보를 해왔다. 그런데 이처럼 상세한 제보를 한 시청자에 대해 의구심이 들었고, 결국 시계 소유자에 대한 체포를 시작으로 진범을 찾는 데 성공적인 수사가 이루어졌다.

정보원

수사관이 범죄를 해결하는 데 있어 정보원은 매우 유용한 자원이다. 하지만 수많은 사례에서 정보원들에 대한 신뢰성에 의문이 제기되어 왔고, 따라서 그들이 제공하는 정보는 엄격한 확인절차를 거쳐야 한다. 한 가지 방법은 왜 그 정보를 제공하려고 했는지 그 이유를 찾아내는 것이다. 어떤 경우에는 수익성 좋은 마약 시장의 경쟁자를 제거하기 위해 정보를 제공하기도 하며, 어떤 경우에는 자신의 범죄책임을 축소하기 위해 제공하기도 한다.

범죄 현장/증거 관련 정보

많은 경우에 사건 해결은 철저한 과학적 분석이 아니라 소소해 보이지만 잘 찾아지고 기록된 현장 증거와 상황에 의해서 이루어진다. 양질의 현장 기록이라 하면 사진, 비디오, 스케치를 비롯해 여타 문자나 시각 · 청각적으로 기록된 자료들을 포함한다.

현장에서 얻어진 정보는 다양한 형태를 띠며 따라서 이를 적절히 인식 · 수집 · 보존하는 데는 각기 다른 방법이 사용된다. 사진 2.1은 광원을 이용하여 물적 증거를 찾는 모습을 보여주고 있다.

현장에서 얻어지는 정보 가운데 일부는 물적 증거 형태를 띤다. 물적 증거란 살인에 사용된 무기나 탄피와 같이 우리가 일반적으로 법과학 증거라 부르는 것을 의미한다. 하지만 어떤 물체라도 사건해결에 결정적 역할을 하는 물적 증거가 될 수 있으므로, 물적 증거란 사건해결에 유용한 정보를 제공하는 모든 증거를 지칭한다고 할 수 있다.

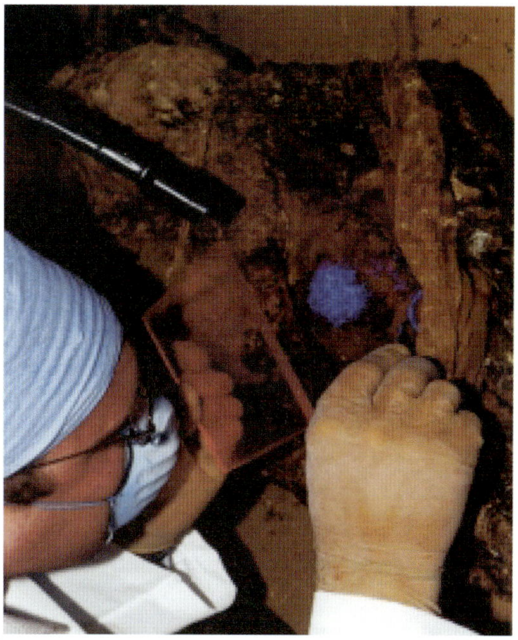

사진 2.1
매장시체에 대한 수사에서 광원을 이용하여 미세 증거와 기타 증거를 찾고 있다(Gaetan Cotton 제공, Cotton-photo.com, Boston, MA).

일시적 증거

일시적 증거는 말 그대로 쉽게 변하거나 사라질 수 있는 증거를 말한다. 일반적으로 냄새, 온도, 일시적 표시, 기타 생물학적 · 물리적 현상들이 해당된다. 사진 2.2는 화재 현장을 보여주고, 그림 2.3은 화재 현장에서 발견된 일시적 증거들의 목록을 나타내고 있다.

사진 2.2
일시적 증거: 화염의 색깔과 연기는 방화 수사관들이 화재의 강도를 판단하는 데 있어 큰 도움이 될 것이다.

그림 2.3
화재 현장의 일시 증거

냄새	화염의 색깔	온도
• 휘발유/등유	• 진한 빨강	975°F
• 직물	• 연한 빨강	1290°F
• 시체	• 연한 체리 빨강	1470°F
• 시안화물	• 진한 체리 빨강	1650°F
• 플라스틱	• 밝은 체리 빨강	1830°F
• 폭발물	• 진한 오렌지	2010°F
• 유황	• 흰색	2370°F
• 유기용매	• 밝은 흰색	2550°F
	• 빛나는 흰색	2730°F

사진 2.3
조건 증거: 이 한 장의 사진에서 몇 가지 조건 증거를 찾을 수 있다. 창문이 열려 있고, 전등이 켜져 있으며(창문으로 반사된 모습), 수사관 도착 당시 벽장문이 열려 있었다.

조건 증거

조건 증거는 어떤 사건이나 행위에 수반되어 발생한다. 일시적 증거와 마찬가지로 범죄 현장에서 관찰 · 기록되지 않으면 영원히 멸실된다. 일반적으로 조명(밝기), 연기 또는 화염, 시체의 상태, 증거물들의 정확한 위치 등이 해당된다. 사진 2.3은 조건 증거의 예를 보여주고 있다.

사진 2.4
패턴 증거: 살인사건 현장의 출입문에서 유리파열형태(glass fracture patterns)가 관찰된다.

패턴 증거

현장에서 발견될 수 있는 패턴 증거에는 다양한 유형이 있는데, 대부분 평면적 흔적(imprints), 눌린 자국(indentations), 쓸린 자국(striations), 기타 흔적(other markings), 파열흔(fractures) 또는 퇴적흔(depositions) 등이다. 다른 유형의 일반적 패턴으로는 혈흔형태, 유리파열형태(glass fracture patterns)(사진 2.4 참조), 화재연소형태(fire burn patterns), 가구위치형태, 탄환탄도형태(projectile trajectory patterns), 의류섬유형태(clothing or article patterns), 타이어미끄럼형태(tire or skid mark patterns), **범죄수법형태(modus operandi patterns)**, 총기발사 잔사형태(powder or residue patterns) 등이 있다.

전이 증거

미세 증거라고도 불리는 전이 증거는 사람 간의 물리적 접촉, 또는 물체 간이나 사람과 물체 간의 물리적 접촉에 의해 만들어진다. 이는 어떤 물체든 서로 접촉을 하면 표면의 물질이 서로 전이된다는 로카르의 교환법칙(Locard's Theory of Exchange)에 의해 잘 설명된다.

관련성 증거

현장이나 수사 과정에서 발견된 물품 중에는 피해자나 용의자를 특정 현장과 연결시키거나 또는 피해자와 용의자를 연결시키는 데 이용할 수 있

사진 2.5
전이 증거: 깨진 유리창에서 테이프 조각을 이용해 모발과 섬유를 찾아냈고, 수사를 해본 결과 이 미세 증거들이 용의자의 것으로 확인되었다.

사진 2.6
관련성 증거: 교통 검문 과정에서 지갑이 발견되었는데, 이 지갑은 80킬로미터 떨어진 강도살인사건의 피해자 소유로 확인되었다.

는 물품이 있는데, 이를 관련성 증거라고 한다. 그 예로는 범죄 현장에서 발견된 용의자의 지갑이나 용의자가 소지하고 있는 피해자의 개인용품 등이 있다(사진 2.6 참조).

용의자 관련 정보

용의자를 범죄 현장, 피해자, 물적 증거와 연관시키는 것은 사건 해결의 열쇠라 할 수 있다. 과거에는 용의자의 자백이나 유죄진술을 얻어내는 데 수사의 초점이 맞춰져 있었지만, 최근 행동과학과 범죄학이 고도로 발전하면서 용의자의 범행동기, 범죄기회, 범행수법, 범행패턴을 찾아내는 것이 중요하다는 것을 알게 되었다. 아울러 법과학의 눈부신 발전과 인공지능의 활용, 데이터베이스의 구축은 용의자로부터 획득할 수 있는 수사 관련 정보의 양을 엄청나게 증가시키고 있다.

배경 정보

피해자의 경우와 마찬가지로 용의자에 대한 포괄적인 배경조사는 기본적으로 이루어져야 한다. 사건 발생 전 24시간 동안의 배경에 대한 조사가 신속하고 철저하게 이루어져야 하고, 더불어 시간에 따른 행적과 금융거래 분석은 큰 도움이 될 수 있음을 주지해야 한다. 그런 다음 보다 광범위한 배경조사가 이루어져야 하는데, 이때 용의자를 피해자와 연관시킬 수 있는 정보나 범행동기 및 기회를 추론할 수 있는 정보를 탐색하는 데 초점을 맞추는 것이 좋다. 때로는 가상으로 용의자를 범죄 현장에 임장시키거나 중요한 물적 증거와 연관시켜 보는 것도 도움이 될 수 있다.

수법 정보

행동과학과 범죄자 프로파일링기법이 고도로 발전하면서 체계적이고 상세한 범죄 현장 분석을 통해 특정한 범죄수법을 밝혀낼 수 있게 되었다. 일단 범죄수법이 밝혀지면 가능한 용의자의 범위를 줄일 수 있을 뿐만 아니라, 연쇄범죄(특히 연쇄살인, 연쇄성폭행, 연쇄방화)의 경우에는 사건들 간의 연관성을 찾아내거나 용의자의 알려진 행태와 사건들과의 연관성을 찾아내는 데도 도움이 될 수 있다. 하지만 이러한 행동 프로파일링기법에 지나치게 의존하면 수사의 방향이 어긋날 수 있으므로 주의해야 한다. 다시 말해, 다른 수사 정보들과 마찬가지로 수법 정보도 여타 정보들, 물적 증거와의 연관성 속에서 평가되어야 한다.

데이터베이스 정보

개인의 신원 확인에 필요한 자료는 개별화를 할 수 있는 정도가 다르고 또한 법집행기관에서 접근 · 수집할 수 있는 수준도 다양하다. 불과 몇 년 전까지만 해도 실험실에서 행해지는 대부분의 분석은 알려진 표본과 알려지지 않은 표본을 대조하거나 단순히 물적 증거의 군집유형 및 개별 특성을 확인하는 데 초점이 맞춰져 있었다. 하지만 법과학 데이터베이스가 확충됨에 따라 실험실에서는 자동검색 시스템을 활용하여 유력한 용의자를 찾아내고, 과거에는 서로 무관해보였던 사건들 간의 연관성을 찾아낼 수 있게 되었다.

현재 활용 가능한 데이터베이스에는 DNA, 지문, 탄환과 탄피 정보 등이 있는데, 이러한 데이터베이스들의 구축이 매우 성공적으로 이루어지고 있어 미궁으로 빠질뻔한 살인사건이나 성폭력사건, 침입절도, 기타 범죄사건들을 해결하는 데 큰 도움이 되고 있다. 따라서 데이터베이스의 활용은 어떤 수사기법보다 법과학적 분석의 가치를 돋보이게 만든다고 할 수 있다. 일부 데이터베이스들은 지역 관서가 만들어 운영하고 있는데, 점차 국가적 데이터베이스로 통합되고 있는 추세여서 활용 가능한 자료의 양이 엄청나게 증가하고 있다.

DNA 데이터베이스

신원 확인에 가장 도움이 되는 자료 가운데 하나가 성범죄자나 중범죄자의 DNA 프로파일이다. STR(short-tandom repeat)과 같은 DNA 시스템의 강력한 개별화 능력은 신원을 확인하는 데 탁월한 능력을 발휘한다(그림 2.4).

그동안 많은 주와 연방에서 유죄확정판결을 받은 범죄자들의 혈액을 보

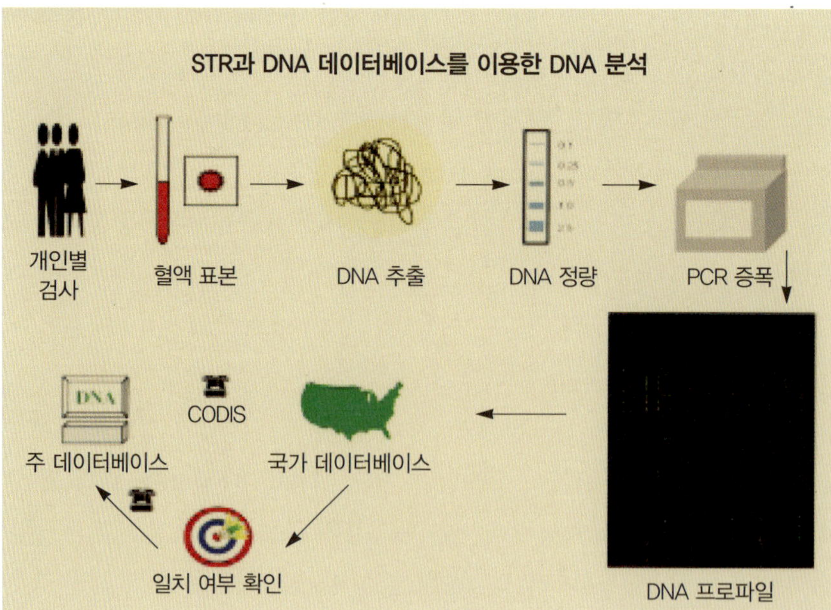

그림 2.4
중범죄 유죄판결을 받은 후 주법에 따라 국가 DNA 데이터베이스에 등록된 한 범죄자의 DNA 프로파일이 다른 범죄와 연관된 용의자들의 DNA와 대조되고 있다(코네티컷 주 법과학연구소, Heather Coyle-Miller 박사 제공).

관할 수 있도록 법제화하였다. 이렇게 얻어진 혈액은 실험실에서 분석되어 DNA 프로파일이 범죄인 데이터베이스에 보관된다. 용의자의 DNA 프로파일이 존재하면 범죄인 데이터베이스에 저장되어 있는 프로파일과 대조해볼 수 있기 때문에, 이 기법을 활용하여 미궁에 빠질뻔한 여러 강간사건을 해결하였고 몇몇 연쇄강간범의 신원을 밝혀내기도 했다. 하지만 아쉽게도 대부분의 데이터베이스가 구축된 지 불과 10년이 되지 않았고 상대적으로 적은 수의 범죄인 자료만 포함되어 있기 때문에 그 활용도가 미미한 실정이다.

현재는 대부분의 관할에서 중한 성범죄를 저지른 자의 DNA 프로파일만 데이터베이스화하도록 규정하고 있다. 그러나 일부 주에서는 다른 유형의 중범죄인에 대해서도 데이터베이스를 확대하고 있다.

한 가지 주의할 점은 개인의 DNA 프로파일과 관련된 프라이버시 침해 등 인권문제로 인해 많은 주에서 엄격한 접근 · 활용 통제를 하고 있다는 사실이다. 그럼에도 불구하고 관련 기술이 비약적으로 발전하고 점차 수용해가는 분위기가 확산되고 있어, DNA 데이터베이스와 같은 개별화 자료가 지속적으로 확대될 것으로 보인다.

지문 데이터베이스

지난 수년 동안 범죄를 해결하는 데 AFIS(지문자동검색 시스템)가 적극 활용되어 왔다. 그 성공의 배경에는 거대한 데이터베이스가 자리하고 있는데, 많은 주에서 수백만 건에 달하는 지문을 보유하고 있다. AFIS에 등록되는 지문에는 체포된 자, 군인이나 공무원, 특수면허 신청자 등 다양한 사람들에게서 채취한 지문들이 있다. 이렇게 구축된 많은 지역 데이터베이스들은 인근 지역이나 국가 데이터베이스에 연동되어 운영된다.

AFIS에 등록된 지문들은 범죄 관련 잠재지문과 대조하거나, 신분위장 여부를 밝히거나, 또는 수배 중인 자인지를 확인하는 데 이용된다. 그림 2.5는 AFIS가 운영되는 체계를 개략적으로 보여주고 있고, 사진 2.7은 AFIS용 컴퓨터를 보여준다. 새로운 기술이 발전하고 잘 훈련된 범죄 현장 수사관이 더욱 많아짐에 따라 현장에서 발견되는 지문의 수는 점차 증가할 것이며, 따라서 AFIS의 중요성도 더욱 커질 것이다.

그림 2.5
AFIS 운영체계

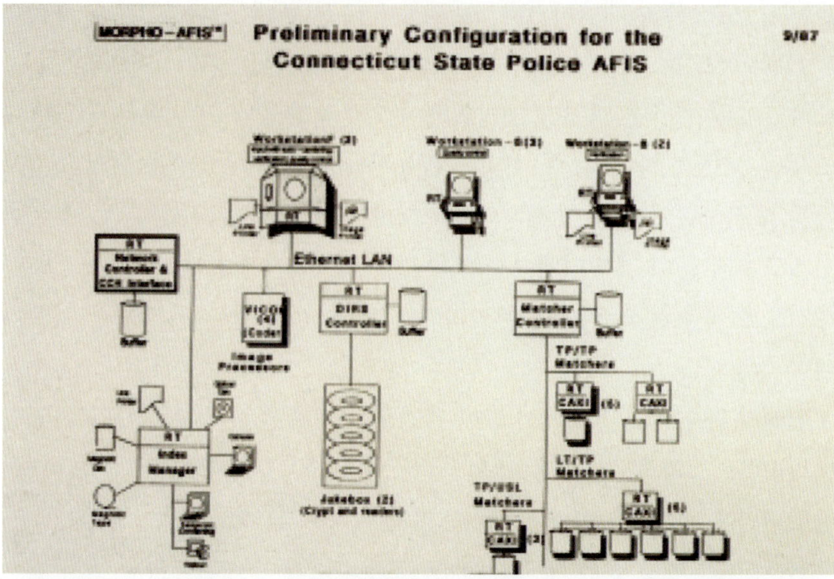

사진 2.7
AFIS용 컴퓨터

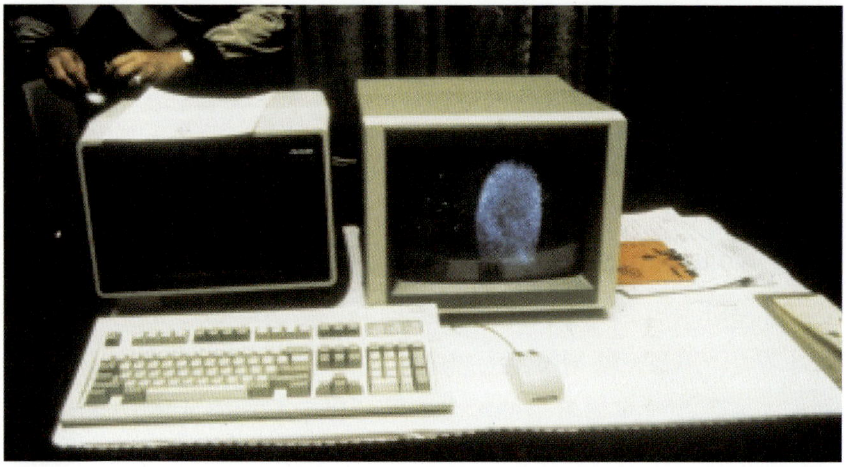

탄환 및 탄피 데이터베이스

마약 관련 범죄와 같이 무기를 사용하는 폭력범죄가 많이 발생함에 따라 총기 증거에 관한 개별 특성을 저장하는 데이터베이스가 필요하게 되었고, 이는 결국 많은 폭력범죄를 해결하는 데 도움이 되고 있다.

마약 밀매와 관련된 전형적인 차량 이동 중 총격사건이나 거리 범죄에서 유일한 증거는 현장에 남겨진 탄피 몇 개가 전부인 경우가 많았다. 그런데 이러한 데이터베이스가 구축되기 전에는 사용된 총기를 회수하지 않는 한 탄피가 증거로써 거의 쓸모없었다. 지금은 데이터베이스를 이용하여 한 현장의 탄피를 다른 현장의 탄피와 대조할 수 있을 뿐만 아니라 그 탄

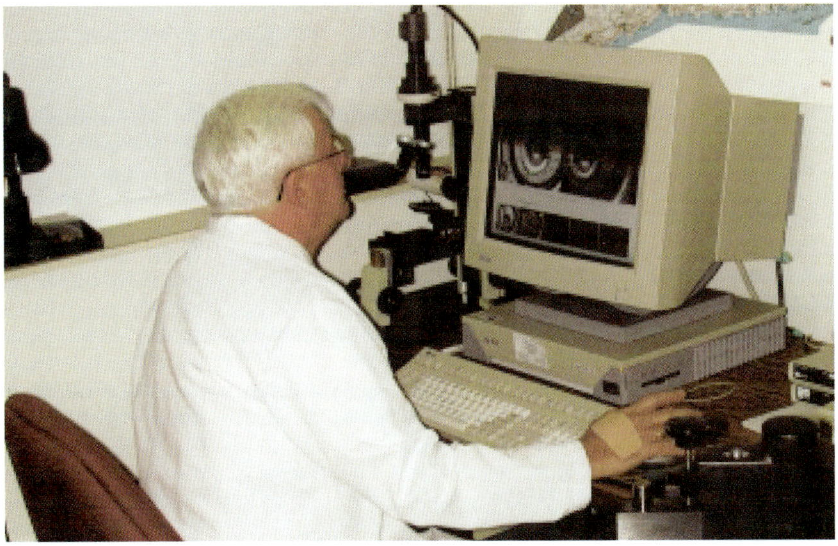

사진 2.8
차량 이동 중 총격사건 현장에서 발견된 탄피와 용의자의 총을 이용해 검증 사격한 탄피를 대조하고 있는 모습이다.

피가 사용된 총기를 특정할 수도 있게 되었다. 데이터베이스에 저장된 자료는 다양한 종류의 총기를 이용해 검증 사격해 본 결과로, 이러한 실험은 실험실의 총기부서에 제출되거나 경찰이 압수해서 파기해야 되는 총기들을 이용해서 이루어진다.

탄피의 개별화 정보를 저장한 데이터베이스가 성공적으로 운영됨에 따라 탄환의 개별 특성을 찾아 저장하는 새로운 데이터베이스가 개발되고 있다. 이 기술은 탄피는 발견되지 않고 탄환만 발견된 상황에서 탄환의 상태가 웬만큼 확인 가능한 경우에 유용하게 쓰일 수 있다. 사진 2.8은 총기 데이터베이스를 이용해서 현장에서 발견된 증거를 대조하는 모습을 보여준다.

각종 기록물 정보

수사에 이용 가능한 기록물과 자료의 양이 지난 십여 년 동안 엄청나게 증가했다. 많은 기존의 데이터베이스들이 양적으로 확대되었을 뿐만 아니라 새로운 데이터베이스들이 개발되어 운영되고 있다. 게다가 컴퓨터가 지배하는 문화로 인해 모든 개인 데이터베이스들이 네트워크로 연결되어 있어 수사에 매우 중요한 정보를 제공해준다. 대부분의 자료들이 공개된 기록의 형태로 존재하여 접근이 용이하거나 또는 공개되지 않은 경우라도 인터넷 도메인 탐색을 통해 비교적 쉽게 찾을 수 있다.

그림 2.6
국가범죄정보센터의 범죄 기록

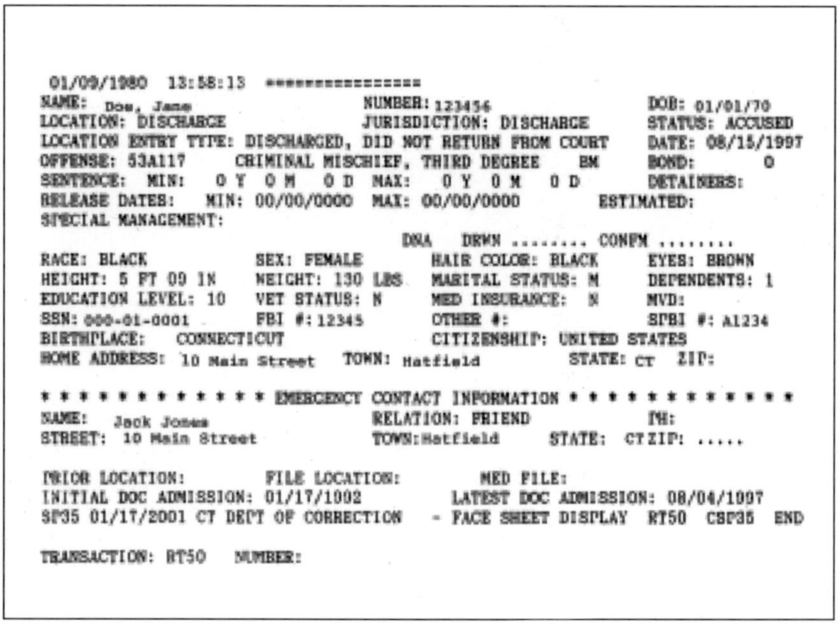

```
 01/09/1980  13:58:13  ****************
NAME:  Doe, Jane                    NUMBER: 123456                    DOB: 01/01/70
LOCATION: DISCHARGE                 JURISDICTION: DISCHARGE           STATUS: ACCUSED
LOCATION ENTRY TYPE: DISCHARGED, DID NOT RETURN FROM COURT            DATE: 08/15/1997
OFFENSE: 53A117     CRIMINAL MISCHIEF, THIRD DEGREE     BM            BOND:        0
SENTENCE:  MIN:   0 Y  0 M   0 D  MAX:   0 Y  0 M   0 D               DETAINERS:
RELEASE DATES:   MIN: 00/00/0000  MAX: 00/00/0000          ESTIMATED:
SPECIAL MANAGEMENT:
                                           DNA   DRWN ........ CONFM ........
RACE: BLACK            SEX: FEMALE         HAIR COLOR: BLACK      EYES: BROWN
HEIGHT: 5 FT 09 IN     WEIGHT: 130 LBS     MARITAL STATUS: M      DEPENDENTS: 1
EDUCATION LEVEL: 10    VET STATUS: N       MED INSURANCE:  N      MVD:
SSN: 000-01-0001       FBI #: 12345        OTHER #:               SPBI #: A1234
BIRTHPLACE:   CONNECTICUT                  CITIZENSHIP: UNITED STATES
HOME ADDRESS: 10 Main Street   TOWN: Hatfield          STATE: CT  ZIP:

* * * * * * * * * * * * EMERGENCY CONTACT INFORMATION * * * * * * * * * * * *
NAME:   Jack Jones                  RELATION: FRIEND              PH:
STREET:  10 Main Street             TOWN: Hatfield      STATE:  CT ZIP: .....

PRIOR LOCATION:          FILE LOCATION:          MED FILE:
INITIAL DOC ADMISSION: 01/17/1002          LATEST DOC ADMISSION: 08/04/1007
SP35 01/17/2001 CT DEPT OF CORRECTION   - FACE SHEET DISPLAY  RT50  CSP35  END

TRANSACTION: RT50    NUMBER:
```

범죄 기록

과거에는 범죄 기록이라 해봐야 가해자 이름, 주소, 간단한 아이디(예를 들어 주민등록번호), 범죄경력 등 기초적인 정보에 불과했다. 그런데 최근의 범죄 기록 자료는 처분 결과, 여러 종류의 아이디, 혈액형, DNA 프로파일 보관 여부, 범죄수법 등과 같이 범인에 대한 자세한 정보를 포함하고 있다. 또한 대부분의 개별 주나 지역의 범죄 기록 시스템들이 국가 범죄 기록 인덱스로 연결되어 있다. 그림 2.6은 국가범죄정보센터(NCIC)에 등록된 한 범죄 기록을 보여주고 있다.

총기 판매 및 전달 기록

총기 관련 사고로 매년 목숨을 잃는 수가 최근 감소하고 있긴 하지만 여전히 심각한 사회문제로 남아 있다. 이에 대응하기 위해 총기를 판매하거나 양도하는 과정을 엄격히 규제하는 등 총기 관련 법규가 대폭 강화되고 있다. 점점 더 많은 주들이 이러한 추세를 따라가면서 수사관이 특정 무기의 기록을 추적하고 범죄에 사용되었는지 여부를 확인하는 것이 점차 쉬워질 것이다. 또한 총기에 대한 각종 허가와 규제 시스템이 전산화됨에 따라 중범죄자나 자격 미달인 자가 합법적으로 총기를 구하는 것이 점차 어려워지고 있다. 그림 2.7은 총기 기록 추적 시스템을 보여주고 있다.

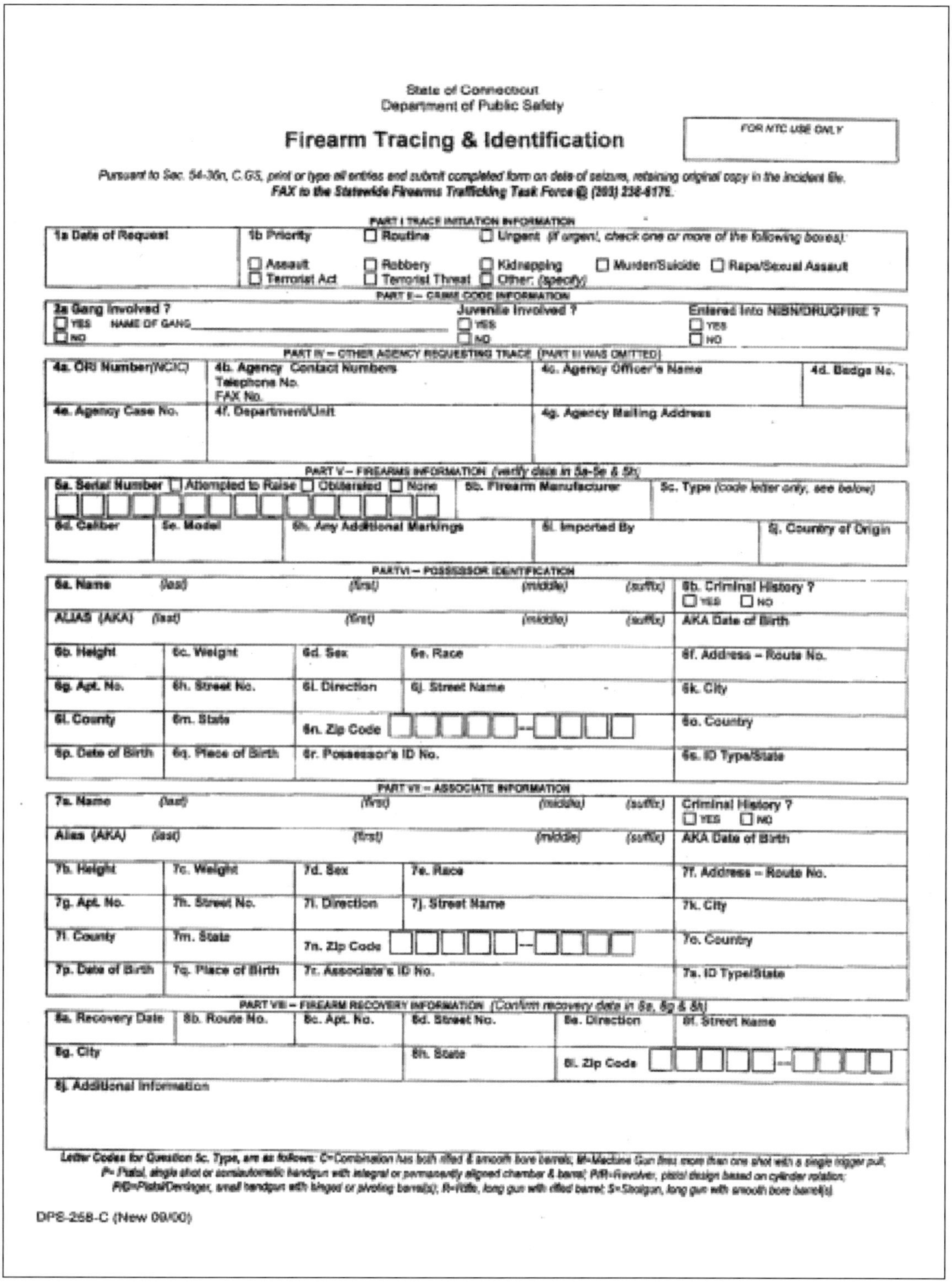

State of Connecticut
Department of Public Safety

Firearm Tracing & Identification

FOR NTC USE ONLY

Pursuant to Sec. 54-36n, C.GS, print or type all entries and submit completed form on date of seizure, retaining original copy in the incident file.
FAX to the Statewide Firearms Trafficking Task Force @ (203) 238-6175.

PART I TRACE INITIATION INFORMATION

1a Date of Request | 1b Priority ☐ Routine ☐ Urgent *(if urgent, check one or more of the following boxes)*
☐ Assault ☐ Robbery ☐ Kidnapping ☐ Murder/Suicide ☐ Rape/Sexual Assault
☐ Terrorist Act ☐ Terrorist Threat ☐ Other: *(specify)*

PART II – CRIME CODE INFORMATION

2a Gang Involved ? ☐ YES NAME OF GANG ______ ☐ NO | Juvenile Involved ? ☐ YES ☐ NO | Entered Into NIBN/DRUGFIRE ? ☐ YES ☐ NO

PART IV – OTHER AGENCY REQUESTING TRACE (PART III WAS OMITTED)

4a. ORI Number(NCIC) | 4b. Agency Contact Numbers Telephone No. FAX No. | 4c. Agency Officer's Name | 4d. Badge No.
4e. Agency Case No. | 4f. Department/Unit | 4g. Agency Mailing Address

PART V – FIREARMS INFORMATION *(verify data in 5a-5e & 5h)*

5a. Serial Number ☐ Attempted to Raise ☐ Obliterated ☐ None | 5b. Firearm Manufacturer | 5c. Type *(code letter only, see below)*
5d. Caliber | 5e. Model | 5h. Any Additional Markings | 5i. Imported By | 5j. Country of Origin

PART VI – POSSESSOR IDENTIFICATION

6a. Name *(last) (first) (middle) (suffix)* | 6b. Criminal History ? ☐ YES ☐ NO
ALIAS (AKA) *(last) (first) (middle) (suffix)* | AKA Date of Birth
6b. Height | 6c. Weight | 6d. Sex | 6e. Race | 6f. Address – Route No.
6g. Apt. No. | 6h. Street No. | 6i. Direction | 6j. Street Name | 6k. City
6l. County | 6m. State | 6n. Zip Code | 6o. Country
6p. Date of Birth | 6q. Place of Birth | 6r. Possessor's ID No. | 6s. ID Type/State

PART VII – ASSOCIATE INFORMATION

7a. Name *(last) (first) (middle) (suffix)* | Criminal History ? ☐ YES ☐ NO
Alias (AKA) *(last) (first) (middle) (suffix)* | AKA Date of Birth
7b. Height | 7c. Weight | 7d. Sex | 7e. Race | 7f. Address – Route No.
7g. Apt. No. | 7h. Street No. | 7i. Direction | 7j. Street Name | 7k. City
7l. County | 7m. State | 7n. Zip Code | 7o. Country
7p. Date of Birth | 7q. Place of Birth | 7r. Associate's ID No. | 7s. ID Type/State

PART VIII – FIREARM RECOVERY INFORMATION *(Confirm recovery data in 8a, 8g & 8h)*

8a. Recovery Date | 8b. Route No. | 8c. Apt. No. | 8d. Street No. | 8e. Direction | 8f. Street Name
8g. City | 8h. State | 8i. Zip Code
8j. Additional Information

Letter Codes for Question 5c. Type, are as follows: C=Combination has both rifled & smooth bore barrels; M=Machine Gun fires more than one shot with a single trigger pull; P= Pistol, single shot or semiautomatic handgun with integral or permanently aligned chamber & barrel; P/R=Revolver, pistol design based on cylinder rotation; P/D=Pistol/Derringer, small handgun with hinged or pivoting barrel(s); R=Rifle, long gun with rifled barrel; S=Shotgun, long gun with smooth bore barrel(s).

DPS-258-C (New 09/00)

그림 2.7
총기 추적 양식

재판 및 교정 기록

범죄인이 대부분의 시간을 보내는 곳은 경찰의 통제나 수감부서가 아니다. 오히려 법원, 교정기관, 또는 보호관찰이나 가석방을 담당하는 공무원의 통제 하에 몇 해를 보내는 경우가 흔하다. 이들 사법기관에는 수사에 요긴하게 활용될 수 있는 매우 상세한 기록들이 보관되어 있는데, 많은 주에서 모든 형사사법 기록들을 표준화되고 접근 가능한 형사사법 기록 관리 시스템에 통합해야 할 필요성을 인식하고 있다. 이는 형사사법 관련 기관과 조금이라도 접촉을 한 개인에 대하여 단 한 번의 검색으로 매우 포괄적인 정보를 얻을 수 있게 해줄 것이다.

자동차 관련 기록

각 주의 자동차 담당 부서 자료에는 개인의 주소, 간단한 인물묘사, 등록된 차량 정보 등 많은 사적 정보가 포함되어 있다. 또한 대부분의 주에서는 모든 면허 소유자들의 컬러로 된 얼굴 사진을 보유하고 있다. 시민 대다수가 개인용 차량에 의존하여 교통생활을 영위하고 있기 때문에 운전면허증과 차량등록증을 가지고 있지 않은 사람은 소수에 불과하다. 심지어 범죄를 저지른 사람들도 경찰의 심문을 피하기 위해 유효한 면허증과 등록증을 소지하고 다니는 경향이 있다.

금융 기록

은행, 신용회사, 투자회사, 납세기록, 사회보장예치금 등 다양한 부분에서 구할 수 있는 금융 기록은 매우 유용한 수사정보로 활용될 수 있다. 접근 권한이 없는 경우라도 수사관이 조금만 노력을 기울인다면 어느 정도의 정보는 획득할 수 있다. 좀 더 상세한 정보를 구하려면 계좌 소유자나 법적 대리인, 법원의 명령을 통해 권한을 부여받아야 한다. 가족 구성원이나 지인들을 잘 이용하면 중요한 금융 서류를 찾아내는 데 도움이 될 수 있다.

금융 기록은 여러 방면에서 활용가치가 높기 때문에 사건 관련자들의 배경조사를 할 때 반드시 확인하도록 해야 한다. 금융 기록을 통해 다양한 동기와 의도가 밝혀질 수 있음을 명심해야 한다.

예를 들어, 특정인의 생명보험이 최근 빠르게 증가하였다면 그의 죽음을 자살로 추정하는 데 도움이 되는 정보로 활용될 수 있을 것이다. 또한 피해자의 금융계좌를 사건발생 이후 지속적으로 확인해서 용의자가 피해자의 돈을 빼내려고 하는지 여부를 감시해야 한다. 금융 기록은 특정인의 최근 행방을 추적하는 데 활용될 수도 있는데, 그 이유는 금융계좌에서 돈을 인출하지 않고 장기간 생활할 수 있는 사람이 거의 없기 때문이다.

인력관리

이상적으로 보면, 범죄수사에 있어 인력은 그리 중요한 문제가 아니다. 하지만 현실은 그렇지 않아서 범죄 현장을 처리하고 재구성하는 부서의 인력이 항상 부족한 형편이다. 인력과 관련하여 효과적인 범죄 현장 관리를 어렵게 하는 문제가 상당수 존재한다.

첫째, 범죄 현장 처리만 전담하는 수사관들이 충분한가? 아니면 일반 수사관으로서의 역할이나 실험실 분석 요원으로서의 임무도 병행하고 있는가? 둘째, 범죄 현장을 적절히 처리할 수 있는 훈련과 현장 경험을 가지고 있는가? 마지막으로, 한 현장에 충분한 시간을 투자할 수 있도록 업무량이 분배되어 있는가? 아니면 업무가 과중하고 비체계적으로 분배되어 바로 다음 사건 현장에 출동해야 하거나 다른 긴급 업무를 처리해야 하는가? 이러한 문제들에 더하여 만약 감독자의 능력이 부족해서 팀원들의 능력을 충분히 끌어내지 못한다면 범죄 현장에서 획득할 수 있는 최고의 정보들을 상당부분 놓치게 될 것이다.

다음은 범죄 현장의 인력을 관리함에 있어 반드시 고려되어야 하는 몇 가지 사항들이다.

인력의 분배와 훈련

모든 관서는 초기 수사과정에서 인력 등 제한된 자원을 어떻게 적절히 분배할지를 두고 고민하는데, 그 이유는 몇 가지 이슈가 서로 충돌하기 때문이다. 먼저, 범죄 현장을 보존하고 일반인의 이동과 교통을 통제하기 위해서는 정복 경찰관이나 순찰 요원이 필요하다. 그런데 세간의 주목을 끈 사건들을 처리하면서 우리가 계속 경험한 사실은 범죄 현장과 그 현장을 온전히 탐색하고 기록해야 하는 현장 수사관의 역할이 제대로 주목받지 못한다는 점이다. 한편, 최초 24시간이 지나면 사건을 성공적으로 해결할 수 있는 가능성이 대폭 줄어든다는 사실도 경험해왔다. 따라서 그 시간 동안 현장을 보존하고 수색할 충분한 요원을 배치함과 동시에 범인을 검거하는 데 집중하는 인력을 가능한 많이 배치하는 것도 필요한 것이다.

아무리 경험이 많고 다재다능한 현장 수사관이라 해도 혼자서 범죄 현장을 적절히 처리할 수는 없다. 또한 최근 사건이 복잡해지면서 현장을 온전히 처리하기 위해서는 더 많은 수사관들과 충분한 시간이 확보되어야 한다. 대부분의 경우 자원과 업무량이 허락된다면, 범죄 현장 수사팀은 적어도 4명의 수사관과 1명의 감독관으로 이루어지는 것이 바람직하다.

모든 수사관들과 감독관은 나름대로의 강점과 기술을 가지고 있겠지만, 기본에 충실하고 다양한 업무를 소화할 수 있는 능력을 키우기 위해 노력해야 한다. 물론 혈흔형태 재구성이나 고난도의 잠재지문 처리와 같이 복잡하고 앞선 기술이 필요한 업무를 수행할 수 있는 구성원이 없거나 많아야 1명인 경우가 있을 텐데, 그러한 상황에서 감독자는 심각한 실수나 부주의가 발생하기 전에 신속히 외부 전문가의 도움을 요청하는 것이 바람직하다.

범죄 현장 수사관이라면 누구나 가지고 있어야 하는 기본 능력과 훈련 목표가 있다. 그건 바로 현장을 최대한 잘 묘사할 수 있도록 철저히 수색하고 기록해야 한다는 것이다. 온전한 기록을 위해서는 다양한 형태의 사진이나 비디오, 스케치 등을 적극 활용해야 한다. 철저한 수색을 위해서는 다양한 기법을 동원하는 것이 필요한데, 예를 들면 먼저 탐색 구역을 조직적으로 잘 조정하고, 금속 탐지기, 가연성증기 탐지기, 휴대용 레이저나 광원과 같은 장비들을 적극 활용해야 한다. 다양한 학문분야에서 발전된 특수한 기술들도 현장 증거를 처리하는 데 종종 필요할 것이다.

범죄 현장 수사관은 지문, 족윤적, 혈흔이나 여타 생물학적 표본, 곤충 표본, 미세 증거, 마약이나 화학물질, 총기, 폭발물 잔해, 식물이나 토양 표본 등을 인식하고 수집하고 보존하는 데 능숙해야 한다.

마지막으로 행여 범죄 현장팀이 온전한 현장 재구성을 수행할 전문성이 부족하다 해도, 각 팀 구성원들은 현장 재구성에 필요한 기본 절차와 기법을 이해하고 있어야 한다. 교육과 훈련도 이러한 기본 사항과 기법을 충분히 습득할 수 있도록 구성되어야 한다.

관할의 규모와 상관없이, 인력과 관련된 이상의 요구조건들은 중요 사건을 수사할 때 반드시 충족되어야 한다. 상충하는 인력 관련 요구사항을 효과적으로 관리할 수 있는 유일한 방법은 팀 개념을 도입하고 정착시키는 것이다. 이러한 개념은 이 장의 후반부에서 범죄 현장 관리의 최우선 사항으로 다시 한 번 강조된다.

기술 · 장비관리

기술이 급속도로 발전함에 따라 효과적인 범죄 현장 처리능력을 극대화하기 위해서는 새로운(종종 값비싼) 장비와 물품을 지속적으로 확보해야 한다. 장비를 구매하고 업그레이드하는 데 필요한 재원은 처리해야 되는 범죄 현장의 종류와 양에 맞추어 적절히 할당되어야 한다.

최소한 범죄 현장팀의 감독자는 자기 팀이 보유하고 있는 장비의 목록을 상세히 파악하고 있어야 하며, 활용 가능한 최신 기술에 정통해야 하고, 장비의 부족으로 인해 부딪히고 있는 한계점에 대해 알고 있어야 한다. 또한 범죄 현장 요원들에 대해서는 새로운 기술과 장비를 적절히 활용할 수 있도록 하는 훈련이 이루어져야 한다.

기본적으로 필요한 장비들의 목록은 다음과 같다.

1. 지원 차량 – 통상, 범죄 현장 목적으로 특별 제작된 승합 차량
2. 통신 수단 – 해당 관할의 무전망을 가진 양방향 라디오 장치, 휴대전화, 팩스, 모뎀이 있는 노트북 컴퓨터. 최근에는 원격 법과학과 전기통신 기술이 발달하고 있는데, 원격 법과학은 범죄 현장에서 수거된 자료를 추가적인 분석을 위해 실험실에 바로 송신할 수 있는 휴대용 장치와 기술을 지칭하는 개념이다.
3. 도구 및 수색 장비 – 수공 도구, 야외 도구, 전기톱 · 드릴, 보조 조명 · 발전기, 광원, 금속 탐지기
4. 특수제작된 범죄 현장 키트 – 예를 들어 총기발사 잔사 키트, 잠재지문 수집 키트, 탄도 재구성 키트, 공구흔 · 족적 등에 사용되는 주형 키트
5. 화학물질 및 시약 – 예를 들어 혈흔증강시약, 혈액예비검사시약, 잠재지문 현출시약 등
6. 증거물 포장 재료 및 관련 서식
7. 휴대용 장비 – 예를 들어 휴대용 레이저, 휴대용 가스 크로마토그래피

(a)

(b)

사진 2.9 (a)~(b)
코네티컷 주 경찰 중요범죄처리반의 범죄 현장 처리 차량
(a) 외관
(b) 내부 모습

(chromatography), 땅속 전파탐지기(ground-penetrating radar), 야간 투시장비

행정 관리

범죄 현장으로부터 최대한의 정보를 끌어내고 가장 중요한 최초 24시간 동안의 수사 효율성을 극대화하기 위해서는 행정업무가 적절히 관리되어야 한다. 자원의 효율적인 분배와 수사조직 구성은 수사 초기에 반드시 결정되어야 하는데, 특히 다음과 같은 사항들에 유념해야 한다.

지휘본부

범죄 현장에 최초로 임장하는 요원들과 감독자들은 현장을 온전히 보존하기 위해 최선을 다해야 한다. 그렇게 확보된 현장을 제대로 유지하기 위해서 관리자들은 외곽 경계를 정하고 지휘본부를 설치해야 한다.

지휘본부는 범죄 현장 경계의 외곽에 위치해야 하는데, 그 이유는 경계 내에서는 증거가 발견될 수도 있고 또한 수사관들이 방해받지 않고 현장을 철저히 기록하기 위한 공간이 필요하기 때문이다. 하지만 현장으로부터 너무 멀리 떨어져 있어도 안되기 때문에, 현장 요원들을 행정적으로 지원하고 범죄 관련 정보를 현장과 원활히 주고받기 위해서는 되도록 가까운 것이 좋다. 범죄 현장을 제대로 처리하는 것이 관건인 수사 초기에는 현장 외곽에서 매우 가까운 곳에 위치할 수 있도록 이동식 또는 임시 지휘본부를 설치하는 것이 이상적이다. 범죄 현장 처리에 혼선을 가하지 않기 위해 지휘본부는 가능하면 현장처리 장비와 인력이 위치하는 차량이나 시설이 아닌 곳에 설치되는 것이 좋다.

수사가 계속 진행되고 범죄 현장의 기능이 점차 줄어드는 시점에서는 장기 지휘본부가 설치될 수도 있다. 이러한 수사본부는 수사인력을 지원하는 데 집중해야 하고 특별 수사대나 장기 수사센터를 설치할 시설을 제공해야 한다.

언론과의 관계

지휘본부에 접근할 수 있는 권한은 선별적으로 부여되어야 하고 일반 대중이나 언론인이 모일 수 있는 장소는 따로 마련되어야 한다. 취재만을 위한 특별한 장소를 마련하고 홍보 담당관으로 하여금 언론과의 관계를 전담케 하는 것이 좋다. 좋든 싫든 언론은 범죄와 관련된 정보를 수집하고 공개해야 할 자신들의 임무이자 권리를 적극 활용할 것이다. 따라서 언론과의 관계를 적절히 통제하는 것은 결국 수사기관에 득이 된다. 만약 홍보 담

사진 2.10
언론과의 관계: 여러 경찰서가 관여한 합동 수사를 성공적으로 마무리하는 시점에서 홍보 담당관들과 서장들이 기자회견을 하고 있다.

당관이 진실된 정보를 시의 적절하게 언론에 배포해주면, 대부분의 언론은 현장을 보존하고 민감한 수사정보에 대한 비밀을 유지해달라는 수사기관의 요구에 적극 협조할 것이다. 취재지역 역시 범죄 현장과 가까운 지역에 위치해서 뉴스보도에 필요한 자료영상을 쉽게 얻을 수 있도록 해야 한다. 중요 사건을 수사하는 과정에서는 홍보 담당관이 정기적으로 기자회견을 열어야 한다. 사진 2.10은 중요 사건 수사에 관한 정기 기자회견을 여는 모습이다.

기관 간의 소통

많은 자원을 가진 대규모 기관들 사이에서도 사건을 함께 수사해야 하는 경우가 있다. 이는 범죄(들)가 여러 관할에 걸쳐 발생하거나 수사를 담당하는 관서에 재원, 인력, 전문가, 장비 등이 부족한 경우에 발생한다. 이유를 불문하고 성공적인 수사를 위해서는 기관 간의 완전한 협력과 팀 정신이 필요한데, 이러한 팀식 접근에 도움이 되는 방법은 관련 기관들 간에 공식적인 연락관을 두는 것이다.

성공적인 협력 관계가 구축되기 위해서는 관련 기관 모두가 정보와 자원을 적극 공유하고자 하는 강한 의지가 전제되어야 한다. 표면적으로는 평등한 협력이지만, 실질적인 성과를 위해서는 수사를 주도하는 기관을 정하는 것이 좋고 각 기관 내에서도 지휘라인을 설정하는 것이 바람직하다. 기관 간 협력에 가장 큰 장애가 되는 것은 요원들 간의 원활하지 못한 의사소통인데, 이를 극복하기 위해서는 연락관을 두어 모든 정보를 시의적절하게 교환하는 것이 필요하다. 즉, 연락관의 책임 하에 모든 관련 기관들이 수사의 새로운 진행상황이나 문제점, 필요사항 등에 대해 잘 알고 있어야 한다. 이러한 모델이 성공적으로 이루어진다면, 사건 해결의 가능성이 커질 뿐만 아니라 향후 기관 간 협력과 관계 개선에도 큰 도움이 될 것이다.

자원의 배분

법과학과 범죄 현장 기술은 최근 놀라울 정도로 눈부신 발전을 하고 있다. 이를 적절히 융합하여 수사에 적용할 수 있다면, 사건 해결의 성공 가능성은 매우 높아질 것이다.

그런데 아쉽게도 모든 최신 장비와 기술을 도입할 수 있는 재원이나 그

것을 정당화시킬 수 있는 수요를 가진 관서는 거의 없다. 또한 대부분의 최신 장비와 기술을 제대로 활용하기 위해서는 전문적으로 훈련 받은 사람이 필요한 실정이다. 따라서 관서마다 각자에게 꼭 필요한 장비와 기술의 범위를 정하고 상호 교류와 협력을 통해 자원을 공동 활용하는 것이 바람직할 수 있다. 그렇게 함으로써 각 관서의 인력과 재원을 고갈시키지 않으면서도 새로운 기술에 충분히 접근할 수 있을 것이다.

절차 개발

지금까지 설명한 범죄 현장관리의 네 가지 구성요소를 하나하나 충족시킨다 해도 범죄 현장이 발휘할 수 있는 기능을 극대화시키기란 쉽지 않다. 간단한 현장이든 복잡하고 최신 기술을 요하는 현장이든 효과적인 범죄 현장 관리를 위해서는 조직적이고 종합적인 절차를 개발하는 것이 꼭 필요하다. 그런데 아쉽게도 많은 경찰관서들이 이를 소홀히 하고 있다.

이처럼 범죄 현장 관리를 위한 종합적인 매뉴얼이 부족한 것은 대체로 다음과 같은 이유들 중 하나 때문이라 할 수 있다.

첫째, 어떤 관서는 소수 전문가들의 지휘 아래 지금껏 범죄 현장을 잘 처리해왔다고 생각할 것이다. 둘째, 그러한 소수의 전문 관리자들은 대중의 비난을 받아본 적도 없고 미진한 범죄 현장 처리로 인해 수사가 잘못된 경험도 해보지 않은 사람들이 대부분이다. 그런데 문제는 이러한 전문가들의 수가 점차 줄고 있다는 것이다. 셋째, 수사의 성공 여부를 판단함에 있어 범죄 현장이 그다지 중요하게 인식되지 못했기 때문에, 현장 관리자들은 자신들이 무엇을 모르는지조차 모르고 있다.

일부 관서들은 충분한 훈련을 받고 오랜 경험을 축적한 소수의 핵심 현장 수사관들의 활약 덕분에 심각한 위기의식을 느끼지 못하고 있다. 그런데 그 소수의 전문가들은 관서에서 규정한 지침이나 절차가 있음에도 불구하고 이를 무시한 채 자신들의 전문성에 기대어 비교적 수준 높은 현장 처리를 보여주고 있다. 문제는 아무리 유능한 전문가라 해도 범죄 현장 처리를 체계적으로 접근하지 않으면 치명적인 실수를 범할 가능성이 있다는 것이다. 또한 그들이 가진 전문성을 후배들에게 전수해주지 못하는 경우도 종종 발생하고 있어 체계적인 절차 개발이 더욱 절실히 요구된다.

즉, 현장경험에만 의존해서 전문성을 전수하다보면 고참 수사관이 퇴직

할 경우 신참 요원을 제대로 교육시킬 방법이 없어진다. 그런데 문서화된 절차가 있으면 매뉴얼에 따라 훈련이 가능하므로 경험 많은 현장전문가들과 관리자들은 체계적인 절차를 개발하고 문서화하는 데 더욱 신경을 써야 한다.

범죄수사 또는 법과학 관련 요원으로서 우리는 미숙한 범죄 현장 처리로 인해 증거가 미흡한 상황에서 범죄를 해결할 수도 없고 법정에서 이길 가능성도 없는 경험을 얼마나 더 해야 하는가? 특히 세간의 이목을 끄는 중요 사건이라면 보안을 유지하기 위해 매일 수고를 다해야 할 것이다. 사코 또는 벤제티(Sacco or Venzetti) 사건이나 존 F. 케네디 암살 사건과 같이 오래된 중요 사건들에서도 골치 아픈 논란거리가 많았지만, 당시에는 최근 발달한 장비와 기술의 혜택을 보지 못했기 때문에 어느 정도의 실수와 미진함을 이해할 수 있었다. 하지만 장비와 기법이 눈부시게 발전한 현대의 범죄 현장 수사에 있어서도 가장 기본적인 실수가 빈번하게 발생하고 있는데, 대표적인 예가 빈센트 포레스트(Vincent Forest) 사건, 오 제이 심슨(O.J. Simpson) 사건, 존 버넷 램지(Jon Benet Ramsey) 사건 등이다.

모든 관서는 범죄 현장 관리 절차가 왜 중요한지를 인식하고 반드시 양질의 절차를 마련해야 한다. 그렇지 않으면 어떤 관서라도 전술한 문제에 봉착할 수 있음을 명심해야 한다.

현대의 법정에서는 물적 증거를 가장 중요시하고 있다. 이러한 상황에서 예전의 주먹구구식 수사나 자백에 집중한 수사는 더 이상 범죄 해결에 큰 도움이 되지 않는다. 이유야 어찌됐든, 대부분의 현대 사법 시스템은 물적 증거, 물적 증거에 대한 법과학적 조사, 물적 증거와 관련된 범죄 현장 분석이 주된 과정을 이루고 있다.

간단히 말하자면, 배심원들은 범죄 현장과 현장에서 발견된 증거에 대해 상세한 내용을 듣고 보고 싶어 한다. 따라서 전체적인 수사계획을 수립할 때 인력이나 예산 등 활용 가능한 자원을 고려해서 현실적이면서도 효과적인 범죄 현장 관리 모델을 반드시 포함시켜야 한다.

적절한 범죄 현장 수사모델 선택

현재 많은 범죄 현장 수사모델들이 개발되어 있는데, 이들을 활용해서 범죄 현장의 가치를 반영한 접근법이 보다 적극적으로 운용되어야 한다.

각 모델은 장단점을 가지고 있기 때문에 주요 요소를 잘 고려해서 관서에 맞는 적절한 모델을 선택해야 한다. 여기서 주요 요소라 하면 활용 가능한 재원, 인력과 자격, 범죄유형, 범죄율과 범죄 현장 처리 수요, 관할 지역에서 요구되는 과학과 법률 시스템의 수준, 수집된 물적 증거를 분석할 수 있는 법과학 서비스의 수준 등이 포함된다.

결국 각 관서는 이러한 요소들을 기준으로 각 모델의 장단점을 판단하여 해당 관할 지역의 형사사법 시스템이 요구하는 사항에 가장 적합한 하나의 모델을 선택하거나 아니면 몇 가지 모델들을 결합하여 활용해야 한다.

전통적 모델

전통적인 범죄 현장 관리 접근법에서는 일반 순찰 요원이나 형사들이 주요 범죄 현장 요원으로 활약한다. 이 모델은 인력이 부족하고 범죄 현장을 높은 수준으로 처리해야 할 수요가 적은 관서에 적합하다. 또한 다른 모델들이 부족한 상황이라면, 어찌되었든 경찰력은 항상 현장에 임장하고 있어야 하기 때문에 이 모델을 선택할 수밖에 없다. 이 모델의 단점이라 하면 과학적 훈련과 기술적 경험, 현장 처리 경험이 부족한 인력을 사용한다는 데 있다. 또한 일상적인 순찰 업무나 수사, 공공서비스 업무를 병행해야 하기 때문에 범죄 현장을 효과적으로 처리하는 데 필요한 시간을 온전히 낼 수가 없다는 문제가 있다.

범죄 현장 전문가

이 모델은 범죄 현장만을 전문적으로 다루는 인력을 활용하는데, 이들은 경찰관이 아닌 일반인 신분을 가지고 있는 사람들이다. 이들은 종종 특별한 과학이나 기술적인 훈련을 받은 사람들로서 현장 처리의 연속성과 전문성을 확보하는 데 좋은 접근법이다. 하지만 이런 종류의 범죄 현장 요원들은 가끔 수사 경험이 없다는 단점이 있다.

전반적인 수사 경험은 각 범죄나 수법에 따라 적절한 증거를 인식하고 찾아내는 데 매우 중요한 요인으로써 효과적인 범죄 현장 처리에 큰 도움이 된다. 그런데 범죄 현장 전문가들은 수사에 대한 전반적인 관념이 부족한 것이 문제가 될 수 있다.

범죄 현장 팀

범죄 현장 팀은 범죄 현장만을 전문적으로 다루는 경찰관으로 구성된다. 전통적 모델에서의 인력과 달리 범죄 현장 팀원들은 수사와 범죄 현장에만 집중할 수가 있다. 이러한 모델은 경험을 쌓을 수 있고, 다른 업무에 신경쓰지 않아도 되며, 과학과 기술에 관한 보수교육을 받을 수 있는 장점이 있다.

한 가지 단점은 대부분의 경찰관서가 경찰인력을 승진이나 업무의 우선순위를 고려하여 자주 교체한다는 것이다. 이럴 경우 전통적인 모델의 인력에 비해서는 더 과학적이고 기술적인 능력을 가지고 있을지 모르나, 법과학에서 최근 발달하고 있는 새로운 기법과 기술을 습득하는 데는 뒤처질 수밖에 없게 된다. 또한 범죄 현장 처리는 어떻게 보면 매우 기술적인 업무로서 이를 수행하는데, 경찰관을 투입하는 것은 전체적인 범죄수사를 수행해야 할 인력을 소모시킨다는 비판도 있을 수 있다.

실험실 과학자

실험실 과학자들은 전술한 모델들의 어떤 인력에 비해서도 가장 뛰어난 과학적 · 기술적 능력을 가지고 있다. 이들은 자신들 업무의 특성과 학계 및 연구공동체 활동을 통해 범죄 현장 처리기술에 영향을 미치는 변화에 능동적으로 대처할 수 있다. 또한 이 모델은 범죄 현장과 실험실에서의 업무기능이 밀접하게 연관되어 있다는 점에서 또 다른 장점을 찾을 수 있다. 이 모델의 단점이라 하면 실험실 과학자들 중 다수는 수사 경험이 없고 따라서 증거를 인식하는 데 약점을 보인다는 것이다. 그들은 대게 범죄 현장에 임장해야 할 동기가 약하기 때문에 소수의 중요 현장에만 선택적으로 출동하는바, 이로 인해 결국 현장경험이 부족한 현상이 발생하게 된다. 또한 실험실 과학자들을 시간이 많이 소모되는 현장 업무에 투입하는 것은 압수된 물적 증거를 분석해야 할 실험실 자원을 소모시키는 문제로 이어질 수 있다.

협력적인 팀 모델

대부분의 경우 이 모델을 가장 이상적인 범죄 현장 수사모델로 간주할 수 있다. 하지만 이 모델은 경찰, 실험실, 범죄 현장 요원, 검시관, 검찰 등 다양한 분야의 광범위한 자원을 필요로 한다. 또한 이 모델이 성공하기 위해서는 종합적인 범죄 현장 절차가 마련되어 있어야 하고, 각 참여자들이 적극적으로 절차에 따라야만 한다. 이 모델에서는 최신의 과학, 기술, 수사

사진 2.11
법과학 전문가가 보스니아의 시체매장 현장을 조사하고 있다(크로아티아, Dragun Primorac 박사 제공).

관련 자원이 모두 동원될 수 있다.

이 모델은 팀 구성원들 간에 강한 책임감이 공유될 뿐만 아니라 각 개인의 능력을 향상시키는 데도 큰 도움이 된다. 하지만 다른 모델들과 마찬가지로 몇 가지 극복해야 할 문제점이 있다. 다양한 팀 구성원들이 함께 범죄 현장 처리를 위한 계획을 수립해야 하고, 물적 증거를 어떻게 인식하고 수집, 보존할지에 대해 공동의 구상을 마련해야 한다. 즉, 이 모델은 경쟁이 아닌 협력을 필수요소로 하는데, 온전한 협력이 결코 손쉽게 이루어지는 일이 아니다. 사진 2.11은 보스니아의 한 시체매장 현장에서 폭발물과 총기 증거를 찾기 위해 법과학자들과 수사관들이 함께 일하고 있는 모습을 보여준다.

제 3 장

범죄 현장 수사의 일반적 절차

범죄 현장은 반드시 조직적이고 체계적으로 조사해야 한다. 이 조사는 적절한 방법으로 해야 하며, 정해진 순서에 따른 많은 단계들로 구성되어 있다. 이 단계 중 어느 한 단계를 생략한다면 가치 있는 증거가 간과될 수 있고 법적이나 과학적인 요건을 충족시킬 수 없게 된다. 모든 숙련된 현장 감식 요원은 예외적인 상황에서 단계의 순서를 바꿀 것인지 아니면 지킬 것인지를 결정하면서 전문가로 거듭날 수 있다.

서론

범죄 현장 수사는 발견의 과정이다. 범죄 현장 감식 요원은 현장에서 범행의 특성, 패턴, 현장과 관련된 다양한 물적 증거, 심지어는 범행과 현장에 관련된 방대한 양의 사실과 같은 범죄 행동의 흔적을 찾는다. 예를 들어, 검시를 통해 사망의 원인이나 종류, 사망 추정시각, 사망자의 신원, 병력, 용의자의 신원, 그리고 가능하다면 현장이 발견되기 전에 피해자가 무슨 행동을 했는지와 같은 사실들을 알 수 있다. 사진 3.1은 살인사건 현장에서 과학자와 감식 요원들이 함께 증거를 찾기 위해 현장 감식을 하는 모습을 보여준다.

범죄 현장은 반드시 조직적이고 체계적으로 조사해야 한다. 이 조사는 적절한 방법으로 해야 하며, 정해진 순서에 따른 많은 단계들로 구성되어 있다. 이 단계 중 어느 한 단계를 생략한다면 가치 있는 증거가 간과될 수 있고 법적이나 과학적인 요건을 충족시킬 수 없게 된다. 모든 숙련된 현장 감식 요원은 예외적인 상황에서 단계의 순서를 바꿀 것인지 아니면 지킬 것인지를 결정하면서 전문가로 거듭날 수 있다. 그림 3.1은 **범죄 현장을 철저히 수사한 것을 확인하기 위한 체계적이고 조직적인 절차를 적용하여 감식하는 감식 요원을 묘사**하고 있다. 숙련된 현장 요원과 관련하여

사진 3.1
헨리 리 박사가 형사들과 함께 현장을 분석하고 있다.

'It's all in the details.'라는 말이 있다. 충분한 시간을 들여 현장을 세밀하게 조사하고 감식해야 한다. 왜냐하면 그 단계에서 중요한 단서를 발견할 수도 있기 때문이다.

다음의 내용은 체계적인 수사의 중요성을 보여주는 단계를 간단하게 요약하고 있다. 범죄 현장 수사에서 사용되는 순서 중 각 단계에 대한 자세한 설명은 다음 장에서 다루고 있다.

최초 현장대응 요원의 역할

현장에 처음 출동하는 사람은 대체로 경찰관이나 응급 구조 요원, 소방관들이다(사진 3.2 참고). 현장에서 이들의 활동은 사건을 성공적으로 해결할 수 있는 토대를 마련한다. 초동 경찰관은 범죄 현장의 최초 상태를 볼 수 있는 유일한 사람이기도 하지만, 종종 현장의 원형을 변형시키거나 의도치 않게 바꾸는 사람이기도 하다. 물론 이들은 자신의 맡은 바 최선을 다해야 하고, 그들이 범죄 현장과 피해자, 목격자, 궁극적으로 용의자와의 연결고리의 시작점이 될 것이라는 사실도 잊지 말아야 한다. 범죄 현장이 훼손되면 이 연결고리를 찾지 못하게 될 수도 있다. 그래서 현장에 출동하는 어떤 초동 경찰관이든 훈련과 교육, 경험은 필수적인 요소이다.

최초 대응 요원의 기본적인 임무는 아래와 같다.

1. 피해자 구호
2. 용의자 체포: 여전히 현장이나 그 부근에 있을 수 있는 용의자에 대한 추적이나 체포
3. 목격자 확보: 목격자는 범죄 현장에 대한 가치 있는 정보를 갖고 있다. 사건에 대해서 이야기 나누는 것을 막기 위해서 각 목격자들을 분리해야 한다. 목격자는 면담을 할 필요가 있을 것이다.
4. 현장보존: 현장보존을 시작한다. 폴리스 라인, 경찰 차량 등을 사용할 수 있다. 입구와 출구를 고려해야 한다. 만일 일시적인 증거나 패턴 증거와 같이 잠재적인 물적 증거가 훼손될 가능성이 있다면, 그것은 우선적으로 기록되고 보존되어야 한다. 전화기, 욕실, 종이타올, 물과 같은 현장의 물건들을 절대 사용해서는 안 된다. **현장에서는 절대로 먹지도, 마시지도, 담배를 피지도 말아야 한다.**

5. 감독자와 원할한 의사소통을 하라(사진 3.3 참고).
6. 최초 대응 요원에 의한 모든 행동, 관찰, 현장의 변경은 현장 감식 요원에게 보고되어야 한다. 어떤 방법으로든 현장을 훼손하는 것을 피하기 위한 노력은 대부분의 최초 대응 요원들이 따르는 가이드라인이 되어야 한다.

모든 현장 감식 요원과 최초 대응 요원은 현장에 접근할 때 항상 열린 생각과 객관적인 자세를 가져야 한다. 초기 단계에 발생하는 실수들은 전체 수사를 위태롭게 할 수 있다. 최초 대응 요원이 전체적으로 그들이 관찰하

사진 3.2
살인사건 현장에 최초 대응 경찰관이 도착했다. 현장 주변에 순찰차를 주차한 것을 알 수 있다.

사진 3.3
순찰경찰과 형사가 보존되어 있는 현장 바깥쪽에 모여 있다.

거나 행동한 것을 기록하는 것도 이러한 이유 때문이다.

녹음이나 스케치와 노트 등의 현장 기록 방식은 이런 목적을 달성하기에 매우 적합하다. 최초 대응 요원의 좋은 현장 기록이란 누가, 무엇을, 언제, 어디서, 어떻게 등의 질문에 답을 할 수 있도록 작성된 것을 의미한다. 예를 들면 현장에 주차되어 있는 차량 또는 현장과 인근을 벗어난 차량들, 피해자의 옆에 놓여 있는 약물, 현장에 있거나 또는 현장을 벗어난 인물들, 현장 밖의 방해물이나 사물들, 피해자의 주변에서 발견된 신문, 편지와 같이 날짜를 알 수 있는 물건들, 건드렸거나 옮겨진 흔적이 있는 사물들에 대한 기록이 될 것이다.

현장에 도착하면 최초 대응 요원은 그들 자신과 현장에 있는 다른 사람들의 안전을 항상 생각해야 한다. 사건의 성격과 현장의 안전에 대해 판단하라. 상황과 관련하여 생긴 상처가 있다면 그것을 먼저 처치해야 한다. 범인이 있다면 그의 신병을 먼저 확보하고 현장을 가능한 넓게 보존해야 한다. 그리고 즉각 경찰서나 소속 기관에 지원을 요청해야 한다. 최초 대응 요원에 의해서 현장에 대한 주의 깊은 보존과 기록, 유지가 이루어졌다면 범죄 현장의 원래의 상태를 모두가 인식할 수 있을 것이고, 어떤 누락이나 오염도 없다는 것을 알게 될 것이다.

피해자 구호

현장에 도착하면 최초 대응 요원과 현장 감식 요원은 앞서 설명한 것처럼 항상 상황을 판단하고 현장을 보존해야 한다. 그러나 만일 부상자가 현장에서 발견되고 응급처치가 요구된다면, 그 부상자를 구호하고 응급처치를 시행하는 것이 매우 중요하다. 이러한 구호임무는 우선적인 것이다. 구호임무를 수행하면서 발생하는 범죄 현장의 변동은 당연히 상세하게 기록되어야 한다.

용의자의 수색과 체포

용의자에 대한 체포는 모든 법집행기관 요원들의 가장 기본적인 임무이다. 그러나 용의자에 대한 수색과 체포를 하는 과정에서 용의자와 범죄 현장을 연결하는 데 사용되는 잠재적인 증거를 훼손해서는 안 된다. 예를 들면, 총격 사건 수사에서의 용의자가 총기발사 잔사가 남아 있을지 모르기 때문에 절대 자신의 손을 씻게 해서는 안 된다. 둔기나 예기가 관련된 상해 사건과 관련된 용의자의 의복은 즉시 사진으로 기록을 남기고 수집해야 한다. 만일 용의자가 현장으로부터 먼 곳에서 체포된다면 절대 현장으로 다시 데리고 와서는 안 된다. 피해자와 목격자는 조금이라도 더 안정된 환경에서 용의자를 잘 식별할 수 있다. 현장으로부터 용의자를 격리하는 가장 중요한 이유는 용의자가 현장으로부터 격리되면 용의자와 현장을 연결해줄 현장 물적 증거가 보다 명확해지기 때문이다. 즉, 현장 물적 증거가 목격자나 피해자에게 확인시키기 위해 용의자를 다시 현장에 데려온 시점에 만들어진 것이 아닌 범행 당시에 용의자가 남긴 것으로 증명해줄 것이기 때문이다.

용의자 관리에 관한 기본원칙

1. 무기 소지 여부를 확인하라 – 만약 갖고 있다면 안전을 먼저 생각하고, 그것이 증거가 됨을 인식해야 한다. 총기는 상태를 기록한 후에 탄환을 제거해야 한다.
2. 용의자를 현장으로부터 격리해야 한다. 필요하다면 화장실을 사용하는 동안에도 함께 하도록 해야 한다.
3. 용의자가 현장으로 돌아가게 하면 안 된다.
4. 용의자의 상태를 기록해야 한다. – 노트기록, 사진촬영 등. 사진 3.4는 살인사건의 용의자에 대한 사진촬영 순서를 보여준다.
5. 용의자의 모든 언행을 기록해야 한다.
6. 용의자의 모든 상처와 의복의 손상을 기록해야 한다.

현장보존

증거 훼손을 방지하기 위해서 현장이 반드시 보존되어야 한다는 점을 인식하고 현장 접근은 통제를 통해 제한적으로 이루어져야 한다. 물리적 경계선의 사용은 제한 구역을 표시하는 데 유용하게 사용될 수 있다. 여러 가지 방법이 있는데, 로프나 경찰 통제 테이프 등이 주로 사용된다. 소방 차량이나 경찰 차량도 테이프를 사용하기 어려운 고속도로나 거리, 넓은 야외 현장에서는 요긴하게 사용된다(사진 3.2와 3.3). 경계의 위치는 통제의 범위를 의미하기 때문에 매우 중요하다. 하지만 그것이 한번 결정되었다고 절대 변하지 않는 것은 아니다. 수사를 진행하는 과정에서 얼마든지 변경

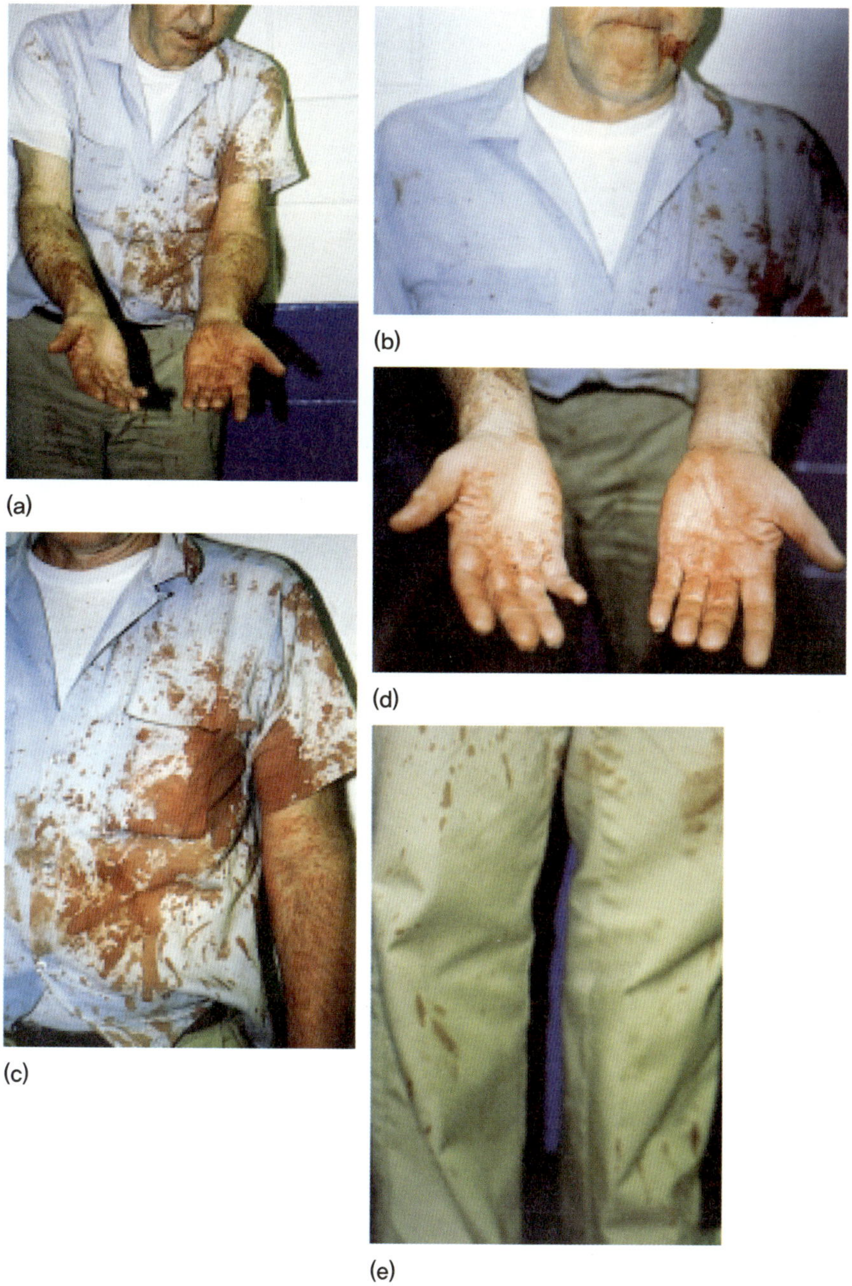

사진 3.4 (a)~(e)
용의자의 의복, 얼굴, 손에 남겨진 혈액으로 의심되는 흔적에 대한 기록

할 수 있다. 경계 영역의 변동은 수사과정에서 통제 영역을 더 넓게 또는 더 좁게 할 수도 있다.

현장을 통제하는 경찰관은 현장을 진입하려고 하는 모든 사람에 대해서 통제를 해야 한다. 살인사건과 같이 중요한 현장에서는 시체가 있는 곳 또

그림 3.1
다중적 현장 통제

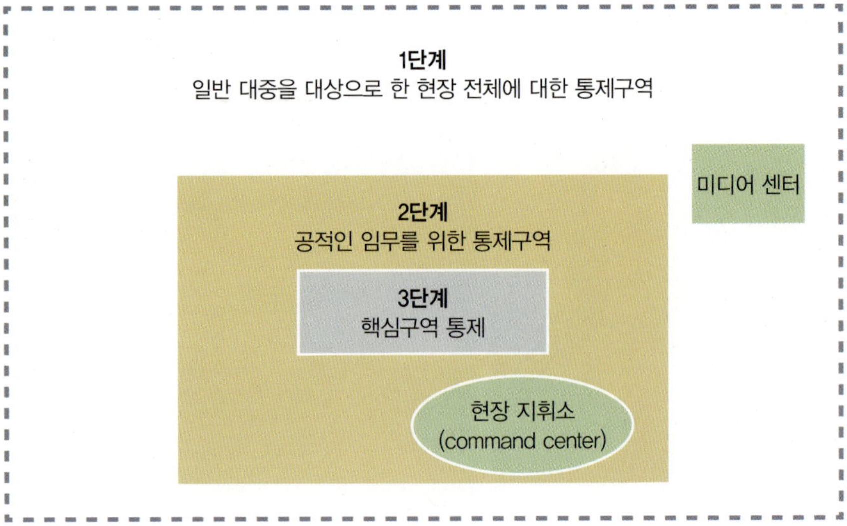

는 사건에서 가장 중요한 영역의 주변에 2차적인 현장 통제소를 설치하는 것이 도움이 될 수 있다. 현장에 대한 통제는 순찰 경관과 수사관, 소방관, 목격자, 피해자의 가족, 이웃, 행인, 심지어는 언론 관계자에 이르기까지 현장 수사를 위한 불필요한 모든 구성원을 대상으로 이루어져야 한다. 현장 감식 요원에 대한 출입 기록도 유지되어야 한다. 범죄 현장에 대한 교통의 적절한 통제는 물적 증거의 훼손을 최소화하는 데 도움이 될 수 있다. 숙련된 현장 감식 요원들에게는 증거의 유지를 위해서 현장에 대한 엄격한 통제가 필요하다는 것이 쉬운 개념이겠지만, 대부분의 높은 계급을 가진 간부들이 이해하기에는 가장 어려운 개념일 것이다. 사진촬영이나 비디오 녹화는 이러한 유형의 사람들을 다루는 데 큰 도움이 될 수 있다.

중요한 사건의 경우에 다중적 현장통제 방식을 적용하는 것이 이상적이다(그림 3.2).

다중적 현장통제

1. 1단계는 가장 바깥쪽의 영역 또는 일반적인 범죄 현장 영역을 의미한다. 이 단계에서는 전반적인 보안이 이루어진다. 현장 보존 임무를 수행하는 경찰관은 이 영역에서 출입자 통제를 할 수 있는 곳에 위치해 있어야 한다. 현장을 지나는 사람들과 불필요한 현장 출입을 통제하는 것이 그들의 임무가 된다. 이 영역에는 일반 대중들로부터는 격리되어야 하고 2단계 출입은 제한되어야 하는 언론을 위한 장소가 마련되어야 한다. 일반

사진 3.5
다수의 경찰관들이 있는 총격사건 현장에 많은 구경꾼들이 모여 있다.

대중으로부터 분리된 구역의 일부를 언론에 할애하는 것은 언론과 좋은 관계를 유지하면서 결과적으로 협력 관계를 이끌어내는 데 도움이 될 것이다(사진 3.5 참고).

2. 2단계 통제선은 범죄 현장에 인접한 곳으로 설정한다. 경찰과 응급 요원들, 지원부서 직원들, 관련 공무수행 차량 등에 한해서만 출입이 허가되는 구역이다. 2단계 구역에는 지휘관들을 위한 장소가 마련될 수 있다. 지휘관들에 의한 현장 훼손을 방지하면서, 그들이 현장 가까이에 접근하게 해줄 수 있는 좋은 방법이 된다. 이러한 지휘소는 수사관들의 회의나 휴식을 위한 공간으로도 활용될 수 있게 마련되는 것이 좋다(사진 3.6 참고).
3. 3단계 통제선은 사건 현장의 가장 핵심이 되는 구역에 설정된다. 이 구역은 매우 높은 수준의 보안과 통제가 이루어져야 한다. 3단계 통제선 안쪽에 대해서는 현장 감식 요원들의 접근만이 허용되어야 한다.

현장 초동 대응

현장 조사

현장이 한 번 통제되면 현장 지휘관이나 감식팀장은 형사와 함께 현장에 대한 기초 조사를 수행해야 한다. 이러한 기초 조사는 통상적으로 현장을 '둘러보는(walk-thru)' 방식으로 이루어진다. 이것은 최초 대응 요원과 현장 감식 요원이 함께 한다면 훨씬 효과적으로 수행할 수 있을 것이다. 최초 대응

사진 3.6
다중적 현장 통제. 2단계 통제선 안쪽에 지휘소가 설치되어 있는 모습이다(그림 3.2 참고).

요원은 현장의 원래의 모습과 어떤 것들이 변동되었는지에 대한 직접적인 지식을 갖고 있기 때문에, 이 시점에서 이들에 대한 면담 조사가 이루어져야 한다. 기초 조사를 하는 동안 사진을 촬영하는 것은 기초 사실 기록에 있어서도 매우 좋은 방법이 될 수 있다.

다음에는 현장에 대한 기초적인 '둘러보기'를 하기 위한 가이드라인이 제시되어 있다.

1. 사실 관계를 분명히 하기 위해 현장에서 있었던 행위들에 대한 최초의 재구성을 하는 것이 좋다. 이것은 어떻게 범죄가 일어난 것인지에 대한 확정된 이론들은 아니지만 범죄 현장 재구성의 시작점이 될 수 있다. 항상 과학적이고 객관적이고 체계적으로 현장 수사를 해야 한다. 그렇지 않으면 수사의 방향에 대한 그릇된 판단을 내릴 수 있는 선입견이나 편견을 갖게 된다.
2. 현장에 존재하는 일시적 증거와 조건적 증거에 주목해야 한다. 날씨나 기후, 전등 스위치의 상태, 도어락의 파손 여부, 창문의 개폐, 실내 에어컨의 상태, 냄새, 패턴 증거의 존재 등을 인지하고 기록해야 한다. 이 시점에서 이러한 물적 증거들에 대한 기록, 보존, 보관, 수집은 매우 중요하다.
3. 입구와 출구, 그곳으로 이어지는 경로와 핵심구역 그리고 도로에 인접한 곳인지의 여부 등에 대한 중요한 사항들을 확인해야 한다. '둘러보기'의 결과를 기재한 노트의 예시는 그림 3.2에서 볼 수 있다.

임장기록 작성자 :

사건번호 01-0023 날짜: 01-23-01
사건 현장 : (장소 기재)
초동조치자 :
신고접수 : (시각 기재) 현장도착 :
피해자 : (인적사항 기재) 용의자 :

현장 상황 : 내부 현장, 아파트 2층, 출입문은 강제로 열었던 흔적(공구흔)이 있으며 에어컨은 켜져 있었고 창문은 모두 잠겨 있었음. 침실의 등은 켜져 있었고 시체는 남쪽 침실에 위치해 있었음. 모든 방을 뒤진 흔적이 있었음. 부엌 탁자 위에 가방이 있었고 내용물이 쏟아져 있었음. 혈흔은 어디서도 발견되지 않았고 카펫과 텔레비전 주변에 족적 몇 점이 있었음. 다른 모든 가전제품은 그대로 있었으며 수화기는 통화 중인 상태로 되어 있었음.

시체 상황 : 안면은 위를 향해 있었고 손은 가지런히 옆으로 놓여 있었음. 다리는 발목이 엇갈려 있었음. 청바지와 터틀넥 셔츠를 입고 있었고 양말과 신발도 착용하고 있었음. 눈에 띄는 상처는 없었고 목 주변에 멍으로 의심되는 흔적이 관찰되었음. 머리카락이 얼굴을 덮고 있었고 혈흔은 발견할 수 없었음. 오른손에 머리카락 몇 점이 관찰되었음.

그림 3.2
현장 '둘러보기(임장기록)' 기록의 예

4. 누가, 무엇을, 어디서, 언제, 왜, 어떻게라는 질문에 대한 답을 할 수 있어야 한다.
5. 현장의 유형, 현장의 경계, 현장에 필요한 요원들과 장비에 대한 검토를 한다.

범죄 현장에서의 의사소통

현장 조사가 끝나면 감식 요원은 다른 감식 요원들 및 형사들과 대화를 통해서 그들이 발견한 것과 조사한 것을 공유해야 한다. 현장 수사는 개인이 아닌 팀이 하는 일이다. 팀워크를 의미하는 이러한 의사소통은 현장 수사를 과학적인 기조로 유지하게 한다.

범죄 현장 수사에서 각각의 임무는 개인에게 부과될 수 있다. 예를 들면, 증거수집, 사진촬영, 비디오 녹화, 잠재지문 현출 등이 각각의 현장 요원들에게 부과될 수 있다. 현장 수사에서의 팀 활동 개념과 현장 관리는 원활한 의사소통에서 시작된다. 왜냐하면 현장에서는 수사상 모든 관점이 중요한 역할을 하기 때문이다. 각자에게 부과된 임무에 대해서는 아래에서 간단하게 언급하고 구체적으로는 이 책의 여러 장에서 다루게 될 것이다. 사건과 현장에 대한 정보, 발견된 것들, 의견들의 공유가 과학적 현장 수사에 필수적인 요소라는 점은 아무리 강조해도 지나치지 않다. 원활한 의사소통이 없다면 중요한 물적 증거들은 간과될 수 있고 적절한 현장의 절차가 무시될 수 있다.

상관과 다른 기관에 대한 보고

초동 조치자의 임무 중 현장의 지휘관에게 현장 상황에 대해서 가능한 빨리 보고하는 것은 매우 중요하다. 그림 3.3과 같은 현장 체크리스트는 수사기관에서 적용할 수 있는 표준절차로 적절할 것이다.

1. 부서가 정하고 있는 가이드라인이나 실무 관행에 따라서 지휘라인에 있는 상관에게 보고를 해야 한다.
2. 필요하다면 법과학 실험실과 그 밖의 기술적인 지원을 하는 부서에 대해서도 보고가 이루어져야 한다. 최근 법과학 기술은 급속도로 발전하였고 많은 변화가 있었다. 그래서 수사기관이 현장에서 필요한 모든 법과학적 기술들을 스스로 해결하는 것은 매우 어려운 일이 되었고, 다양한 분야의 전문가들이 현장대응에 지원을 하는 일은 이미 일반화되어 있다. 현장 감식을 위해 필요한 전문가들은 혈흔형태분석 전문가, 폭발물 전문가, 법인류학자, 탐지견 핸들러, 기술자, 법곤충학자, 법치의학자, 범죄학자, 실험실의 많은 법과학 전문가에 이르기까지 매우 다양하다.
3. 검사의 요구가 있을 때에는 검사에게도 보고를 해야 한다. 검사가 현장에 대해서 잘 알고 있는 것은 여러 장점이 될 수 있다. 그들이 실제 현장을 잘 관찰하고 이해하게 되면 그들의 기소 유지 임무를 더 잘 수행할 수 있게 될 것이며, 현장 감식 요원들의 임무에 대해서도 더 잘 이해하게 될 것이다. 현장 감식 요원에 의해서 이루어지는 현장 기록과 수색, 증거의 수집 등에 관한 절차를 검사가 잘 관찰할 수 있게 되면 현장 수사에 대해서 더 잘 이해하게 되고 더 많은 의사소통을 하게 될 것이다.
4. 갑작스러운 사망이나 아무도 지켜보지 못한 사망 그리고 여타 사망 사건에서 법의관이나 검시관의 보고가 요구될 수 있다. 대부분의 재판에서 시체는 증거가 되고 법의관이나 검시관의 관리 하에 있게 된다. 그래서 법의관이나 검시관은 시체에 대한 정보를 얻기 위해서 시체가 있는 현장에 있어야만 한다.

그림 3.3
일반적인 현장 체크리스트

현장 체크리스트

사건번호　사건의 종류

일반 정보

장소 .... 날짜 및 시간 ....

피해자의 이름 ....

초동조치 요원 .... 도착 시각 ....

초동 수사관 .... 도착 시각 ....

기상상태 ....

현장상태 ....

조명상태 ....

목격자 .... 주소 ....

용의자 .... 주소....................

현장 기록

현장 출입기록 .... 기록자 ....

노트기록 .... 기록자 ....

사진기록 목록 .... 기록자 ....

현장스케치 .... 기록자 ....

비디오 녹화 .... 기록자 ....

녹음기록 .... 기록자 ....

증거목록 .... 기록자 ....

조사목록 .... 기록자 ....

보고 및 통보

형사 지휘관 .... 보고시점....................

경찰서장 .... 보고시점 ....

중요범죄수사팀 .... 보고시점 ....

신원확인팀 .... 보고시점 ....

법과학 실험실 .... 보고시점 ....

법의관사무소 .... 보고시점 ....

주 검사 .... 보고시점 ....

기타 기관 .... 보고시점 ....

물적 증거 .... 보고시점 ....

.... 보고시점 ....

주변인 체크 ....

인근의 차량 체크 ....

서명 ....

현장 수색의 법적 의의

가장 발전된 장비와 기법을 적용할 수 있다 하더라도, 현장 절차와 증거 분석 과정에 있어 향후 재판정에서 그 증거들이 증거로써 허용되지 않는다면 그것은 증거로써의 가치를 전혀 끌어내지 못한 것이다. 피고인측 변호인들이 증거의 가치를 약하게 하기 위해서 사용하는 가장 흔한 방법이 그것이 수집되는 과정에서 사용된 위법한 방법에 대해 주장하는 것이다. 만일 법원이 그 증거가 위법한 방법으로 수집되었거나 그것이 수집되고 관리되는 과정에서 법적이고 과학적인 요구사항들을 따르지 않았다고 판단하게 된다면, 매우 예외적인 경우를 제외하고 그 증거는 법정허용성이 없는 것으로 간주된다. 이러한 원칙은 불합리한 수색과 압수를 방지하는 헌법적 보호의 측면에서 약속이 된 것이다. 이 헌법적 보호는 미국 대법원의 몇 번의 판례를 통해서 정립된 배제법칙의 적용으로 강제되어 왔다(Mapp v. Ohio 367 US 643(1961)). 또한, 추가적인 증거가 법적으로 받아들여질 수 없는 방법을 통해서 얻어졌을 때, 그것 또한 법적으로 받아들여 질 수 없다는 내용의 독수독과 이론도 이와 맥락을 같이한다(Nardone v. United States, 308 US 338(1939)).

현장 수색과 증거의 압수를 고려한 법적 요건은 일반적으로 두 가지로 나눌 수 있는데, 하나는 수색이 합법적이었는가에 관한 것이고, 다른 하나는 증거의 압수가 법이 허용하는 한도 내에서 이루어진 것인가에 관한 것이다. 현장 수색과 증거 압수의 합법성을 평가하는 것에 관한 합법적 행위를 설명하는 법원의 결정이 있는데, Mincey v. Arizona, 437 US 385(1978) 판결이 그것이다.

이 사건에서 피고인의 아파트를 마약단속반이 급습하는 동안 위장잠입 중이던 경찰관이 총을 맞고 사망하였고 피고인도 상처를 입었다. 살인사건을 수사하는 형사들이 현장에 대해서 수색 영장 없이 현장을 수색했고, 그 결과로 수백 점의 증거물을 압수하였다. 그리고 그 증거물 중에서 상당수가 재판에 사용되었다. 이 재판에서 미국 대법원은 현장 조치 임무를 수행하는 법집행 요원 현장을 수색하고 증거물을 압수하는 것은 주인의 동의가 없다면 압수 수색 영장이 있거나, 법원의 허가가 있거나, 긴급한 경우에만 합법적이라고 판시하였다.

첫째로, 수사관은 피해자를 찾고 도움을 주기 위해서 현장에 들어갈 수 있다. 이러한 수색의 범위는 피해자가 존재할 합리적인 가능성이 있는 영역으로 한정된다. 예를 들면, 침대 밑은 수색이 허용되지만 서랍을 열어서 들여다보는 것은 허용되지 않는다. 또한, 한 명의 피해자를 발견하고 피해자가 또 있는지 여부를 확실하게 하기 위해서 수색을 하는 것은 허용된다.

둘째, 최초 대응 경찰관은 현장에 있을 수 있는 범인을 찾을 목적으로 현장에 진입할 수 있다. 피해자를 찾기 위한 것과 같이 이러한 수색의 범위는 범인이 숨어있을 수 있는 장소라는 합리적 판단 하에 한정된다. 또한 한 명의 범인을 발견했을 때, 또 다른 범인이 없다는 것을 확인하기 위해 수색을 계속하는 것도 인정된다.

셋째, 앞서 언급한 두 가지 목적을 위한 범위 내에서는 증거에 대한 압수도 가능하다. 이러한 예외에는 한계가 있다. 압수되는 물품은 증거로써의 성격을 가졌다고 판단되는 것들에 한정된다. 그렇지 않은 경우, 그 어떤 물품에 대해서도 압수가 허용되지 않는다.

예를 들면, 아직 도난품인지 확실하지 않은 물품에 대해서 그것을 이동시켜 잘 보이지 않는 시리얼 번호를 찾아서 확인하는 것은 허용되지 않는다(Arizona v. Hicks, 1987). 하지만 피해자나 범인을 수색하는 과정에서 육안으로 잘 보이는 상태에 놓여있는 물품에 대해 행하는 압수도 바람직한 것만은 아니다. 이러한 영장주의의 예외에 의한 물품의 압수가 법원에서는 허용될 수 있을지 모르지만 빈틈없는 현장 기록과 증거의 적절한 수집과 보관에는 위험요소로 작용할 우려가 있기 때문이다. 그래서 이러한 최초 대응 경찰관에 의한 증거물의 예외적인 압수는 증거가 훼손되거나 변형될 우려가 있는 경우가 아니면 피하는 것이 좋다.

이러한 세 가지 경우를 넘어서는 상황에서 행하는 압수와 수색은 모두 위법한 것이 될 것이다. 수사관은 구체적인 수색을 위해서 법원의 허가나 소유권자의 동의를 얻는 동안 현장에 대한 불필요한 접근을 통제할 수 있고 현장을 보존할 수 있다.

실제 수색이 긴급한 상황이나 법원의 허가가 있더라도 어디까지 수색을 할 수 있을 것인지의 문제는 여전히 법률적으로 고민해야 할 부분이다. 압수 수색 영장을 법원으로부터 발부받기 위해서는 그 대상이 추상적이거나 포괄적이어서는 안 되며 특정하여 설명할 필요가 있다. 일단 수색이 시작

사진 3.7
현장 사진 촬영자가 가장 좋은 사진을 찍기 위해 삼각대, 간이 사다리 등을 사용하여 현장을 전체적으로 기록하고 있다(법 사진 전문가 Micky Gura 제공).

되면 법원이 허락하거나 소유권자가 동의한 범위 내에서만 수색하고 압수할 수 있다. 그 범위 밖에 있는 물품에 대해서는 그것이 본질적으로 범죄에 공여된 품목일 경우 등 매우 예외적으로 압수가 가능할 뿐이다.

결론적으로 말하자면, 현장 수사관은 수색과 압수의 적법성을 판단할 수 있을 정도로 법률에 관한 훈련이 필요하다. 이런 부분에서 의문이 생긴다면 다양한 법률전문가에게 도움을 요청하여 해결해야 한다.

현장 기록

모든 범죄 현장은 전체적으로 필기, 사진, 스케치, 비디오 등으로 기록되어야 한다. 녹음기가 현장 기록에 사용되기도 한다. 사진, 비디오, 스케치는 피해자의 위치나 외형, 물적 증거와 그들 사이의 공간적 관계 등에 대한 시각적인 기록을 제공한다. 사진 3.7은 야외 살인사건 현장이다. 시체의 트럭의 위치를 보여주고 있다. 노트기록과 녹음기는 현장의 상태, 이름, 방향, 냄새와 같이 사진으로 기록될 수 없는 요소들을 기록하는 데 사용될 수 있을 것이다. 기록 방법들은 현장 상황에 대한 현장 수사관의 법정 증언을 뒷받침할 뿐 아니라 현장 재구성과 사건분석을 위한 중요한 정보를 제공한다. 현장 기록 방법에 대해서는 제4장에서 구체적으로 다루게 될 것이다.

범죄 현장 수색

현장 수색은 현장 주변 지역과 핵심 지역 등 모든 곳에 관련되어 있다. 현장 수색의 기본적인 목적은 물적 증거의 발견과 수집이다. 현장에 있을지 모를 잠재 증거가 발견되지 않거나 수집되지 않는다면 아무리 법과학 기법이 발전해도 쓸모가 없을 것이다. 다시 말해, 법과학적 과정의 첫 번째 단계인 증거의 발견이 이루어지지 않으면, 모든 과정에 영향을 미치게 되고 현장 수사는 실패하게 될 것이다. 그리고 사건은 해결되지 않은 상태로 남겨질 것이다.

현장과 주변에 대한 수색은 매우 신중하게 계획되어야 한다. 다양한 현장 수색 방법들이 있는데, 그것은 제5장에서 다루기로 한다. 매우 넓은 야외 현장이나 수중 현장, 마약 제조공장, 화재 현장, 발굴이 필요한 현장과 같이 특별한 현장에 대한 수색은 제9장에서 논의한다.

물적 증거의 수집, 보관, 포장

현장 수사관에게는 증거수집의 임무가 주어진다. 증거수집의 임무를 수행하는 현장 수사관은 현장에서 발견된 물적 증거의 수집, 표시, 보관과 포장을 책임진다. 현장의 물적 증거는 매우 다양한 형태로 존재한다. 물적 증거의 유형과 분류, 이러한 물적 증거에 관여하는 다양한 법과학의 전문 영역들에 대해서는 제7장에서 다룬다. 제7장에서는 범죄의 종류별로 그 범죄에 관여하고 있는 물적 증거들을 종합적으로 해석하는 방법을 로직 트리(Logic Tree)를 통해서 논의한다. 다양한 범주의 물적 증거의 수집과 보관은 제6장에서 다루었다. 현장 물적 증거에 대한 수집 절차의 한 부분으로 현장 검사 방법이나 증강 시약들을 사용하는 방법에 대해서 언급하고 있다. 이러한 현장에서 사용되는 기술이나 시약들의 제조법, 사용 절차는 제8장에서 언급될 것이다. 사망, 시체, 발굴 등과 관련된 사건을 수사함에 있어서 알아야 할 특별한 관점들에 대해서는 제9장에서 다루고 있다.

초기 단계에서의 현장 재구성

현장 재구성은 현장에서 얻은 정보의 분석, 현장 패턴의 해석, 물적 증거의 검사 등과 관련되어 있다. 범죄 현장은 모든 가능성을 열어두고 여러 가지 다른 각도에서 관찰되는 것이 좋다. 현장에 존재하는 물적 증거와 그것에 대한 검사 결과, 간단한 논리의 적용과 연역적 또는 귀납적 추론 등은 우리에게 현장에서 어떤 일이 일어났으며, 언제, 어디서, 누가, 어떻게 한 것인지에 대한 답을 줄 것이다. 다양한 물적 증거들은 이러한 현장 재구성에 있어서 매우 중요한 역할을 하게 될 것이다. 예를 들면, 총격사건 현장에 대한 수사과정에서 발견된 현장의 혈흔 형태나 유리의 파손 패턴, 족적과 총기발사 잔사 등은 범죄 현장 재구성에 일반적으로 사용되는 것들이다. 제10장에서는 이와 같이 현장이 지금과 같은 상태로 어떤 과정을 거쳐서 만들어진 것인지에 대해서 현장 정보를 통해 현장을 재구성하는 방법을 보여줄 것이다.

현장 통제의 해제

범죄 현장 통제의 해제는 모든 사실들과 해답이 나왔을 때와 같이 합리적으로 해제 가능할 때에만 가능하다. 관련된 모든 물적 증거는 적절한 방법으로 기록하고 수집해야 하며, 수집과 포장, 증거물의 보관은 증거물에 행해지는 법과학적 실험의 결과에 직접적인 영향을 미친다는 것을 항상 염두해야 한다. 부적절한 방법으로 수집되고 포장된 증거물은 법과학적 실험 결과가 나오지 않을 수도 있고 후에 법정에서 증거로 인정되지 않을 수도 있다. 현장 통제를 언제 해제할지 결정하기 전에 모든 감식 요원들이 서로의 의견을 나누는 것도 도움이 된다. 이때는 모든 팀원들이 직무에 대한 자신의 책임에 대해 돌아볼 수 있는 좋은 시간이다. 범죄 현장에서 떠나있거나 잠시 시간을 갖는 것은 자신의 수사 활동을 되돌아보는 데 도움이 된다. 모든 정보를 기록하고 감식이 끝나면 현장통제를 해제해도 된다.

범죄 현장 감식팀

범죄 현장 감식팀은 특정 직무와 책임을 공유하는 개인들로 구성되어 있기 때문에 항상 하나의 팀을 이루어 작업해야 한다. 철저하고 협력적이며 성공적인 수사를 하기 위해서 모든 팀원은 자신의 직무와 그 중요성과 한계를 알고 있어야 한다. 많은 수사에 있어서 어느 한 사람이 하나의 직무만 할당받는 것이 아니라 하나 이상의 직무를 이행할 수도 있다는 것을 알아두는 것이 중요하다. 팀원의 수에 상관없이 초동 경찰관부터 수사 요원 그리고 실험실의 과학자부터 검사까지 팀의 각 구성원들은 사건을 해결하기 위해 그들의 직무에 있어서 맡은 바 최선을 다해야 한다.

다양한 범죄 현장 수사 모델들이 사용되고 있지만 가장 효과적인 모델은 팀 개념으로 현장을 수사하는 것이다. 팀 모델 안에서 각 팀원들은 자신이 특별히 활동했던 분야를 바탕으로 특정 직무를 할당받아 범죄 현장 수사에 있어서 가장 효율적이고 성공적인 결과를 도출해내는 것이다. 각 팀원들의 위치에서 훈련과 경험도 중요하지만, 열정적인 사고방식 또한 갖추고 있어야 한다. 완벽한 수사 팀은 아래의 구성원 모두로 이루어져야 한다.

1. 초동 경찰관
2. 범죄 현장 수사 팀: 책임자, 포토그래퍼, 비디오 담당, 스케치 담당, 노트 기록자, 증거 수집 담당
3. 법과학 전문가
4. 검시관
5. 법과학자 – 법의인류학자, 컴퓨터 분석가, 법곤충학자 등
6. 검찰

위의 팀 구성원에 관한 설명과 각각의 직무에 대한 자세한 내용은 뒤에 나오는 장들에서 다루고 있다. 팀 모델에 있어서 가장 중요한 것은 팀원들 간의 협력과 조화, 의사소통이다. 감식 요원들은 자신이 맡은 부분에서만 작업하다보면 시야가 좁아질 수 있기 때문에 서로 도와가며 작업을 해야 한다.

현장과 관련된 생물학적 위험요소

범죄 현장에는 위험요소들이 많이 있기 때문에 모든 감식 요원과 전문가들은 이를 인식하고 위험요소로부터 자신을 보호해야 한다. 위험요소는 생물학적 위험물, 화학적 위험물, 폭발물, 건물의 구조적인 위험성과 같이 그 형태가 매우 다양하다. 제9장에서는 불법마약 제조시설과 같은 화학적 위험물이 있는 현장에 관한 내용을 다루고 있다. 또한 제9장에서는 화학적, 생물학적 대량 파괴 무기에 관하여 다루고 있고 나아가 범죄 현장에 있는 부비트랩을 조심히 다루어야 하는 이유와 이러한 폭발물이 현장에 어떠한 영향을 미치는지에 대해 강조하고 있다.

이 부분에서는 범죄 현장 감식을 하는 동안 만날 수 있는 HIV나 다른 생물학적 위험물에 대해서도 다루고 있다.

지난 10여 년 동안 현장에 있는 사람들은 그들이 직무를 수행하는 동안 있을지도 모르는 잠재적인 생물학적 위험에 노출되었고, 이들이 병원균에 감염될 위험이 훨씬 더 증가하고 있다. 오늘날 우리 사회에서 에이즈나 B형 간염, 결핵과 같은 바이러스성 감염 질환은 흔히 접할 수 있게 되었다. 이러한 혈액 매개 감염과 대기 중 병원균은 이들이 존재하는 밀폐된 공간에서 접촉이나 호흡과 같은 사소한 물리적 접촉을 통해 현장에 있는 사람들에게 쉽게 전염될 수 있다. 그러나 몇 가지의 기본적인 예방 조치를 지킴으로써 이러한 질병에 걸릴 확률을 현저히 줄일 수 있다. 범죄 현장에 출동하는 요원이 있는 기관이나 현장에서 수집한 물적 증거를 다루는 기관에서는 반드시 생물학적 위험물의 성질과 적절한 처리 방법에 대한 절차를 만들어야 한다.

이러한 가이드라인을 지켜야 하는 가장 큰 목적은 현장에 있는 사람들을 보호하기 위함이기도 하지만 또 다른 이유도 있다. PCR과 미토콘드리아 DNA typing과 같은 매우 민감한 실험의 개발과 함께 감식 요원에 의해 증거물이 오염될 가능성 또한 크게 증가하고 있다. 그래서 이러한 절차를 따르고 장갑과 보호복, 보호모, 마스크를 착용함으로써 감식 요원의 DNA나 2차 전이에 의한 오염의 가능성이 크게 줄일 수 있다.

현장에서 접하게 되는 생물학적 위험 요소

에이즈

에이즈(AIDS: Acquired Immune Deficiency Syndrome)는 그 증상이 전혀 나타나지 않거나 어떠한 병의 형태 또는 면역 결핍이나 생명을 위협하는 2차 감염과 같은 증상으로 나타난다. 에이즈를 유발하는 바이러스는 몇몇 다른 이름으로 알려져 있다. 현재는 인간 면역 결핍 바이러스(HIV 또는 HIV-1)로 불려진다. 에이즈 바이러스는 레트로 바이러스로, 숙주의 DNA에 침투하여 숙주의 면역체계에 영향을 미친다. 그 결과, 면역 반응 메커니즘에 돌이킬 수 없는 손상을 만들어 다양한 감염원으로부터 매우 취약해진다. 에이즈 환자에게서 폐렴은 가장 흔한 기회감염이다. 에이즈 바이러스는 혈액과 골수, 타액, 림프절, 뇌조직, 정액, 혈장, 질액, 질내 분비물, 눈물과 모유에서 발견된다. 이 바이러스의 전염은 일반적으로 에이즈에 감염된 혈액이나 체액, 점막을 통한 직접적인 접촉을 통해 일어난다. 성적 접촉이나 에이즈 바이러스에 오염된 바늘로 정맥주사를 놓을 때 가장 흔하게 전염된다. 후자의 전염 경로는 마약남용자들 사이에서 빈번하게 일어난다. 그러나 에이즈에 감염된 혈액이나 체액이 상처, 병변, 점막에 닿는 것만으로도 감염이 될 수 있다. 안타깝게도 아직까지 에이즈 치료법이 없지만 백신과 치료약들이 실험단계에 있다.

B형 간염

간염은 간에서 발생하는 감염성 질병이다. 간염은 다양한 형태를 가지고 있고 흔히 A형, B형 또는 C형으로 불린다.

B형 간염은 황달과 간경화, 간암을 유발하며, 혈청간염이라고도 불린다. 간염 바이러스도 HIV와 매우 비슷한 방식을 통해 혈액과 체액에 의해서 전염된다. 이 바이러스는 인간의 혈액과 소변, 정액, 뇌 척수액, 타액, 질 분비물에서 발견된다. 혈류에 바이러스의 주입이나 감염자와의 성적 접촉이 잘 알려진 간염의 경로이다. 그리고 점막이 감염된 물질 등에 노출되거나 감염된 체액이 상처가 난 피부에 노출되는 것 또한 위험하다. 다행히도 B형 간염을 예방하기 위한 3단계의 백신이 있다. 하지만 이 질병은 여전히 심각하고 때로는 치명적인 질병이다.

결핵

결핵은 공기 중으로 전파되는 병원균으로 결핵균의 흡입을 통해 감염된다. 보통 결핵균에 감염된 사람이 다른 사람을 향해 기침을 하거나 결핵 감염자나 보균자가 폐쇄된 공간 안에서 비 감염자가 같이 있을 경우에 발생할 수 있다. 최근 에이즈와 B형 감염만큼이나 고 위험성 병원균 사이에서 특히 결핵 환자의 수가 많이 늘고 있다. 이러한 형태의 결핵은 기존에 사용되고 있는 항생제 처방에 대해 높은 내성을 가지고 있는 것으로 보여진다.

일반적인 예방 조치

범죄 현장에 있는 사람들은 생물학적 그리고 화학적 위험물에 대한 예방 조치에 관해서 그들이 속한 기관의 특정 가이드라인을 따라야 한다. 여기서 각 가이드라인은 이러한 분야와 관련된 신뢰할 수 있는 공식 기관이 정하여 발표한 것처럼 정립되어 있는 것을 따라야 한다. 다음의 가이드라인을 따름으로써 감식 요원과 전문가들은 감염의 위험을 최소화하면서 그들의 업무를 수행할 수 있다.

이러한 예방 조치는 어떤 경우라도 바로 적용할 수 있도록 항상 익숙하게 되어야 한다.

1. 모든 혈액이나 체액은 건조되지 않은 것은 물론, 건조된 것이라도 감염성이 있는 것으로 간주해야 한다.
2. 모든 바늘이나 주사기, 면도날, 날카로운 기구는 주의해서 다루고 구멍이 뚫리지 않는 용기에 보관해야 한다.
3. 위생 관념을 갖는 것이 감염성 질병으로부터 우리를 보호하는 데 가장 좋은 방법이다. 따라서 비누를 사용해서 자주 손을 씻는 것이 좋다.
4. 자신의 피부에 상처가 있는지를 확인하고 만약 있다면 작업 중에는 모든 상처를 밴드로 보호해야 한다. 밴드는 완전 방수가 되는 것을 사용하고 더러워지면 새것으로 교체한다.
5. 혈액 샘플이나 체액, 오염원이 묻어 있을 수 있는 물체를 다룰 때에는 라텍스 장갑을 껴야 하며, 한 번 착용한 장갑은 사용 후에 버려야 한다.
6. 감식 요원의 옷이 혈액이나 체액으로 더러워지거나 감염성이 있을 수 있는 체액이나 혈액에 과도하게 노출되어 감식을 할 때에는(피해자 시체를 운송하거나 실험실에서 생물학적 샘플을 검사할 때, 사후 확인을 할 때를 포함해서) 작업복과 마스크, 보호 안경을 필수적으로 착용해야 한다.

7. 음식물 섭취, 흡연, 음주를 포함하여 손을 얼굴에 대는 행동은 전이의 가능성이 있기 때문에 하지 말아야 한다.
8. 혈액과 체액이 손이나 피부에 닿았다면 그 즉시 꼼꼼하게 씻어 헹궈내야 한다.
9. 오염된 표면이나 물체는 가정용 표백제와 물을 1:9 비율로 섞은 용액으로 깨끗이 닦아낸다. 표백제로 닦은 후, 알코올 솜이나 비누로 한 번 더 닦아내는데, 표백제의 냄새를 없애주는 역할도 한다.
10. 날카로운 물체를 다룰 때에는 항상 조심해야 하고 바늘이나 나이프, 면도칼, 깨진 유리, 손톱이나 깨진 금속류 또는 혈액이 묻은 날카로운 물체들을 다룰 때에는 피부에 상처가 나지 않도록 특히 주의해야 한다.

현장 수사관을 위한 특별한 가이드라인

1. 범죄 현장을 탐색할 때에는 라텍스 장갑과 작업복을 착용해야 한다.
2. 공기 중에 오염물질이나 병원균이 있을 수 있기 때문에 적절한 필터가 있는 마스크나 안면 보호구를 착용해야 한다. 이는 건조된 혈흔입자를 다룰 때에도 똑같이 적용된다.
3. 시체나 액상의 혈액, 건조된 혈액, 이러한 것을 조금이라도 포함하고 있는 증거물을 다룰 때에는 라텍스 장갑 두 개를 동시에 껴서 수시로 교체해주고 마스크와 보호 안경을 착용해야 한다.
4. 부검에 참여할 때도 라텍스 장갑과 보호 안경, 마스크와 실험복을 착용해야 한다.
5. 범죄 현장을 감식할 때에는 끝이 날카롭고 깨진 물체나 표면을 조심해야 한다.
6. 현장 수색 중에는 수색자의 시선이 닿지 않는 곳에 손을 넣으면 안 된다. 하지만 그럴 수밖에 없다면 특별히 고안된 수색 장갑을 착용하여 손을 보호해야 한다.
7. 현장에서는 흡연을 하거나 음식물 섭취, 음주를 하면 안 된다.
8. 병이나 유리 약병에 액상의 혈액이나 체액을 수집할 때, 채취하는 병에 '생물학적 위험물질'이라고 눈에 잘 보이게 표시해야 한다.
9. 혈액이나 체액이 묻은 의복과 물체는 반드시 건조시킨 다음에 이중으로 포장하고 표시해야 한다. 혹시 감염자나 감염됐을지도 모르는 현장에서 수집한 증거물에는 반드시 '주의 – 감염 우려 있음'이라고 표시해야 한다. 하지만 이때에는 종종 감염자에 대한 비밀을 보장하고 정보들을 비공개로 해야 된다는 법적 사항들도 알고 있어야 한다.

10. 감염된 혈액이 있는 현장에서는 일회용 제품만 사용하고 비 일회용 제품을 사용했을 때에는 사용 후에 소독해야 한다.
11. 혈액이 묻은 보고서나 라벨, 증거물 꼬리표는 모두 처분하고 깨끗한 용지에 다시 만들어야 한다.
12. 현장 수색이 끝난 후에 감식 요원은 희석된 가정용 표백제와 비누로 손을 씻어야 한다. 아니면 시중에서 판매되고 있는 세척액이 있으니 그것을 사용하면 된다. 일부 세척액은 야외에서 물 없이도 손을 씻을 수 있게 되어 있다.
13. 오염된 의복이나 신발은 적절한 방법으로 처리해야 한다.

제 4 장

현장 기록

현장 기록은 현장 감식할 때 시간이 가장 많이 걸리는 과정 중의 하나이지만 가장 중요한 과정 중의 하나이기도 하다. 현장 기록을 하려면 감식 요원은 체계적이고 조화롭게 작업해야 한다. 또한 지속적이고 혁신적으로 생각하고 창의성을 발휘하여 감식 요원만의 창조물을 만들어야 한다. 현장 기록의 토대는 바로 감식 요원의 상식, 교육 및 경험이다. 현장 기록의 목적은 현장에 있는 증거물의 위치와 위치 관계를 기록하고, 그 상태를 기록하는 것이다. 현장을 적절히 기록하면 이를 이용해 훗날 현장이나 증거물을 다시 검토할 수 있다.

서론

현장 기록은 현장 감식할 때 시간이 가장 많이 걸리는 과정 중의 하나이지만 가장 중요한 과정 중의 하나이기도 하다. 현장 기록을 하려면 감식 요원은 체계적이고 조화롭게 작업해야 한다. 또한 지속적이고 혁신적으로 생각하고 창의성을 발휘하여 감식 요원만의 창조물을 만들어야 한다. 현장 기록의 토대는 바로 감식 요원의 상식, 교육 및 경험이다. 현장 기록의 목적은 현장에 있는 증거물의 위치와 위치 관계를 기록하고, 그 상태를 기록하는 것이다. 현장을 적절히 기록하면 이를 이용해 훗날 현장이나 증거물을 다시 검토할 수 있다. 현장을 기록할 때는 노트기록, 비디오촬영, 사진, 스케치, 녹음의 다섯 가지 방법이 이용된다. 현장을 기록하는 방법들은 나름대로 중요한 방법이며, 각각 장점이 있다. 아이러니하게도 기록하는 방법들은 불필요한 것처럼 보일 수 있지만, 이들은 다른 방법으로 잘 기록됐는지 확인하는 좋은 수단이 된다. 훌륭한 노트기록은 훌륭한 사진, 스케치 및 비디오테이프를 대체할 수 없지만 노트에 현장을 상세히 기록하면 다른 기록수단의 보충자료로 사용하거나 필름을 이용한 장비가 오작동한 경우에 대비할 수 있다. 피해자의 상처를 노트로 상세히 기록하지 못할 수는 있지만 비디오나 사진에는 기록할 수 있는 경우가 종종 있다. 자살한 사람의 약병 안에 있는 약물의 상품명이나 라벨이 사진에는 나타나지 않을 수 있지만, 노트기록에는 이를 상세히 기록할 수 있고 이는 수사의 보조 자료로 사용될 수 있다. 이번 장에서는 노트기록, 비디오, 사진, 스케치로 현장을 기록하는 방법에 대해 설명할 것이다. 녹음에 의한 기록도 중요한 기록 방법이다. 녹음 내용은 문자형태로 옮겨서 수사 서류에 첨부할 수도 있고 그렇지 않을 수도 있다. 사법관할구역마다 증거물 규정이 다르므로 어떤 사법관할구역에서는 녹음기록을 문서로 옮겨 적을 필요도 있다.

기록의 시작

어떤 사건이든 감식 요원이 사건을 배당받아 수사에 착수하는 시점이 기록의 시작점이다. 기록의 시작점은 사무실 책상에 앉아 전화로 감식요청을

(a)

(b)

(c)

(d)

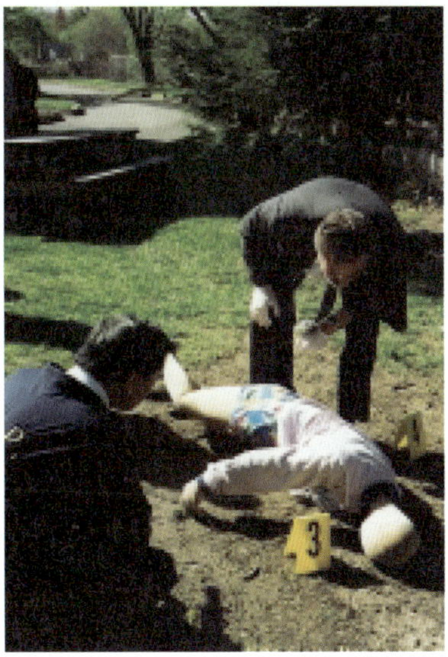

(e)

(f)

(g)

사진 4.1 (a)~(g)

University of New Haven Forensic Science Department 교수진이 학생들에게 현장실습 중 상세히 기록하는 것의 중요성에 대해 설명하고 있다 (UNH의 Howard Harris 박사 제공).

받는 시점이 될 수도 있고, 점심식사 중 사건접수 문서를 받은 시점이 될 수도 있고, 심지어는 깊은 잠에 빠진 새벽 2시에 집으로 걸려온 전화를 받는 시점이 될 수도 있다. 어떤 경우든 기록과정을 시작하는 것은 범죄수사의 핵심요소이다. 기록절차는 절대로 멈춰서는 안 된다. 범죄수사는 답보상태에 빠질 수 있지만 기록절차는 계속된다. 사건을 완결지어 수사가 종결될 때까지 기록은 계속되어야 한다.

이 장에서는 현장을 기록하는 방법을 소개하고 체계적으로 기록하는 방법을 제시할 것이다. 사진 4.1 (a)~(g)는 현장을 기록하는 순서이다. 또한 각 방법의 장점에 대해서도 설명할 것이다.

효율적인 노트기록

노트기록은 현장과 관련된 모든 행위나 현장에서 관찰한 모든 사항을 글로 기록하는 것이다. 노트를 기록하는 사람은 현장의 서기와 같다. 노트에는 현장과 관련하여 '언제', '누가', '무엇을', '어디에', '어떻게' 했는지 기록한다. 현장에서 잘 기록하게 하기 위해 사전에 준비된 양식을 사용하는 경우가 많다(부록 II 참조). 양식은 유용한 수단이긴 하지만 현장 혹은 사건개요에 대한 모든 내용을 기록하지 못하는 문제가 있다. 양식지를 사용하면 어떤 것을 적어야 할지에 대한 대략적인 정보를 줄 수는 있어도 감식 요원이 양식지에 전적으로 의존하게 되면 효율적으로 기록하지 못하는 문제가 발생한다. 미리 인쇄된 양식지에 기록하게 되면 절대 상세하고 철저하게 기록된 노트기록을 능가할 수는 없다.

일반적인 가이드라인

노트기록을 하는 일반적인 원칙으로는(잉크로 기록함으로써 고쳐 쓰지 못하게) 영구적인 수단으로 알아볼 수 있게, 페이지마다 일련번호를 매기고, 사건번호와 기록자 이름을 기록하는 것이다. 사건 현장을 노트로 기록하는 정해진 절차는 없지만 다음과 같은 최소 요건은 갖추어야 한다.

1. 인지와 관련된 정보
   (a) 방법

(b) 일시

(c) 전달받은 내용(사건의 종류, 피해자, 주소, 사건접수번호, 선임 수사관 등)

(d) 전달한 사람 인적사항(직급, 직위, 공문번호, 기타)

2. 현장 도착과 관련된 정보

(a) 현장에 도착한 방법

(b) 일시

(c) 주소, 전화번호 등

(d) 현장에 있는 사람들(목격자, 용의자, 피해자, 경찰관, 구급대원 등)

(e) 필요부서에 연락을 취했는지 혹은 취할 예정인지(법의관, 법과학감정관(법치의학자, 법인류학자 등), 소방관(위험물, 수색 및 구조 활동 등)), 헬리콥터, 검찰청, 기타 도움을 받을 사람들

3. 현장에 대한 설명

(a) 날씨(온도, 바람, 강우 등)

(b) 장소(내부, 외부, 1층 혹은 2층, 자동차/가옥 등)

(c) 현장에 대한 설명

(d) 현장에서 관찰할 수 있는 자동차, 건물 등의 구조물

(e) 눈에 바로 띄는 증거물(현장을 사전답사하기 전에 보이는 것들)과 일시적 증거(냄새, 소리, 시계 등)와 상태 증거(전원 스위치, 냉난방 공조기 상태 등)

4. 피해자에 대한 설명 – 많은 사법관할구역에서 시신은 법의관이나 검시관만이 다룰 수 있도록 하고 있다. 따라서 현장에서 시신을 이동시키거나 움직이기 전에는 적절한 자격을 갖는 기관의 허락을 받아야 한다. 이러한 허락을 받으면 다음과 같은 내용을 기록한다.

(a) 위치

(b) 시체 굳음

(c) 상처

(d) 의복, 신발, 보석, 신원 확인 수단 – 존재 여부 및 형태 등

(e) 흉기

5. 현장 감식팀

(a) 임무 부여 – 노트, 비디오, 사진, 스케치, 증거물 채취, 검색 업무 등 – 누가, 무엇을, 언제, 어디서, 어떻게 이런 일을 수행했는지 기록

(b) 현장의 사전 답사 정보(초동조치 경찰관으로부터 전해 들은 정보), 증거물의 확인(혈흔형태, 총알궤적, 일시적 혹은 상태 증거(족적 혹은 타이어흔 등)), 현장의 변형된 것, 기타 현장을 둘러보면서 관찰한 사항

(c) 임무의 시작 및 종료 시간
(d) 증거물의 현출, 채취, 포장, 운송 및 보관

현장 감식 상황을 노트에 기록할 때에는 감식 요원이 전체적으로 관찰한 내용, 현장에서 취한 행위, 현장에 대한 설명과 신원 확인에 필요한 정보(이름 등), 일시, 전화번호, 주소 등을 포함시키는 것이 일반적이다. 노트에는 현장에 대한 **상세한** 설명과 현장에 관련 있을 것 같은 모든 증거물을 알기 쉽게 기록해야 한다. 현장을 상세하고 완전하게 기록하려면 다음 질문에 대한 답을 모두 기록해야 한다. 얼마나 많은가? 그것은 무엇인가? 어디에 있는가? 유일한 것(일련번호, 서명, 상품명 혹은 모델명 등)인가? 누가 현장에 있었는가? 목격자는 누구인가?

또한 현장을 기록한 노트는 현장과 증거물의 위치 관계를 설명하고, 대부분의 실내 현장에서 나타나는 아래와 같은 주요 과정을 설명하는 데 사용된다.

1. 위치: 방, 벽, 바닥, 천장. 방은 증거물이 담겨 있는 6면체 상자라는 점을 명심하라.
2. 진입로 및 도주로, 이동경로: 문, 창문, 천장, 환기구, 카펫, 마룻바닥 등. 이들의 개폐 상태, 시건되었는지 여부, 방충망이 있는지, 이동되었는지 여부 혹은 족적이 있는지 여부
3. 가전제품 및 전기/수도/가스 상태: 상태 증거. 이런 증거는 사람의 행위에 의해 차단/작동해야 하는 점을 명심해야 한다. 이런 증거는 자연 차광/자연 냉난방을 할 필요에 관련이 있다.
4. 재떨이와 쓰레기통: 내용물. 이런 증거물을 보고 피해자 혹은 범인이 최근 혹은 과거에 어떤 행위를 했는지 알 수 있는 경우가 종종 있다.
5. 의복: 오염물 부착 여부 및 훼손 상태. 가해자와 피해자의 이동상황을 보여준다.
6. 가구: 피해자, 다른 증거물 및 현장과의 위치 관계를 설명한다.
7. 목격자, 용의자, 피해자에 대한 설명(나이, 상태, 위치, 상처)

현장 기록에는 현장에 존재하는 증거뿐만 아니라 현장에 있어야 했으나 존재하지 않는 증거에 대해서도 기록해야 한다. 현장 감식 노트에 존재하지 않는 증거물을 기록하지 않거나 허술하게 기록하는 경우가 종종 있다.

존재하지 않는 증거는 목격자나 피해자의 증언 혹은 논리상 있어야 하나 확인되지 않는 증거로써(없어진 스테레오 시스템이나 컴퓨터) 훗날 존재를 확인하거나 찾을 수 있는 증거물이다. 물론 감식 요원은 이처럼 존재하지 않는 증거물을 찾을 수 있어야 한다. 살인사건을 수사하는데 범인이 부인의 보석만 가져가고 자신의 보석은 가져가지 않았다거나, 다량의 현찰 다발을 가져가지 않았다고 남편이 진술할 경우에 해당한다. 이러한 증거는 중요한 수사 요소이다. 현장에 있는 증거뿐만 아니라 없어진 증거를 통해 동기를 파악하고 목격자, 피해자 및 용의자 진술의 진위를 확인하고, 죄체[1] 혹은 범죄의 실체를 확인할 수 있으므로 없어진 증거의 중요성을 노트에 기록해야 한다는 점을 명심하기 바란다.

현장에서 있었던 행위, 증거물의 위치, 현장에 있는 사람들이나 현장의 상황을 기록한 노트를 효율적으로 사용하는 것은 초기 현장 감식의 핵심요소일 뿐만 아니라 후속 수사에도 중요하게 이용된다. 현장에 대한 정확한 서술, 유력한 용의자 검사, 신빙성 있는 법정 증언 모두는 사건을 성공적으로 종결짓고 해결하는 데 있어 필수불가결한 요소이다.

현장의 비디오 촬영

최근 현장을 비디오로 기록하는 것은 일반화된 절차가 되어 있다. 오늘날 수사기관에서는 비디오테이프나 디지털 비디오 매체로 현장을 기록하는 것이 보편화되어 있다. 비디오 기록이 일반화된 데에는 여러 이유가 있다. 대부분의 수사기관에서 비디오를 이용하는 이유는 비디오를 쉽게 구비할 수 있기 때문이다. 즉 다양한 모델의 비디오카메라를 구할 수 있고 현장이나 증거물을 기록할 때 광각 및 망원으로 기록할 수 있는 훌륭한 줌 렌즈를 카메라에 장착할 수 있기 때문이다.

현장을 기록한 비디오테이프가 증거로 채택되어 활용되는 데 가장 큰 영향을 미친 것은 배심원들이 사건 현장의 비디오 기록을 원하는 것이었다. 오늘날 대부분의 일반 시민은 일상생활에서 비디오를 사용하고 있다. 그들

---

1) 역자 주 – corpus delicti, 범죄의 기초가 되는 실질적 사실

은 비디오 장치로 현장을 기록하기를 바라고 있다. 따라서 감식 요원은 현장을 기록하는 좋은 수단으로 비디오를 사용할 수 있다.

현장을 둘러보며(사전 검사) 폴라로이드 사진 촬영이 끝난 후 비디오 촬영을 가장 먼저 해야 한다. 실제 사건 현장을 비디오로 촬영하는 절차 및 기법은 아래와 같다.

1. 현장에 대한 정보를 먼저 넣는다. 이때에는 촬영자가 구두로 멘트를 넣거나 현장 정보를 적은 판지를 촬영하는 식으로 할 수 있다. 현장 정보에는 사건번호, 일시, 장소, 현장/사건의 종류 및 기타 촬영자가 판단할 때 객관적인 정보가(기상 상태, 사용한 카메라의 모델 등) 포함되어야 한다.
2. 현장에 대한 정보 입력을 끝내고 전체 현장을 촬영할 때에는 소리가 들어가지 않도록 해야 한다(일부 경찰서에서는 절차서에 소리를 입력하도록 하고 이를 따르도록 하고 있다). 촬영자가 구두로 녹음한 말이 법원에 주관적 의견으로 비춰져서 비디오 촬영 기록이 증거에서 배척되는 경우가 있다. 현장을 기록할 때 주관이 개입되지 않도록 하고 현장에 있는 수사 요원들의 모습이 촬영되지 않도록 하는 것이 중요하다. 비디오에는 현장, 피해자, 증거물의 모습만 담고 감식 요원이나 감식과정을 바라보는 초동조치 경찰관의 모습이 담기지 않도록 해야 한다.
3. 현장 및 그 주변이 전체적으로 보이도록 비디오를 촬영하고 현장 진/출입로를 촬영한다. 현장 주변을 촬영한 후 현장을 촬영해야 한다. 동서남북 네 방향에서 촬영함으로써 모든 각도에서 현장이 촬영되도록 한다. 이렇게 네 방향에서 촬영한 기록은 훗날의 수사관, 증인, 검찰, 배심원에게 가장 중요하고 유용한 정보이다.
4. 이어서 광각으로 현장 전체를 촬영한 후 각각의 증거물을 근접 촬영한다. 이때에는 현장과 증거물의 위치 관계 및 방향을 알 수 있게 촬영해야 한다. 연속성을 갖도록 기록하는 것이 중요하다. 한 증거물을 촬영하다 갑작스레 다른 절차를 촬영하는 것은 좋지 않은 촬영 방법이다. 현장을 비디오로 기록하는 가장 큰 목적은 현장의 방향성이나 배열을 시각적으로 보이는 것이지 증거물을 상세하게 고화질로 근접 촬영하는 것이 아니다.
5. 현장을 비디오로 촬영할 때에는 피해자의 위치에서 사물을 바라본 장면도 촬영해야 한다. 피해자와 가까운 곳에 서서(그때까지 피해자가 현장에 있는 경우에) 네 방향을 기록하면 된다. 이렇게 하면 수사에 중요한 정보를 얻을 수 있는 경우가 많다. 이렇게 촬영할 때 증거물을 훼손하거나 피해자 위

치가 변형되지 않도록 한다.

6. 카메라를 서서히 움직이며 촬영하고 특히 앞뒤로 움직이거나 줌 기능을 사용할 때 서서히 해야 한다. 이때 삼각대나 모노포드(monopod)를 사용하면 좋다. 걸으면서 촬영할 때 흔들리지 않도록 하는 것은 어려울 수 있지만 연습을 하고 경험을 축적하면 훌륭한 비디오를 촬영할 수 있다.
7. 대부분의 비디오카메라에는 조명장치가 있지만 어두운 조명 아래에서나 야간에 비디오로 촬영할 경우에는 투광조명 등의 보조 조명장치를 사용할 필요가 있을 수 있다. 필요할 경우 소방차, 경찰차 혹은 고속도로 건설 차량 등에 있는 보조 조명 장치를 사용할 수 있다.
8. 현장의 비디오 촬영이 끝난 후에는 편집하거나 변경해서는 안 된다. 원본은 증거물로 보존하고 비디오 판독할 때에는 사본을 사용한다.

저렴하게 장비를 구입할 수 있고 법원에서 증거 능력이 있다는 것 이외에도 비디오 촬영의 또 다른 장점은 현장을 3차원으로 보여줄 수 있다는 것이다. 촬영법을 쉽게 익힐 수 있고, 작동이 쉬우며, 비디오프린터의 가격이 저렴해지면서 쉽게 구할 수 있고, 쉽게 재현할 수 있으며, 다른 비디오 장치나 디지털 장비와 호환성이 좋은 점도 현장을 비디오로 기록할 때의 장점이다. 현장을 비디오로 촬영할 때의 가장 큰 이점 중의 하나는 촬영자가 현장에서 촬영된 내용을 보고 평가할 수 있다는 점이다. 오늘날 사용되는 비디오카메라는 뷰파인더를 통해 촬영 내용을 볼 수 있어, 그 내용을 평가한 후 필요할 경우 다시 촬영할 수 있다. 비디오로 현장을 촬영할 때의 또 다른 장점은 다른 수사관이나 관계자가 현장에 임장해 현장을 훼손시키거나 증거물을 오염시키지 않으면서도 현장을 볼 수 있다는 점이다.

비디오 촬영은 노트, 스케치, 혹은 사진에 비해 현장의 거리감을 쉽게 보여줄 수 있는 기록수단이다. 그러나 비디오는 다른 기록 방법을 대체하는 수단은 아니라는 점을 명심해야 한다.

사진기록

현장 사진을 촬영하는 목적은 현장 및 주변을 시각적으로 기록하는 것으로, 현장의 최초 모습 뿐만 아니라 현장을 영원히 기록함으로써 수사

사진 4.2
사진과 필름의 변천. 좌측 상단과 하단은 4×5 카메라, 우측 상단과 중간은 35 mm 카메라, 우측 하단은 디지털카메라이다.

관 등이 현장분석을 할 수 있게 하고, 법원에 영원한 증거를 제출하는 것이다. 사진기를 이용하는 방법은 현장이나 증거물을 시각적으로 기록하는 전통적인 방법이다. 오래 전부터 다양한 형태의 카메라와 필름이 성공적으로 이용되어 왔다. 사진 4.2는 일반적으로 사용되는 카메라 종류를 보인 것이다. 카메라와 필름이 변해도 현장 및 증거물을 있는 그대로 정확하게 기록한다는 것은 변하지 않는 사실이다.

이 장의 내용은 현장 사진에 대한 기초를 다지기 위해 기술한 것이다. 이 장은 사진을 촬영하는 상세한 기법을 설명하기 위해 기술한 것은 아니다. 여기 설명한 사진기록에 대한 내용은 사건을 잘 해결하기 위한 지식을 습득하는 '벽돌'과 같은 역할을 할 것이다.

현장 사진 촬영의 일반적 절차

계획없이 현장을 잘못 찍은 사진은 현장 감식 결과를 무력화시킬 수 있는 능력이 있다. 그렇기 때문에 현장 사진은 현장 감식 과정 중 가장 중요한 것 중 하나이다. 훼손되지 않은 현장상태를 체계적이고 시각적으로 기록하는 것은 현장을 기록하는 중요한 요소 중 하나이다. 그렇기 때문에 현장을 비디오로 촬영한 직후 사진으로 기록한다. 비디오로 촬영하지 않았다면 현장을 둘러본 직후부터 사진촬영을 시작한다. 현장과 증거물을 체계적으로 기록하는 가장 성공적인 방법은 '전체에서 세부 항목으로 옮겨가며 촬영한다'는 가이드라인을 따르는 것이다. 사진 4.3~4.7은 사망사건에서 현장 전체를 촬영한 후 점점 상세히 촬영해 가는 과정을 보인 것이다. 이 과정은 '전체 사진'을 촬영한 후 '중간거리 사진'을 촬영하고 이어 '근접 사진'을 촬영한다는 말로 설명되어 왔다. 이 가이드라인을 따름으로써 사진에 나타난 현장 상황은 현장을 '있는 그대로 정확하게' 나타낼 수 있게 되는 것이다. 사진을 가이드라인에 따라 전체 사진부터 세부 사진으로 차근

사진 4.3~4.7은 현장을 전체부터 시작하여 특정 물체로 좁혀 기록해 가는 과정을 보인 것이다.

사진 4.3
납치 살인이 일어난 고속도로를 촬영한 항공 사진

사진 4.4
고속도로에 생긴 혈흔을 보인 중간거리 항공 사진

사진 4.5
혈흔을 지상에서 촬영한 사진

사진 4.6
혈흔의 한 부분을 지상 중간거리에서 촬영한 사진

차근 촬영해나감으로써 현장 전체의 방향성과 현장 내에서 증거물의 방향성을 알 수 있고 족적, 타이어흔 등 증거물의 정밀 사진을 확보함으로써 실험실에서 대조물과 대조감정에 활용할 수 있게 된다.

필름 가격이나 현상료보다는 현장을 철저하게 기록하는 것이 훨씬 중요하므로 사진 촬영하는 매수에는 제한을 받지 말아야 한다. 감식 요원은 어떤 물체의 사진을 촬영 여부에 대해 고민하지 말아야 한다. 무조건 촬영한다! 처음에는 현장이나 증거물이 중요하지 않은 것처럼 보이지만 훗날 대단히 중요한 것으로 밝혀지는 경우가 있으므로, 소 잃고 외양간 고치는 우를 범하지 말아야 한다. 한 예로 California 주 Brentwood에 있는 한 아파트에서 경찰관이 접시에 담긴 아이스크림을 목격한 일이 있는데, 그가 이를 사진으로 촬영했다면 사건이 일어난 시간 정보를 알아내고 그 결과 Nicole Simpson 살인사건을 수사하는 중요한 정보를 얻을 뻔 했던 일이 있었다. 그러나 접시에 담긴 아이스크림 사진을 촬영하지 않았기 때문에 사건이 일어난 정확한 시간을 알아내

사진 4.7
혈흔의 끝부분을 근접 촬영한 사진

사진 4.8
Nicole Simpson과 Ron Goldman 살인사건 현장 사진

사진 4.9 (a)~(b)
(a) 베개보와 벽에 생긴 혈흔형태가 나타난 총기사건 현장의 전체 사진이다. 이 사진은 초동조치 경찰관이 촬영한 것이다.
(b) 나중에 감식 요원이 촬영한 사진이다. 혈흔이 튄 베개보의 위치가 바뀐 점에 주목하기 바란다.

(a)

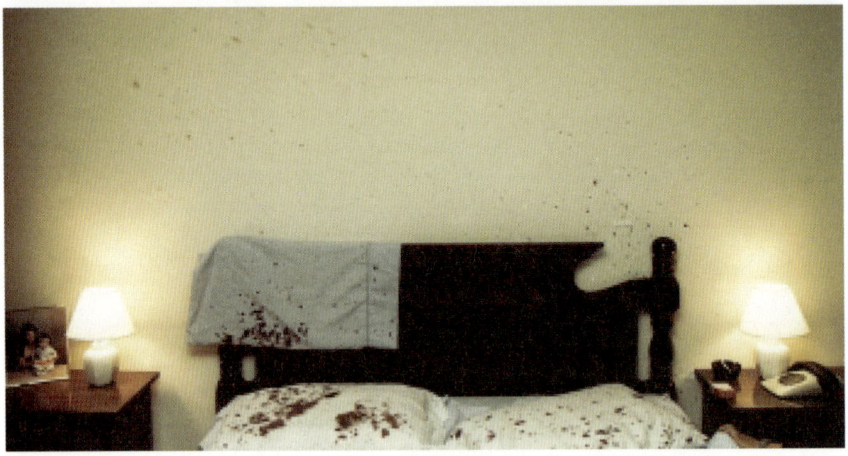
(b)

사진 4.10
건물 위치를 확인하기 위해 촬영한 거리표지판

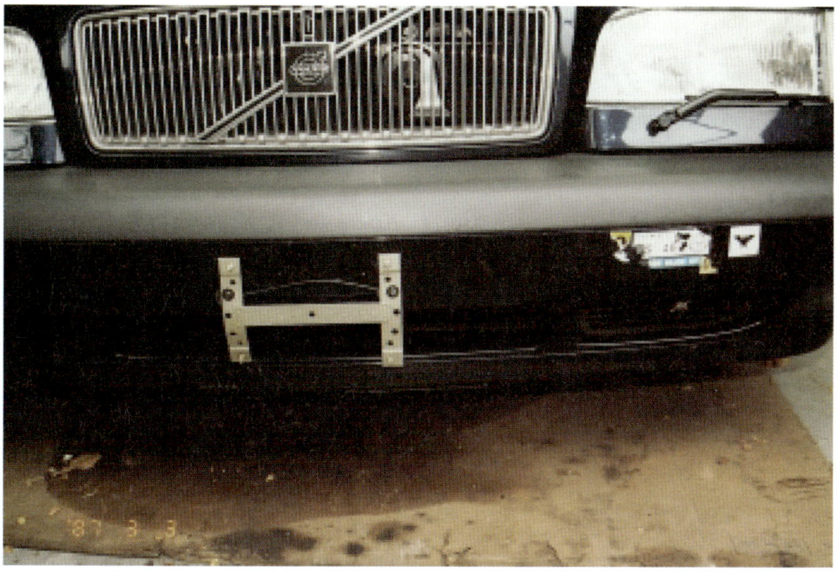

(a)

(b)

사진 4.11 (a)~(b)
(a) 살인 현장 주변에서 찾아낸 유기된 차량이다. 번호판을 떼어낸 결과 앞 범퍼에 스티커가 나타났다.
(b) 스티커를 근접 촬영한 결과이다. 이를 보고 차주를 확인해서 사건을 해결할 수 있었다.

는 것은 불가능했다.

현장의 전체 사진을 촬영할 때에는 항공 사진을 촬영하는 것이 가장 좋다. 항공 사진을 이용하면 현장 주변, 도로 상황, 수로, 현장과의 거리 관계 등을 쉽게 표현할 수 있다. 안타깝게도 모든 수사기관에서 항공촬영을 할 수 있는 헬리콥터나 비행기를 쉽게 이용할 수 있지는 않다. 그러나 현장 주변, 현장 진출입로 등은 감식 요원이 지상에서 촬영해야 한다. 현장의 항공 사진은 시간이 지나거나 강우 등의 기상조건(자연적 요인 혹은 인위적 요인)에 의해 변형되기 전에 가급적 빨리 촬영해야 한다.

현장 외부의 전체 사진을 촬영할 때에는 사건이 발생한 건물의 외부모습, 창문 및 문, 도로 상황, 기타 진입로, 도주로가 모두 포함되도록 촬영해야 한다. 이때 건물의 주소, 건물명, 거리명 등도 보이도록 촬영한다(사진 4.10). 건물에 발코니나 외부 계단이 있을 경우 이를 촬영해 두면 현장의 항공 사진에 나타난 건물을 쉽게 식별할 수 있다. 현장의 전체 사진을 이용하면 피해자 혹은 범인이 현장에 접근하는 경로, 진입구, 범죄행위, 현장에서 나가는 경로를 파악할 수 있다.

차량이 이용된 범행인 경우에도 같은 방법으로 촬영한다. 차량 주변과 구조물을 촬영해야 한다. 가급적 빨리 차량의 주차 방향을 알 수 있도록 항공 사진을 촬영한다. 지상에서 차량의 네 방향을 촬영한다. 번호판, 차량 식별번호(vehicle identification number), 스티커, 기타 차량 외부에 그 차량에만 있는 특징을 촬영한다. 사진 4.11 (a)와 (b)는 그 예이다.

현장 내부를 촬영할 때에도 외부를 촬영할 때처럼 전체에서 시작해서 세부 항목으로 옮겨가며 촬영한다. 방향을 알 수 있도록 현장 전체를 촬영한 후 출입구 등에 있는 공구흔, 혈흔형태 등을 근접 촬영한다. 현장 안을 촬영할 때에는 출입구에서 현장을 있는 그대로 촬영한다. 사진을 중첩되게 촬영하면 현장 전체를 나타낼 수 있을 것이다. 촬영자가 현장 안으로 들어가서는 동서남북 방향에서 혹은 방의 네 구석에서 촬영하면 현장을 모두 촬영할 수 있다. 이렇게 촬영하면 현장을 완벽하게 표현할 수 있고 현장에 있는 증거물의 중간거리 사진을 촬영할 수 있다. 전체 사진을 촬영할 때에는 현장과 연결되는 방이나 주변도 방향을 알 수 있도록 촬영한다.

모든 증거물은 방향을 알 수 있도록 중간거리 사진을 촬영한 후 근접 사진을 촬영한다. 중간거리 사진을 이용해 증거물과 주변 물체와의 상관 관계를 알 수 있고 근접 사진을 이용해 증거물의 자세한 모습을 알 수 있다. 사진 4.12 (a)~(c)는 이 과정을 보여 주는 사진이다. 증거물의 사진촬영 방법에 대해서는 이 장의 뒷부분에서 설명할 것이다. 각각의 증거물은 시판되는 표지판을 이용해 번호로 표시할 수 있다. 번호판이나 삼각뿔을 이용하면 사진에 증거물의 위치를 표현하기 좋다. 현장에 있는 증거물의 크기나 거리를 표현할 때에는 증거물 주변에 자를 놓고 촬영한다(증거물 위 또는 안

(a)

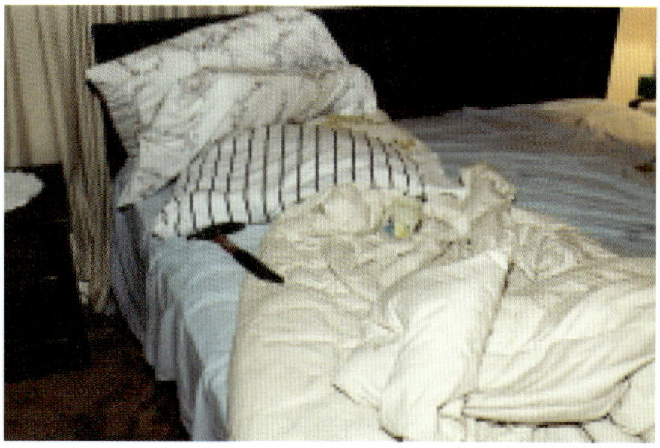

(b)

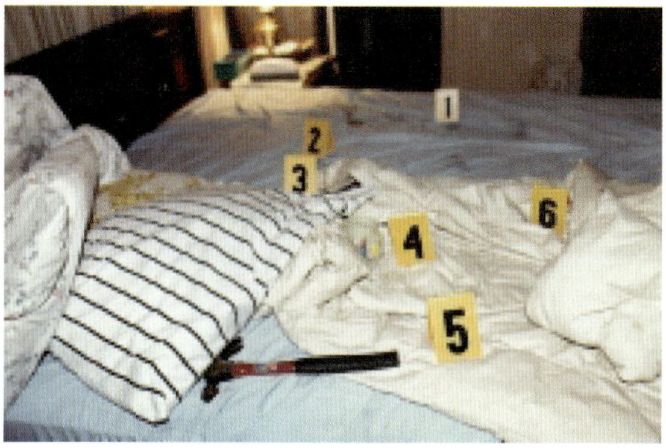

(c)

사진 4.12 (a)~(c)
(a) 피해자 침실의 전체 사진
(b) 침대의 중간거리 사진
(c) 침대에 증거물의 위치를 알 수 있도록 번호판을 놓고 근접 촬영한 사진

에 자를 놓지 않는다). 중간거리 사진이나 근접 사진을 촬영할 때 줄자 등은 이용하면 좋다. 중간거리 및 근접 사진을 촬영할 때에는 표지판 혹은 자가 없는 상태(원래 상태)와 있는 상태를 모두 촬영하는 것이 좋다.

현장을 사진으로 기록할 때에는 다양한 사진을 많이 촬영하게 되는데, 이 사진은 연대기 순으로 기록해야 한다. 이때 가장 많이 사용하는 방법은 '사진기록지'를 이용하는 것이다. 사진기록지는 현장에서 촬영하는 모든 사진을 수기로 기록하는 것이다. 그림 4.1은 사진기록지이다. 사진기록지는 현장 사진기록의 한 요소이다. 사진기록지는 다음 정보를 포함하도록 기록해야 한다.

1. 촬영자 및 사진기록지의 기록자 이름
2. 경찰서 사건번호
3. 사건발생일 및 촬영일
4. 사건의 종류

그림 4.1
사진기록지

사진기록지

촬영일시 ....

감식요원 .... **사건번호**

촬영장비

카메라 .... **본체 일련번호** ....

렌즈 .... **렌즈 일련번호** ....

필름의 종류 .... **노출계수** ....

그대로

플래시 사용 여부 .... **플래시 일련번호** ....

롤 ....

시간	노출값	사진의 종류	피사체	촬영거리	카메라 설정 등*

* 표기 부분은 다음과 같이 씀.
사진의 종류 : 전체 사진, 중간거리 사진 혹은 근접 사진
카메라 설정 등 : 조리개, 셔터스피드 등 촬영 정보

5. 촬영시간
6. 촬영한 곳

사진기록지에는 촬영장비에 대한 정보도 함께 기록해야 한다.

1. 카메라의 제조사, 모델 및 종류
2. 카메라 일련번호
3. 렌즈 제조사, 모델(초점거리) 및 일련번호
4. 필름의 종류, 노출계수 및 롤, 필름의 감도(ASA 혹은 ISO)
5. 플래시 정보(제조사, 모델 및 일련번호)

현장 감식을 하면서 사진을 촬영할 때에는 모든 촬영 기록을 사진기록지에 기록해야 한다. 다음 정보를 기록한다.

1. 촬영일시
2. 롤 번호 및 노출계수

3. 사진의 종류(전체, 중간거리, 근접 사진)
4. 카메라에서 피사체까지의 거리
5. 카메라 설정값(렌즈 설정값, f/stop, 셔터스피드)
6. 삼각대 및 플래시(설정값 포함) 사용 여부
7. 사진에 대한 간단한 설명
8. 필터, 조명 등 특수장치 사용 여부

사진기록지에 적힌 정보를 보면 현장에서 현장의 어느 부위에 어떤 증거물을 찍었는지 알 수 있으므로 훗날 중요하게 이용될 것이다. 또한 필름의 종류와 카메라 설정값은 사진을 현상하고 인화하는 데 도움이 될 것이다. 사진기록지를 보면 현장에서 촬영한 사진이 필름의 어느 것을 현상한 것인지 알 수 있다. 사용하지 않는다고 필름이나 사진을 없애서는 안 된다. 사진기록지와 사진 자체도 증거물이란 점을 명심하기 바란다.

특수 촬영기법

즉석 사진의 활용

현장에 있는 일시적 증거나 상태 증거는 쉽게 멸실되거나 변형되는 경우가 종종 있다. 이런 멸실을 방지하기 위해서 혹은 현장이 이미 원래 상태가 아닌 경우, 정식 비디오나 사진으로 촬영하기에 앞서 즉석 카메라로 촬영하는 것이 좋은 기록 방법이다. 그 예로 실외 총기사건 현장에 족적이나 혈흔형태가 있는데 폭풍우가 빠르게 몰려오고 있는 경우를 들 수 있다. 초동 요원은 폴라로이드카메라와 플래시를 갖고 있다. 이런 카메라를 이용하면 족적이나 혈흔형태가 멸실되기 전에 이들의 방향을 보이는 사진과 중간거리 사진을 촬영할 수 있다. 즉석 사진을 촬영하면 현장이나 증거물이 멸실되거나 오염되는 것을 방지할 수 있다. 즉석 카메라로 촬영한 현장의 전체 사진을 현장의 통제선 밖에 있는 다른 감식 요원, 형사, 증인 등 사건 관계자들에게 보여줌으로써 그들이 현장 안으로 들어가지 않도록 할 수도 있는 것이다.

파노라마 사진

현장의 전체 사진을 촬영할 때에는 동서남북 방향에서 적당한 거리를 두고 광각렌즈를 이용해 그림 4.2에 보인 방법으로 촬영하면 가장 좋다. 광각

그림 4.2
렌즈의 초점거리와 화각 관계를 보여주는 그림

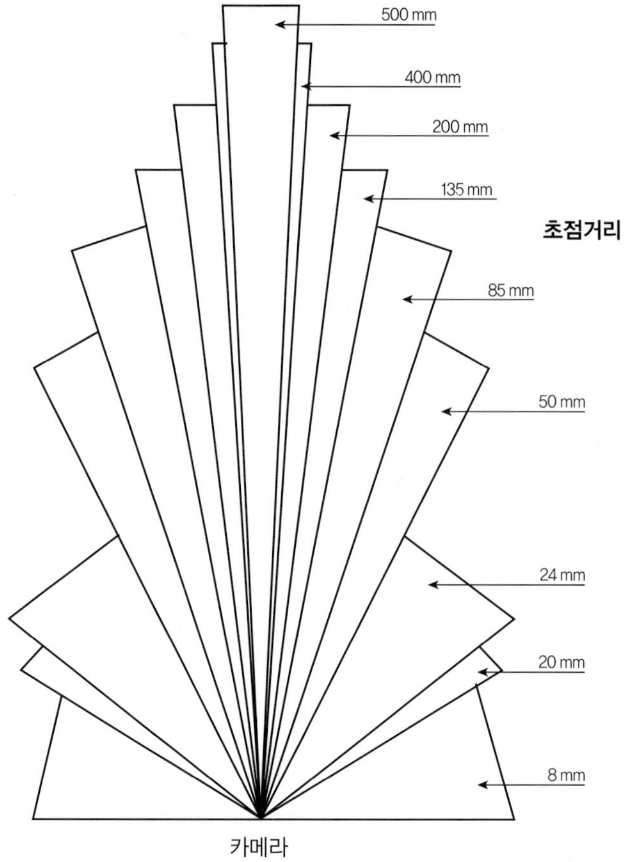

그림 4.3
현장의 전체 사진을 촬영할 때 적당한 카메라의 위치

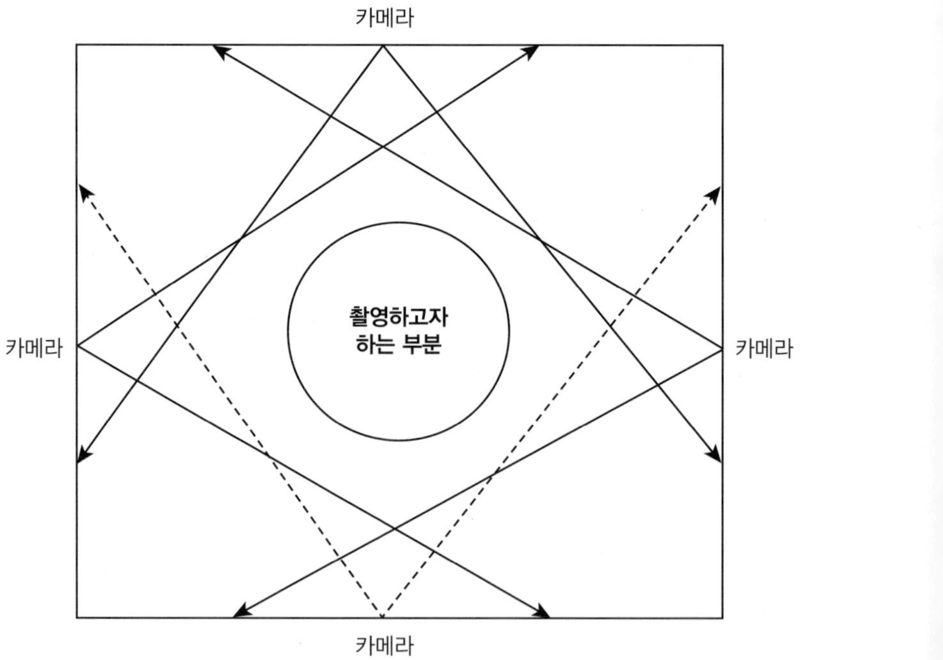

렌즈가 없을 경우에는 표준렌즈(50~55mm)를 이용해 그림 4.3에서 보인 것처럼 카메라를 중첩되게 설치하고 촬영함으로써 현장의 360도 방향을 표현할 수 있다.

근접 사진(정밀 사진)

이 사진은 현장에 있는 증거물을 정확하고 상세하게 가까이에서 촬영함으로써 필요할 경우 실험실에서 감정하는 데 사용할 수 있도록 촬영하는 것이다. 지문, 족적, 혈흔형태, 총기발사 잔사, 유리파손흔 등의 대부분의 패턴 증거의 경우 근접 사진을 촬영해야 한다. 이런 증거의 훌륭한 근접 사진을 촬영하려면 제시된 촬영기법 및 가이드라인을 잘 따라야 한다. 증거

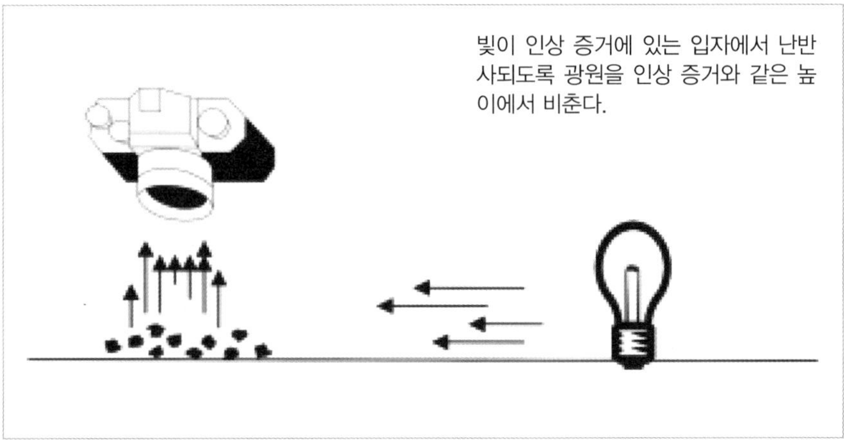

(a)

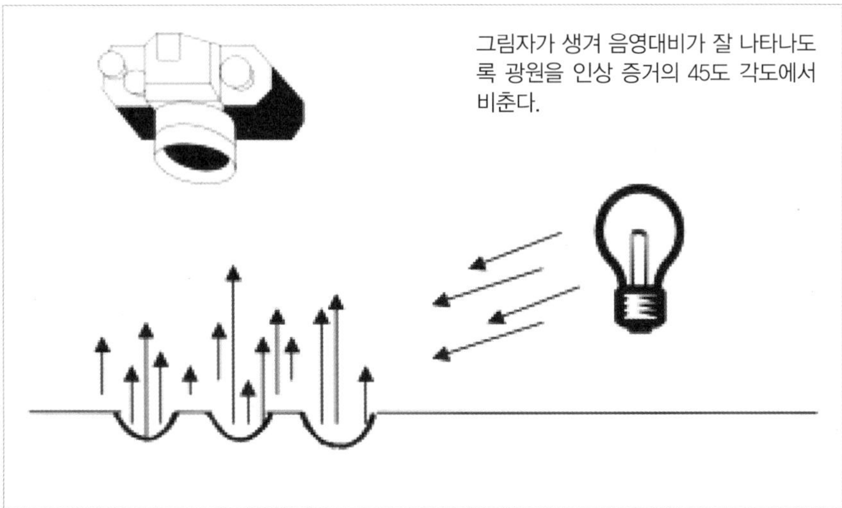

(b)

그림 4.4 (a)~(b)
(a) 2차원 인상 증거를 촬영할 때의 적절한 광원의 위치
(b) 3차원 인상 증거를 촬영할 때의 적절한 광원의 위치

사진 4.13
족적의 근접 사진

물은 자연광 및 사광을 이용하여 촬영해야 한다. 어떤 패턴 증거를 촬영하는지에 따라 광원을 달리해서 촬영한다(그림 4.4 (a)와 (b) 참조). 증거물은 자가 없는 상태에서 촬영한 후 증거물이 있는 평면에 증거물의 장축 방향으로 자를 놓고 다시 촬영한다(사진 4.13 참조). 카메라는 촬영하고자 하는 물체의 직각 위치에 놓고 촬영해야 한다. 삼각대와 수평 장치를 이용하면 양질의 근접 사진을 촬영할 수 있다(그림 4.5 참조). 실험실에서 정밀감정하거나 비교감정하기 위해 흑백으로 근접 사진을 촬영할 때에는 음영대비가 잘 나타나도록 촬영해야 한다. 또한 증거물의 색상, 표면의 질감, 혹은 디자인을 근접 촬영할 때에는 컬러 사진을 촬영해야 한다.

외장플래시의 이용

이 방법은 어두운 곳에서 촬영하는 방법이 아니고 일반 사건 현장에서 촬영하는 방법이다. 외장플래시는 패턴 증거의 근접 사진을 촬영할 때 음

사진 4.14
시체 소훼 현장의 적절한 조명

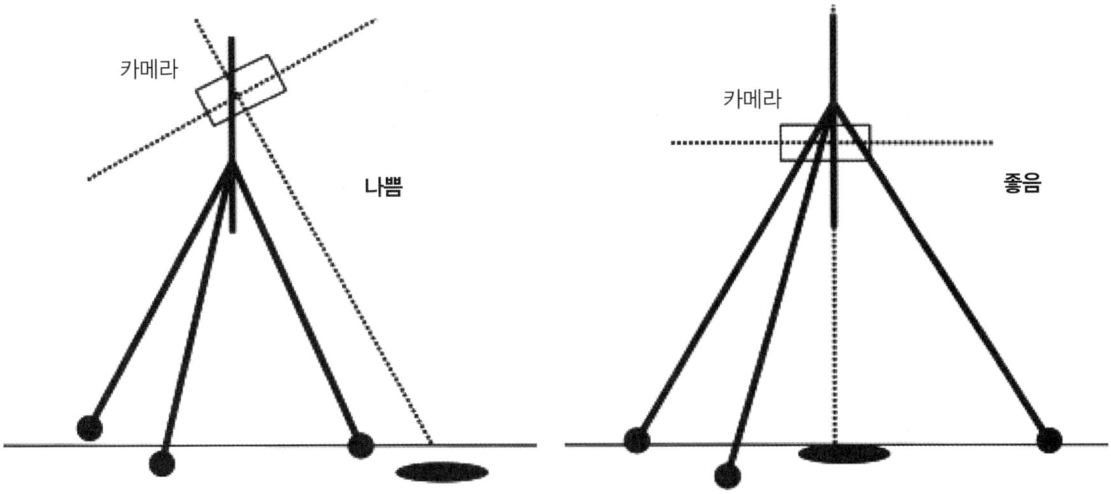

그림 4.5
근접 사진을 촬영할 때 삼각대를 설치하는 방법

영이 생기게 하여 증거물을 상세하게 표현하는 중요한 수단이지만, 중간 거리 사진이나 다른 증거물을 촬영할 때에도 유용한 수단이다. 예를 들어 사진 4.14에 보인 방화로 추정되는 현장을 생각해 보자. 현장은 불에 타서 모든 것이 검게 변했고(배경과 증거물이 모두 검은색임), 사건은 밤에 발생했으며 연소된 구조물에는 조명을 켤 수 있는 전기가 공급되지 않는다. 빛이 거의 들어오지 않고 선명한 색상대비가 없는 화재 현장을 촬영하려면 플래시를 사용해야만 한다. 현장을 기록할 때 플래시를 사용하는 또 다른 경우는 fill flash 기법을 이용하는 경우이다(사진 4.15 (a)와 (b) 참조). 이 기법은 밝은 태양광이 비치는 야외 현장의 그림자 진 영역에 있는 증거물을 촬영할 때 사용한다.

이 기법을 사용할 때에는 다음 방법을 따른다.

1. 카메라 셔터스피드를 플래시 속도와 동조화(synchronization)[2] 시킨다.
2. 카메라에 장착된 노출계를 이용해 적절한 f/stop 값을 구한다. 수동 모드로 놓고 f/stop 값을 설정한다.
3. 외장플래시를 수동모드로 전환하고 위에서 설정한 f/stop 값에 맞는 플래시에서 피사체까지의 거리를 결정한다.
4. 그림자 진 곳에서 위에서 결정한 거리에 플래시를 위치시킨다.
5. TTL 외장플래시는 자동으로 fill flash 모드로 전환될 수 있다.

2) 역자 주 – 셔터가 완전히 개방됐을 때 플래시가 터지도록 하는 기법

사진 4.15 (a)~(b)
(a) 차량 하부의 모습이다. 사진 가운데 빛을 반사하는 작은 물체는 드라이버이다.
(b) fill flash 기법으로 차량 하부에 있는 드라이버를 비춰 그림자를 없앴다 (Connecticut State Forensic Laboratory 제공).

(a)

(b)

painting with light 기법은 플래시를 이용해 현장을 기록하는 또 다른 유용한 방법이다. 이 방법은 넓은 야외 현장을 야간에 촬영할 때 유용한 방법이다(사진 4.16 (a)와 (b) 참조). 이 방법을 이용하면 넓은 현장의 전체 사진을 촬영할 때 적절한 조명을 공급할 수 있다. 또한, 이 방법은 이동식 광원(외장플래시)을 이용해 한 필름 프레임을 여러 번 감광시키며 촬영하는 기법이다. 이 기법을 이용하려면 150피트 거리까지 비출 수 있는 플래시, 플래시의 동조화 코드(원격 코드), 셔터스피드를 B로 설정할 수 있는 카메라, 삼각대가 있어야 한다. 단기간에 최대 출력의 플래시를 여러 번 터트려야 하는데, 플래시용 표준 배터리로는 이런 작업을 하기 어렵기 때문에 플래시용

(a)

(b)

사진 4.16 (a)~(b)
(a) 야간에 고속도로 주변에서 일어난 살인사건 현장의 전체 사진이다.
(b) 야간에 paint with light 기법으로 넓은 지역을 비추며 촬영했다(Major Crime Connecticut State Police의 Joe Destefano 형사 제공).

외장 충전배터리가 있으면 좋다. 다음과 같이 촬영한다.

1. 전체 사진을 촬영할 위치에 삼각대를 두고 거기에 카메라를 설치한다. 500피트 거리까지 촬영할 수 있다.
2. 셔터스피드를 B(bulb)로 설정하고 f/stop을 f/11처럼 중간값으로 설정한다(피사계심도가 좋아지기 때문이다).
3. 현장에 있는 모든 빛을 차단하고(경찰차 혹은 구급차 등) 사람이나 차량이 드나들지 못하게 한다.
4. 카메라 셔터를 누른다(촬영이 끝나 셔터를 다시 누를 때까지 셔터가 열려있게 된다).
5. 카메라에서 가장 먼 곳에서부터 플래시를 비추기 시작한다. 점차적으로

사진 4.17
피해자의 오른발을 다른 각도에서 촬영한 두 장의 사진이다.

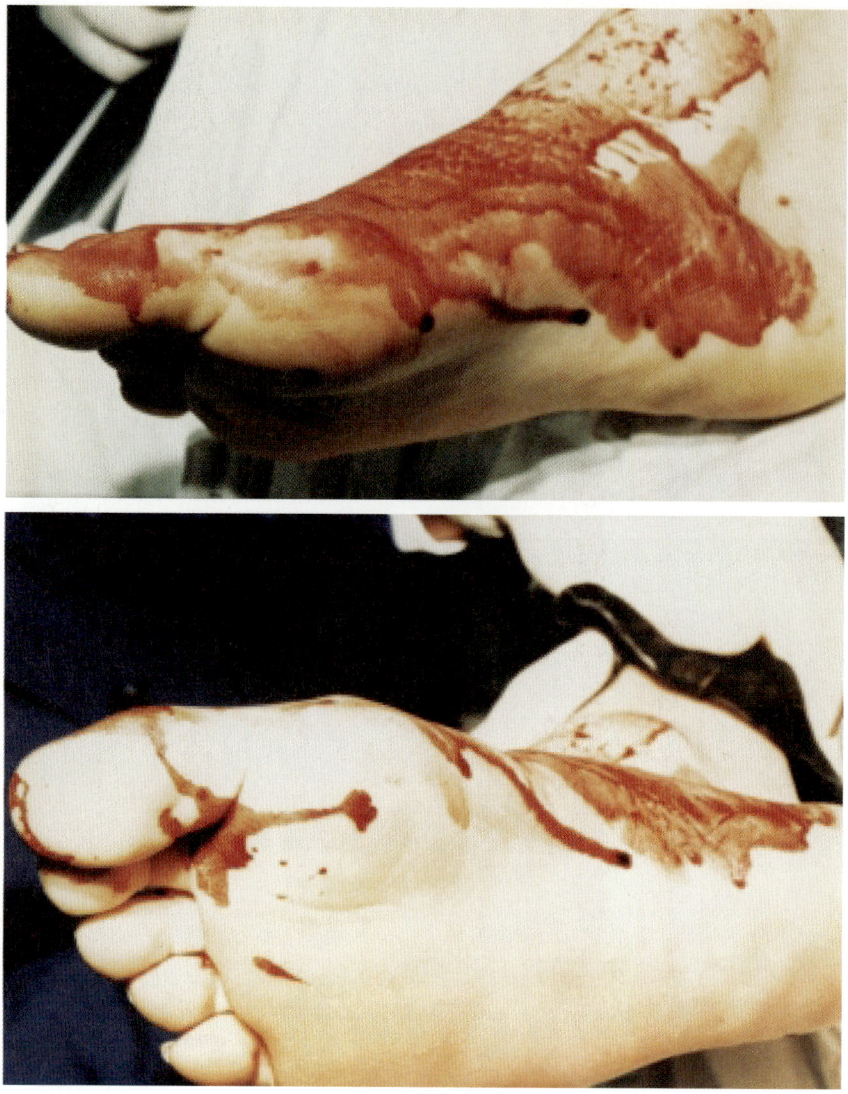

카메라 있는 쪽으로 다가가면서 각도와 거리를 바꾸어가며 이곳저곳에 플래시를 계속 터트린다. 이때 촬영자가 카메라 화각 안으로 들어가는 것은 상관없다. 플래시 빛이 닿는 부분만 찍히기 때문에 작업자는 사진에 나타나지 않는다.

6. 이런 작업을 하며 촬영자가 카메라 주변까지 도달하면 셔터를 다시 눌러 셔터를 닫는다.

이 기법을 이용하면 넓은 지역의 전체 사진 및 중간거리 사진을 촬영할 수 있다.

다양한 각도에서 촬영

대부분의 현장 사진은 정상적인 눈높이에서 촬영한다. 그러나 실내의 크기 등을 고려하면서 현장을 완벽하게 기록하기 위해 다양한 위치에서 촬영하는 것은 중요한 일이다. 카메라를 지면 가까이 두고 피해자의 위치에서 바라본 모습을 촬영하거나 삼각대를 천장 가까이에 설치하고 촬영해볼 필요가 있다. 각도를 바꿔 촬영한 사진이 수사에 중요하게 이용되는 경우가 있다. 사진 4.17은 살인사건 피해자 오른발에 부착된 혈흔형태를 다른 각도에서 촬영한 것이다.

빛을 비추는 위치

조명장치를 이용할 경우 조명장치를 촬영자의 어깨부근에 설치해서 피사체의 전면이 비춰지도록 해야 한다. 태양광을 마주보고 촬영할 경우에는 렌즈후드 등을 사용하여 렌즈에 그림자를 만들어 주거나 태양광의 위치가 바뀔 때까지 기다려야 한다. 플래시를 사용할 경우에는 패턴 증거를 촬영할 경우를 제외하고는 전면에서 비춰주는 것이 최상의 방법으로써 가장 많이 사용되는 방법이다. 이런 경우에 동서남북 방향에서 사광을 비추는 방법이 이용된다. 플래시를 표면의 45도 위치에서 비춰서 빛을 옆으로 반사시키면 더 좋은 결과가 얻어진다.

근접 사진을 촬영할 때에는 플래시 장치를 휴지, 스타킹, 손수건 등으로 덮어 사진이 하얗게 나오지 않도록 해야 한다. 많은 플래시 장치에는 플래시 광량을 조절하는 기능이 있다. 또한 반사조명 기법을 사용해도 하얗게 나오는 현상을 줄일 수 있다. 이런 기법을 이용할 수 있는 다양한 카메라와 플래시 장치가 시판되고 있다.

적외선, 자외선 및 ALS(alternate light source)를 이용한 촬영

수사기관에서는 적외선 사진을 이용하고 있다. 이는 눈에 보이지 않는 적외선을 이용하는 방법이다. 적외선 기법을 현장 사진에 이용하는 예로는 항공 사진(지상의 색상대비를 좋게 함)과 의복 등에 부착된 총기발사 잔사 촬영 등을 들 수 있다. 온도를 조절해야 하고 완전 차광된 조건에서 필름을 장착해야 하기 때문에 대부분의 현장 기록에 적외선 사진 기법을 이용할 수는 없다. 이런 것들은 이 기법을 현장 기록 수단으로 사용하는 제한요소가 된다.

그림 4.6
자외선 사진을 촬영하는 방법

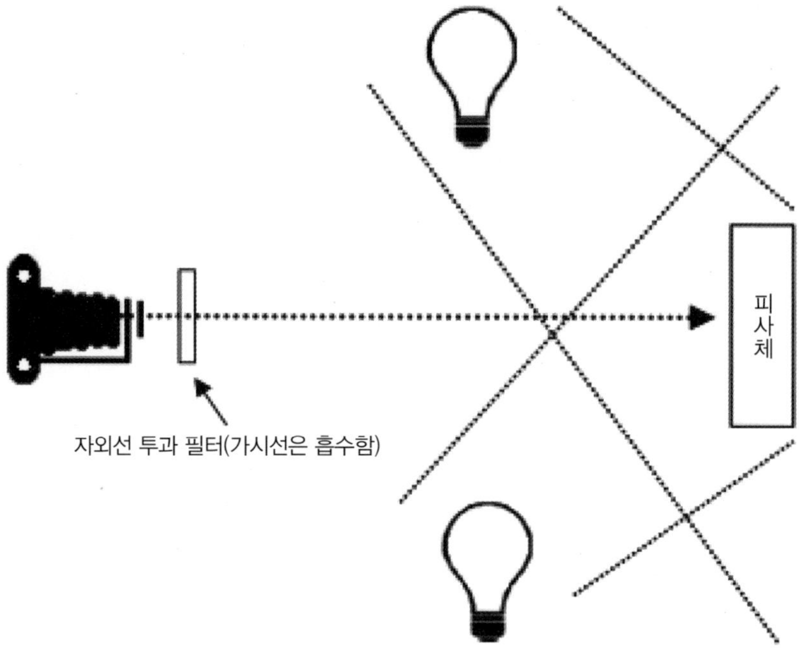

어떤 증거물은 자외선을 흡수하고 어떤 증거물은 자외선을 반사한다. 예를 들어 일부 지문 분말에 자외선을 비추면 형광을 낸다. 정액, 소변, 땀 등의 체액은 자외선을 받아 빛을 낸다. 자외선과 반응한 결과는 자외선만 통과시키는 필터(다양한 제품이 시판되고 있다)를 이용해 기록할 수 있다(그림 4.6 참조). 이 경우에는 흑백필름만 사용해야 한다.

현장에서 ALS(법과학 광원) 등으로 찾아낸 증거물을 촬영하는 방법은 자외선 형광 촬영 방법과 비슷하다. 이런 물체는 흑백필름으로 촬영하는 게 좋지만 반드시 흑백필름으로 촬영해야 하는 경우가 아니라면 컬러필름으로 촬영할 수도 있다. 다음 절차대로 하면 증거물을 ALS로 증강하여 촬영할 수 있다. ALS로 현장과 증거물을 검색한 후에 증거물에서 적당한 거리에 떨어진 곳에 카메라를 삼각대에 설치하고, 적절한 파장의 필터로 촬영한다. 노출계를 사용하여 렌즈를 통해 카메라로 들어가는 광량을 조절하거나 자동노출장치를 이용하고 f/stop과 셔터스피드를 조절해 사진을 촬영한다. 이렇게 촬영한 후 f/stop과 셔터스피드를 바꿔 다시 촬영한다. 이 과정을 다시 반복한다. 이렇게 촬영하는 기법을 브라케팅(bracketing)이라고 부른다. 브라케팅 방법을 적용하여 촬영하는 동안 카메라 위치를 이동시키지 않는다.

디지털 사진

디지털 이미지 기술의 발달에 따라 감식 요원은 현장과 증거물을 촬영, 분석, 보관하는 새로운 수단을 얻게 되었다(사진 4.17 참조). 이 디지털 장치는 현장을 기록하던 기존의 비디오나 사진 장치를 대체하게 되었다. 디지털 사진의 장점으로는 사진을 즉시 볼 수 있고, 기존의 전자장치와 호환이 쉬우며 필름 현장 과정이나 암실이 없어도 된다는 것을 들 수 있다. 디지털 카메라는 기존의 필름을 사용하지 않는다. 대신 사진 4.18과 같이 카메라에 내장된 이미지센서가 피사체의 영상을 기록한다. DSLR 카메라는 기존의 필름 카메라처럼 현장을 기록하는 가장 좋은 장치이다. 디지털카메라의 이미지센서는 기존 장치보다 노출값을 보다 정밀하게 맞춰야 한다. 그러나 촬영자가 현장에서 노트북컴퓨터에 장치를 연결해 노출이 적절했는지 바로 확인할 수 있기 때문에 노출 설정의 어려움은 문제가 되지 않는다. 디지털 사진이 적절하게 찍히지 않았으면 현장에서 바로 다시 촬영할 수 있다. 대부분의 디지털카메라에는 촬영 이미지를 바로 확인할 수 있는 창이 달려 있다. 디지털카메라의 렌즈(광각에서 줌에 이르기까지), 분해능, 조명장치 등은 기존의 카메라와 비슷하다.

수사기관 내부에서는 전통적으로 해오던 지혜에 따라 디지털 기술을 다른 현장 기록 기법에 쉽게 접목할 수 있으며, 실제로도 하고 있다. 현 시점에서 어느 한 방법이 다른 한 방법을 완전히 대체하지는 않았다. 사진을 즉시 확인할 수 있고 이미지를 효율적으로 관리할 수 있으며, 고분해능 디지털 사진을 다양한 포맷, 다양한 노출 허용 범위로 얻을 수 있는 디지털카메라의 장점과 기존 카메라가 갖는 필름의 다양성 등을 조합해 새로운 기법과 기존 기법을 성공적으로 함께 이용하고 있다. 디지털 이미지는 쉽게 조작할 수 있기 때문에 법정에서 디지털 사진이 채택될 수 있는지에 대한 문제가 대두된 일이 있다. 증언은 감식 요원이 하는 것이지 사진이나 이미지가 하는 것이 아니다. 사진의 조작 여부에 대한 모든 질문은 현장 감식할 때 디지털 사진을 촬영하는 것에 대한 문서와 잘 정비된 정책 및 절차에 언급될 수 있다.

사진 4.18
디지털카메라와 사진을 컴퓨터에서 보고 저장하는 데 사용되는 이미지 카드 및 이미지 리더이다.

그림 4.7
피사계심도

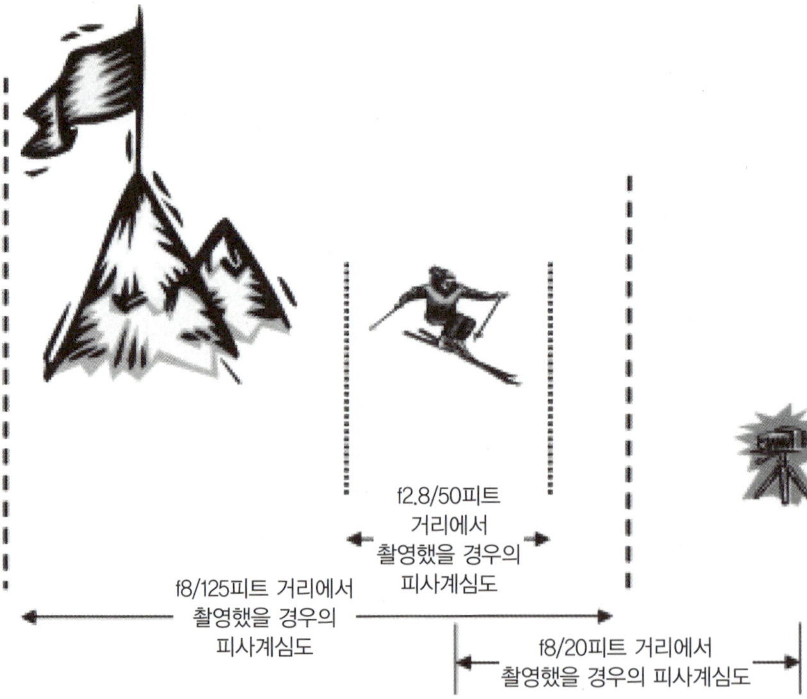

표 4.1 현장 사진 촬영에 사용되는 장비

• 카메라	• 필름: 컬러 및 흑백
• 표준렌즈: 50mm	• 플래시와 카메라 사용설명서
• 광각렌즈: 28mm 등	• 표시에 사용할 물건: 판지, 펜 등
• 접사렌즈 및 접사링	• 자
• 필터	• 플래시
• 전자식 플래시	• 중성 회색 카드
• 플래시용 코드	• 여분의 배터리
• 셔터 릴리즈	• 삼각대

훌륭한 현장 사진을 촬영하기 위해 기억할 점

1. 삼각대를 사용한다. 피사계심도는 어떤 물체의 사진에서 선명한 상이 맺힌 가장 가까운 거리에서 가장 먼 거리라고 정의된다. 피사계심도를 깊게 얻으려면 카메라의 조리개를 좁게 한다(f/stop 값을 크게 놓는다). 이렇게 하면 셔터스피드가 늦춰진다.
2. f/16 rule을 기억한다. f/16 rule이란 적절한 노출값을 얻기 위한 방법이다. 즉 카메라 셔터스피드를 카메라 값에 근접한 값으로 설정하고(ISO 100은 1/125초에 가까운 값이다) 조리개를 f/16으로 설정한다.
3. 플래시 연결 코드를 사용하여 플래시를 카메라로부터 분리하여 사용한다. 현장에 빛이 들어오는 상황이라도 플래시를 사용하면 간과하거나 찾지 못할 수 있는 부분이 나타날 수 있다.
4. 미리 연습하고 준비하고 있어야 한다. 카메라 장치는 감식 요원에게 있어서는 총과 같은 장비이다. 따라서 카메라를 사용함에 있어 어색해서는 안 된다. 카메라를 새로 구입하거나 주변 장치를 업데이트 시킨 후에는 새 장비에 익숙해져야 한다. 사무실, 주차장, 실험실 등에서 사진 촬영을 하는 연습을 해야 한다. 카메라와 주변 장치를 최적의 상태로 유지해야 한다. 이렇게 준비해야만 카메라를 최대한 활용해 전문가답게 촬영할 수 있다. 보조배터리를 항상 준비해야 한다. 필름도 마찬가지로 항상 새 필름을 준비하고 있어야 한다. 현장에 출동하다 새 배터리나 필름을 챙기러 사무실로 되돌아가는 일이 있어서는 안 된다.
5. 의심이 들면 사진을 촬영한다! 사진은 현장을 기록하는 중요한 요소로 현장 전체와 증거물을 반드시 기록해야 한다. 감식 요원은 자신의 주관적 판단에 따라 어떤 물체만 촬영하고 어떤 물체는 촬영하지 않는 식의 행동을 하지 말아야 한다.

현장스케치

현장을 기록하는 마지막 요소는 스케치 혹은 도면을 그리는 일이다. 사진은 3차원 현장이나 사물을 2차원으로 표현하는 방법이다. 따라서 사진으로 나타내면 사물의 공간배치는 일그러져 나타날 수밖에 없다. 예를 들어 현장에 있는 집의 전면을 촬영한 전체 사진에는 출입구로 통하는 소로의 실제 길이가 나타나지 않는다. 이렇게 공간이 일그러지는 일이 발생하면 사진만으로는 탄환궤적이나 혈흔형태의 발혈점을 재구성할 수 없게 된다. 현장스케치는 현장이나 증거물을 실제 크기나 거리대로 영구히 기록하는 방법이다. 스케치는 정확하게 그리고 사진의 보조수단으로 사용할 수 있게 그려야 한다.

현장스케치를 그릴 때 미술에 소질이 있을 필요는 없다. 단지 약간의 계획과 체계적인 기법만 필요할 뿐이다. 스케치를 하고 계측을 할 때는 두 명 이상이 함께 작업해야 한다. 협업을 하려면 감식 요원들은 인내심을 가져야 하고 평상시 훈련을 해야 한다.

현장 감식할 때에는 초안 스케치와 최종 스케치 두 개를 그리게 된다(그림 4.8 및 4.9 참조). 그리고 스케치 그리는 방법으로는 조감도와(그림 4.10) 입면도 혹은 측면도(그림 4.11)로 그리는 두 방법이 있다.

그림 4.8
현장의 초안 스케치

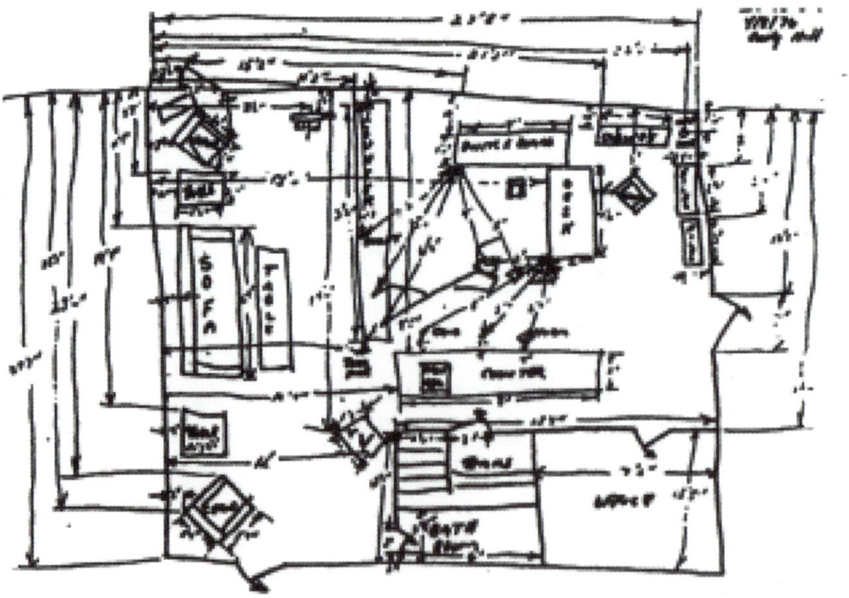

초안 스케치는 주로 현장에서 증거물을 채취하기 전에 그리는 스케치이다. 초안 스케치에는 채취해야 할 모든 증거물, 현장에 있는 주요 구조물, 기타 현장 내부 및 주변에 있는 관련 구조물이 나타나야 한다. 또한 현장과 증거물의 상관 관계를 보여주는 거리 및 크기가 모두 나타나야 한다. 최종 스케치는 축적대로 그리거나 그렇지 않거나 간에 초안 스케치를 근거로 그린다. 최종 스케치는 주로 법원에 제출하기 위해 만드는 것이다. 여기에는 현장에 있는 주요 구조물과 모든 증거물이 나타나야 한다. 또한 거리를 나타내서는 안 된다. 법정에 제출하기 위해 최대한 깔끔하고 간략하게 그려야 한다.

현장 스케치는 일반적으로 위에서 내려다보는 모습을 그린다. 이렇게 그리는 방법은 가장 일반적인 방법인 동시에 다른 수사관이나 배심원이 보기에도 가장 이해하기 쉬운 방법이다. 현장의 다양한 높이에 있는 증거물의 위치를 나타낼 때에는 측면도 혹은 입면도 스케치를 그릴 수 있다. 입면도 스케치는 사진기록에 나타난 측면 모양을 나타내는 보조수단으로 사용할 수 있다. 탄환궤적을 재구성하거나 혈흔형태를 기록할 때 입면도 스

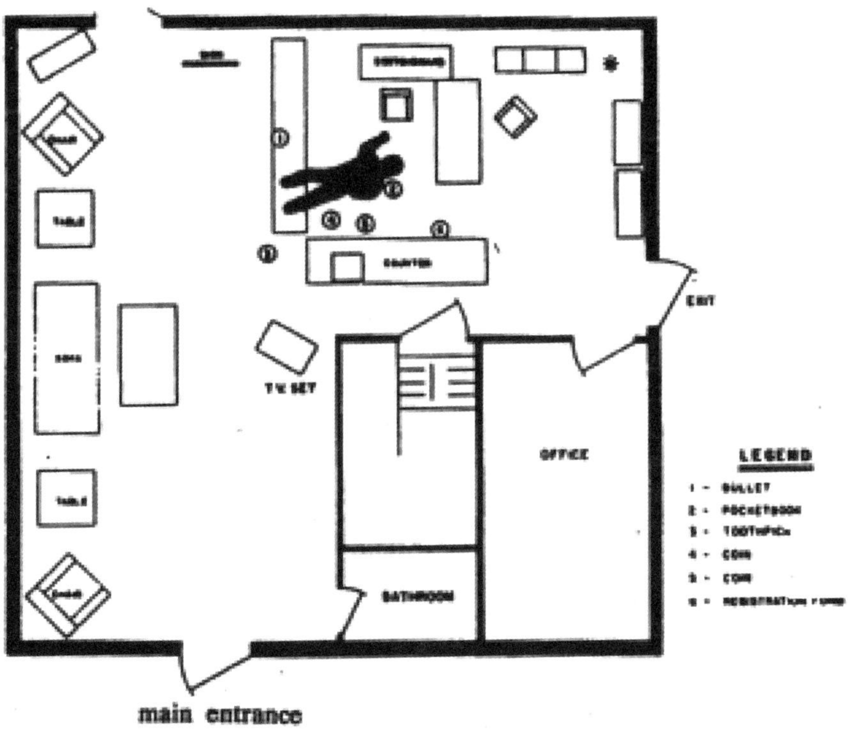

그림 4.9
현장의 최종 스케치

그림 4.10
위에서 본 최종 스케치

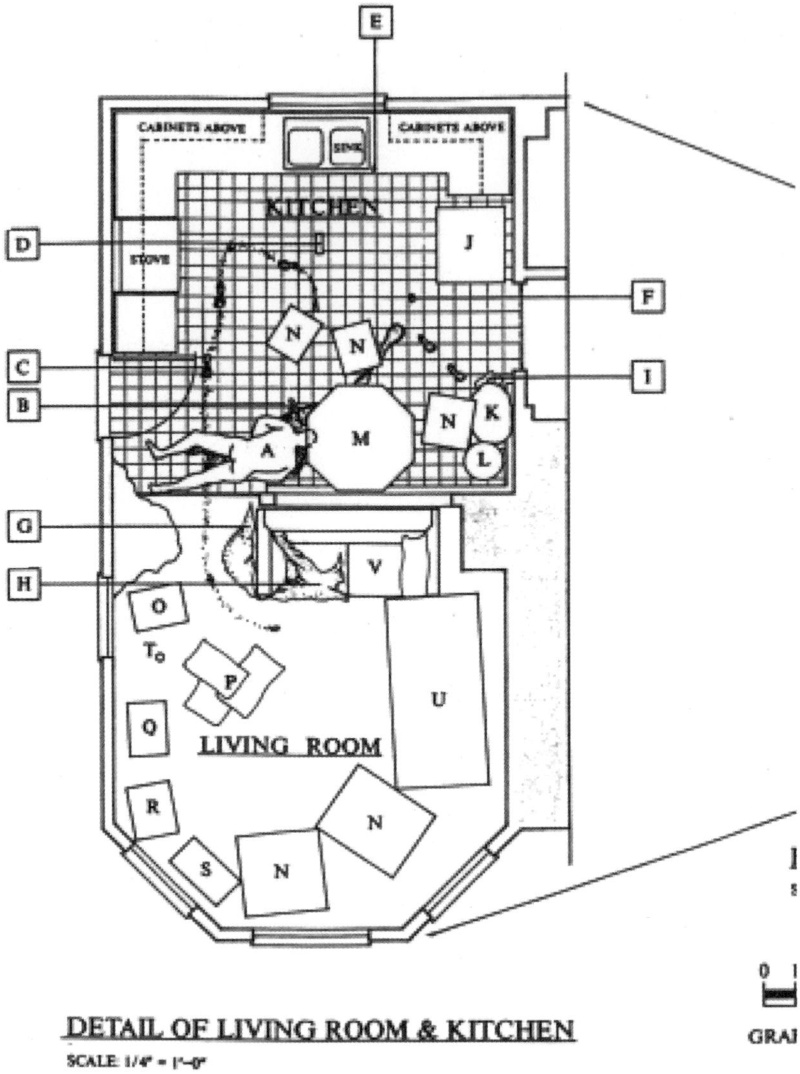

케치가 주로 사용된다. 또한 법원에 최종 스케치를 제출할 경우에는 높이와 평면배치를 함께 보여야 할 경우가 종종 있다. 펼침도 방법은 이 둘을 한꺼번에 나타내는 방법이다. 예를 들어 방의 6개 면(네 벽면, 천장 및 바닥면)을 펼쳐 그림 4.12처럼 나타낼 수 있다. 3차원 스케치는 많이 사용되는 방법은 아니지만 필요할 경우 축적대로 3D 모델을 만들거나 3D 스케치를 할 수 있다(사진 4.19 참조).

현장에 있는 증거물의 거리를 측정해 위치를 표시할 때에는 삼각법, 극좌표법 및 사각형법의 세 가지 방법이 사용된다(바탕선법 혹은 좌표공유법이라고

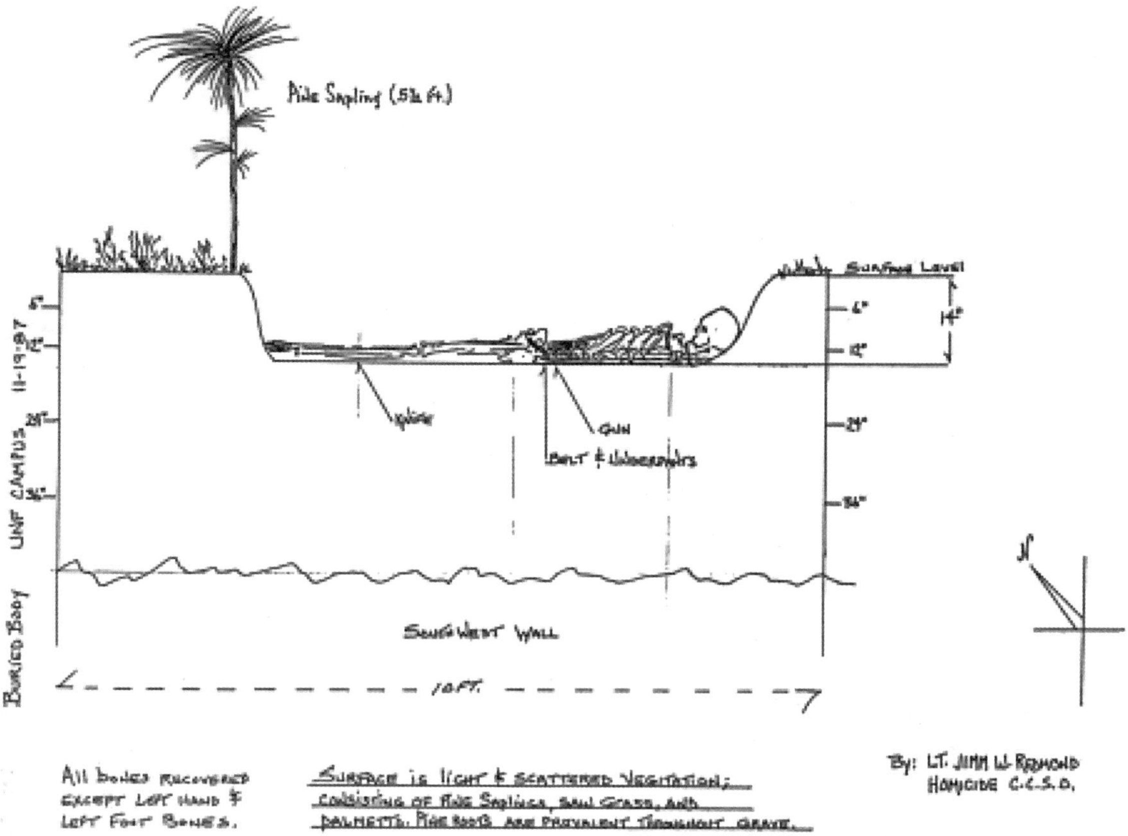

하는 경우도 있다). 이 세 가지 측정방법을(그림 4.13, 4.14, 4.15 참조) 사용하려면 먼저 알고 있는 고정된 사물을 이용해 시작점을 만들어야 한다. 시작점은 지표면에 있는 측량기준점, 큰 나무, 일련번호 혹은 위치식별번호가 있는 전신주, 건물이나 방의 모서리 등 움직이지 않는 사물을 이용한다. 고정점을 설정하면 나중에 현장을 재구성할 수 있다.

그림 4.11
입면도 스케치

1. **삼각법.** 두 고정점을 선정한 후 두 점으로부터의 거리를 측정하고, 그 고정점이 포함되도록 초벌 스케치를 그린다. 모든 증거물의 거리는 이 두 고정점으로부터의 거리로 표시한다(그림 4.13).
2. **극좌표법.** 고정된 한 점을 선정한 후 모든 증거물의 위치는 이 점으로부터의 거리 및 방향(각도)으로 표시한다. 각도는 각도기나 측량장비를 이용해 측정한다(그림 4.14).
3. **사각형법**(바탕선법 혹은 좌표공유법). 두 고정점 사이에 직선의 바탕선을 만든다. 증거물의 위치는 바탕선에서 직각거리로 표시한다. 이 방법을 변형

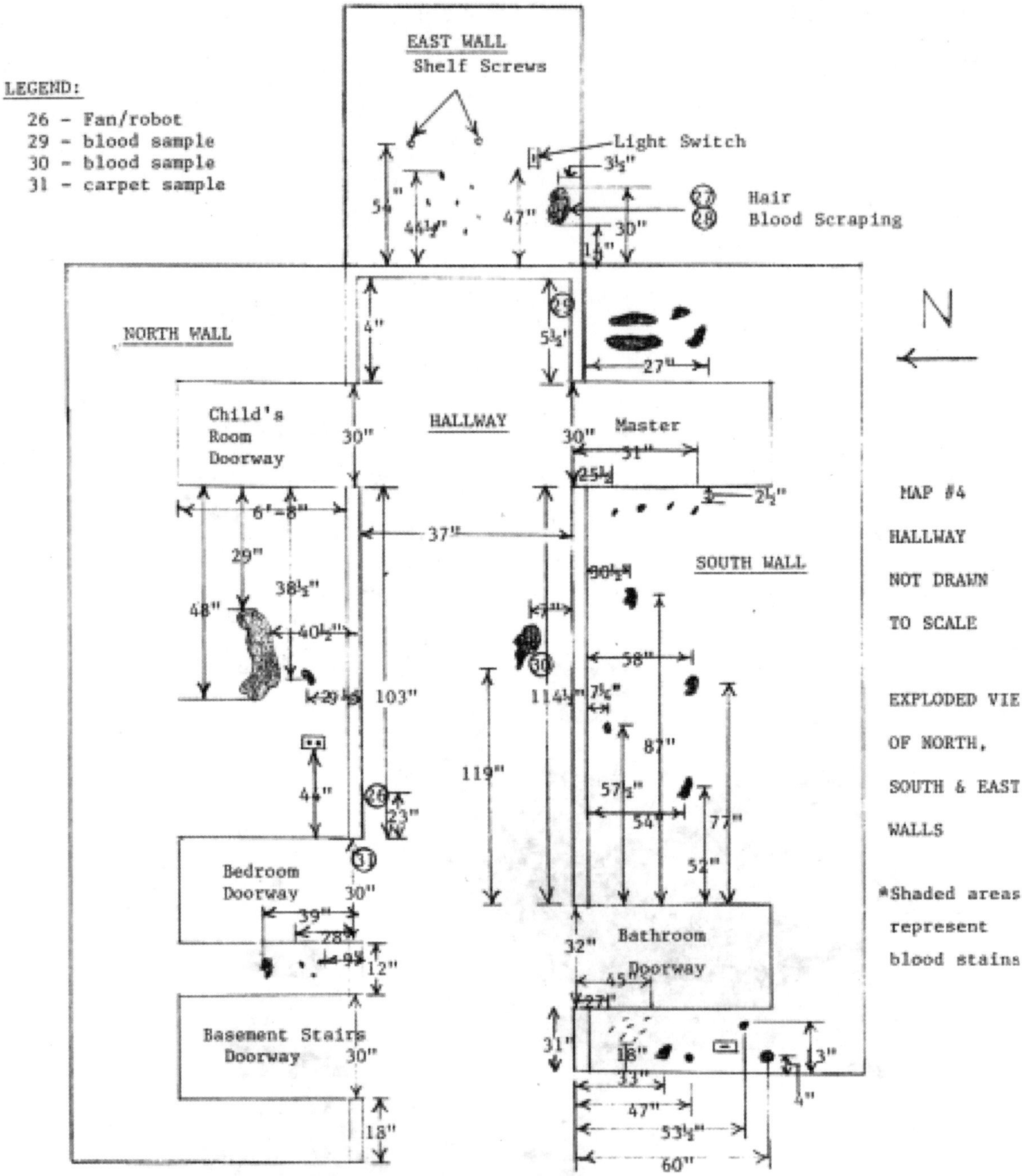

그림 4.12

전개도 스케치. 이 스케치는 둔기로 가격 당해 사망한 사건 현장의 복도를 그린 것이다. 세 벽면과 바닥에 있는 혈흔형태를 이 한 장의 스케치로 나타냈다.

두 개의 고정점을 선정하고 두 점 사이의 거리를 측정한다. 현장에 있는 두 점으로부터 사물의 있는 곳까지의 거리를 측정한다. A와 B는 고정점이고, x와 y는 현장에 있는 사물이다.

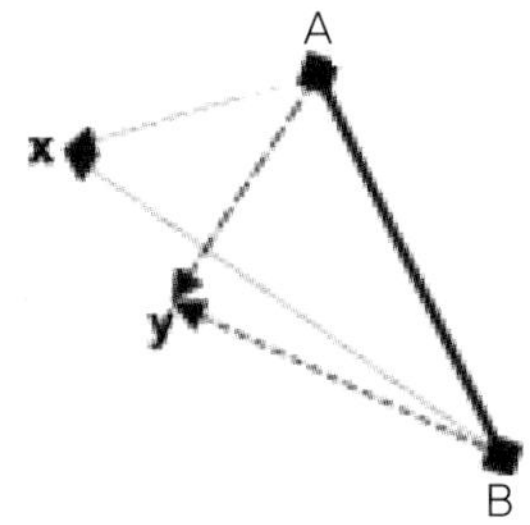

그림 4.13
삼각법으로 측정하는 방법

현장에 있는 한 고정점에서 어떤 사물까지의 거리와 각도/방향을 측정한다. 사물 x는 벽 A에서 25피트, 북동쪽으로 25도 방향에 있는 것이다. 각도기나 나침반을 이용해 각도를 측정할 수 있다.

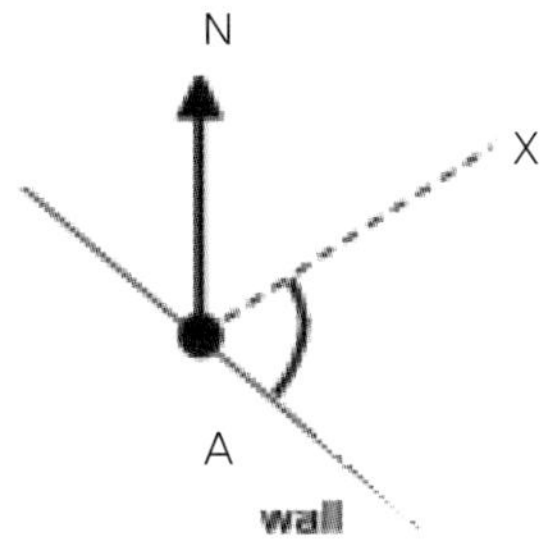

그림 4.14
극좌표법으로 측정하는 방법

두 고정점을 선정하고 사물의 위치는 두 고정점을 잇는 선으로부터의 직각거리로 표현한다. 벽이나 줄자를 이용하면 좋다. A와 B는 고정선을 만드는 점이고 x와 y는 현장에 있는 사물이다.

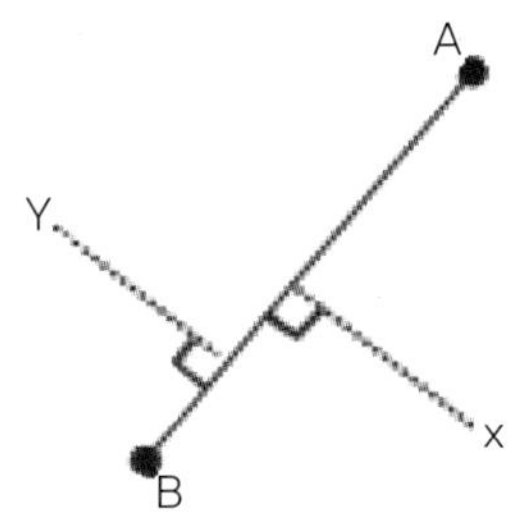

그림 4.15
바탕선법으로 측정하는 방법

시킨 방법으로 두 개의 수직선을(세 개의 고정점) 이용하는 방법이 있다. 증거물의 위치는 수직선으로부터의 거리로 표시한다(그림 4.15).

현장 스케치를 그릴 때에는 현장과 증거물의 계측값뿐만 아니라 다른 중요한 정보도 함께 기입해야 한다. 현장 스케치에는 항상 제목을 붙이고 캡션을 넣어야 한다. 제목은 '증거물을 보이는 초안 스케치, 혈흔형태를 보이는 최종 스케치'처럼 무엇에 대한 스케치인지를 나타낼 수 있는 것을 붙인다. 스케치에 약자, 심벌, 숫자, 글자 등으로 나타낸 것에 대한 범례도 함께 넣어야 한다. 현장 스케치는 현장의 방향성을 보이도록 그려야 한다. 그러기 위해서는 방위각이 포함되도록 그려야 한다. 이때 북쪽 방향을 표시하는 방법을 가장 많이 사용한다. 현장에서 그리는 초안 스케치는 보통 축적대로 그리지는 않는다. 크기를 대략적으로 맞춰 그리기 때문에 스케치에 '축적대로 그리지 않았음'이라고 표기해야 한다. 그러나 중요한 증거물 사이의 거리를(피해자와 흉기 사이의 거리) 측정한 결과가 있으면 이를 스케치에 기입해야 한다. 최종 스케치는 축적대로 그리고, 축적이 얼마인지를 스케치에 포함시키는 경우가 많다. 현장 스케치를 그릴 때의 가장 중요한 요소는 어느 지역을 그린 것인지 나타내는 것이다. 이런 스케치를 그릴 때에는 다음 정보를 기입해야 한다.

1. 관서 사건번호
2. 사건의 종류(사망사건, 강도사건 등)
3. 피해자 이름. 스케치에 용의자 이름을 절대 넣어서는 안 된다.
4. 주소
5. 현장에 대한 표기(집 안, 현장 외부, 222호실 등) 및 기상조건과 조명조건
6. 스케치 시작 일시
7. 스케치한 사람, 도와준 사람, 확인한 사람 이름
8. 축적(1 mm = 1 inch)
9. 증거물에 대한 범례

몇 가지 간단한 도구를 이용하면 현장 스케치를 쉽게 할 수 있다. 방안지, 자, 컴퍼스, 펜과 잉크 등은 스케치하는 데 중요한 장비이다. 또한 다

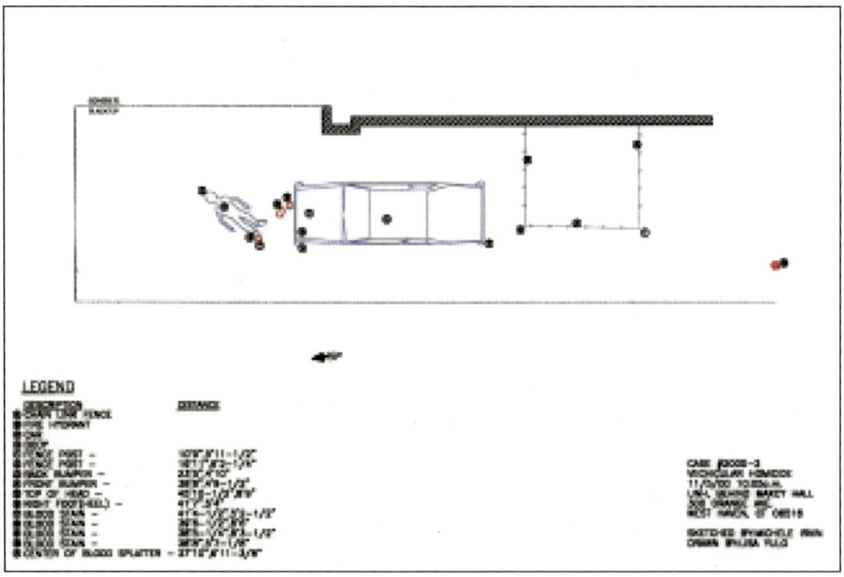

그림 4.16
컴퓨터로 그린 현장 평면 스케치

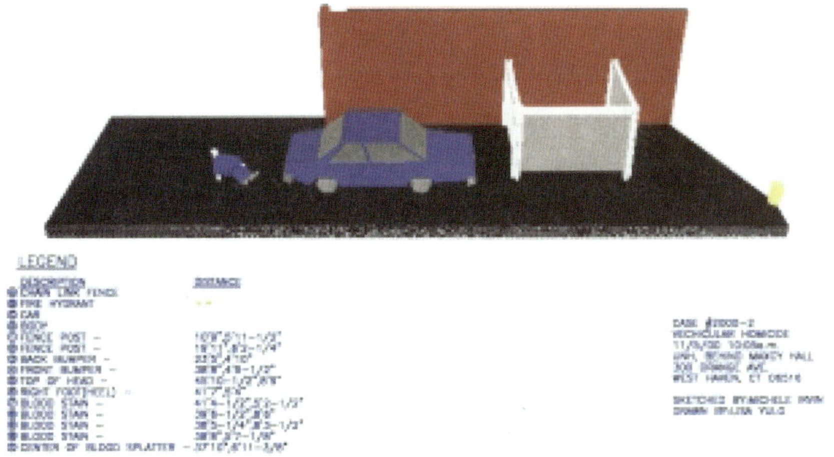

그림 4.17
컴퓨터를 사용한 3D 현장 재구성

양한 회사에서 생산하는 도구를 구입해 쓸 수 있다. 최근에는 크고 무거운 테이프나 스케치 패드 대신에 컴퓨터를 이용해 현장을 계측하고 스케치할 수 있다. 이 시스템을 사용하면 현장에서 축적대로 쉽게 스케치할 수 있고 누가 스케치하였는지 알 수 있다. 자동 스케치 컴퓨터 시스템인 computer-aided design(CAD) 프로그램을 이용하면 2차원 및 3차원 스케치를 할 수 있다. 그림 4.16은 컴퓨터로 만든 2차원 스케치이다.

CAD 프로그램은 대부분의 컴퓨터 용품점이나 현장 감식 장비 회사에서 쉽게 구입할 수 있다. 대부분의 현장을 묘사할 수 있는 수사기관용 컴퓨터

사진 4.19
살인사건이 발생한 기숙사 축적모형. 감식 요원이 법정에서 증언할 때 이 모형을 사용했다.

스케치 프로그램도 나와 있다. 대부분의 수사기관용 CAD에는 3차원으로 그릴 수 있는 기능뿐만 아니라 애니메이션 스케치 기능도 있다. 그림 4.17은 컴퓨터로 그린 3차원 스케치이다.

사진 4.19에 보인 것과 같은 축적모형을 사용해 현장을 직접 기록할 수도 있다. 축적모형을 만들려면 다양한 부위를 정확히 계측해야 하기 때문에 시간이 많이 소요되고 사진, 제도, 건축용 청사진 등을 모두 사용해야 한다. 이런 축적모형을 만들 때의 장점은 중요한 사안을 배심원에게 보이기 좋고 전문가가 현장감식했다는 것을 보일 수 있다는 것이다.

제 5 장

현장 수색

현장 수색의 목표는 사건과 용의자 또는 목격자를 연관 짓거나 배제하는 데 사용될 수 있는 잠재적인 모든 관련성이 있는 물적 증거의 위치를 확인하는 것이다.
경험과 훈련은 현장 수사관이 현장에서 접하게 되는 증거에 대한 판단에 도움을 줄 것이다.
하지만 현장은 반복되지 않기 때문에 수사관은 뜻밖의 상황을 항상 생각해야 한다.
눈치가 빠른 숙련된 현장 수사관은 관련성 있는 증거들이 어디에 있는지 감각적으로 잘 알고 있다.
하지만 보통의 기대감처럼 모든 증거가 존재하지 않는다는 것은 불변의 사실이다.
그래서 최고의 현장 수사관은 체계적이고 구조화된 현장 접근법이 현장에 증거를 남기지 않았다는 자신감을 보장할 수 있는 유일한 방법이란 사실을 명심해야 한다.

서론

범죄 현장 또는 여타 수사의 과정에서 얻어지는 물적 증거는 사건 수사의 성공 여부를 결정하는 중요한 지표가 된다. 여전히 많은 사건들이 물적 증거의 부족으로 미해결 상태로 남거나 기소되지 못한다. 거의 완전하게 범죄를 저지르는 것이 이론적으로는 가능하고 범죄자가 최소한의 물적 증거만을 현장에 남기는 것도 가능하겠지만, 사실 중요한 증거는 현장에 존재함에도 불구하고 수사관들이 발견하지 못하게 되는 경우가 더 많다. 많은 수사관들이 다양한 형태로 존재하는 수많은 물적 증거를 발견하고, 기록하고, 수집하고, 관리하는 방법에 대한 전문성을 갖추고 있긴 하지만 여전히 현장 수사의 단계에서 중요한 증거를 수집하는 임무는 얼마든지 실패할 수 있는 부분이다.

실무적으로 사용할 수 있는 보통의 방법은 가능한 모든 것을 수집하는 것이다. 그러나 만약 현장의 모든 대상물들이 수집되어 법과학 실험실로 보내진다면, 그 법과학 실험실의 업무는 마비되고 대부분의 증거들은 증거로서의 가치를 상실하게 될 것이다. 이러한 방법은 시간과 자원을 낭비하는 일이 될 뿐만 아니라 법적인 문제점과 수사상 문제점을 야기할 것이다. 이와 반대로, 만일 중요한 증거들을 누락시키거나 부적절한 방법으로 관리한다면 아무리 현대의 첨단 실험실 장비와 기술을 갖고 있어도 그 수사를 성공적으로 마무리 지을 수 없게 된다. 그래서 불필요한 것들은 배제하고 관련성 있는 증거들이 존재하는 곳에서 체계적인 현장 조치 시스템을 발전시켜야 할 필요가 있다. 그러기 위해서는 현장 수사관들이 현장 수색의 목적을 잘 이해하고 있어야 하고, 효과적인 수색의 개념과 기술들을 숙지하고 있어야 하며 체계적으로 구성된 현장 수색 절차에 대한 훈련을 해야 한다.

범죄 현장 수색의 목적

현장 수색의 목표는 사건과 용의자 또는 목격자를 연관 짓거나 배제하는 데 사용될 수 있는 잠재적인 모든 관련성이 있는 물적 증거의 위치를 확인하는 것이다. 경험과 훈련은 현장 수사관이 현장에서 접하게 되는 증거에 대한 판단에 도움을 줄 것이다. 하지만 현장은 반복되지 않기 때문에 수사관은 뜻밖의 상황을 항상 생각해야 한다. 눈치가 빠른 숙련된 현장 수사관은 관련성 있는 증거들이 어디에 있는지 감각적으로 잘 알고 있다. 하지만 보통의 기대감처럼 모든 증거가 존재하지 않는다는 것은 불변의 사실이다. 그래서 최고의 현장 수사관은 체계적이고 구조화된 현장 접근법이 현장에 증거를 남기지 않았다는 자신감을 보장할 수 있는 유일한 방법이란 사실을 명심해야 한다. 현장 수색 절차는 두 가지의 주제와 관련되어 있는데 하나는 증거를 어디서 찾아야 하는가에 대한 것이고 다른 하나는 어떤 방법으로 수색 절차를 수행할 것인가에 대한 것이다. 이러한 주제들을 상세히 다루기 전에 연결 이론과 전이 이론의 개념을 이해하는 것은 많은 도움이 될 것이다.

연결 이론

4요소 연결 이론으로 알려진 이 개념은 범죄 현장, 피해자, 용의자, 물적 증거의 상호 관련성을 설명하고 있다. 이 요소들의 관계를 인식하고 이해하는 것은 어디에 증거가 있는지에 대한 단서와 증거를 확인할 필요성을 부여하여 그들 간의 연결을 수립할 것이다. 그림 5.1은 이러한 4요소 연결 이론의 기본 개념을 잘 보여주고 있다.

이론적으로 현장, 피해자, 용의자, 물적증거, 이 네 가지 요소들 중에서 두 가지 또는 그 이상의 요소 사이의 관련성이 수립된다면 사건은 해결될 가능성이 높다. 더 많은 관련성이 수립될수록 사건을 해결할 가능성은 더욱 커진다. 예를 들어 수사 내용과 용의자에 대한 진술이 그 용의자가 범행 현장에 있지 않았다는 것을 가리킨다면, 용의자가 현장에 있었다는 사실을

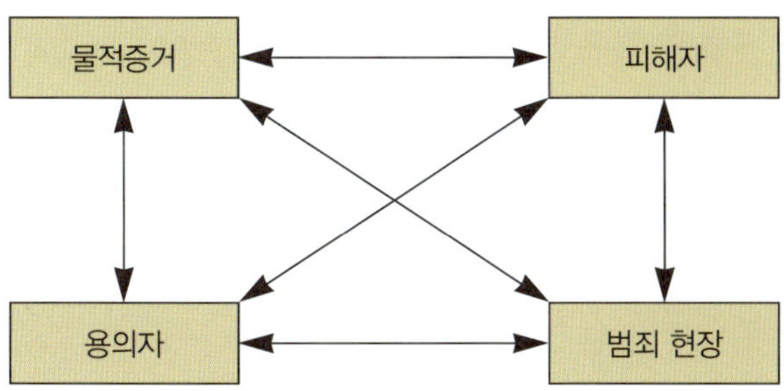

그림 5.1
4요소 연결 이론

뒷받침하는 증거를 찾기 위해 현장은 더욱 주의 깊게 조사되어야 한다. 용의자는 현장에 미세 증거, 지문, 족적 등을 남길 수 있다. 같은 시간에 현장을 구성하는 토양, 유리, 식물의 부분 등 증거들이 용의자에게 전이되어 현장을 벗어날 수도 있다. 이러한 증거들은 현장과 용의자를 연결할 수 있다. 또한 현장에 대한 전체적인 수색의 결과, 용의자가 현장에 있었음을 나타내는 증거가 없다면 그 사실은 다른 시나리오나 다른 용의자로 수사의 방향을 전환하는 데 도움이 될 수 있을 것이다. 그러나 이러한 결과들에 대한 신빙성이 주장되기 위해서는 그 현장이 적절하고 완전하게 조사되었고 증거가 모두 수집되었다고 확신할 수 있어야 한다.

그 시나리오에서 용의자가 현장에 거주하거나 자주 나타나는 사람이라면 이러한 관련성은 수사상 단서로써 활용하기에는 그 가치가 상대적으로 낮을 것이다. 그러나 혈흔 지문이 용의자의 몸 위에서 또는 현장에서 발견되는 경우와 같이 그 증거가 존재하는 위치가 범죄행위와의 관련성을 말해주거나 증거가 남겨진 시간적 관계가 일반적인 것이 아니라면 그것은 예외적으로 가치 있는 수사의 단서가 될 것이다.

많은 경우에서 피해자의 가족 구성원이거나 가까운 관계의 사람이 살인 등의 범죄를 저지르기도 한다. 어떤 지방의 부유한 지역에서 한 부부가 둔기로 살해를 당한 후 태워진 상태로 발견된 적이 있었다. 피해자 주거지 외곽 전체에 대한 주의 깊은 조사를 통해서 그 집 창문에 붙어 있던 에어컨을 제거하는 방법으로 침입이 이루어졌음을 알게 되었다. 에어컨이 있던 유리창 표면에서 10개의 잠재지문이 현출되었다. 이 지문들은 피해자 부부와 평소 사이가 좋지 않았던 아들의 것으로 확인되었다. 수개월 전에 아들의 약물 문제 때문에 부부는 아들을 집에서 내보냈고 출입문의 잠금장치를 교체했었다. 그래서 아들이 그 집에 살았었음에도 불구하고 유류된 지문의 위치와 패턴은 매우 관련성이 높은 증거였고, 집에 침입하여 살인을 저지르던 순간에 남긴 것임을 보여주는 것이었다. 이 사건은 증거에 대한 체계적인 수색의 가치와 현장, 피해자, 용의자, 물적 증거 사이의 관련성에 의해 사건이 해결될 가능성에 대해서 보여주고 있다.

전이 이론

증거의 전이는 두 표면이 접촉할 때 발생한다. 이러한 현상은 프랑스의

사진 5.1
범행 현장과 범인을 연결시켜주는 토양과 미세 증거들이 전이되어 있는 범인 신발의 밑바닥

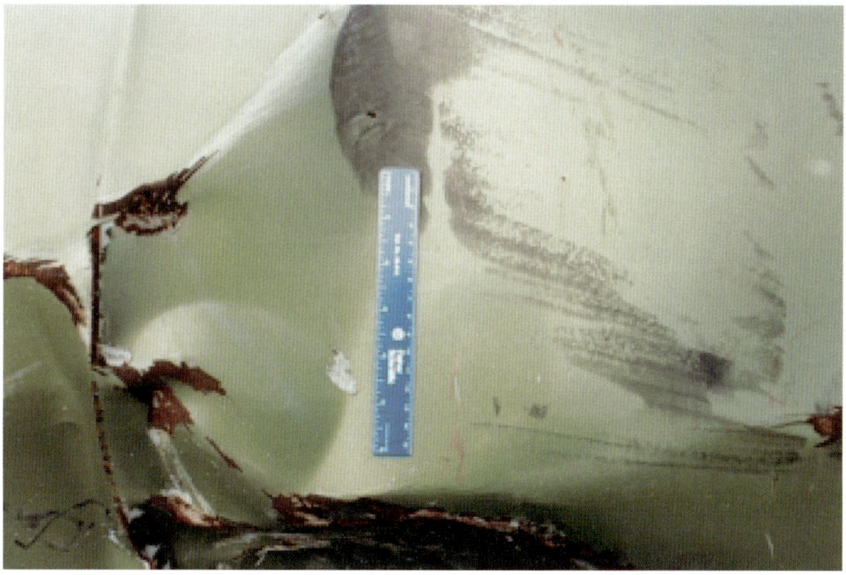

사진 5.2
도주 사고 차량의 페인트 전이

법과학자 에드몽 로카르의 교환법칙으로 잘 설명될 수 있다. 이 이론은 어떤 두 물체의 표면이 접촉하게 되면 그 범위 내에서 서로 물질의 교환이 이루어진다는 사실을 기본으로 하고 있다. 사진 5.1과 5.2는 접촉 부위에서 일어날 수 있는 법과학적 증거의 전이의 예를 잘 보여주고 있다. 더욱 실무적으로 들여다본다면, 범인이 범행 현장에 침입할 때 어떤 것을 남기게 되고, 그가 현장을 빠져 나올 때 그의 몸에 현장으로부터 얻어진 어떤 것을 지니고 나오게 된다. 문제는 그렇게 전이된 물질들을 우리가 발견하느냐

그렇지 못하느냐 하는 것이다.

문고리에 남은 혈액으로 된 장문(손바닥 융선)의 경우와 같이 직접적 전이는 범죄 현장 수사 시에 간과되어서는 안 된다. 어떤 경우에는 물질의 전이가 직접적인 접촉 없이도 일어나기도 하는데 총기발사 잔사나 비산혈흔이 용의자의 의복에 남는 경우가 그 예가 될 수 있을 것이다. 또한 어떤 전이는 2차적 전이의 결과로 나타나기도 한다. 2차적 전이와 관련해서는 전이 물질의 원천으로부터 최종 전이 목표물까지 그 물질을 전달해주는 중간 매개 물체나 사람이 존재한다. 문고리에 범인에 의해 전이된 혈액이 그 문고리를 만진 다른 사람의 손으로 전이되는 경우가 좋은 예가 될 수 있을 것이다.

일반적으로 전이 증거에는 두 가지 종류가 있다. 미세 전이 증거와 패턴 전이 증거가 그것이다. 미세 전이 증거에는 섬유, 유리, 토양, 혈액 등이 포함된다. 패턴 전이 증거는 족적과 같이 2차원 또는 3차원적으로 그 형태가 전이되는 것을 의미한다. 혈액 족적, 기름기 지문, 직물 무늬 등 많은 전이 증거들에서 미세 전이 증거와 패턴 전이 증거를 모두 발견할 수 있다.

미세 증거의 전이는 쉽게 발견되거나 수집되는 것이 아니다. 미세 물질은 생물학적 또는 화학적 요소들로 구성되어 있을 수도 있고 발견과 수집이 매우 어려운 영역에 다양한 형태로 존재할 수도 있다. 이것은 분석적으로 현장에 접근하고 현장 수색의 목표가 무엇이며 그들은 어떤 연결 관계를 갖고 있는지를 이해해야 하는 또 다른 이유가 된다. 미세한 전이 증거들은 현장에서 항상 발견된다고 기대되는 것이 아니라 단순히 현장에 존재할 것이라고 의심되거나 기대되는 것에 불과하다. 그래서 수사관은 미세 증거들을 수집하기 위한 통용된 다양한 방법들을 사용해야 한다. 테이프리프팅, 진공흡입기, 미세 증거를 포함하고 있는 부분들의 직접적인 확보 등의 방법들이 통상적으로 사용된다. 미세 증거의 수집은 제6장에서 더 자세히 다뤄진다.

최근 분석기술의 발전과 장비의 뛰어난 감도에 의해서 전이 증거의 중요성은 더욱 증가하였다. 예를 들면, 기체크로마토그래피-질량분석기의 분석은 화재 현장에서 과거에 비해 훨씬 미세한 단위의 촉매도 검출해낼 수 있다. 결과적으로 방화 현장에서의 더 발전되고 민감해진 촉매 잔류물의 검출을 위한 장비가 발전하게 되었다. 그러나 이러한 첨단 장비들의 존재에도 불구하고 가장 확실한 방법은 다름 아닌 탐지견을 활용하는 것이다. 높은 수준으로 훈련된 탐지견들은 그들의 발달된 후각을 이용하여 아주 다양한 촉매들의 매우 작은 양도 검출해낼 수 있는 능력을 가졌다.

미량의 증거의 중요성이 더욱 강조되는 부분은 DNA 분석이다. STR과 미토콘드리아 DNA와 관련된 기술은 극소량의 샘플로도 DNA 프로파일링을 할 수 있다. 그래서 현장 수사관은 범죄 행위 동안 남겨질 수 있는 미량의 DNA 증거를 고려하여 현장을 평가하고 수색 방법을 적용해야 한다.

로카르의 전이 이론은 관련성 있는 증거가 존재할 가능성에 대한 긍정적인 내용만을 말하고 있는 것은 아니다. 첨단의 분석기술 발전에 있어서 간과되어서는 안 될 부정적 의미도 포함하고 있다. 엉성한 현장 대응은 2차적인 전이에 의한 오염이나 중요한 증거의 훼손을 쉽게 초래할 수 있다는 점을 생각해야 할 것이다. 주의를 기울이지 않는다면 증거들 사이에 의도하지 않은 전이가 생길 수 있다. 범죄 현장에 대한 구체적인 계획에 따른 접근과 수색 방법은 오염과 증거의 훼손에 대한 위험을 제거해줄 것이다.

현장 수색의 일반적 개념

증거를 어디에서 찾아야 할까? 현장 수색은 어떻게 진행해야 할까? 물적 증거를 위한 현장 수색을 적절히 수행하기 위해서는 증거 수집에 관련된 단편적인 관점이 아닌 현장 전체를 보는 시각을 가질 필요가 있다. 이러한 임무를 달성하기 위해서는 천장이나 휴지통의 비산혈흔, 흉기나 의복이 버려질 수 있는 휴지통, 혈흔과 섬유들이 있을 수 있는 출입문과 모발이나 지문을 포함하고 있는 변기, 타액, 치흔을 확인할 수 있는 냉장고의 음식물 등과 같이 일반적으로 익숙한 것이 아닌 것들을 생각해야 한다. 또한 그러한 현장이 더 잘 보이는 높은 위치에서 현장을 관찰할 필요도 있다. 체계적인 현장 수색을 위해서 주의를 기울이고 충분한 시간을 사용하는 것은 매우 중요한 일이다. 이러한 현장 접근은 중요한 증거가 훼손되거나 간과되지 않도록 해줄 것이다. 또한 현장에 없거나 사라진 것들을 찾는 것도 가능하게 할 것이다. 이러한 발견은 매우 가치 있는 수사상 자료가 될 것이고, 그 증거들이 후에 용의자의 몸이나 차량 또는 다른 장소에

사진 5.3
총격사건에서 사용된 소구경 권총. 이 사진은 총이 발견될 당시에 탄창과 약실에 있는 탄환의 상태를 기록하고 있다.

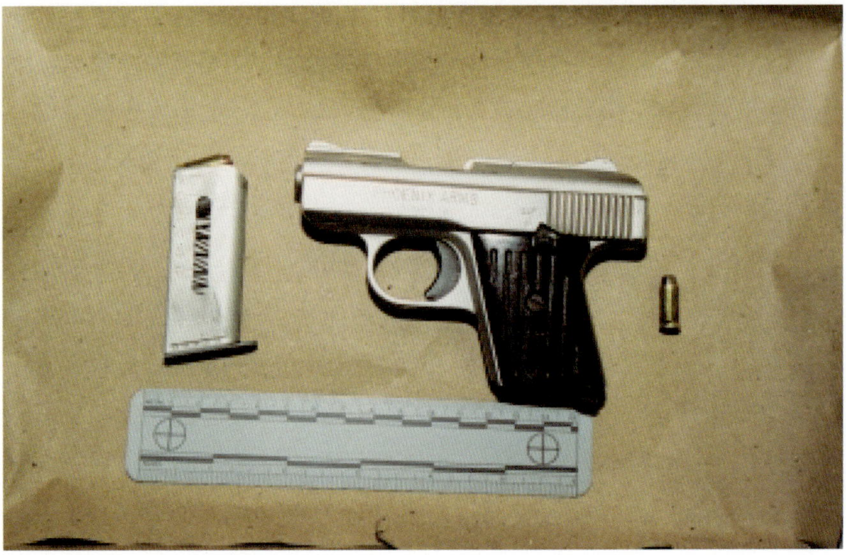

서 발견이 된다면 그것은 용의자와 범죄 현장 사이에 매우 결정적인 연결고리가 되어줄 것이다.

현장을 수색하는 동안, 현장이나 범행과 관련된 사물들의 목록을 작성하는 것은 수사관이 찾아야 할 것에 대한 매우 많은 정보를 제공하게 된다. 예를 들면, 현장에서 발견된 총기와 관련된 사건은 이러한 목록의 중요성을 잘 보여주는 예가 될 것이다. 각각의 모든 총기들을 검사하고 탄창이나 실린더에는 원래 최대 몇 발의 총탄이 들어가는지를, 그리고 몇 발이 비어 있는지를 확인하는 것이다. 사진 5.3은 현장에서 발견된 살인에 사용된 총기의 모습이다. 반자동 총기가 사건과 연관되어 있고 여러 개의 탄창이 존재한다면 피해자, 용의자, 목격자 등 사건과 관련된 인물들이 갖고 있는 모든 탄창에 대해서 목록을 만드는 것이 바람직하다.

경찰이 관련되어 있는 총격 사건에서 현장에 있었던 경찰이 사건이 발생하는 동안 총을 격발했었는지 여부를 알기 위해서 현장의 경찰이 갖고 있는 모든 탄창의 목록을 작성해야 한다.

범죄의 양상은 비슷한 듯하면서도 모두 다르다. 각각의 범죄는 각기 다른 종류의 물적 증거를 포함하고 있다. 바람직한 현장 수색은 논리와 현장에 대한 분석적 접근 방법에 기초하는 것이다. 비약하거나 객관성을 잃어버릴 위험성이 내재되어 있기 때문에, 논리적으로 그 범죄의 일반적 유형에 근거한 증거의 종류와 그 증거가 존재할 위치에 대한 추론을 하는 것이 바람직하다. 제7장에서 언급하고 있는 '로직 트리(Logic trees)'는 이런 면에서 큰 도움이 될 것이다.

물적 증거의 위치

현장 감식 요원은 반드시 객관적이고 편견이 없는 사고를 해야 하고, 방향 또는 목표의 상실로 인한 결과로 목적 없이 단지 의구심을 갖는 것 사이에서 균형을 잃지 않아야 한다. 훈련과 경험만이 필요한 균형을 유지하는 데 도움이 될 것이다. 일반적으로 범죄 현장의 객관적인 접근과 초점이 있는 수사를 위해 알아야 할 것이 있다.

1차적 현장 vs 2차적 현장

복합적인 범죄 현장 또는 크고, 다양한 면을 지닌 현장들은 적절히 평가되고 분류되어야 한다. 모든 현장에서 증거와 패턴들은 가장 먼저 변동되거나 훼손되는 대상이 된다. 예를 들면, 대부분의 중요한 증거물이 보존 구역 이내에 있을지라도, 범죄 현장의 일부는 외부에 위치하므로 날씨가 좋지 않거나 흐리다면 외부 현장을 먼저 조사해야 한다. 또 다른 요인은 효과적으로 현장 또는 현장의 일부를 확보하는 능력 여부이다. 경계가 없는 큰 현장은 적절한 보존을 하는 데 어려움이 있으며 접근이 제한적인 외진 현장보다는 공공장소이거나 교통량이 많은 현장에 더 우선순위를 두어야 한다. 모든 현장은 다수의 팀들에 의해 급히 처리되기 보다는 잘 훈련된 하나의 팀이 차례로 현장을 조사하고 처리하는 것이 더 좋다. 조사에 있어서 지속성과 일관성은 아주 중요한 요소이다. 그러나 악천후나 어려운 환경에 노출된 여러 현장을 다루는 데 있어서 변형된 접근방식이 필요한 사건도 있다.

발견된 현장이 1차 범행 현장인지 2차 현장인지를 결정하는 것 또한 어떤 현장에 우선순위를 두어야 하는지를 정하는 데 도움이 된다. 1차 현장은 발생한 특정 범죄와 관련된 요소나 어떠한 범죄 행동이 있었던 장소를 말한다. 예를 들어, 살인사건 수사에서 1차 범행 현장은 피해자가 실제로 살해를 당한 장소이다. 반대로 2차 현장은 두 번째 장소이거나 부수적인 행동이 있었던 장소를 말한다. 범행을 한 뒤에 피해자의 시체나 증거물을 폐기물 처리장에 유기하는 것이 2차 현장의 일반적인 예이다. 사진 5.4에는 침실에서 남편에게 살해 당한 뒤 길가에 버려진 여성 피해자의 모습을

사진 5.4
시체가 버려진 2차 현장

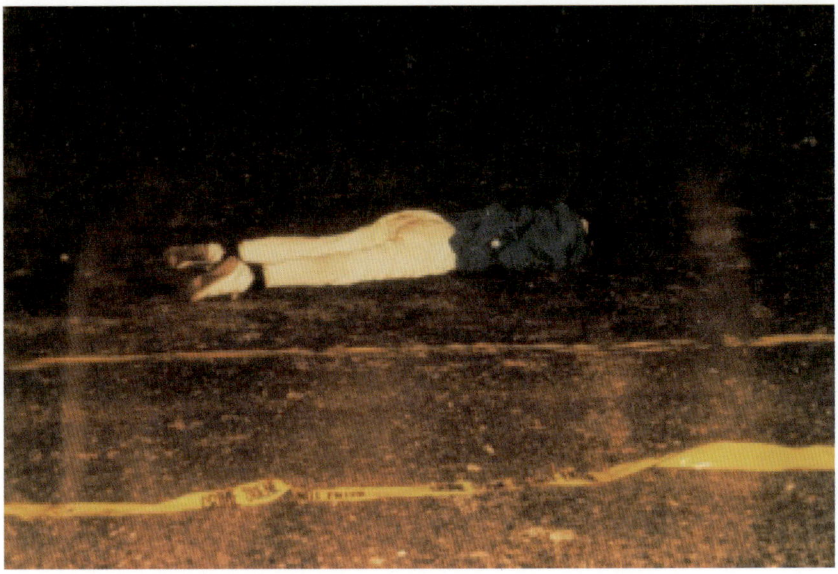

보여주고 있다. 1차와 2차 현장은 서로 인접해 있을 수도 있고 몇 마일 떨어져 발견될 수도 있다. 심지어 두 곳 혹은 그 이상의 현장과 현장 사이에서 증거물이 발견될 수도 있다. 종종 수사의 순서는 중요성에 의해서만 결정되지 않고 사건이 일어난 순서대로 결정될 수도 있다. 시체가 먼 곳에서 발견되었다면 철저한 현장 수사를 했어도 증거를 거의 찾지 못할 수도 있다. 1차 현장은 사건 발생 후 한 달 동안 발견이 되지 않을 수도 있고 몇몇 사건에서는 영원히 발견되지 않을 수도 있다. 따라서 2차 현장을 발견한 후 수사에 있어서 가장 중요한 우선순위 중 하나는 가능한 빨리 1차 현장을 찾는 것이다. 1차 현장을 빨리 찾지 못하면 용의자에게 1차 범행 현장을 치우거나 변형시킬 수 있는 기회를 줄 수 있기 때문이다.

핵심 지점 vs 주변 지역

모든 다른 요소들이 동등할 때, 첫 번째 활동은 핵심적인 지점으로 여겨지는 지역 또는 위치에서 행해져야 한다. 핵심적인 지점이란 수사관의 숙련도와 이전의 경험 및 유용한 정보를 근거로 하는 지역이면서 관련된 물적 증거와 패턴 증거를 포함하고 있을 가능성이 높은 지역이다. 침입구, 범인의 동선, 범죄가 일어난 지역, 도주로가 핵심 지점에 해당한다. 우선 핵심 지점을 기록하고 수색하여 그곳에서의 모든 증거물을 수집하고 보존한 후에 주변 지역들을 수색할 수 있다. 마지막으로 멀리 있는 지역을 조사하는데, 간단하지만 철저한 방법으로 해야 한다.

위와 같은 방법을 적용하여 강도 현장을 조사한다면 다음과 같이 할 수 있다. 건물의 외부에서 출입구 지점을 가리키는 모든 표시들을 찾는다. 출입구 지점이 확인되면, 출입구 지점과 가장 인접한 구역을 찾아야 한다. 그 구역은 족적, 잠재지문, 미세 증거와 같은 물적 또는 패턴 증거들이 존재하므로 반드시 통제 또는 보존되고 조사되어야 한다. 건물 안으로 들어가는 입구의 위치를 파악하고 나면 입구에서 범행 장소까지 이어진 경로를 따라 증거물이 존재할 가능성이 있기 때문에 주의해서 이동해야 한다. 그 다음은 눈에 띄게 어질러져 있거나 물건이 흐트러진 곳을 수색한다. 그런 후에 용의자가 접근했을 가능성이 있는 곳을 조사한다. 이러한 곳은 보석 보관함, 금고, 화장대, 책상이나 찬장, 총기 보관함 등이 될 수 있다. 그 다음에는 범행 장소와 출구의 위치를 파악해야 한다. 이때 출구와 이어진 도주 경로 또한 철저하게 수색해야 한다. 또한 이웃 주택이나 쓰레기통을 포함한 거주지 주변을 수색하다 보면 범죄와 관련된 증거를 찾을 수 있다. 원래는 그곳에 있어야 하지만 발견되지 않은 증거물이 있는지를 수색해야 한다는 것을 항상 기억해야 한다. 가능하다면, 현장 기록과 수색, 증거물 수집이 다 끝난 다음에 주인, 입주자가 누구인지를 알아내고 현장에서 없어진 물건이 있는지를 알기 위해 물품 목록을 작성하는 것이 좋다.

현장은 무엇으로 구성되어 있는가?

범죄 현장은 매우 다양한 구조와 요소들로 이루어져 있다. 일반적으로 현장은 실내 범죄 현장(집, 빌딩, 건물)과 야외 범죄 현장(마당, 공원, 들판, 도로) 그리고 교통수단(기차, 비행기, 자동차)이 있다. 수사관은 어느 지역 또는 물체가 범죄와 관련 있는 물적 증거와 패턴 증거를 갖고 있는지 모르기 때문에 항상 모든 지역과 사물을 고려해야 한다.

피해자 또는 용의자의 신체는 적절한 방식으로 세심하게 조사해야 하는 실제 현장이다. 머리카락, 섬유, DNA, 체액, 잠재지문, 방화에 사용된 촉매제, 총기발사 잔사, 꽃가루, 토양 및 잔해들을 포함하는 모든 유형의 미세 증거는 종종 범죄와 연관된 시체에 남아있다. 시체의 색깔, 경직, 시반, 상처의 위치와 모양, 형태와 같은 시체의 상태는 수사를 위한 중요한 정보를 제공한다.

인체의 구멍 속에는 이물질, 섬유, 체액, 마약과 같은 물질들이 남겨져 있을지도 모른다. 체액은 마약, 알코올 또는 독극물의 복용 여부에 대한 정보를 알려줄 것이다. 혈액형이나 유전자도 체액을 통해서 알 수 있는 중요한 정보가 된다. 개인 소지품들과 의복도 중요한 증거를 포함하고 있는 경우가 있다. 시체는 보통 쉽게 변화하여 부패 등의 과정을 겪기 때문에 최우선 순위로 두고 수색해야 한다. 주요한 쟁점들과 문제들을 제기하는 또 다른 특정한 범죄 현장들이 많이 있는데, 물속의 현장, 마약 제조 공장, 화재 폭발 현장, 발굴 현장 등을 예로 들 수 있다. 이러한 현장들과 관련된 문제를 처리하기 위한 기술들은 제9장에서 다루도록 한다.

지난 몇 년 동안 새로운 형태의 범죄 현장이 유행하였다. 이 범죄는 바로 전자, 디지털 영역, 특히 사이버 공간 안에서 발생하는 범죄들이다. 전 세계의 형사사법기관들은 인터넷이나 전자 매체를 통해 부분적으로 혹은 전체적으로 사이버 범죄와 관련된 문제와 직면하였다. 또한 모든 전자적 증거를 효율적으로 수색하고 분석하고 보관하기 위해 이에 맞는 자원과 절차들이 필요했다. 이 증거의 범위는 아동 포르노부터 다양한 범죄 활동에 사용된 암호화된 데이터에 이르기까지 다양하다. 심지어 진행 중인 수사가 사이버 범죄가 아니더라도 수사 중에 컴퓨터 파일이나 데이터가 발견되면 후에 분석이 필요할 수도 있다.

범죄 현장 수색 패턴

범죄 현장 수색 패턴은 다양하며, 겉보기에는 현장에 따라 수색의 형태나 적용이 모두 다르게 보인다. 하지만 어떠한 물적 또는 패턴 증거가 간과되지 않았음을 확신해야 하는 공통적인 목표를 갖고 있다. 특정 범죄 현장에만 적용되는 단일한 수색 방법은 존재하지 않는다. 경험이 많은 현장 감식 요원은 범죄 현장에 맞는 현장 수색 방법과 수집 방법을 합리적으로 선택할 수 있다. 게다가 어떤 상황에서는 많은 인력과 전문 장비가 요구되기 때문에 그것을 수행하기에 제한적일 수도 있다.

대부분의 기본 수색 패턴은 기하학적인 패턴을 사용한다. 선형, 격자형, 나선형, 방사형, 구역 분할형, 연결형이 6가지 기본 수색 패턴으로 사

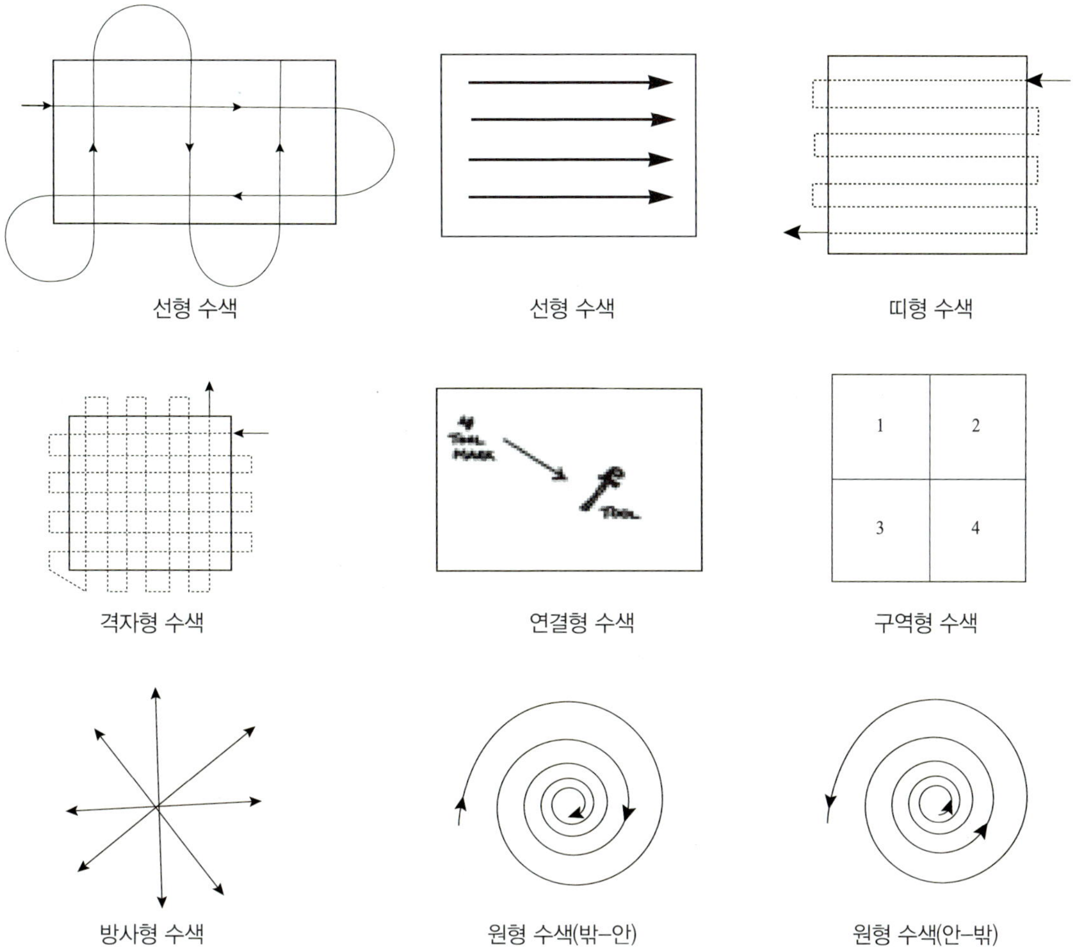

그림 5.2
현장 수색 방법

용된다.

이러한 수색 패턴들은 실제로 쉽게 수행할 수 있고 가장 효율적이고 생산적인 방법이다. 경험이 많은 수사관들이 범하는 흔한 오류는 자신들의 경험만을 믿고 체계적인 수색 방법을 무시하는 것이다. 일부 증거물이 간과되었을지도 모른다는 의심이 든다면 기본적인 수색 방법을 사용해야 한다. 야외 현장에 적합한 수색 방법들이 있는 반면, 실내 현장에 적합한 방법들이 있다는 것을 알아야 한다.

연결형 수색

연결형 수색은 범죄 현장을 수색하기 위한 가장 생산적이고 일반적인 접근법이다. 이 방법은 현장, 피해자, 용의자와 물리적 증거 사이의 연관성을 찾는 연결 이론(four-way linkage theory)을 기반으로 한다. 이 방법으로 수사관은 현장을 평가한 다음 특정한 범죄 활동과 관련된 물리적인 증거를 체계적이고 논리적인 방식으로 수집한다. 이 방법이 기하학적인 패턴처럼 쉽게 정의할 수 있는 것은 아니지만 매우 체계적인 접근 방법인 것은 분명하다. 수색 절차는 임의적인 것이 아니다. 더 정확히 말하자면 각각의 단계는 관찰과 조사 및 특정한 범죄에 대한 증거가 특정한 장소에 존재할 것이라는 훈련과 경험에 의한 논리와 개연성에 근거를 두고 있다.

예를 들면, 20대 초반으로 보이는 나체의 여자 시체가 전원 지역 도로에 인접해 있는 제방 아래쪽에서 발견이 되었다. 최소한의 정보에 근거하여 논리적으로 추정해본다면, 이 현장은 2차 범죄 현장일 것이다. 시체가 발견된 곳과 도주로로 판단되는 곳에서 족적과 타이어 자국을 찾기 위한 수색 계획을 수립해야 한다. 바지나 셔츠, 신발 등과 같은 의복이 발견되지 않은 경우는 피해자로부터 이러한 것들이 제거되었음을 암시한다. 이 옷가지들은 1차 범행 현장에 남겨졌거나, 2차 현장에 버려졌거나 아니면 용의자가 가져갔을 수도 있다.

피해자의 나이, 성별, 신체 조건은 이 범죄가 성폭행과 관련된 범죄일 것이라는 가설을 뒷받침해주기도 한다. 그러므로 피해자의 시체는 정액이나 타액, 모발, 전이 섬유와 같은 성폭력과 관련된 증거나 피해자의 몸에 있는 잠재지문과 같은 증거를 찾기 위해 매우 주의 깊게 다루어져야 한다. 이러한 증거를 초기에 확인하지 못하면 그것이 훼손될 수 있다. 피해자 피부에서의 잠재지문 현출은 최대한 빠른 시간 안에 이루어져야 한다. 그렇지 않으면 피부의 건조나 부패, 변형에 의해 잠재지문을 현출하기 어려울 수 있다. 시체에서 잠재지문을 현출하는 가장 좋은 기법 중 하나는 시체를 비닐 텐트 안에 넣은 다음 그 안을 순간접착제 기체로 채우는 CA 기법이다. 순간접착제 기체로 채운 뒤에는 화학적이나 물리적인 기법을 사용해서 지문을 증강한다.

수많은 사건에서 연결은 일반적인 논리가 적용되는 것이다. 예를 들어 범죄 현장에서 많은 양의 혈흔이 발견되었다면, 감식 요원은 분명히 부상당한 사람을 찾을 것이다. 그리고 피해자를 발견하였는데 그 피해자에게서 칼에 찔린 상처가 관찰되었다면, 감식 요원은 그 상처를 만들어 낸 흉기를 찾으려고 할 것이다.

선형 수색

야외 범죄 현장들은 범위가 넓고 초목이 우거진 지형, 늪 등의 환경 때문에 수색하는 데 많은 어려움이 있다. 게다가 구역을 나눌 수 있는 기준이 없기 때문에 체계적인 수색 패턴을 선택하지 않으면 야외 현장을 체계적으로 수색하기 힘들다. 이 경우에 사용하기 쉬운 방법 중에 하나가 선형 수색법으로 선 또는 띠를 사용해서 현장의 경계를 정하는 방법이다. 먼저 직사각형의 형태로 그 구역의 경계를 설정한다. 그런 다음 수색 팀의 구성원들은 팔을 뻗어서 일정한 간격으로 배치된 후, 직선을 따라 수색을 진행한다. 수사관들은 그 과정에서 발견된 모든 증거들을 확인한다. 이 방법은 띠형 수색법과도 관련이 있다. 이때 범죄 현장 책임자는 수색의 속도를 조절하는 역할을 한다. 증거를 발견했을 때는 꼬리표나 작은 깃발을 사용해서 표시를 하는 것이 도움이 된다. 이 방법은 공원, 들판, 운동장, 고속도로와 같이 큰 구역을 수색하는 데 적합하며, 많게는 수백 명 적게는 한두 명의 조사관들에 의해서도 수행될 수 있다. 시골 지역에서 실종자를 찾는 경우처럼 수색 지역이 극도로 넓을 경우에 이 방법이 효과적이다.

수색 팀의 구성원은 훈련된 범죄 현장 요원 대신 지원자들을 고용할 수 있다. 그들에게는 어떻게 수색할 것인지, 무엇을 찾아야 하는지, 만지지 않아야 하는 것들은 무엇인지를 고지하고 의심되거나 도움이 될 만한 것을 발견한 즉시 수사관에게 알려줄 것을 당부해야 한다.

여러 번의 총격이 있었던 범죄 현장에서는 반드시 관련된 모든 총기와 탄피, 탄두를 수색해야 한다. 사건과 관련된 총기나 탄창의 목록은 현장에서 발견될 수 있는 탄환의 최대 개수를 확인해줄 것이다. 이러한 정보는 시체에 있는 상처에 대한 기초적인 확인을 통해 보강될 수 있다. 만일 기본적인 수색을 통해 총기 관련 증거를 모두 수집하지 못했다면, 다음으로 선형 방법을 적용해야 한다. 경찰과 관계된 총격 사건 수사 중에 최초 현장 수색에서 발사된 탄피들 중에 하나의 탄피를 찾을 수 없는 경우에는 금속 탐지기를 사용할 수도 있다. 탄피를 찾는 것은 현장 재구성 과정에 반드시 필요하기 때문에 매우 중요하다.

한 예로, 1999년에 순찰을 돌던 한 경찰관이 의심스러운 차량 한 대를 발견했다. 경찰차가 그 차를 따라가자 그 차량은 매우 빠른 속도를 내면서 경찰차와 추격전을 벌였다. 결국 몇 대의 경찰차가 추격하던 차량을 에워

사진 5.5
증거를 찾기 위해 격자형 수색을 하고 있는 수사관들, 수색 과정에서 탄피가 발견되었다.

쐈고 그중 한 명의 경찰관이 그 차량으로 다가가자 운전자는 방향을 틀어 경찰관에게 돌진했다. 그 경찰관은 그 순간에 피할 수가 없었고 두려움에 총기의 방아쇠를 당겼는데 운전자가 치명상을 입었다.

현장에 대한 초기 수색에서 경찰관이 발사한 탄환의 탄피 중에 한 개가 발견되지 않았다. 몇 달 후에, 선형 수색법으로 현장을 다시 수색하면서 풀숲에 숨어 있던 탄피를 찾을 수 있었다(사진 5.5 참고). 탄피의 위치는 용의자의 차량과 경찰관의 위치, 경찰관과 차량의 이동 방향, 경찰관이 운전자를 향해 총을 쏜 자세를 재구성하는 데 매우 중요하게 사용되었다.

격자형 수색

격자형 수색법은 이중 선형 수색법을 변형한 방법이다. 이 방법은 우선 선형 수색법을 위한 패턴을 정하고 그 패턴과 수직으로 선형 수색법을 위한 패턴을 중복으로 구성하는 것이다(바둑판식 수색). 수색자는 첫 번째 선을 따라서 선형법과 같은 방법으로 수색을 하고, 그것이 끝나면 수직 방향의 또 다른 선을 따라서 선형법으로 수색을 하게 된다. 이런 방법으로 격자 패턴의 수색을 통해 같은 구역을 두 번 수색하게 되는 것이다. 이 방법은 많은 시간을 필요로 하는 반면에, 꼼꼼하고 체계적으로 수색할 수 있다는 이점을 가지고 있다.

사진 5.6
살인사건 수사에서 격자형 수색에 동원된 군인들

구역형 수색

영역을 쉽게 한정할 수 있는 범죄 현장은 구역에 중점을 둔 체계적인 방식으로 효율적인 수색을 할 수 있다. 이러한 현장의 예로는 실내 범죄 현장을 들 수 있다. 현장의 크기에 따라 각각의 구역은 처리하기 쉬운 크기가 될 때까지 나눠질 수 있다.

구역형 수색을 하기 위한 다양한 방법들이 있다. 만일 훈련받은 소그룹의 감식 요원들이 수색을 한다면, 그 팀은 특정 구역 안에서 함께 작업할 수 있다. 예를 들어 현장이 개인 주택이라면, 감식 요원들은 각자 다른 방에 들어가서 현장을 기록하고 증거를 수색한 후에 그것들을 수집할 수 있다. 주로 1차 현장에 대해서 이 방법이 권장된다. 하지만 주변 지역에 수많은 구역들이 있다면, 그 팀을 세분화하여 각 멤버들이 특정 구역을 수색하게 할 수 있다. 이 수색 방법은 각 구역을 다른 수사팀에 의해 중복해서 수색할 수 있게 하는 좋은 방법이다. 수색의 범위와 발견된 증거의 형태는 적절한 수색 방법을 선택할 수 있도록 도와준다. 또한 구역형 수색은 개별적으로 담당하는 구역을 우선적으로 수색할 수 있는 장점이 있고 핵심 지역과 침입구, 도주로와 같은 중요한 구역을 여러 번 수색할 수 있다는 장점이 있다.

방사형 수색

방사형 수색은 현장이 원형일 경우에 사용할 수 있다. 감식 요원은 중요한 지점부터 시작해서 중요 지점으로부터 뻗은 일직선들을 따라 바깥쪽으로 수색해 나아간다. 이 수색 패턴은 지역이 넓을수록 수색이 어려워지기 때문에 보통 특별한 현장에서만 사용된다.

원형 수색

방사형 수색과 비슷한 방식인 원형 수색은 원형으로 설계된 사건 현장에서 고려될 수 있다. 이 방법에서 일반적으로 사용되는 두 가지 기술이 있는데, 하나는 밖에서 안으로 향하는 방법이고 다른 하나는 이와 반대의 순서를 따르는 것이다.

밖에서 안으로 향하는 원형 수색은 외곽경계에서부터 시작되고 범죄 현장의 중심점을 향해서 원을 그리며 돈다. 각각의 순환을 완료함에 따라, 원의 지름은 중심점에 닿을 때까지 점차적으로 줄어들게 된다. 이와 반대의 방식은 중심점에서 시작하여 바깥으로 원을 그리며 돈다. 이러한 방법들은 고정된 지름에서의 규칙적인 패턴을 그려나가는 능력을 필요로 하므로 현장에서의 물리적인 장애물들은 수색 작업을 어렵게 만든다. 원형 수색은 일반적으로 범죄 현장 조사에 있어서 특수한 상황에서 사용된다. 수색이 처음 시작되는 중심점에서부터 나아가는 동안 물적 증거들이 훼손될 위험이 있기 때문에 이 수색 방법은 극히 제한적으로 적용되게 된다.

현장 수색의 실무적 적용

모든 현장에 적용할 수 있는 단일한 현장 수색 방법은 없다. 숙련된 현장 수사관은 전체적인 현장에 대한 평가와 현장에 존재하는 특별한 장애요소들, 사용가능한 장비와 자원, 수색의 범위, 예상되는 증거 등에 바탕을 두고 적절한 방법을 선택해야 한다. 때때로 몇 종류의 수색 방법을 혼합하여 적용해야 할 때가 있을 수 있다. 연결형 수색은 기하학적 수색 방법들과 결합하여 적용이 가능하다. 어느 범죄 현장이든 수색에 있어서 가장 중요한 것은 체계적이고 논리적인 방식으로 수행되어야 한다는 것이다. 현장 수색의 목적은 연관성이 있는 물적 증거들을 인지하고 찾아내는 것이다.

여기까지 설명된 일반적인 수색 방법과 더불어 범죄 현장 수색에는 전문화된 장비와 수단들이 필요하다. 증거의 발견을 위해 잘 훈련된 탐지견 팀은 매우 유용한 자원들이다. 피해자 또는 용의자가 갖고 있던 물건들은 탐지견이 특정한 사람을 추적하는 데 도움을 줄 것이다. 탐지견들은 약물, 촉매제와 폭발 잔여물, 부패하고 있는 시체와 생물학적 물질이 묻어있는 물건들을 탐지할 수 있도록 훈련받는다. 탐지견의 뛰어난 후각은 이미 많은 경험들로 입증되었다. 촉매제를 탐지하는 데 사용된 탐지견들은 기체 크로마토그래피-질량분석기 분석을 통해서 확인될 수 있는 수준의 촉매제를 찾아내는 데 사용되었다.

방화 현장 수사관은 좋은 성과를 내기 위해서 다양한 탐지 장비를 사용한다. 가까운 미래에 고도로 전문화된 원격 감지 장비가 분석에 사용될 것이다. 그때가 되면 현장 증거 물질이 미량으로 존재할지라도 찾아낼 수 있을 것이며, 수사관이 현장을 떠나기 전에 물질이 무엇인지 확인할 수 있을 것이다. 이러한 기술들은 National Institute of Justice(미국 형사사법연구소)와 코네티컷주와 메사추세츠주의 경찰 법과학 실험실로부터 지원을 받는 원격법과학기술발전 사업에서 개발될 것이다. 이러한 새로운 기술들은 제9장에 자세히 나와 있다.

범죄 현장을 수색하는 데 적용되는 선진 이론과 방법들이 있다. 금속 탐지기와 이동식 X-ray 기기는 현장을 수색할 때 사용할 수 있는 유용한 수단이다. 또한 총격 사건에서 현장 감식 요원은 수색 방법에 초점을 맞추기 위해서 데이터와 자신의 경험을 활용할 수 있다. 만일 총기에서 튀어나온 탄피 사출 데이터로 사건에서 사용된 무기의 종류를 알고 있다면 발견된 탄피의 패턴으로 발사자의 위치에 대해 알 수 있다. 또한 탄도 분석으로 탄두의 위치와 탄두의 경로를 알 수 있다. 이러한 총격사건의 현장 재구성 방법은 제10장에서 더 자세히 설명할 것이다. 제9장에는 수중 수색, 공중 수색, 실종 사건, 도난 차량, 기차와 같은 주제들과 여러 가지 수색 기법의 조합을 포함하여 전문화되고 진보된 방법에 대해 다루고 있다.

일반적으로 모든 범죄 현장에 적용되는 몇 가지 기본 사항들과 원칙들이 있다. 대부분의 사건에서 최초 범죄 현장을 수색할 수 있는 기회는 단 한 번뿐이다. 때문에 최초 수색은 철저하고 정확하게 이루어져야 한다. 감식 요원이 일부 흔적이나 물적 증거가 간과되거나 잃어버렸다고 생각한다면 그때는 체계적인 수색 기법을 사용하여 현장을 다시 한 번 더 수색해야 한다. 현장을 수색하는 데 사용가능한 모든 기법을 적용하기 전까지 범죄 현장에 대한 통제를 해제해서는 안 된다. 그리고 부검이나 법과학 연구실의 검사가 끝나기 전까지 현장을 무결하게 보존하고 통제해야 할 경우가 있을 수도 있다. 또한 현장 통제를 해제할 때까지 경찰관이 항상 현장을 통제해야 한다. 이러한 통제가 제대로 이루어지지 않은 현장이라면 그곳에서 수집한 어떠한 증거도 법적인 무결성을 갖게 되기는 어려울 것이다.

수색 기법이 증거의 기록, 수집, 보관과 같은 중요한 범죄 현장의 기능들을 약화시켜서는 안 되고 방해해서도 안 된다. 에드몽 로카르의 교환이론이 말하고 있는 것과 같이 현장에서 일어난 모든 형태의 움직임은 증거의 변형과 훼손을 동반한다. 그래서 필요 이상으로 많은 수의 감식 요원, 훈련받지 않은 감식 요원이나 경찰관이 관련된 현장 수색은 증거의 기록과 수집, 보관이 모두 끝난 후에 이루어져야 한다. 더욱이 수립되어 있는 절차를 무시해서는 안 된다. 만일 현장을 수색하는 동안 증거가 발견되었다면 그 증거를 기록하고 수집하며 보관하는 절차를 따라야 한다. 증거의 무결성 확보를 위한 증거관리의 연속성 유지(chain of custody)는 가장 중요한 절차이며, 이는 현장이 증거를 수집할 자격을 가진 제한된 수의 감식 요원에 의해서 다루어져야 가능한 것이다.

제 6 장

물적 증거의 수집과 보관

각각의 물적 증거물에 대한 수집과 보관은
범죄 현장의 체계적인 조사와 기록이 모두 끝난 다음에야 가능하다.
되도록 한 사람의 관리 담당자를 통해서 증거물이 관리되는 것이 좋다.
증거물 관리자는 수집, 포장, 표시되고 봉인된 모든 증거물들을
책임지고 일관되게 보관하는 직책이다.
만일 한 수사관이 어떠한 증거물들을 수집하고 보관할 의무가 있다면,
그 증거물들 중 어느 것도 놓치거나 누락되거나 오염되는 일이 없도록 해야 한다.

일반적 고려사항

각각의 물적 증거물에 대한 수집과 보관은 범죄 현장의 체계적인 조사와 기록이 모두 끝난 다음에야 가능하다. 되도록 한 사람의 관리 담당자를 통해서 증거물이 관리되는 것이 좋다. 증거물 관리자는 수집, 포장, 표시되고 봉인된 모든 증거물들을 책임지고 일관되게 보관하는 직책이다. 만일 한 수사관이 어떠한 증거물들을 수집하고 보관할 의무가 있다면, 그 증거물들 중 어느 것도 놓치거나 누락되거나 오염되는 일이 없도록 해야 한다. 증거를 수집하는 데 있어서 따로 정해진 순서는 없지만 몇 가지 보편적인 고려사항들이 있다. 증거물을 수집, 포장, 표시하는 재료가 다양한 것은 여러 유형의 증거물을 쉽고 편하게 다루기 위함이다. 표 6.1은 범죄 현장 증거물 수집키트의 기본 구성 예시이다.

만약 잘 깨지거나 쉽게 손상되어 사라질 수 있는 증거물이 있다면 그것을 먼저 수집해야 한다. 때때로 어떤 증거물 혹은 다른 구조물들은 현장 수사를 시작하기 전에 옮겨야 할 필요가 있다. 추가적으로 발견될 수 있는 증거를 찾는 동안 이러한 증거물들은 주의를 기울여 옮겨야 한다. 만약 어떤 새로운 증거물이 발견되면, 그 증거물은 반드시 이미 설명한 방법을 이용해서 기록해야 한다는 것을 명심해야 한다(사진 6.1 (a)와 (b) 참고).

대부분의 물적 증거는 1차 포장 또는 약봉투 접기식(druggist fold)으로 먼저 수집한 다음 2차 포장 또는 이동용 포장용기에 담는다. 일반적으로 약봉투 접기는 미세 증거를 담는 데 사용된다. 이는 후에 범죄 현장 수사관

표 6.1 범죄 현장 증거물 수집키트의 기본 구성

• 다양한 크기의 종이봉투	• 여러 가지 크기의 지퍼 백
• 여러 가지 크기의 약 통	• 다양한 크기의 철제통(metal paint can)
• 상자	• 무균 면봉과 전용상자(boxes)
• 끈	• 점안액와 병
• 글라신 유산지	• 대형 포장용 방습지(butcher paper)
• 총기류 수집 상자(gun boxes)	• 칼 수집용 상자
• 라벨과 마커	• 증거물 봉인 테이프
• 혈액증거 채취 키트	• 성폭행 키트
• 총기발사흔(GSR) 키트	• 변사자 지문 채취 키트

(a)

(b)

사진 6.1 (a)~(b)
(a) 소파를 이동시키기 전의 현장 사진
(b) 소파를 이동시킨 후의 현장 사진, 혈흔이 묻은 칼이 발견됐다(두 사진 모두 Asheville 경찰서의 Robin Lunsford 제공).

이나 실험실 구성원에 의해 채취될 수 있고, 미세 증거가 있을지도 모르는 증거물을 보관하는 데 유용하다. 증거물의 가장 바깥쪽 포장은 주로 봉투, 종이봉투, 소포 포장지나 비닐봉투이다. 이것은 증거물 봉인테이프로 봉인한 다음에 어떤 증거물인지, 수집한 자의 신원, 날짜, 시간, 수집한 장소, 사건번호와 그 증거에 관한 간단한 설명 등 증거에 대한 정보를 기록한다. 사진 6.2에서 보이는 바와 같이 증거물 봉인테이프는 봉투의 모든 입구를 완전히 봉인해야 하고 수집자의 신원과 수집한 시간, 날짜를 기록해야 한

사진 6.2
적절하게 봉인되고 표시된 증거물 봉투(Waterbury 경찰서의 Cindy Lopes 제공)

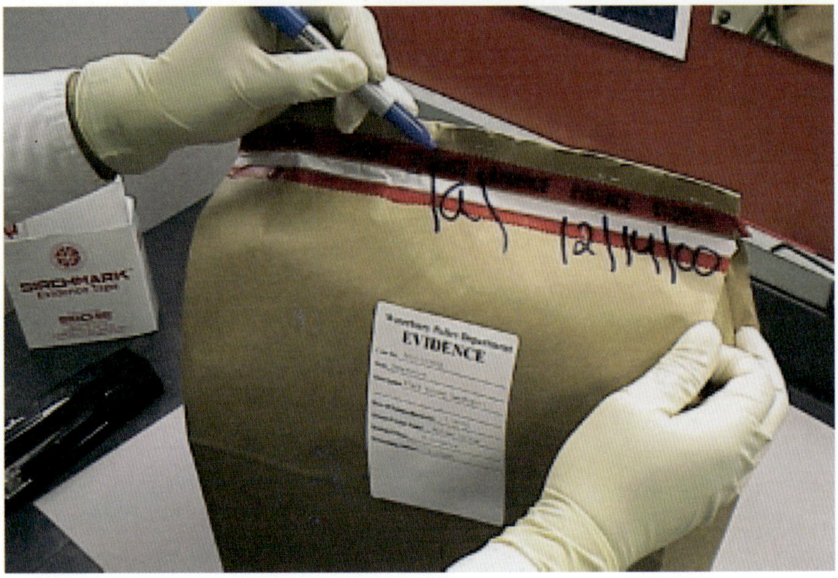

다. 다양한 포장 재료와 봉인테이프, 포장을 기록하기 위한 많은 물품들이 시중에 판매되고 있다.

물적 증거의 대부분은 고체여서 위의 포장 방법으로 쉽게 담아 보관할 수 있다. 만일 물적 증거가 휘발성이라면 특별히 고안된 봉투나 병, 페인트를 담는 철제통(metal paint can) 등의 밀폐 용기에 담아야 한다. 액체상태의 증거물은 깨지지 않으면서도 새지 않는 용기에 담아서 이동한다. 증거물이 젖었거나 혹은 혈액 등의 생물학적 증거에 의해 오염되어 있는 경우, 일시적으로 위와 같이 담아서 수집하고 나중에 완전히 통제된 건조를 위한 장소에서 건조하고 밀폐되지 않은 용기에 다시 담겨진다. (사진 6.3 참고) 1차 포장은 이 절차 이후에도 증거물과 함께 계속 유지되어야 하며 버려져서는 안 된다.

각각의 물적 증거는 증거물 사이에서 생길 수 있는 어떠한 교차 오염도 방지하기 위해 반드시 개별적으로 수집되고 포장되어야 한다. 또한 수집한 시간에 즉시적으로 포장이 이루어져야 한다. 이러한 절차는 물적 증거가 이동 중에 서로 섞이는 일이 없도록 해준다.

마지막으로, 범죄 현장 수사관(CSI)은 모든 증거물들이 범죄 조사를 위해서 매우 중요하며 빠짐없이 수집되어져야 한다는 것을 항상 명심해야 한다. 법과학적 분석 기술들은 계속해서 발전하고 있으며, 검사가 요구되는

사진 6.3
혈액으로 젖어있는 증거를 건조시키는 보안 장치가 된 공간(Robin Lunsford 제공)

샘플의 양 또한 줄어들고 증거의 개연성 있는 출처에 대한 정보도 상당히 향상되고 있다. 예를 들면 15년 전에는 ABO식 혈액형 분류와 특정 효소들의 존재 여부를 확인하려는 실험을 하기 위하여 10센트짜리 동전만한 크기의 혈액이 요구되었다. 10년 전에는 RFLP DNA typing을 위해서 10센트짜리 동전의 절반 크기만한 혈액이, 5년 전에는 PCR(DQA와 PM) DNA typing을 위한 10센트짜리 동전의 4분의 1 크기만한 혈액이 필요하였고, 그리고 현재는 범죄 현장에서 실질적으로 STR 분석을 통해 혈액의 출처를 확인하기 위해서 그림 6.1과 같이 나노그램 단위의 DNA가 포함되어 있는 마른 혈흔 조각 정도면 충분하다. 이러한 향상된 법과학적 기법들의 예민함 때문에 물적 증거를 올바르게 수집하고 포장하는 일은 더욱 중요해졌다. 만일 범죄 현장에서 부적절한 수집 방법과 포장 방법 때문에 증거물을 잃어버리거나 증거물이 오염될 경우에는 이러한 첨단의 기술들을 증거물에 적용할 수 없게 되기 때문이다.

사진 6.2는 혈흔이 묻어있는 증거물을 법적으로 무결하게 건조하고 있는 것을 보여주고 있다. 이 장의 나머지 부분에서는 범죄 현장에서 접할 수 있는 다양한 형태의 물적 증거를 다룰 것이다. 물적 증거의 각 유형에 따른 가장 적합한 수집 방법과 적절한 포장 방법에 대해 논의하려고 한다.

그림 6.1
RFLP와 PCR에서의 DNA typing에 필요한 혈액 샘플의 상대적인 양

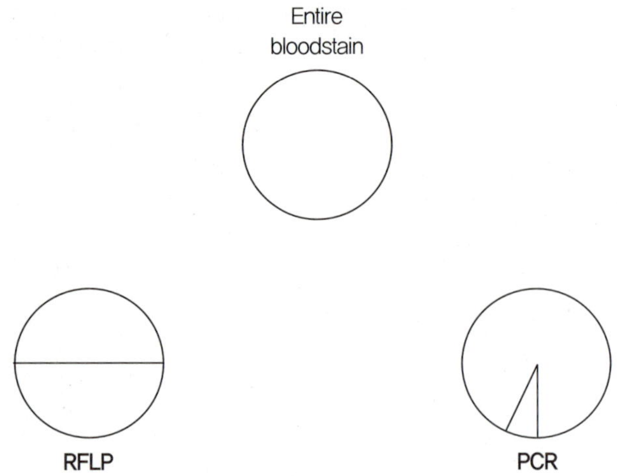

PCR/STR 검사에서는 RFLP의 1/10에서 1/100정도 양의 샘플만 사용된다.

지문

지문은 신원 확인 또는 증거의 개별화를 위한 물적 증거 중에서도 가장 중요하게 다뤄진다. 더불어 장문, 족문, 구순문, 이문(귀) 등도 현장에서 발견될 수 있다. 이처럼 현장에서 발견될 수 있는 지문은 눈에 보이지 않는 상태인 경우도 있고, 부드러운 물체에 눌려 입체적으로 형성되기도 하며, 때로는 눈에 보이기도 하고 젖은 상태일 수도 있다. 각각의 형태에 따라서 범죄 현장에서 서로 다른 현출과 증강에 대한 기법과 채취 기법을 요구할 것이다. 그림 6.2는 이러한 다양한 유형의 지문에 대한 일반화된 처리 절차이다.

그림 6.2
지문 처리의 일반적 절차

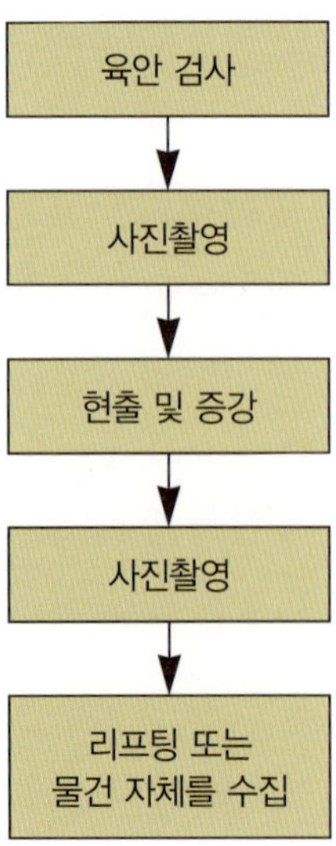

지문의 탐색 또는 육안 검사는 다양한 빛을 사용하여 이루어진다. 사광을 사용하는 것이 가장 일반적이며 강한 출력의 플래시라이트를 사용하는 것은 매우 효과적인 방법이 될 수 있다. 이동식 레이저, 제논 기반의 광원 또는 법과학 전용 광원과 같은 다양한 광원들이 현장에서 사용되고 있다. 용의자 지문과 관련된 물적 증거는 항상 주의 깊게 다루어야 한다. 일단 지문을 발견한 다음에는 그 지문에 어떠한 화학적, 물리적 처리를 적용하기 전에 반드시 사진으로 기록해 둔다. 지문은

제4장에서 이미 제시된 절차에 따라 촬영할 수 있다. 사진 6.4를 보면 이 절차에서는 필름 카메라, 접사 기능이 있는 디지털카메라 등이 사용된다. 지문을 현출하기 위한 기법을 선택하는 것은 발견된 지문의 종류와 지문이 찍혀있는 표면의 종류에 따라 달라진다.

이러한 현출 및 증강 기법들은 이후에 조금 더 논의될 것이다. 고정되어 있거나 옮길 수 없는 큰 물체 표면에서 지문이 발견된다면, 현장에서 지문을 현출하고 채취해야 한다. 반대로 작고 움직일 수 있는 물체의 표면에서 지문이 발견된다면, 그때는 그 물체 자체를 포장하여 수집하는 것이 좋다. 그것은 제5장에서 논의하였다.

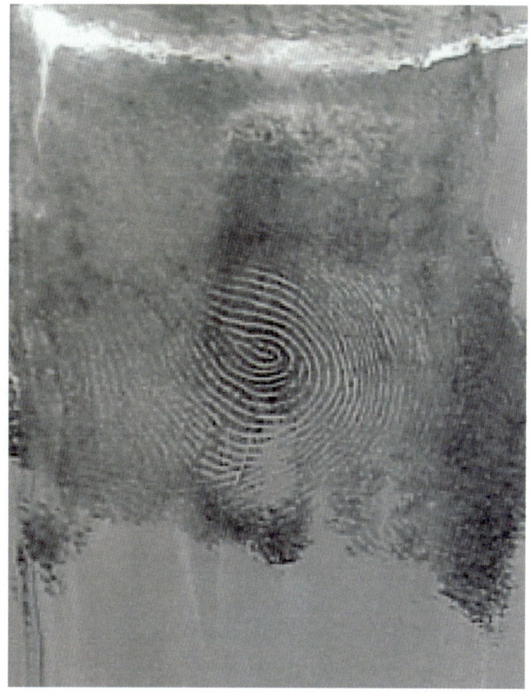

사진 6.4
유리에 남겨진 분말 처리된 지문의 근접 사진(Cindy Lopes 제공)

잠재지문

범죄 현장의 잠재지문(LATENT PRINTS)들은 물리적, 화학적 또는 기계적인 방법들을 사용하거나 이들을 조합한 방법들을 사용하여 현출하거나 증강한다. 유리나 플라스틱과 같이 비다공성의 마른 표면에는 물리적인 방법들이 사용된다. 이러한 기법에는 다양한 색의 분말과 붓이 사용된다. 지문을 현출하기 위한 이 기법은 지문에 분말을 적용시키기 전에 순간접착제(cyanoacrylate, CA) 훈증을 통해 그 효과를 높일 수 있다. 다양한 CA 훈증 장치들은 범죄 현장에서도 사용할 수 있고 챔버와 같이 별도의 장비를 사용하는 통제된 공간에서 사용할 수 있다. 사진 6.5 (a)와 (b)는 범죄 현장과 실험실에서 적용된 CA 기법을 보여준다.

검은색 분말은 밝은 배경에서 가장 흔하게 사용되며 밝은색 분말들은 주로 어두운 배경에서 사용된다. 자석분말, 자석흑색분말은 전용 자석봉을 사용해서 비닐봉투, 플라스틱 CD 케이스 또는 잡지 커버와 같은 광택 표면에 적용할 수 있다. 순간접착제와 분말로 현출된 잠재지문은 반드시 사진촬영 해두어야 한다. 촬영이 끝나면 지문들을 리프터로 전사하여 적절한 배경색의 종이에 붙여야 한다. 이러한 지문 기록용 종이에는 사진 6.6에서

사진 6.5 (a)~(b)
(a) 현장 수사관이 CA 훈증 장치를 사용해서 차량 창문 바깥쪽 표면을 처리하고 있다.
(b) 소형 증거물에서 잠재지문을 현출하기 위한 CA 챔버(Robin Lunsford 제공)

(a)

(b)

보여지는 것과 같이 뒷면에 사건번호, 채취한 날짜와 시간, 이 증거물을 다룬 사람들의 이름, 지문을 채취한 위치에 대한 간단한 스케치 등의 정보들을 기입한다. 지문을 붙인 이러한 종이는 증거로써 다루어지게 된다. 만일 잠재지문을 포함하고 있는 물체가 움직일 수 있는 것이라면 반드시 현출된 지문이 있었던 위치를 표시하여 증거로써 수집되어야 한다.

만일 잠재지문이 발견된 물체가 움직일 수 없는 것이라면 그 부분을 지문과 함께 반드시 사진으로 기록해야 한다.

잠재지문에 적용되는 화학적인 처리 기법들은 젖어있거나 말라있는 표면에서 사용할 수 있다. 크리스탈 바이올렛(gentian violet)이나 광원을 사용하는 형광시약은 마른 표면에서 사용하고 그것을 사진으로 기록한다. 염색된 잠재지문을 기록하거나 채취하는 방법은 지문에 적용된 시약이나 지문이 남겨져 있는 표면의 종류에 따라서 달라질 수 있다. 잠재지문이 있는 젖은

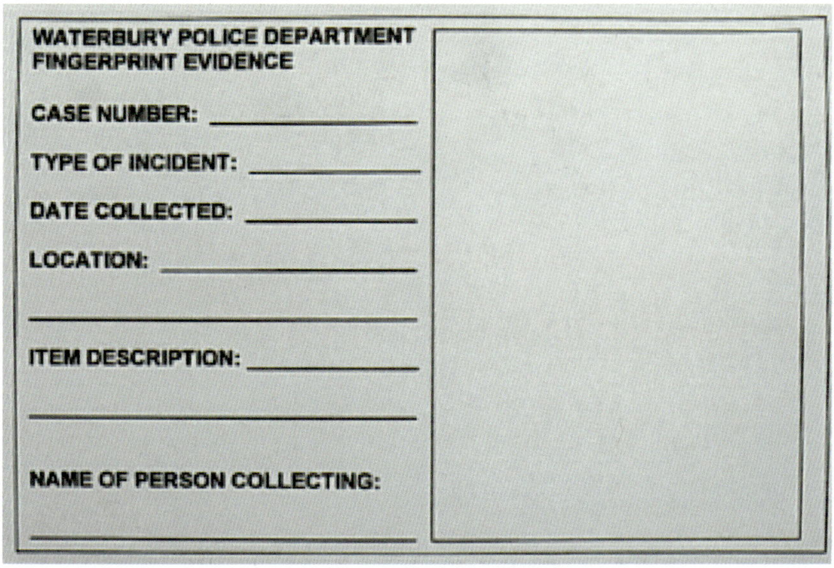

사진 6.6
지문 리프트 카드. 테이프로 리프팅한 지문을 이 카드의 뒷면에 붙인다. 그리고 카드의 오른쪽에 지문의 위치를 간략하게 그려 넣고 오른쪽에는 지문 채취에 대한 정보들을 기재한다(Cindy Lopes 제공).

사진 6.7
젖은 표면의 잠재지문 현출을 위해 소립자 시약(SPR)을 적용하는 모습

표면에서는 사진 6.7에서 보여지는 것 같이 physical developer나 소립자 시약 스프레이(SPR)를 사용한다. 이렇게 현출된 잠재지문은 사진으로 촬영하여 기록해야 한다. 표 6.2에는 잠재지문을 현출하기 위한 화학적 방법과 절차에 대한 자세한 설명이 나와 있다.

다공성 표면에서의 잠재지문은 화학적 기법들을 사용해서 현출한다. 표면이 융선 분비물을 흡수하기 때문에 다공성 표면에 적용하는 기법들은 표면이 아닌 흡수된 지문 융선 분비물들과 반응해야 한다. 질산은 용액(Silver nitrate), 아이오딘(iodine fuming), 닌히드린(ninhydrin)과 닌히드린 유사체, 그리

표 6.2 잠재지문 현출에 사용되는 화학시약들의 제조방법

- **닌히드린 용액**
  0.8g 닌히드린
  120 ml 아세톤
  목표물에 닌히드린 용액 분사 후 지문이 보일 때까지 열처리
  참고: 용액의 유효기간은 1년 이상이다.[3]

- **염화아연 용액**
  (닌히드린 처리 후 법과학 광원을 사용하여 증강)
  0.4 g 염화아연 결정을 15 ml의 에탄올에 녹인다.
  위의 용액을 235 ml의 HFE-7100 또는 석유에테르에 희석한다.
  가볍게 용액을 분사한 후에 색깔이 적색으로 변하면 법과학 광원을 사용해서 관찰한다.[4]

- **분사용 아이오딘 시약**

용액 A: 1 g iodine	용액 B: 5 g naphthoflavone
1 L cyclohexane	40 ml methylene chloride

  용액 B 2 ml을 용액 A 100 ml에 넣고 5분 동안 섞어준다.
  참고: 용액 A의 유효기간은 상온에서 30일, 용액 B는 냉장고에서 30일에 불과하다.
  이 두 용액을 혼합하여 작업용액을 제조할 경우에는 24시간 이내에 사용해야 한다.

- **질산은 용액**
  증류수에 5 % 질산은(silver nitrate)을 넣은 후 분사한다.
  사용자의 피부나 의복, 다른 물체에 뿌려질 경우 검게 변색될 수 있으므로 주의를 요한다.

순간접착제(CA) 처리 후 형광 염색

- **소립자 시약(small particle reagent, SPR)**
  30 g 이황화 몰리브덴
  증류수 1 L
  Photo Flo 세 방울
  위 세 가지를 완전히 혼합하여 사용 직전 잘 흔들어서 지문이 보이면 물로 헹궈내고, 마르지 않은 상태 또는 마른 상태에서 리프터를 사용해서 전사하여 기록. 용액의 보존기간은 6~8주이다.

3) 역자 주-제조 방법에 따라서 시약의 유효기간은 달라질 수 있다. 닌히드린의 경우 작업용액은 6개월에서 1년 정도의 유효기간을 갖고 있으므로 최상의 결과를 얻기 위해서는 6개월 이내의 것을 사용하는 것이 바람직하다.

4) 적은 양의 에탄올에 염화아연 결정을 녹인 후에 HFE-7100 등에 희석하는 이유는 시약이 잉크를 녹이는 현상이나 감열지를 검게 변색시키는 현상을 방지하기 위함이다. 염화아연 용액을 적용한 지문을 관찰할 때 사용하는 광원은 530 nm(녹색) 파장을 방출해야 한다.

- **로다민 6G(Rhodamine 6G)**
  농축용액 : 100 mg 로다민 6G, 100 ml 메탄올
  작업용액 : 3 ml 농축용액, 15 ml 아세톤, 10 ml 아세토니트릴, 15 ml 메탄올, 32 ml 2-프로파놀, 925 ml 석유에테르
  순서대로 혼합한다.

- **7-(p-methoxybenzylamino)-4-nitrobenz-2-oxa-1,3-diazole(MBD)**
  농축용액 : 100 mg MBD, 100 ml 아세톤
  작업용액 : 10 ml 농축용액, 30 ml 메탄올, 10 ml 2-프로파놀, 950 ml 석유에테르
  순서대로 혼합한다.

- **Ardrox**

2 ml ardrox	10 ml 아세톤	25 ml 메탄올
10 ml 2-프로파놀	8 ml 아세토니트릴	945 ml 석유에테르

고 다양한 염색 기법들이 주로 사용된다. 잠재지문이 현출되면 그 지문을 사진으로 기록하고 가능하다면 지문이 있는 물건들은 증거로써 수집될 필요가 있다. 종이로 된 증거들이 마른 상태라면 비닐 백으로 수집을 할 수 있다. 만약 지문이 현출된 물체가 움직일 수 없는 물체라면 사진촬영이 잠재지문에 대한 1차 기록 방법이 된다.

현재지문

일반적으로 현재지문(Visible print: 특별한 처리 없이도 육안으로 보이는 지문), 장문이나 족문은 융선이 어떠한 표면에 그 윤곽이나 자국을 남기면서 옮겨질 때 생긴다. 현재지문은 때때로 증강을 위한 처리를 해야 할 때도 있지만 보통의 경우에는 발견된 상태 그대로 사진으로 촬영해야 하며 현재지문이 남겨져 있는 물체와 함께 수집되고 포장되어야 한다. 만약 그 물체를 수집할 수 없으면 사진이 증거로 대체된다.

흔히 현재지문은 더 나은 융선의 디테일을 얻기 위해서 증강할 수 있다. 잠재지문의 경우와 마찬가지로 지문을 구성하는 물질의 화학적 성질에 따라 각기 다른 시약을 사용하여 증강할 수 있다.

혈액지문은 현장에서 자주 발견된다. 육안으로 보이는 지문은 그림 6.3에 제시된 순서에 따라서 현출하거나 증강할 수 있다. 다양한 화학 시약들은 희미한 혈액지문을 특정 색으로 염색하여 더욱 진하게 보이게 한다(그

그림 6.3
혈액지문의 처리절차

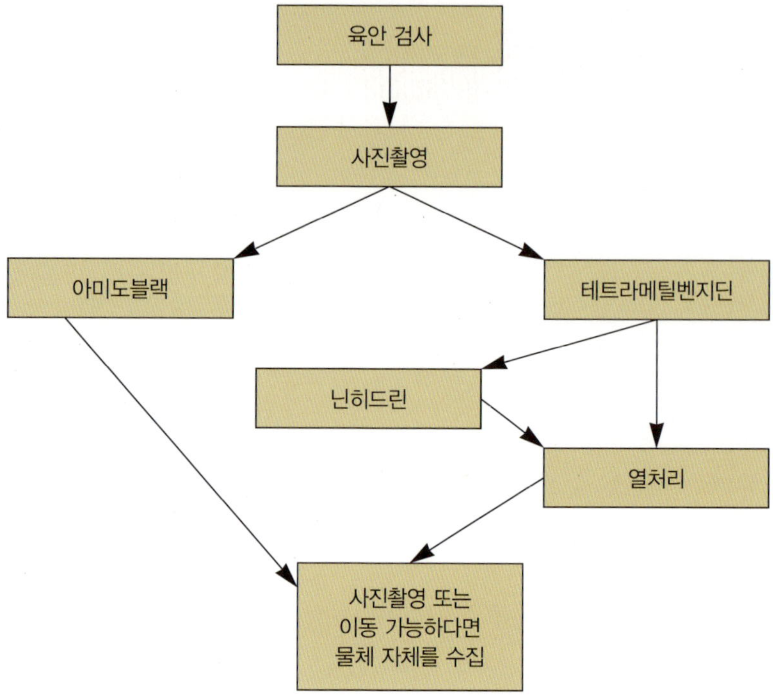

림 6.9). 일부 시약들은 혈액 여부에 대한 현장 예비 테스트를 위해 흔히 사용되는 것들이기도 하다. 이러한 화학 약품들은 스프레이를 사용하여 적용할 수 있다. 시약은 유효기간을 고려하여 냉장 보관하는 것이 바람직하다. 시약들의 종류와 적용 절차에 대한 자세한 설명은 이 책의 제9장에서 볼 수 있다.

조형지문/인상지문

이러한 유형의 지문은 손가락, 손바닥이나 발바닥의 융선이 부드러운 표면에 접촉해서 3차원적인 눌린 흔적을 남길 때 생겨날 수 있다. 인상 증거는 이미 설명한 바와 같이 사진을 찍어서 기록으로 남겨야 한다. 이러한 인상 증거 기록 사진은 그 사건에서 매우 중요한 증거로 사용되기 때문에 그에 상응하는 방법으로 다루어져야 한다. 지문이 남겨진 표면의 특성에 따라서 이러한 인상 증거들의 본을 뜨기 위한 특별한 방법들이 적용될 수 있다. 다른 인상(impression) 증거에 대한 자세한 논의는 이 장의 뒷부분에 설명되어 있다.

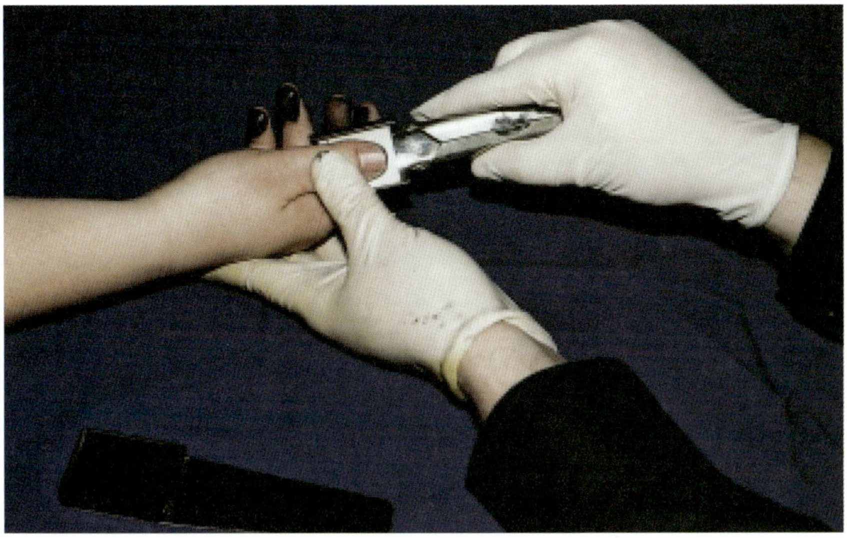

사진 6.8
신원 확인을 위해 사망자의 지문을 스푼을 사용하여 채취하고 있다(Robin Lunsford 제공).

관계자 지문

비교를 목적으로, 범죄 현장 수사관(CSI)은 현장에 있었던 모든 사람들로부터 관계자 지문을 반드시 수집해두어야 한다(족적과 장문도 마찬가지). 이러한 관계자 지문은 현장에서 사용되는 간단한 지문 채취 카드나 십지지문 기록지 위에 잉크를 사용하여 찍는다. 사망한 피해자들의 대조 지문들 역시 채취해야 한다. 시체의 대조 지문과 장문의 채취는 검시관과 상의하여 미세 증거 등을 수집한 이후에 이루어져야 한다. 피해자의 손가락 표면에 잉크를 묻힌 다음 손가락을 지문 종이 위에서 회전시켜 찍는다. 그러나 모든 경우에서 피해자의 손가락을 회전시키는 것이 용이한 것은 아니기 때문에 사진 6.8에서와 같이 지문채취용 스푼을 사용하는 것도 좋은 방법이 될 수 있다.

만일 사망자가 물이나 혈액 등 액체가 있는 곳에 장시간 노출되어 있었다면 사망자의 지문 피부는 물러지거나 벗겨져서 분리될 수 있다. 이런 경우에는 표피를 잘 건조시키고 완전히 벗겨내어 융선의 정확한 형태를 확보해야 한다. 벗겨낸 손가락의 표피는 손 모양의 도구 또는 장갑을 착용한 검사관의 손가락에 직접 올려서 잉크를 바르고 십지지문 기록지에 지문을 찍는다. 만일 이 과정에서 표피의 일부가 기록지에 들러붙었다면 이것을 바로 제거해서는 안 된다. 표피와 잉크가 마르면 지문을 훼손하지 않고도 쉽게 제거될 수 있기 때문이다.

사망자가 덥고 건조한 환경에 오랫동안 노출되면 건조되거나 미라처럼 된다. 이런 현상이 관찰될 때 사망자의 손가락은 수분을 잃게 되어 지문을 채취하기 어려워진다. 손가락의 건조된 정도가 경미하다면, 수분 로션을 사용하여 지문을 채취할 수 있을 것이다. 손의 건조된 정도가 광범위하다면, 티슈빌더(tissue builder, 건조된 조직을 회복시키기 위해 주입하는 물질)를 사용함으로써 살과 피부를 복원할 수 있다. 티슈빌더는 지문 바로 아래 관절 부위에서 지문 윗부분을 향해서 주입한다. 티슈빌더는 손가락 끝이 적절한 상태로 돌아올 때까지 주입해야 한다. 그래야 손끝에 잉크를 바르고 회전시킬 수 있는 상태가 되어 지문을 채취할 수 있게 된다. 매우 드물지만 사망자의 손가락을 절단해야 할 경우도 생긴다. 이것은 필요 최소한도에 그쳐야 하며 절단이 필요하다면, 손가락 또는 손의 절단은 검시관의 감독 하에서만 행해져야 한다.

인체 피부에서의 지문 채취

피해자 피부에 찍힌 잠재지문은 대부분 오염물질로 구성되어 있다. 그래서 앞에서 언급한 기법들은 이러한 잠재지문을 확인하는 데 있어서 좋은 방법이 아니다. 피부의 잠재지문 현출은 잠재지문을 구성하고 있는 오염물질의 반응성과 가시성에 달려있기 때문이다. 피해자 피부에 존재하는 잠재지문은 필요에 따라 증강기법을 통해서 더 분명하게 관찰할 수 있다. 육안 검사는 다양한 오염물질에 반사되거나 반응하는 광원을 비스듬한 각도에서 비춰서 할 수 있는데 가변광원, 레이저 또는 강한 할로겐 광원이 주로 사용된다.

일반적으로 인체 피부 위의 잠재지문을 증강하고 현출하는 데 두 가지 기법이 사용된다. 전이법(transfer lift)과 순간접착제법(CA법, superglue fuming)이 그것인데, 이러한 기법은 따로 혹은 함께 사용할 수 있다. 이 기법들을 사용하기 전에는 반드시 검시관의 승인이 있어야 한다. 그리고 이 기법들을 사용하기 전에 미세 증거를 포함한 모든 증거는 적절하게 수집되고 보존되어야 한다.

전이법

1. 사망한 피해자의 경우, 피부표면은 22~27℃ 정도여야 하며, 전이에 사용하는 물체는 잠재지문을 전사하기 전에 30℃ 이상이 되어야 한다(이때 헤

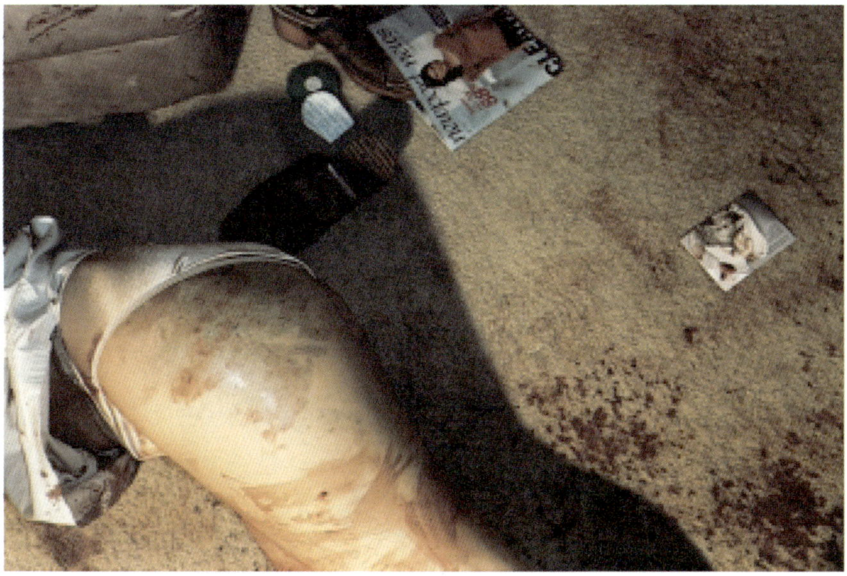

사진 6.9
살인사건의 피해자의 피부에서 발견된 혈액지문

어드라이어가 도움이 될 수 있다).

2. 검정 비닐, 검게 변색된 광택 사진 인화지(수지코팅 인화지), 거울, 유리나 금속판과 같은 비다공성 표면을 가진 물체를 잠재지문이 있는 곳에 15~20분 동안 붙여 놓는다.
3. 표면에서 전이를 위해 붙여둔 물체를 제거하고 그 물체에 순간접착제법(CA법, superglue fuming)을 적용하여 현출한다.
4. 필요하다면 염색기법, 레이저 또는 법과학 광원, 분말 등으로 현출된 지문을 증강한다.
5. 종이를 사용하여 시체 피부의 지문을 전이시킬 경우에는 DFO, ninhydrin 또는 피지컬 디벨로퍼(PD)를 사용하여 지문을 현출할 수 있다.[5]

순간접착제법

1. 냉장보관이 되지 않은 시체여야 하지만 만일 시체가 냉장보관 되었을 경우, 응결된 것이 모두 마를 때까지 기다린다.
2. 순간접착제 훈증을 위해서 비닐 텐트 등을 사용하여 시체를 밀폐된 곳에 두도록 한다.
3. 그 텐트 안에 지문의 현출 정도를 확인할 수 있는 시험지문을 걸어둔다.
4. 시험지문이 현출될 때까지 시체를 훈증한다.

---

5) 역자 주 – 이때 주로 금전등록기 영수증 용지를 사용할 수 있다.

5. 지문과 대조를 이루는 색의 파우더를 사용하여 현출할 때 자성분말과 형광분말을 사용하면 좋은 결과를 얻을 수 있다.
6. 또한 이 기법은 시체 전체를 훈증할 수 없는 경우 신체의 일부분에만 사용할 수도 있다.

인상 증거

족적과 같은 인상 증거(impression evidence)는 범죄 현장에서 흔하게 발견되는 물적 증거 중 하나이다. 현장의 인상 증거를 기록한 다음 이 자국이 어떤 자국인지 적절하게 해석되었을 때, 이것은 수사상 또는 이후의 현장 재구성에서 매우 중요하게 사용될 수 있다.

이러한 인상 증거 중에서 특히 족적은 현장에서의 피해자, 용의자 또는 목격자의 사건 당시의 위치를 특정할 수 있으며, 신발 크기, 현장에 있었던 사람의 수, 자국들을 남긴 사람의 동선과 신체조건과 같은 중요한 수사 단서들을 제공해준다.

인상 증거는 두 가지 형태로 만들어질 수 있는데, 그중 하나는 평면적으로 찍힌 자국이고 다른 하나는 입체적으로 눌려서 만들어진 자국이다. 평면적인 자국들은 주로 단단한 비다공성 물체의 표면에 만들어지고 입체적인 자국들은 흙바닥과 같이 실외의 부드러운 표면에 주로 남겨지게 된다. 인상 증거가 범죄 현장에서 발견되었을 때에는 비교를 위해서 올바르게 기록하고 수집해야 한다. 표 6.4는 범죄 현장의 인상 증거와 그것과의 비교를 위한 출처에서 인상 증거를 수집하고 기록하는 일반적인 절차를 보여준다. 인상 증거의 훼손 또는 오염을 방지하고 증거의 무결성을 위한 연계성을(chain of custody) 유지하여 위해서는 각별한 주의를 기울여야 한다.

평면 인상 증거

비교적 단단한 표면에 평면적으로 남겨진 것을 말하는데, 이러한 흔적은 두 개의 표면이 접촉하면서 만들어진다. 한 표면에 있는 먼지, 오염물 같은 물질이 접해있는 또 다른 표면으로 전이되는데 지문, 족적과 타이어 흔은 가장 흔히 볼 수 있는 평면적 인상 증거이다. 전이된 물질을 시각화하여 흔적을 수집하는 기법은 전에 설명했던 잠재지문 현출 기법들과 비슷하며 아래의 표에 잘 정리되어 있다. 평면적 인상 증거는 손전등, 법과학 광원, 레이저와 같은 다양한 광원을 비스듬히 비추어 발견할 수 있다. 이러한 증거는 제4장에서 설명했던 것처럼 반드시 사진촬영을 통해 기록해두어야 한다. 먼지 족적의 경우에는 표 6.3에 나와 있는 것과 같이 족적이 있는 물체의 표면 특성에 따라 다양한 리프팅 기법으로 수집할 수 있다.

다공성 표면

다공성 표면에 존재하는 평면적 인상 증거는 테이프 등의 접착성 리프터로는 수집할 수 없다. 이때는 젤라틴 리프터를 사용하여 다른 물질을 제외하고 인상 증거만을 리프팅 할 수 있다(사진 6.10 참고). 젤라틴 리프터는 뒤판, 접착성이 있는 젤라틴 층, 보호 커버 시트 등 3개의 층으로 구성된다.

그림 6.4
평면적 · 입체적 인상 증거를 수집하기 위한 일반적인 절차

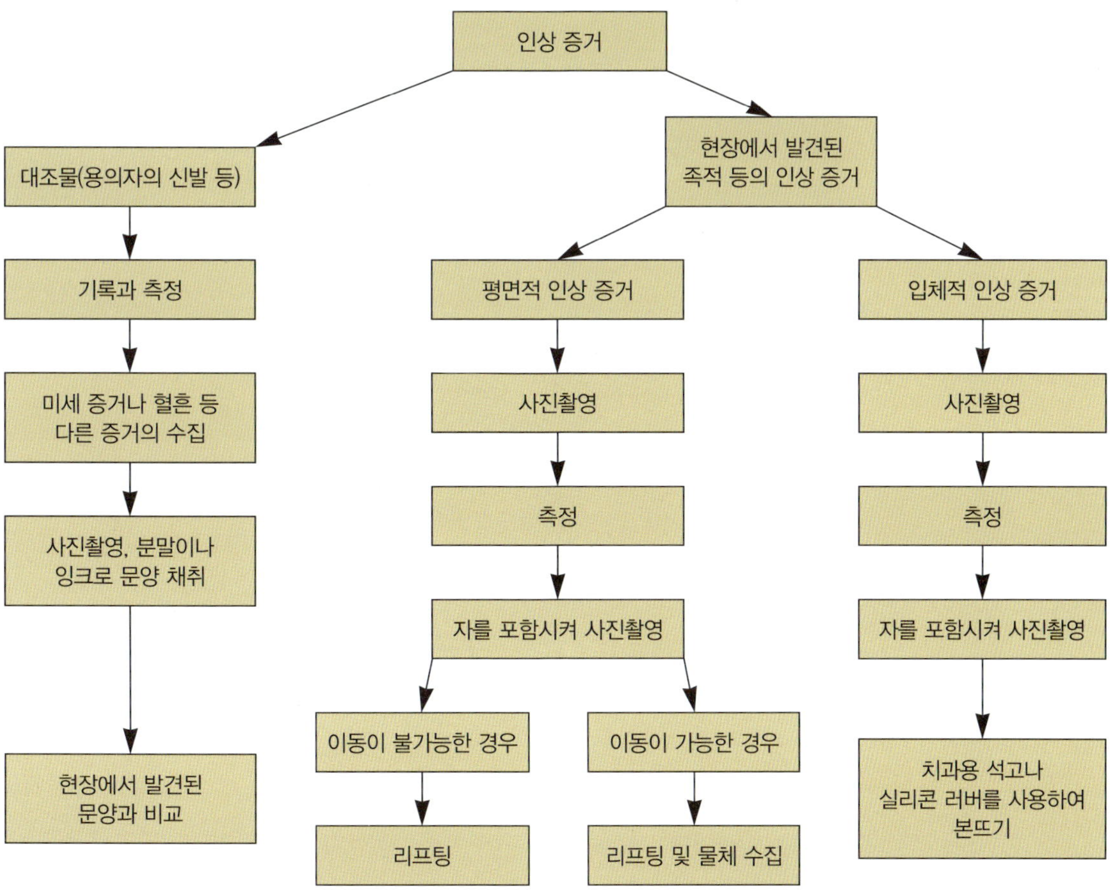

표 6.3 지문과 인상 증거에 대한 증강과 리프팅 기법

기법	원리	적용가능한 표면 특성
요오드 훈증	표면의 지방성분과 반응	다공성 표면: 종이, 직물, 벽지 등
닌히드린 스프레이	표면의 단백질, 아미노산과 반응	다공성 표면: 종이, 벽지, 처리되지 않은 나무 등
혈흔 증강 시약	표면의 헤모글로빈과 반응	다공성 표면의 혈액 증거
미세 금속 부착	표면에 남겨진 금속성 물질들과 반응	금속성을 가진 인상 증거
사광	먼지 등의 잔류물질과 빛의 상호작용 및 반사	다공, 비다공의 모든 표면
자외선, 법과학 광원	가시선과 다른 파장의 빛의 들뜸 작용	다공, 비다공의 모든 표면
젤라틴 리프터	끈적이는 표면과 유류물질의 접착	다공, 비다공의 모든 표면
정전기 전사법	정전기를 사용한 먼지 흔적의 접착	다공, 비다공의 모든 표면

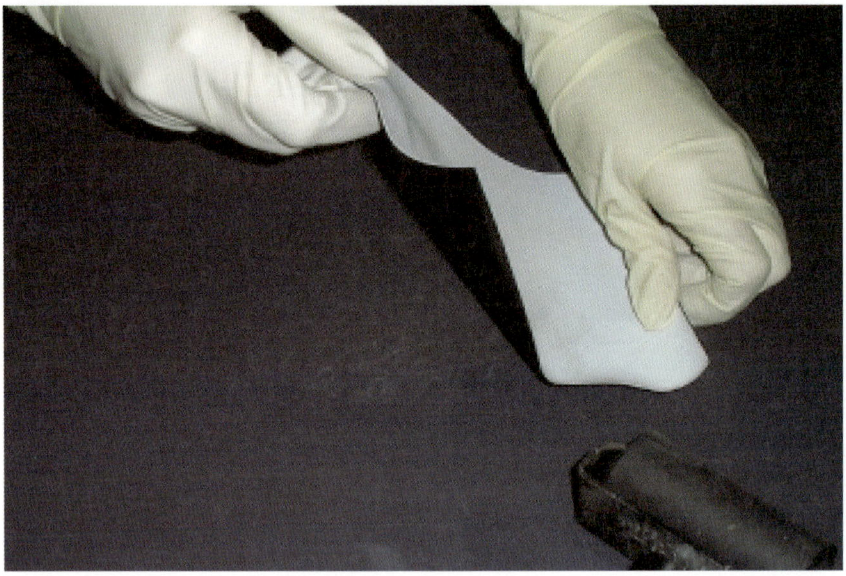

사진 6.10
이동이 불가능한 물체의 표면에서 젤라틴 리프터를 사용하여 먼지로 된 증거를 수집하고 있다.

뒤판은 색을 가진 것도 있고 투명한 것도 있는데, 표면에 남아있는 잔여 물질과 대조를 이룰 수 있는 색으로 선택하여 사용할 수 있다.

젤라틴 리프터는 다양한 크기별로 구입가능하며 증거에 맞는 크기로 잘라서 사용할 수도 있다. 흔적이 전이되면 그 자리에서 커버를 씌우지 말고 먼저 사진으로 기록해야 한다. 젤라틴 층은 섭씨 40도 이상에서는 녹기 때문에, 젤라틴 리프터는 반드시 상온이나 상온 이하에서 보관해야 한다. 뒷면에는 사건번호, 수집한 사람의 이름, 날짜와 시간을 반드시 표기해야 한다. 하지만 일정 시간이 지나면 보관온도와 잔여물의 유형에 따라 전이된

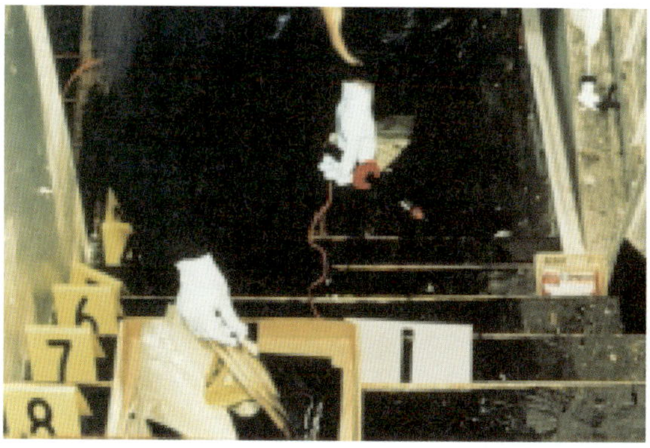

(a)

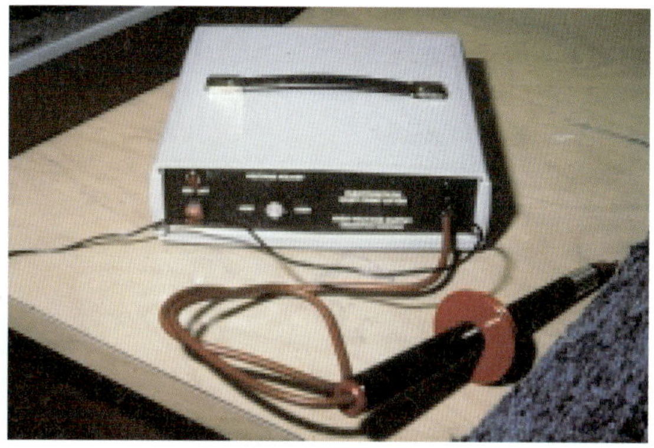

(b)

(c)

사진 6.11 (a)~(c)
저자가 현장에 있는 먼지 족적을 정전기 전사장치를 사용하여 수집하고 있다.

흔적이 희미해지기 때문에 리프팅 후 가급적이면 빠른 시간 내에 사진으로 기록해야 한다.

정전기 전사법은 비다공성과 다공성 표면에 존재하는 족적 등의 수집을 위한 방법이다. 정전기 리프터는 주로 먼지로 이루어진 흔적의 전이를 위한 방법이 된다(사진 6.11 (a)~(c) 참고). 이 장비는 충전식 전원 장치, 직류식 충전기, 금속판, 전이 필름 등 4개의 기본 부품들로 구성되어 있다. 배터리의 전원은 전이 필름 위에서 높은 전압의 정전기로 변환되어 흔적의 먼지 입자를 끌어당기며 이 과정에 의하여 필름에 인상 증거가 그대로 옮겨진다. 전이된 먼지 족적 등은 사진으로 기록해야 한다. 이러한 정전기 전사장치는 시중에서 구해서 사용할 수 있다.

비다공성 표면

젤라틴 리프터, 정전기 전사법과 강한 접착성이 있는 리프터는 비다공성 표면에서 흔적을 전이시켜 수집, 보존하는 데 매우 적합하다. 리프터에 흔적을 전이하고 나면 반드시 그 리프터들을 증거물 봉투 또는 다른 적절한 용기에 보관해야 한다. 증거물 포장은 이전에 설명했던 것과 같이 증거물에 대한 간단한 설명이 표시되고 기록되어야 한다.

압흔

입체적인 인상 증거는 평면적 인상 증거와 마찬가지로 두 표면에 서로 접촉하여 생기는데, 이때 하나의 표면이 다른 하나보다 부드러워서 눌린 흔적이 남게 된다는 점에서 평면적 인상 증거와는 구별된다. 단단한 물체의 모양, 길이, 너비와 깊이로 인해 부드러운 표면은 요철이 생기며 단단한 물체의 패턴이 섬세하게 남겨진다.

앞서 설명한 것과 같이 빛을 사광으로 비춰 입체적 인상 증거를 사진으로 기록해야 하고, 이후에 증거로 수집하기 위해서 본을 떠야 한다. 본을 뜨기 위한 재료는 증거가 남겨진 물체의 표면 성질에 따라서 결정된다. 표면이 금속이나 페인트 칠이 된 딱딱한 나무와 같은 견고한 재질이라면 아주 미세한 흔적들을 포함하고 있을 가능성이 높기 때문에 실리콘이 가장 적합한 본뜨기 재료가 될 것이다. 표면이 흙이나 눈과 같이 부드러운 표면이라면, 치과용 경석고와 같은 재료가 가장 좋다. 부드러운 표면에 남겨진 인상 증거들은 본뜨기를 하기 전에 표면을 견고하게 만들기 위한 경화제를 처리해야 한다.

치과용 경석고를 재료로 하는 본뜨기의 일반적인 절차는 다음과 같다.

1. 표면에 자국으로 남겨진 것이 아닌 큰 이물질들은 석고를 붓기 전에 제거한다.
2. 헤어스프레이나 snow wax를 흔적의 표면에 부드럽게 분사한다. 이때 흔적이 훼손될 수 있기 때문에 직접 분사하지 않고 분사압력을 최소화하는 방향에서 비스듬히 분사한다.
3. 치과용 경석고 반죽이 흔적으로부터 넘치는 것을 방지하기 위해 흔적의 둘레에 경계틀을 세워 둔다.
4. 경석고와 물을 적절한 점도가 될 때까지 섞는다.
5. 석고 반죽이 흔적의 모양을 변형시키지 않도록 조심스럽게 붓는다. 주걱을 사용하면 반죽을 잘 부을 수 있다.
6. 경석고가 흔적의 0.5인치(1.27 cm)정도 채워졌을 때 막대나 망과 같은 보

표 6.4 인상 증거가 남겨진 곳의 상태에 따른 본뜨기 절차

표면	절차
고르게 잘 다져진 습토는 고도로 섬세한 인상 증거를 생성한다.	1. 흔적 위에 적은 양의 석고 가루를 뿌려 과도한 습기를 제거한다. 2. 석고를 혼합하고 붓는다. 3. 촉진제가 필요할 수도 있다. 4. 45~60분 정도 건조시킨다.
고르게 잘 다져진 진흙은 고도로 섬세한 인상 증거를 생성한다.	1. 석고를 혼합하고 부어준다. 2. 진흙이 젖은 정도에 따라서 45~60분 정도 건조시킨다.
활석분이 고르게 분포되어 있는 건조된 흙은 다양한 특징을 포함하는 인상 증거를 만들어낸다.	1. 헤어스프레이를 사용하여 흔적을 견고하게 고정한다. 2. Spray paint는 흔적을 고정하고 색을 통해서 증강하기도 한다. 3. 석고를 혼합하고 붓는다. 4. 20~30분 정도 건조시킨다.
딱딱한 알갱이(hard packed)가 포함되어 있는 건조된 흙은 인상 증거의 디테일을 유지한다.	1. 헤어스프레이를 사용하여 흔적을 견고하게 고정한다. 2. 석고를 혼합하고 붓는다. 3. 20~30분 정도 건조시킨다.
흔적이 물속에 잠겨있는 경우 물은 질감과 점성이 다양하다. 흔적의 디테일은 물의 양과 바닥면이 받는 압력에 영향을 받는다. 시간이 오래 걸리는 과정이다.	1. 흔적 주위에 틀을 만들고 물이 많을 경우에는 최대한 물을 제거해준다. 2. 흔적이 덮이도록 석고 가루를 조심스럽게 뿌려준다. 3. 그 위에 석고를 혼합하고 붓는다. 4. 필요에 따라 촉진제를 첨가할 수 있다. 5. 건조시간은 60분에서 120분까지 조건에 따라 다양하다.
흔적에 부분적으로 물이 고인 경우 물은 질감과 점성이 다양하다. 흔적의 디테일은 물의 양과 그 물에 의한 압력으로부터 영향을 받을 수 있다.	1. 피펫 등을 사용하여 물을 최대한 제거한다. 2. 흔적이 다 덮일 때까지 소량의 석고 가루를 뿌린다. 3. 그 위에 석고를 혼합하고 붓는다. 4. 필요에 따라 촉진제를 첨가할 수 있다. 5. 물의 양에 따라 건조시간은 60~90분 정도 소요된다.
인상 증거가 눈 위에 있을 경우 눈은 질감과 응집력이 다양하고 온도에 따라 디테일의 유지력 또한 다르다. 흙바닥에 비해서 비교적 섬세한 흔적이 남기 때문에 매우 좋은 증거를 확보할 수 있다.	1. 'Snow Print Wax'를 흔적이 있는 부분에 부드럽게 분사한다. 2. 석고와 혼합하는 물의 온도를 낮추기 위해 물과 주변의 눈을 함께 섞는다. 3. 필요에 따라 촉진제를 첨가할 수 있다. 4. 석고를 붓는다. 5. 외부온도에 따라 건조시간은 60~90분 정도 소요되며 더 오래 걸릴 수도 있다.

강제를 투입한다.

7. 흔적에 석고 반죽이 가득 찰 때까지 부어준다.
8. 석고를 부은지 10분 정도 후에 석고에 표시를 한다.
9. 석고가 모두 굳은 시점으로부터 30분 후에 그것을 수집하는데, 이때 수집

한 틀에 포함되어 있는 그 어떤 흙도 털어내서는 안 된다.

10. 본을 상자에 담아 1차 포장하고 종이로 감싸서 2차 포장한다. 이를 잘 봉인한 후 외부에 적절한 표시를 한다.

표 6.4에 다양한 표면에 대한 본뜨기 절차가 설명되어 있다.

증거대조를 위한 표본

범죄 현장에서 수집된 인상 증거는 그 출처를 판단하기 위해서 가능성 있는 출처 또는 표본들과 대조될 것이다. 알려진 용의자의 신발과 같은 출처나 동일한 모델 등의 표본이 반드시 수집되어 함께 보내져야 하는 이유가 바로 여기에 있다. 대조물과 증거를 대조하는 것은 그것의 크기, 패턴, 마모된 특징들과 같은 군집적 특성 또는 개별적 특성을 통해서 식별하기 위함이다. 그래서 적절한 시기에 대조물을 수집하는 일 또한 매우 중요하다.

모발과 섬유

모발 증거

범죄 현장에서 발견된 모발은 그 모발의 출처가 되는 신체 부위와 인종을 식별하는 데 사용될 수 있다. 모발은 현미경으로 검사가 가능하고 그 가능성 있는 출처들과 대조하여 그것의 동일성 여부를 판단할 수 있다. 모낭부가 성장기의 모발이든 퇴행기의 모발이든 모발에 남아 있다면, PCR-STR-DNA 타이핑을 통해서 그 모발의 주인을 특정할 수 있다. 모발의 식별 방법 중 하나인 미토콘드리아 DNA 타이핑 또한 많은 사건에서 사용되어 왔다.

이러한 중요성 때문에 범죄 현장에서 모발 증거를 빠뜨리지 않도록 주의 깊게 모발을 찾고 수집, 포장해야 한다. 사진 6.12에 나와 있는 것과 같이 사광, 가변광원, 레이저와 같은 장비들은 범죄 현장이나 용의자, 피해자의 몸과 의복에서 모발을 찾고 수집하는 데 유용하게 사용된다. 현장에서 모발 증거는 족집게나 겸자를 사용해서 수집하여 약봉투 접기식(druggist fold) 방법을 사용하여 1차로 포장한다. 그 다음 이것을 다시 증거물 봉투에 넣어 2차 포장한다. 비닐봉지, 글리신 유산지, 종이봉투, 유리병이나 약통이 포장

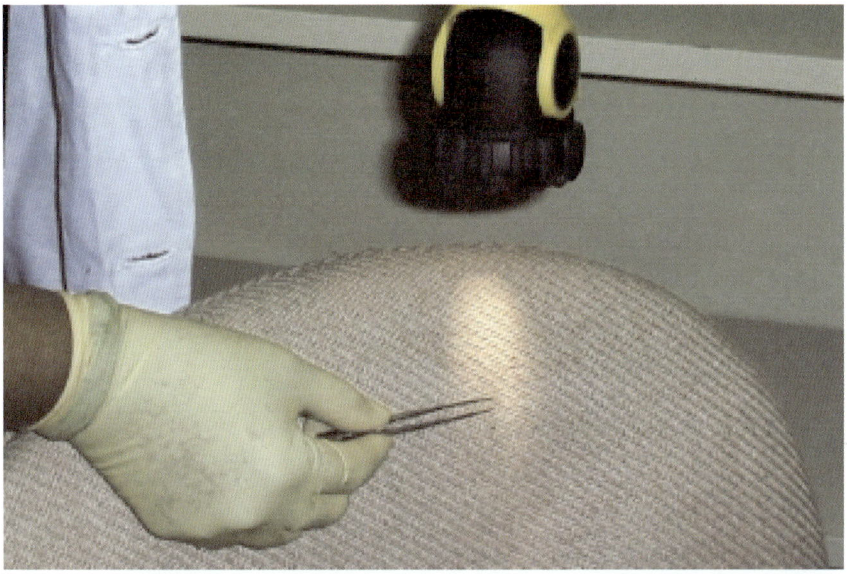

사진 6.12
모발 증거를 찾는 데는 사광이 사용된다.

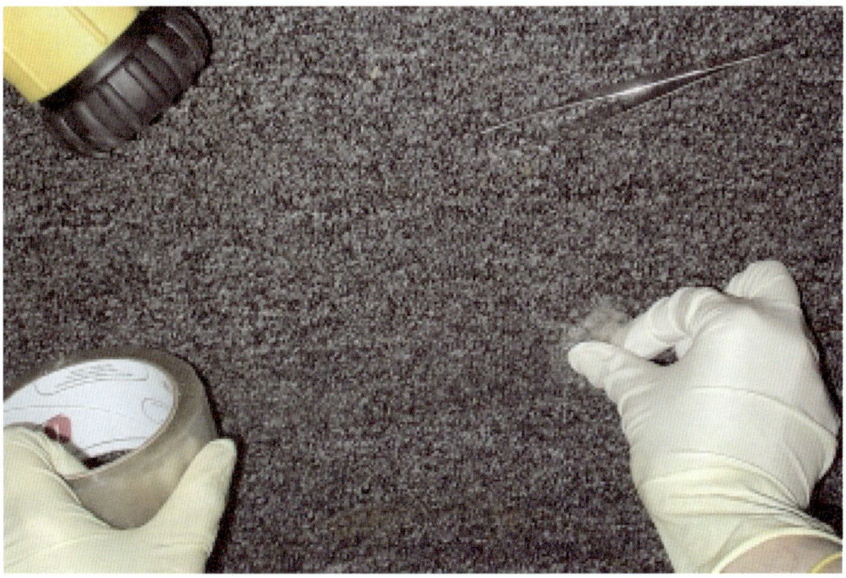

사진 6.13
테이프 리프팅으로 미세 증거를 수집하고 있다(코네티컷주 뉴헤이븐 대학교의 Karthika Divakaran 제공).

용도로 사용된다. 증거물 포장을 마치면 겉면에 잘 기록하고 봉인한 후, 증거물에 관한 간단한 정보들을 기록해야 한다.

같은 곳에서 수집된 모발은 함께 담아 포장할 수 있다. 진공청소기를 무분별하게 사용하여 모발 증거를 수집하는 경우가 있는데, 이런 방법은 새로이 바닥에 떨어진 모발들과 원래의 모발들이 뒤섞이는 결과를 초래할 수 있어서 자제해야 한다. 범죄 현장에서 가장 중요한 좁은 구역이나 시체 근처의 작은 영역만을 진공청소기를 사용하여 증거를 수집하는 이유가 바로 이러한 결과를 초래하지 않기 때문이다. 따라서 좁은 구역에서만 모발 수집 기법으로 흔히 사용된다. 진공청소기를 사용할 때에는 항상 필터가 새 것인지를 확인해야 한다. 사용된 필터는 반드시 약봉투 접기식으로 개별 포장해야 하고 적절하게 봉인되고 정보 등이 기록된 증거물 봉투에 담는다. 범죄 현장 중에서 비교적 좁은 부분에 대해서는 테이프나 젤라틴 리프터 등을 사용하여 모발 증거를 수집하는 것이 적절하다(사진 6.13 참고). 만일 모발 증거를 포함하고 있을 증거물이 이동 가능하다면 이 물체들은 1차 포장 후, 증거물 봉투에 2차 포장하여 수집한다.

그리고 이 모발 증거를 조사하기 위해서 포장된 물체를 통제된 장소에 두거나 증거분석실로 보낸다. 모발이 섬유 조각 또는 건조된 혈액과 같은 증거물 위에 붙어있거나 그 위에서 발견된다면, 모발을 증거물 위에 그대로 두고 본래의 상태가 유지되도록 수집한다. 이때에도 1차 포장을 하고 봉인한 다음 증거물 봉투에 넣어야 한다. 피해자와 용의자로부터 대조를 위한 모발 샘플을 수집하는 것은 대부분의 현장에서 필수적인 부분일 것이다.

이런 대조용 모발들은 잘라서 수집해서는 안 된다. 한 구역의 서로 다른 영역들로부터 25~50개 정도의 모발을 뽑아서 수집할 수 있다. 이렇게 수집된 모발들은 약봉투 접기식으로 1차 포장하고 증거물 봉투에 다시 담아서 봉인한 후, 수집자의 이름과 사건번호, 날짜, 시간과 간략한 설명을 기재한다. 머리 또는 음부에서 모발을 수집하기 위한 빗은 이미 뽑혀있는 머리카락들을 제거하기 위해 사용되는 것이다. 그것은 출처 대조를 위한 샘플들을 수집하기 위한 방법이 아니다. 빗으로 수집된 이미 빠진 모발들은 확인을 필요로 하는 미상의 것들로 취급되어야 한다.

섬유 증거

섬유는 검사를 통해서 그 형태를 확인하여 어떠한 직물로부터 나온 섬유인지 판단할 수 있다. 섬유 증거는 모발 증거와 같은 방식으로 발견하고, 수집하고, 포장한다. 섬유나 실 가닥들을 수집하기 위해서 겸자, 진공청소기, tape lifting, 긁어내기 등의 방법들이 사용된다. 범죄 현장에서 발견된 이동 가능한 물체에 들러붙어 있는 섬유 증거는 그 물체를 온전하게 포장하는 방법으로 수집해야 한다. 과학수사 요원들은 섬유가 깨진 유리창, 찢겨진 스크린의 가장자리, 그 밖의 손상되거나 날카로운 물질들에 의해 쉽게 찢어지거나 걸린다는 점을 명심해야 한다.

범죄 현장에서는 직물, 실, 밧줄, 로프나 의복과 같은 섬유 증거들도 발견될 수 있다. 이 증거들은 일반적인 섬유 증거처럼 수집해야 한다. 수집된 증거물은 사진으로 기록하고 1차 포장용기에 넣은 다음 증거물 봉투에 담고 이전에 설명한 방법대로 봉인한 후 증거물에 대한 간략한 설명을 기록해야 한다. 범죄 현장에서는 매듭지어진 밧줄이 발견될 수도 있는데, 한 번 매듭지어진 밧줄은 풀지 말고 원래 상태 그대로 사진으로 기록해야 한다. 밧줄을 이동시키기 위해 어쩔 수 없이 일부를 잘라야 한다면, 밧줄을 자른 사람이 그 자른 부위를 표시해야 한다. 자를 때에는 매듭이 훼손되지 않을 부위를 잘라야 한다.

모발 증거와 마찬가지로 섬유 증거의 출처로 가능한 대조시료 또한 차후에 실험실에서 대조하기 위해서 반드시 수집하여 포장해야 한다. 가능하다면 대조물 전체를 수집하는 것이 좋은데, 이것이 불가능하다면 대조물로부터 필요한 일부분을 채취해야 한다. 카펫, 직물이나 다른 섬유 증거를 잘라낸 조각은 가능하면 출처로의 대조물로 사용될 수 있다. 이러한 대조물들도 섬유 증거와 동일한 방법으로 수집하여 보관한다.

그 외의 미세 증거: 유리, 페인트, 토양

유리 증거

유리는 종종 범죄 현장이나 차량, 의복, 시체에서 발견되고 알게 모르게 끊임없이 한 표면에서 다른 표면으로 전이된다.

절도나 강도 사건에서는 창문이 빈번하게 깨져 있으며, 뺑소니 사건에서 차량의 전조등은 깨져서 희생자나 용의자 몸 위에 남게 된다. 다양한 유리 용기들 또는 물건들은 깨져서 용의자를 포함한 여러 곳에 매우 작은 조각들로 남게 될 것이다. 사진 6.14 (a)~(c)는 수집하기 전 유리 증거의 확보와 기록에 대해서 보여주고 있다.

유리 증거물을 포함하여 이동가능한 모든 사물들, 머리카락과 섬유와 같은 미세 증거물들과 마찬가지로 유리 증거물의 분실을 막기 위해서는 1차적으로 포장하여 보관하여야 한다. 1차 용기에 포장된 증거물들은 다시 증거물 봉투에 포장하여 적절히 기록하고 봉인해야 한다. 예를 들면 신발이나 옷과 같이 유리 증거가 포함되어 있는 모든 물건들은 종이에 접어두어야 한다. 만약에 유리 증거물이 포함되어 있는 물체가 이동할 수 없다면, 앞서 설명한 방법들처럼 포셉 등을 사용해서 집어내거나, 테이프 리프팅, 긁어내기 또는 진공청소기 등의 방법을 사용할 수 있다. 크기가 큰 유리 조각은 더 이상의 파손을 막기 위해서 판지들 사이에 보관하고, 1차 포장하여 증거물 봉투로 다시 포장한다. 크기가 큰 유리조각들은 각각의 번호를 매겨야 하며, 적절하게 기록되고 봉인되어야 한다. 또한 주의 깊게 다룰 필요성이 있거나 날카로운 모서리가 포함되어 있는 것들은 안전을 위해서 반드시 표시를 해야 한다.

뺑소니 사건을 수사하는 경우에는 각별한 주의를 기울어야 한다. 현장에서 발견되는 모든 유리 조각을 수집하고 포장해야 하는데, 이런 유리 조각들은 부서진 면을 맞춰보기 위해서 또는 복원을 통해서 원래의 형태로 만들기 위해 필요하다. 멀리까지 퍼져있는 유리 조각의 경우에는 인접한 부분에 있는 조각들을 함께 포장해도 되지만, 다른 위치에 있는 조각들은 반드시 따로 포장해야 한다.

유리 증거를 포함하고 있을 것으로 생각되는 물체 또한 반드시 수집해야 한다. 유리를 포함하는 모든 창틀, 문틀도 포장하여 깨진 유리 조각 그대로 보존해야 한다. 만일 유리의 가능한 출처가 외부와 접해있는 창문이라면, 창문의 바깥면인지 안쪽인지 표시해야 한다. 깨진 유리 조각의 모서리는 유리에 힘이 가해진 면을 복원하는 데 사용된다. 또한 깨진 유리조각은 깨진 부분들을 맞춰가면서 원래의 형태와 가깝게 복원될 수 있다.

페인트 증거

증거분석실은 페인트 조각을 이루는 층과 각 층의 화학적 조성을 관찰하여 현장에서 발견된 페인트 증거를 검사한다. 페인트 조각 증거에서는 층의 순서와 수, 층의 상대적인 두께를 검사하는데, 이는 페인트 조각이 그대로 수집되고 보관되어야 하는 이유가 된다. 페인트 조각은 1차 포장인 약봉투 접기식으로 포장한 다음, 다시 작은 병이나 작은 증거물 봉투에 포장하여 봉인한다. 페인트 부스러기도 종종 범죄 현장이나 차량에서 발견될

(a)

(b)

(c)

사진 6.14 (a)~(c)
수사상 유리 증거의 기록

수 있는데 교량의 기둥과 같은 구조물 또는 손상된 차량들에서 나온 페인트 부스러기의 정확한 길이와 위치들을 기록하는 데 주의를 기울여야 한다. 범죄 현장에서 나온 다른 미세 증거와 마찬가지로 페인트 증거에 대한 가능한 출처의 대조 샘플들을 수집하고 보존할 필요가 있다.

토양 증거

범죄 현장에서 토양 증거는 일반적으로 인상 증거로부터의 토양, 옷에 붙어있는 토양, 그리고 뺑소니 조사에서의 일부분인 토양 증거 등 세 가지 기본 유형으로 나뉜다. 범죄 현장에서 인상 증거의 일부분인 토양 증거물의 수집은 후에 실험실에서 검사하게 될 인상자국을 훼손시킬 수 있기 때문에 함부로 해서는 안 된다. 현장에서 직접 시료를 채취하는 것은 인상 증거를 사진으로 남기고 본뜨기를 모두 끝낸 다음에 증거 주변의 토양시료를 채취하면 된다. 시료 채취는 인상 증거로부터 30~60 cm의 거리에서 4방위로 하는데, 이때 토양 수집에 사용된 도구도 수집해야 한다. 증거로부터 6 m거리에서 32방위로 토양을 채취하는 데 사용된 도구 또한 수집하는 것이 좋다.

수집된 샘플은 모든 수분을 증발시키기 위해서 약봉투 접기식으로 포장하고 밀폐되지 않은 용기에 보관해야 한다. 이 기법은 미생물들이 포함되어 있을지도 모르는 토양 시료들에 대해서 효과적이다. 토양 증거가 묻어 있는 의복은 법과학 실험실에 제출하기 위해 종이로 겹겹이 싸서 포장하고 종이봉투에 보관해야 한다. 뺑소니 조사에서 증거물이 되는 큰 덩어리의 토양 부스러기는 차량의 부분과 직접적으로 형태를 맞추는 데 사용될 수도 있다. 모든 차량의 바퀴 흙받이는 비교를 목적으로 하는 샘플이 되어야 한다. 흙받이에서 채취한 샘플은 약봉투 접기식으로 수집되어야 하고 밀폐되지 않은 2차 용기로 포장해야 한다.

총기와 공구흔

무기, 탄환, 탄피와 부품들을 포함하는 총기 증거물은 총격 사건을 수반하는 범죄 현장에서 흔히 발견된다. 실험실에서는 총기에 대한 다양한 검사가 수행되며 지문, 체액, 그 밖의 미세 증거들을 확인하게 된다. 시험 발사를 통한 총기의 외관 검사는 범죄 현장에서 발견되는 탄피 또는 그 밖의 발사체들을 현미경적으로 비교함으로써 동일 여부를 검사할 수 있다. 사용된 탄피와 발사된 탄환은 탄피와 탄환이 총에서 빠져나갈 때 생기는 강선 특징을 검사하는 데 사용된다. 이를 검사하여 총의 구경이나 사용된 탄환의 종류, 제조사, 총기의 모델을 알아낼 수 있다.

범죄 현장에서 발견되는 공구흔은 인상 증거로 다루어진다. 이 공구흔 역시 사진으로 촬영한 다음에 수집해야 하는데, 만약 공구흔이 이동할 수 있는 표면에 찍혀 있다면 이를 포장한 다음 증거물로 표시한다. 그렇지 않다면 실리콘 러버로 본을 뜬 다음에 그것을 수집한다. 실험실에서는 현장에서 수집해온 공구흔과 사건에서 사용된 것으로 추정되는 공구로 만들어낸 대조용 공구흔을 비교하게 된다.

총기 증거

총기와 사용된 탄피, 발사된 탄환은 범죄 현장에서 빈번히 발견되는 총

사진 6.15
리볼버 권총

기 증거물이다. 이전에 설명한대로 총기 증거물은 노트기록과 사진, 영상과 스케치를 통해 기록한다. 범죄 수사에서 총기를 수색하는 것은 아주 흔한 일이다. 실제로 총기 증거물에 증거물 꼬리표를 달기 전에 증거물을 수집하고 포장, 보관하는 과정에서 몇 가지 추가적인 기록이 더 필요하다. 이렇게 하는 이유는 총기가 어느 회사의 어떤 제품인지, 총기의 구경과 일련번호를 정확하게 기록하기 위해서이다. 총의 위치와 상태(장전되었는지 안 되었는지), 발견된 시간과 총기에 존재하는 다른 물리적인 증거에 대한 추가적인 정보가 반드시 기록되어야 한다.

이러한 정보들을 판단하기 위해서 총기가 옮겨져야 한다면, 총기에 남아 있을지 모르는 미세한 비산 혈흔 또는 잠재지문들에 대해서 영향을 주지 않도록 조심히 다루어야 한다. 존재하는 지문에 손상이나 영향을 주지 않도록 총기의 미끄럼 방지 표면 처리가 된 손잡이 부분을 잡아서 줍도록 한다. 총기를 옮기기 위해서 총열 안에 어떠한 것도 절대 넣어서는 안 된다. 총열의 강선이 변형될 수 있기 때문이다. 총기는 장전된 상태에서는 절대 포장하거나 수집해서는 안 된다. 그 전에 총기에서 탄환을 제거하고, 총기가 리볼버일 경우에는 사진 6.15와 그림 6.5에서처럼 실린더를 도식화하도록 한다. 반자동 권총일 경우에는 사진 6.16에서처럼 장전 슬라이드의 상태, 탄창 안에 들어있는 실탄의 수, 그리고 약실 탄환 존재 여부를 기

그림 6.5
리볼버 권총의 실린더

범죄 현장에서 발견된 리볼버 권총의 실린더

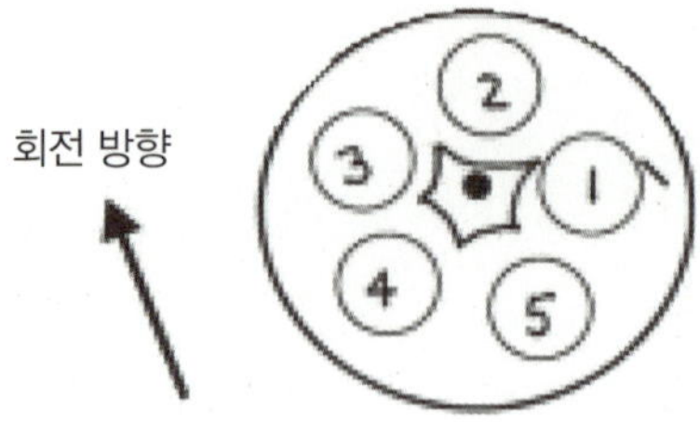

Investigator's Mark	Location in Cylinder	Description	Manufacturer And Type
M1	1	Fired	R-P, JHP
M2	2	Live	Federal, lead RN
M3	3	Live	R-P, JHP
M4	4	Live	R-P, JHP
M5	5	Live	Federal, lead RN

사진 6.16
반자동 피스톨 권총과 탄창

록하도록 한다. 사용된 탄피나 총알이 있던 위치 역시 현장 스케치에 표시해야 한다. 사용되지 않은 탄약들도 무기와 같이 수집하고 포장, 기록하고 탄약이 총기 안에서 발견된 것인지 총기 근처에서 발견된 것인지를 설명해야 한다. 총기는 1차 포장용기로 포장하거나 총기를 싼 다음 종이백, 봉투, 특히 총기 증거물 수집을 위해 디자인된 전용 종이상자에 담아야 한다. 절대로 총구나 총열, 실린더를 닦으면 안 되고 증거분석실로 증거물을 보내

사진 6.17
현장의 격발된 탄피에 대한 수집

기 전에 권총이나 소총, 엽총을 분해해서도 안 된다. 총기에서 나온 실탄은 개별 포장해야 한다. 증거분석실에서는 동종의 표준품이나 대조물로 사용하지 않은 탄환을 사용하여 총기를 테스트한다. 범죄 현장에서 추가로 발견되는 모든 실탄이나 탄창 또한 수집하여 총기와 함께 제출해야 한다.

발사된 탄두

범죄 현장에서 발견되는 탄두에는 아무런 기록을 하지 않아야 한다. 그것들은 부드러운 종이에 싸서 2차 용기에 포장하여야 한다. 모든 발사된 탄두는 반드시 실험실에 보내져야 한다. 발사된 탄두를 닦으려고 하면 안 된다. 거기에 피나 다른 체액들이 묻어 있으면, 그것들을 공기 중에서 건조시키고 종이에 포장한 후에 작은 병에 보관하도록 한다.

격발된 탄피

범죄 현장에서 발견되는 격발된 탄피는 1차 포장 용기로써 부드러운 종이를 사용하여 감싼 후 개별 포장하여 사진 6.17과 같이 작은 병이나 작은 증거물 봉투에 보관하여야 한다. 금속재질로 된 탄피에도 탄두의 경우와 마찬가지로 기록을 하지 않는다. 사용된 엽총 탄피의 경우에는 플라스틱 탄피 부분에 표시할 수는 있다. 발사된 탄두를 회수하는 방식과 같은 방식으로 현장에서 회수한 격발된 탄피들은 증거분석실로 보내진다.

공구흔

현장에서 발견된 공구흔은 인상 증거로 마찰흔이라 불리는 공구의 동적인 움직임에 의해 만들어지는 흔적과 정적인 흔적으로 구분할 수 있다. 이 증거물의 수집과 포장, 보관에 관해서는 앞에서 언급되었다. 공구흔은 주로 그 공구흔을 만들어낸 것으로 추정되는 공구나 다른 도구와 대조된다. 공구의 낡음 정도나 사용하다가 생긴 손상을 보고 공구흔을 비교하고 식별하게 된다.

이러한 이유로 의심이 되는 공구는 조심스럽게 포장해야만 한다. 의심이 되거나 대조될 만한 공구는 그 고유한 흔적이 훼손되지 않도록 안전하게 박스 안에 담아야 한다. 어떤 상황에서도 범죄 현장에서 발견된 흔적에 의심되는 공구를 갖다 대거나 맞춰보아서는 안 된다.

총기발사 잔사

범죄 현장에서 발견되는 총기발사 잔사(GSR)는 훼손되기 매우 쉬우므로 총기가 발사된 후에 가능한 신속하게 채취하여야 한다. 살아있는 대상에서의 총기발사 잔사는 상업적으로 판매되는 키트나 실험실에서 공급하는 키트를 사용하여 채취할 수 있다. 일반적으로 사진 6.18과 같이 SEM disc lifting 방법과 AA swabbing 방법을 사용하여 총기발사 잔사를 채취한다. 살아있는 대상에서는 6시간 안에 GSR을 채취해야 하는데, 이때 그 대상이

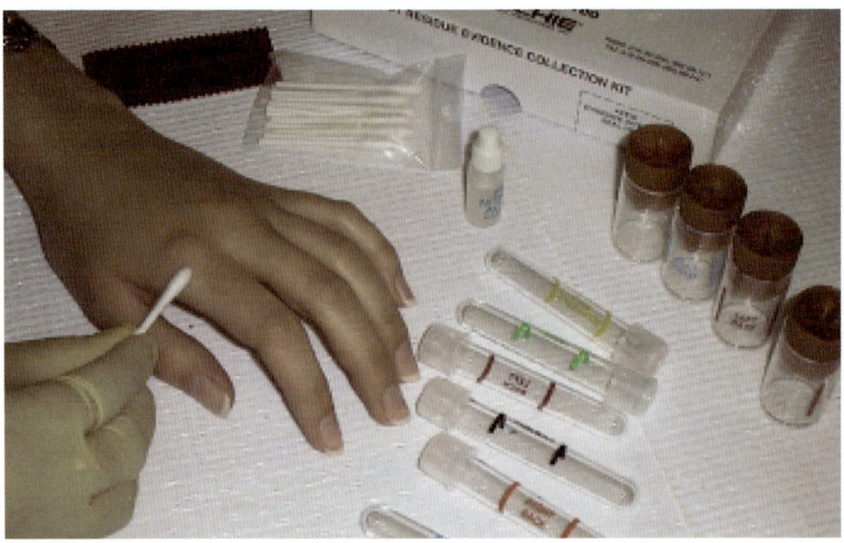

사진 6.18
총기발사 잔사 샘플의 수집. 용의자의 손에서 총기발사 잔사를 면봉으로 수집하고 있다(Karthika Divakavan 제공).

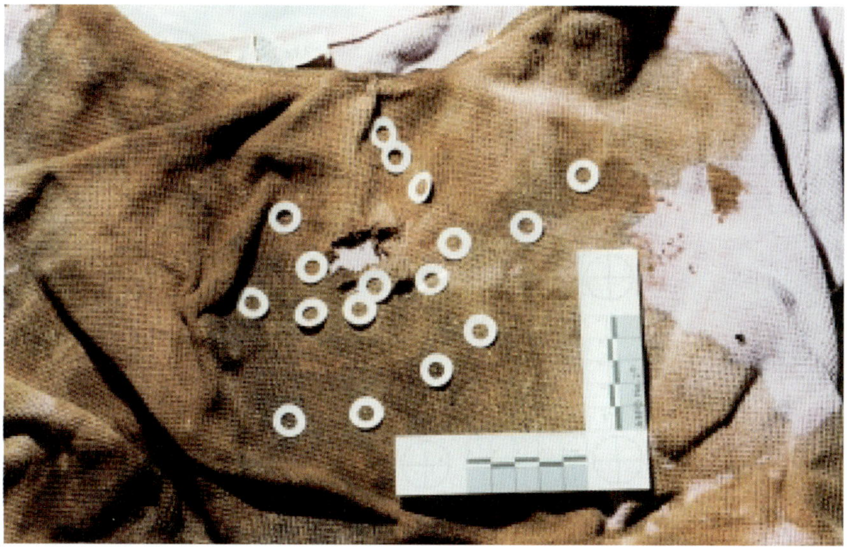

사진 6.19
피해자의 옷에서 총기발사 잔사물의 존재를 표시. 총기발사 잔사의 분포는 시험격발을 통해서 얻은 정보와 비교하여 총격의 거리 범위를 알 수 있다.

손을 씻거나 다른 표면에 손을 문지르게 해서는 안 된다. 시체의 경우에는 시체가 옮겨진 다음에 GSR 샘플을 채취해야 한다. 만약 현장에 샘플로 채취할 것이 없다면, 종이봉투로 시체의 손을 감싼 후에 시체를 옮겨야 한다.

의복에 묻은 총기발사 잔사는 종종 발사 거리 범위를 결정하는 데 유용하다. 그렇기 때문에 의복을 포장할 때에는 옷에 묻은 총기발사 잔사 입자가 처음 묻어있던 곳에서 다른 곳으로 전이되지 않게 주의를 기울어야 한다. 가장 좋은 포장 기술은 의복을 접었을 때 생기는 각 겹마다 깨끗한 포장용지를 끼워 넣는 것이다. 의복은 최소한의 횟수로 접어 박스 안에 넣어야 한다.

사진 6.19와 같이 총기발사 잔사 패턴으로 발사 거리 범위를 판단하기 위해서, 총기와 일치하는 실탄을 반드시 실험실에 제출하여야 한다.

생물학적 증거: 혈액, 체액, 조직

혈액 증거

일반적 고려사항

수사관이 혈흔 형태에 대한 전체적인 기록을 완료하기 전까지는 범죄 현장에 있는 혈액 증거의 수집과 포장, 보존이 이루어져서는 안 된다. 혈액

사진 6.20
현장의 혈흔형태는 사건이 일어난 순서에 대한 정보를 제공한다.

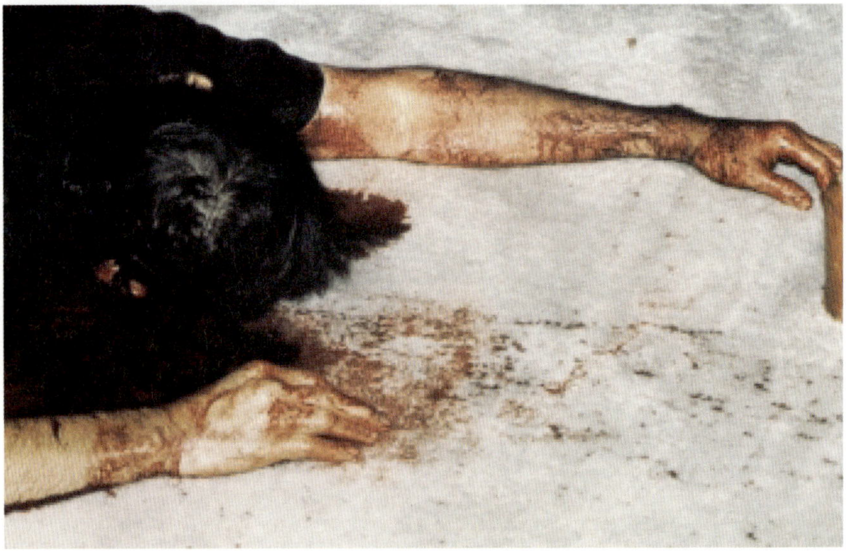

증거와 그것의 형태는 범죄 현장을 재구성하는 데 있어서 매우 중요하다. 재구성을 위한 혈흔형태의 분석은 제10장에서 다루어질 것이다. 예를 들어 용의자의 침실 벽에 튄 충격비산혈흔은 수사관에게 살인사건에서 범행이 일어난 순서를 말해줄 수 있으며, 사진 6.20에서 보이는 것과 같이 바닥에 떨어진 핏방울은 피해자 시체의 위치를 알려줄 수 있다. 이러한 이유들 때문에 혈흔을 기록하는 것은 매우 중요한 작업이며, 반드시 모든 샘플을 수집하기 전에 기록해야 한다.

최근에는 DNA typing 기술의 발전으로 인해 오래된 혈흔이나 매우 적은 양의 혈흔에서도 DNA 분석이 가능해졌다. 그래서 아주 작은 혈흔 샘플이라도 채취할 필요가 있게 되었다. 예를 들어 용의자의 옷이나 신발에서 발견된 피해자의 작은 혈흔만으로도 피해자와 용의자 사이를 이어주는 연결고리가 될 수 있다.

범죄 수사에 있어서 DNA에 대한 새로운 연구들은 DNA를 현장에서 실시간으로 분석할 수 있는 기법을 만들어냈다. CODIS와 같은 데이터베이스 검색 시스템의 등장으로 수사관은 현장에서 실시간으로 DNA 데이터베이스 검색을 통하여 혈액 자국을 남긴 사람의 신원을 확인할 수 있게 되었다.

혈액 증거의 수집과 포장, 보존에 있어서 정확한 절차를 따르지 않으면 혈흔의 출처와 신원확인을 위한 과정, 성공적인 법정 제시와 혈흔 분석을

사진 6.21
피 묻은 증거는 충분히 건조시킨 후 종이로 1차 포장한다.

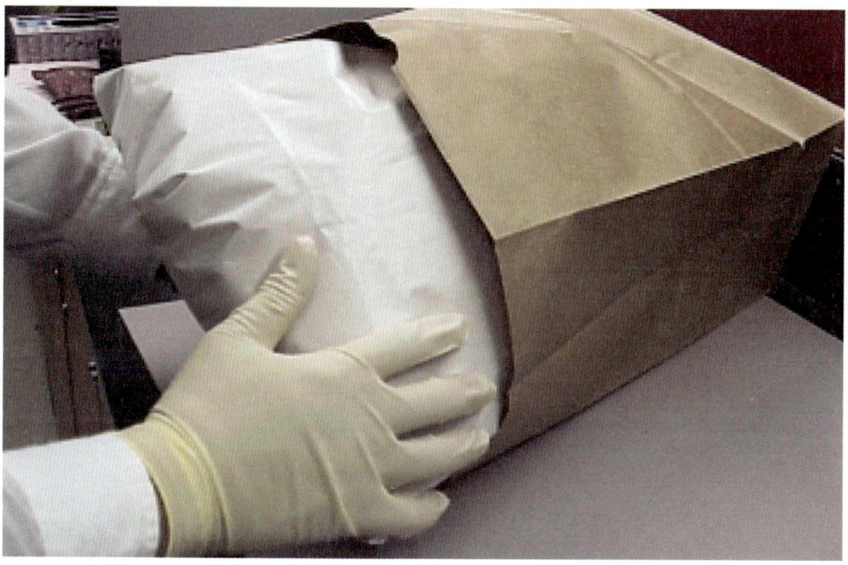

사진 6.22
1차 포장한 증거물은 다시 통풍을 위해 종이로 된 증거물 봉투 등으로 2차 포장한다.

통한 사건의 해결은 달성할 수 없다.

범죄 현장에 남겨져 있는 혈액 증거는 빠짐없이 기록한 후에야 수집을 시작할 수 있다. 일반적으로 훼손되기 가장 쉬운 혈액을 먼저 채취하여야 한다. 이러한 혈흔은 현관이나 복도, 길가와 같이 사람들이 많이 지나다니는 곳이나 야외 현장에서 발견되는 것을 말한다. 이동이 가능한 물체에서 발견된 혈흔은 그 물체를 수집할 순서가 올 때까지 안전한 곳으로 옮겨두어 혈흔을 보존해야 한다.

범죄 현장에 체액이 발견될 경우에는 제3장에서 언급한 것과 같이 세심한 주의를 기울어야 하며, 수사관은 상황에 맞게 보호복과 장갑, 마스크, 보호 안경을 착용해야 한다. 장갑은 수시로 교체할 수 있도록 두 장 이상을 착용하는 것이 좋다. 이것은 감염 등의 위험으로부터 수사관을 보호하고 현장 혈흔의 교차오염을 방지하는 데 기여한다.

범죄 현장에서 발견된 혈흔은 건조된 상태 또는 마르기 전의 상태로 발견 될 수 있다.

일반적으로 범죄 현장에서 발견되는 혈액이 건조되기 전의 상태라면, 자연 건조하도록 한다. 혈액이 묻어있는 물체가 이동이 가능하다면, 물체 전체를 수집한다. 혈액과 혈액이 묻어있는 물체들의 포장은 이번 장에서 모든 물리적 증거에 대해서 논의해오던 것과 동일한 포장원칙을 따라야 한다. 사진 6.21과 사진 6.22에서처럼 혈액과 혈액이 묻어있는 물체를 1차 용기(약봉투 접기식 또는 혈액 swab box)에 두고 뒤이어 증거물 봉투나 2차 용기(봉투나 종이 가방)에 포장하도록 한다. 혈액과 혈액이 묻은 증거는 절대로 부패의 위험이 있는 밀폐 용기에 두지 말아야 한다.

2차 포장은 증거물 테이프로 봉인해야 하며, 적절히 기록하여 안전한 장소에 두어야 한다. 혈흔 증거는 종종 다른 미세 증거들과 함께 존재할 수 있다. 끈적끈적한 혈액 속에 미세 증거가 포함되어 있다면 이전에 기술한 바와 같이 적절한 방법으로 미세 증거를 수집해야 한다. 그러나 건조된 혈흔이 미세 증거를 단단하게 붙잡고 있다면 미세 증거를 수집하기 위한 시도는 하지 말아야 한다. 혈흔을 포장하는 과정에서 미세 증거는 조심스럽게 감싸거나 보호한다. 혈흔을 포함하는 물품들은 교차오염을 막기 위해서 각각 따로 포장되어야 하며 이동하기 전에 포장은 현장에서 이루어져야 한다.

혈흔을 포함하는 증거물은 사진 6.24 (a)와 (b)에서처럼 과도한 열이나 습기에 노출되지 않도록 해야 한다. 가능하다면 혈흔을 포함하는 증거물은 냉장보관을 해야 하지만 건조된 혈흔을 포함하는 증거의 경우에는 상온에서 보관을 하고 가능한 빠른 시간 내에 증거분석실로 보내져야 한다.

혈액 샘플

액체 상태의 혈액의 크기가 작다면 멸균 면봉으로 수집하여 상온에서 건조시키도록 한다. 액상의 혈흔양이 많다면 다음의 수집 절차를 참고하도록 한다.

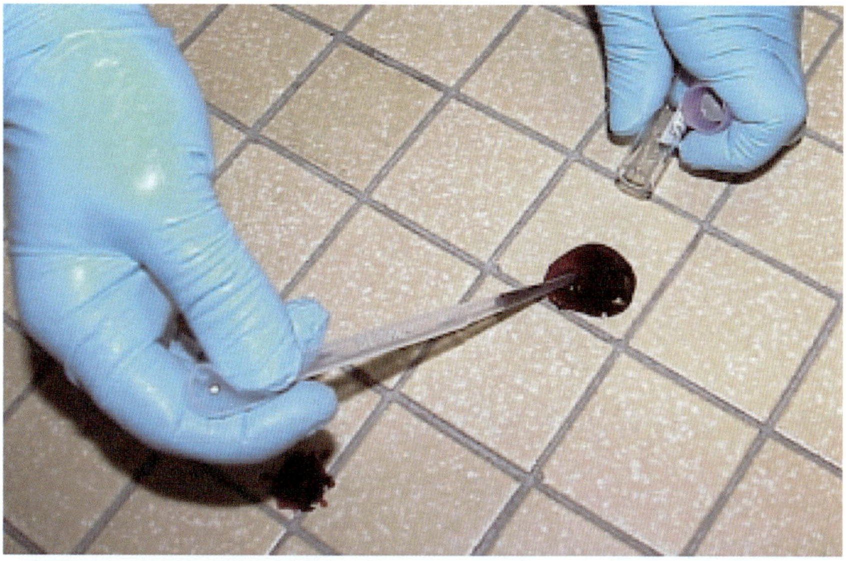

사진 6.23
액체 상태의 혈액을 현장에서 수집할 때는 1회용 피펫을 사용할 수 있다.

(a)

(b)

사진 6.24 (a)~(b)
야외 현장에서 발견된 피 묻은 의복 증거에 현장의 다른 물질들이 많이 묻어 있다. 이러한 증거들은 포장하기 전에 충분히 건조시켜야 한다.

1. 멸균 면봉을 사용하여 액상의 혈흔 샘플을 흡수한 다음 면봉을 건조시키고 면봉보관상자 안에 넣고 증거 테이프로 봉인한다.
2. 일회용 멸균 피펫이나 주사기를 사용해서 액상의 샘플 일부분을 채취한 다음 채취한 것을 진공 채혈 튜브에 넣는다. 이 튜브는 유리로 되어 있기 때문에 파손되지 않게 주의 깊게 다뤄야 한다. 채혈 튜브에 증거물 꼬리표를 달고 패드가 있는 푹신한 비닐백에 담아 봉인한 다음 증거물 표시를 한다. 이러한 증거물은 냉동보관 대신 냉장보관을 해야 한다. 만약 다량의 액상 혈액샘플이 응고되기 시작했다면 사진 6.23과 같이 액상의 샘플과 응고된 샘플 모두 수집한다.
3. 옷이나 침대시트와 같이 옮길 수 있는 물체에 다량의 혈흔이 젖어 있다면, 혈흔이 마를 때까지 기다려야 한다. 그 다음 옷을 접었을 때 생기는

겹의 사이마다 종이를 두어 혈흔 패턴이 변형되거나 다른 곳으로 옮겨 묻지 않게 주의해서 수집한다. 그리고 안전한 장소에서 수집한 증거물을 푼 다음 사진 6.24 (a)~(b)와 같이 증거물을 펼쳐 놓고 건조시킨다. 증거물을 다시 포장할 때에는 가능하다면 처음 포장할 때 사용했던 포장용지를 사용하고 원래의 상태를 유지시켜야 한다. 새 포장용지를 사용했을 경우에는 처음의 포장용지를 증거물로써 보관해두어야 한다.

혈흔이 묻어있는 물체는 포장 전 눈금자와 함께 자세히 사진으로 남겨야 한다. 때때로 피가 묻은 옷과 같은 물체를 현장에서 잘라내야 할 때에는 혈흔 부분이 훼손되지 않는 방법으로 잘라야 한다.

마른 혈흔

앞서 말한 바와 같이, 건조된 혈흔이 묻어있는 물체가 작고 이동가능하다면, 물체 전체를 1차 용기에 수집하고 부패를 방지하기 위해 밀폐되지 않은 용기에 보관한다. 하지만 대부분의 건조된 혈흔은 옮길 수 없는 부피가 큰 물체에서 발견된다. 이러한 상황에서 수집을 위해 다음과 같은 절차를 따라야 한다.

1. **혈흔 흡수하기**. DNA Analysis Board 가이드라인에 따르면, 마른 혈흔은 멸균 면봉으로 채취한다. 식염수나 증류수로 면봉을 적신 다음 혈흔에 조심스럽게 문지른다. 최소한의 면적에서 마른 혈흔을 문지른 다음 면봉을

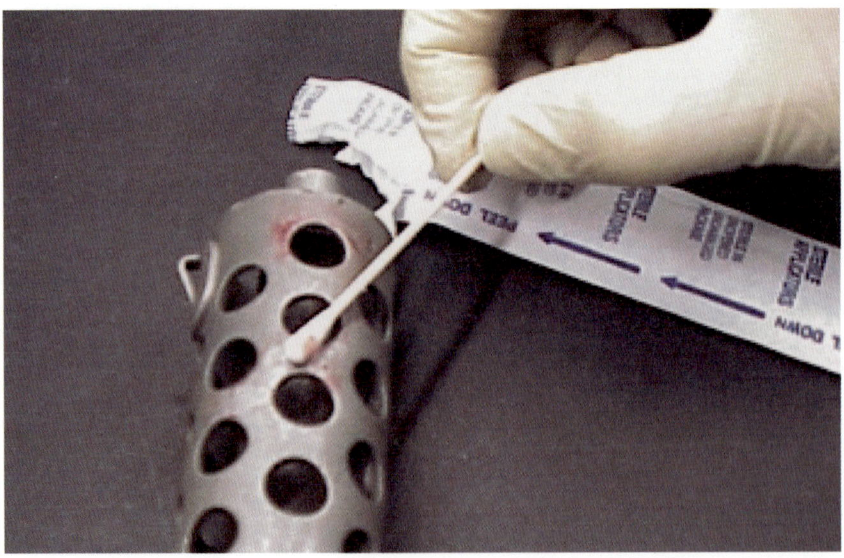

사진 6.25
살인사건에 사용된 총기로부터 멸균 면봉을 사용하여 혈흔을 수집하고 있다 (Cindy Lopes 제공).

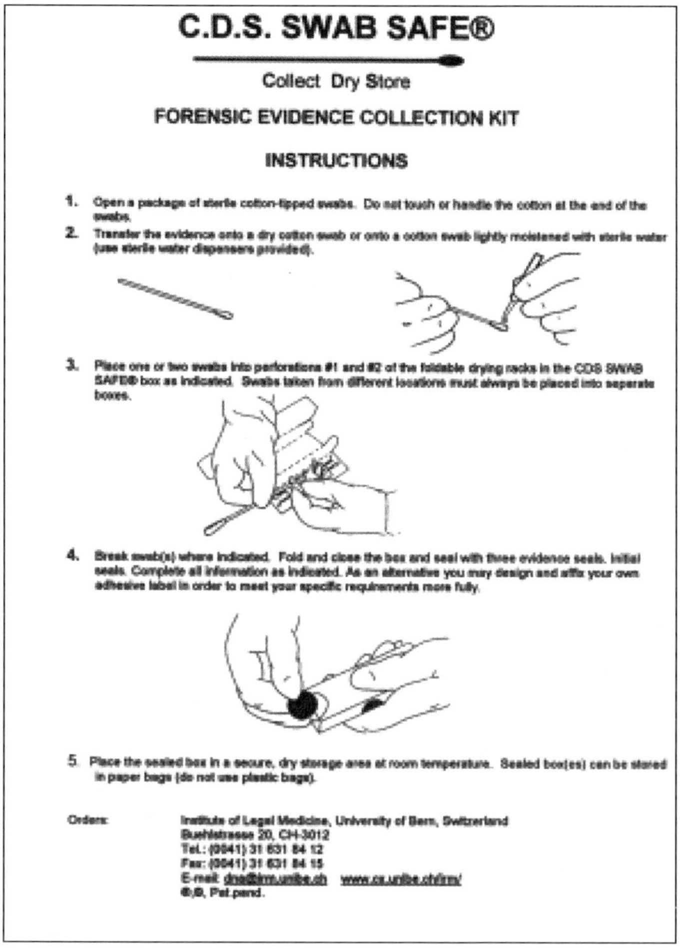
C.D.S. SWAB SAFE®

Collect Dry Store

FORENSIC EVIDENCE COLLECTION KIT

INSTRUCTIONS

1. Open a package of sterile cotton-tipped swabs. Do not touch or handle the cotton at the end of the swabs.
2. Transfer the evidence onto a dry cotton swab or onto a cotton swab lightly moistened with sterile water (use sterile water dispensers provided).
3. Place one or two swabs into perforations #1 and #2 of the foldable drying racks in the CDS SWAB SAFE® box as indicated. Swabs taken from different locations must always be placed into separate boxes.
4. Break swab(s) where indicated. Fold and close the box and seal with three evidence seals. Initial seals. Complete all information as indicated. As an alternative you may design and affix your own adhesive label in order to meet your specific requirements more fully.
5. Place the sealed box in a secure, dry storage area at room temperature. Sealed box(es) can be stored in paper bags (do not use plastic bags).

Orders: Institute of Legal Medicine, University of Bern, Switzerland
Buehlstrasse 20, CH-3012
Tel.: (0041) 31 631 84 12
Fax: (0041) 31 631 84 15
E-mail: dna@irm.unibe.ch www.cx.unibe.ch/irm/
®,©, Pat.pend.

그림 6.6
면봉 보관을 위한 법과학 증거 수집키트(Bern 대학교 법의학교실 Manfred Hock-meister 박사 제공)

건조 상자에 넣어 건조시킨다. 그리고 상자를 봉하고 필요한 모든 정보를 적는다. 그림 6.6은 수집키트의 예를 보여준다.

2. **혈흔 잘라내기.** 혈흔이 쉽게 잘라질 수 있는 표면에 묻어있으면 혈흔을 포함하여 그 주변까지 잘라낸다. 혈흔이 쉽게 깨질 수 있는 물체의 표면에 묻어있으면 혈액 샘플이 파손되지 않도록 잘라낸 부분을 안전하게 보관해야 한다. 이러한 샘플은 사진 6.26과 같이 약봉투 접기식 방법으로 접어서 수집한다.
3. **혈흔 긁어내기.** 면도날이나 작은 칼과 같이 멸균되거나 깨끗하고 날카로운 도구를 사용해서 사진 6.27과 같이 약봉투 접기식 방법으로 준비된 작은 종이봉투 혈흔을 긁어내어 담는다. 또한 젤라틴 리프터나 지문 리프팅 테이프를 사용해서 긁어낸 혈흔 부스러기를 수집할 수도 있다. 이 기법은 혈흔이 매우 작거나 바람이 많이 부는 환경에서는 사용하기 어렵다. 또

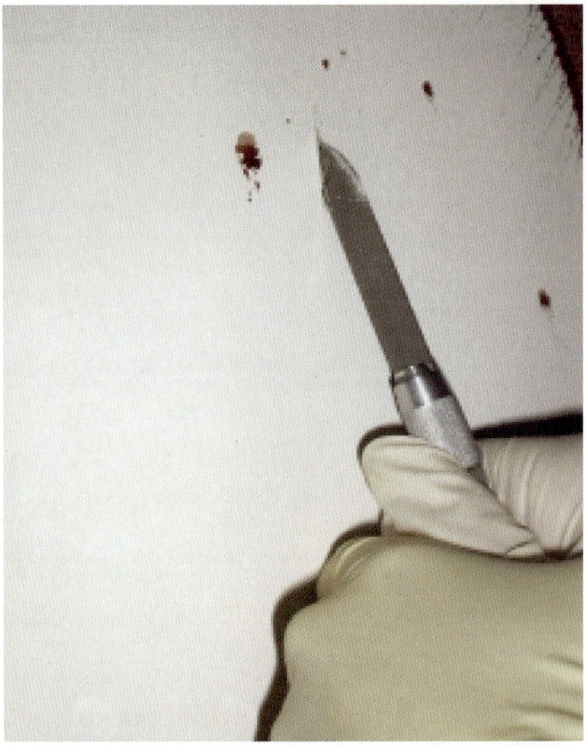

사진 6.26
이동이 불가능한 표면(벽체)에서의 마른 혈흔을 수집. 칼을 사용해서 벽지를 잘라 수집한다(뉴헤이븐 대학교 Holly Dintzner 제공).

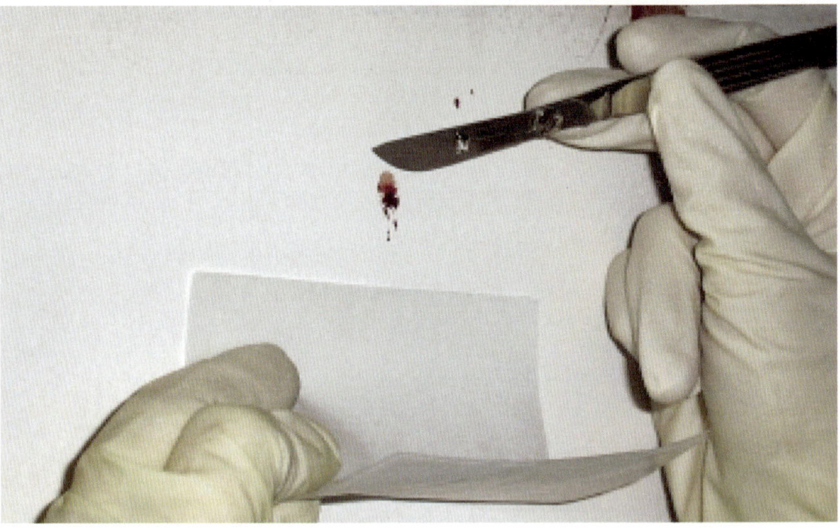

사진 6.27
깨끗한 도구를 사용하여 벽면의 마른 혈흔을 긁어낸다. 이것을 '약봉투 접기식'으로 작게 1차 포장하고 다시 이것을 증거물 봉투에 담는다(Holly Dintzner 제공).

한, 테이프를 사용하는 것이 DNA 검사에 지장을 주지 않는다는 것을 증거분석실의 전문가로부터 확인을 받아야 한다.

4. **혈흔 붙여 떠내기.** 건조된 혈흔은 젤라틴 리프터 또는 DNA 검사에 영향을 주지 않는 지문 리프팅 테이프 중에 선택하여 사용함으로써 수집할 수 있다. 리프터와 테이프의 끈적이는 부분을 만지지 않도록 주의해야 한

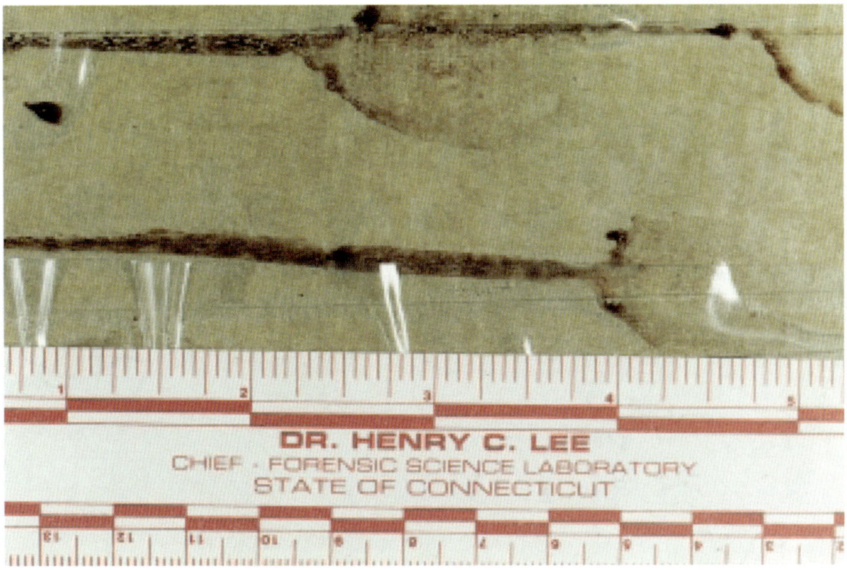

사진 6.28
이동 불가능한 표면이 마른 혈흔은 테이프 리프팅으로도 수집할 수 있다.

다. 혈흔이 있는 곳에 리프터나 테이프를 놓고 부드럽게 문지른 후 찍어낸다. 이렇게 수집한 마른 혈흔은 1차 포장 후, 증거물 봉투에 2차 포장하여 보관한다. 어떤 표면은 혈흔을 테이프로 전이시키지 않을 수 있다. 그래서 사진 6.28에서처럼 전이하고자 하는 표면에 테스트를 해본 후 진행하는 것이 바람직하다.

대조용 혈액 샘플

희생자와 용의자로부터 수집된 모든 혈액 샘플들은 비교 목적을 위해서 필요하다. 증거분석실에서는 범죄 현장에서 수집된 혈액 증거와 DNA를 대조하는 개별화 작업을 진행할 것이다. 대조용 혈액 샘플은 수사와 관련된 모든 사람들로부터 얻게 된다. 간호사나 의료인은 진공 채혈용기로 혈액을 수집하는데, 일반적으로 사진 6.29에 나온 것과 같이 항응고제가 포함된 보라색 캡 튜브와 항응고제가 포함되지 않은 적색 캡 멸균튜브로 채취한다. 혈액을 채혈하는 간호사나 의사는 채혈용기에 제공자의 이름과 채취한 날짜, 시간, 채혈자의 이름을 기록해야 한다. 혈액을 채혈한 다음에는 패드가 있는 봉투나 박스에 담아 봉하고 증거물 표시를 한 다음에 보관한다. 대조 혈액 샘플은 손가락 끝에서 미량을 수집하는 방법을 사용할 수도 있는데, 이 경우에는 혈액 증거 수집용 흡수용지에 미량의 혈액이 흡수되도록 해준다.

사진 6.29
채혈을 위한 진공 튜브 (빨간색 캡은 아무것도 첨가되지 않은 것이며 보라색 캡은 EDTA를 포함하고 있다.)

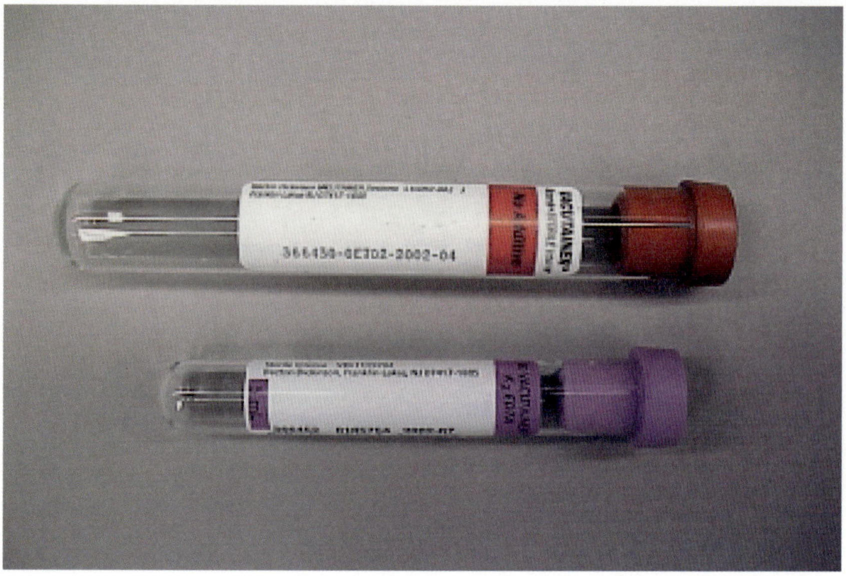

정액반

범죄 현장 수사에서 정액반은 보통 강간범죄 대응 센터 또는 병원에서 성폭행 피해자로부터 채취한 샘플이나 범죄 현장에 있는 물체에서의 건조된 정액반 형태로 수집된다. 범죄 현장의 건조된 정액은 위에서 논의되었던 혈흔과 비슷한 방식으로 수집되고, 포장되고, 보존된다.

병원에서 피해자로부터 증거를 수집하는 일도 성폭행 수사에 포함된다. 검사를 위해서 성폭행 피해자를 가능한 신속하게 병원으로 데려가야 하며, 의료진들은 피해자로부터의 증거수집과 검사를 수행할 것이다. 간호사들을 위한 법과학 교육은 전국적으로 이루어져야 하며 병원 직원들에게도 행해져야 한다. 병원에서는 피해자로부터 샘플을 수집하기 위해 법과학 실험실에서 준비된 성폭행 수집키트를 사용하거나 시중에 판매되고 있는 키트를 이용한다. 키트 안에는 멸균 면봉, 현미경 슬라이드, 피해자로부터 다양한 증거를 수집하고 보관하기 위한 여러 용기들이 포함되어 있다(그림 6.30).

범죄 현장에서 건조된 정액반은 옮길 수 있거나 그럴 수 없는 표면에 다양하게 존재할 수 있다. 이러한 정액들은 자외선 등의 법과학 광원을 사용하여 찾는다. 의심되는 얼룩을 발견하면 자세히 기록한 후 수집해야 한다. 건조된 혈흔과 마찬가지로 건조된 정액에 대해서 다양한 수집 방법들을 사용할 수 있으나, 사진 6.31에서처럼 정액의 특성 때문에, 의심되는 얼룩에

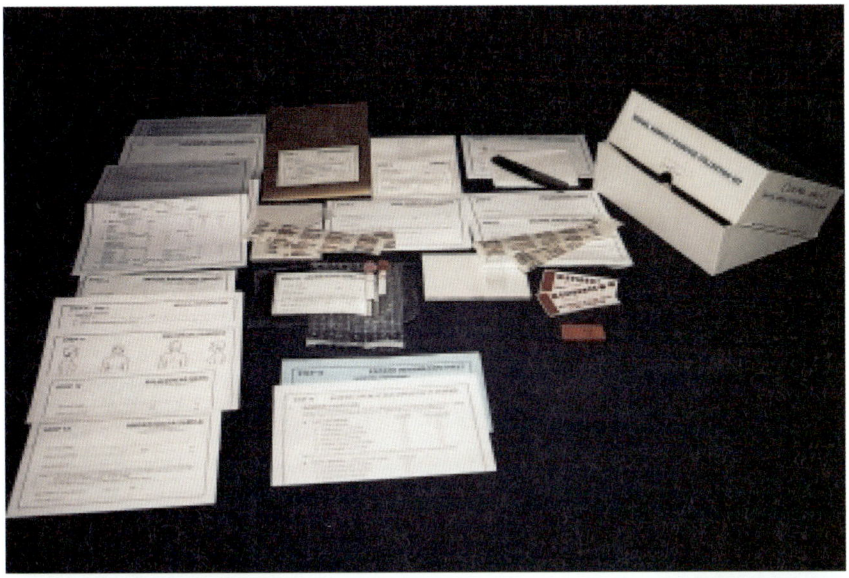

사진 6.30
성폭행 사건 증거물 수집 키트(Robin Lunsford 제공)

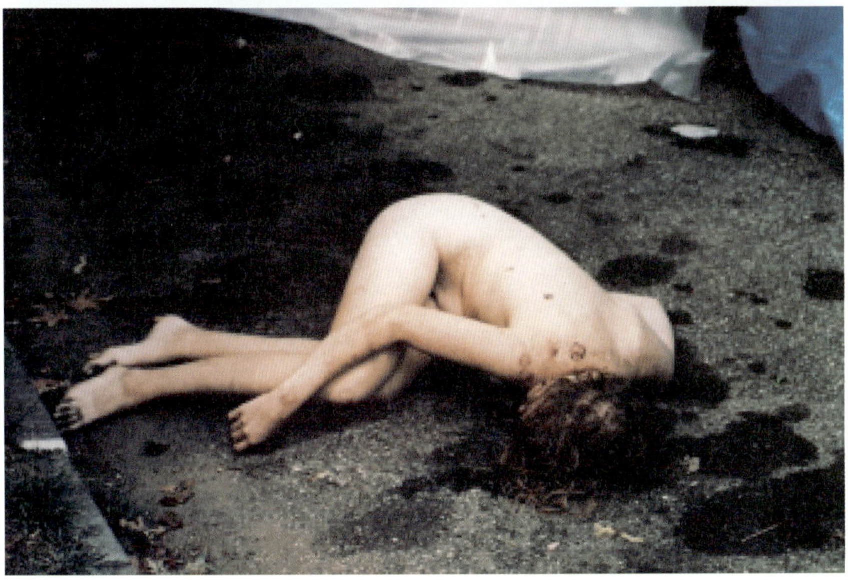

사진 6.31
강간살인 사건 피해자의 전체 사진. 피해자의 오른쪽 어깨에 몇 점의 교흔이 관찰된다. 혈흔과 정액 증거도 피해자의 몸과 현장에서 발견되었다.

대한 손실을 최소화하는 방법을 선택해야 한다. 수집된 증거는 면봉을 보관하는 전용 상자 또는 약봉투 접기식 포장 방식과 같은 1차 포장을 거친 후, 밀폐되지 않은 2차 용기나 증거물 봉투에 보관해야 한다.

포장한 용기는 증거물 테이프로 봉인하고 적절하게 기록한 후, 가능하면 냉장보관하도록 한다. 혈흔과 마찬가지로 상온에서 보관되는 정액반은 가능한 빨리 실험실로 보내져야 한다.

타액, 소변, 땀

체액은 혈흔과 정액반에서 기술했던 것과 비슷한 방식으로 수집되고, 포장되고, 보관된다. 액체상태의 타액 샘플들은 멸균 면봉으로 수집한다. 타액반 또는 교흔은 적신 면봉으로 수집할 수 있다. 한 구역을 하나의 면봉으로 제한된 부분에만 집중하여 문지른다. 대조용 타액 샘플은 종이 필터를 사용하여 제공받을 수 있다. 그런 다음 1차 포장하고 2차 증거물 봉투 등을 사용하여 포장한 후에 적절히 기록한다. 타액 증거는 냉동 또는 냉장 보관이 가장 좋지만 법과학 실험실에 보내지기 전에 일정 시간 동안 상온에서 보관이 가능하다.

방화 범죄에 사용된 인화성 물질

화재 현장에서 의심되는 가연성 물질 또는 촉매의 수집, 포장, 보존은 가능한 신속하게 처리해야 한다. 그러나 수집하기에 앞서 현장의 안전과 보존이 고려되어야 한다. 현장에서 가연성 물질은 다양한 형태로 존재한다. 가연성 물질은 액체로 존재하거나 다양한 물체에 흡수되어 있을 것이다. 수집 방법은 발견된 가연성 물질이 액체 상태인지 흡수된 상태인지에 따라 다르다. 발견된 상태와 상관없이 가연성 물질은 불안정하며 사진 6.33과 같이 밀폐용기에 적절하게 포장하지 않으면 휘발될 것이다.

액체 샘플

의심되는 가연성 물질이 물웅덩이 또는 깡통, 플라스틱 용기와 같은 곳에서 액체 상태로 발견된다면 밀폐용기에 보관해야 한다. 칠이 되지 않은 깨끗한 페인트 캔이 수집에 적절하다. 유리 용기는 페인트 캔을 사용할 수 없을 경우 사용되는 최후의 수단이 되며 가능한 신속히 옮겨져야 한다. 깨끗한 옷감 또는 생리대에 흡수된 액체에서도 적용할 수 있다. 흡수된 샘플은 신속히 페인트 캔 등의 밀폐 용기에 보관한다. 샘플이 들어있는 밀폐 용기는 뚜껑을 여는 부분에 증거물 테이프를 붙이고 이전의 상태를 기록해야 한다.

방화 조사의 특성상 가연성 증거물에 붙인 라벨에 그 증거물이 발견된

(a)

(b)

(c)

사진 6.32 (a)~(c)
헨리 리 박사와 화재조사 요원이 방화 현장을 돌아보고 있다(코네티컷 주 경찰국 화재조사부 Joe Sudol 제공).

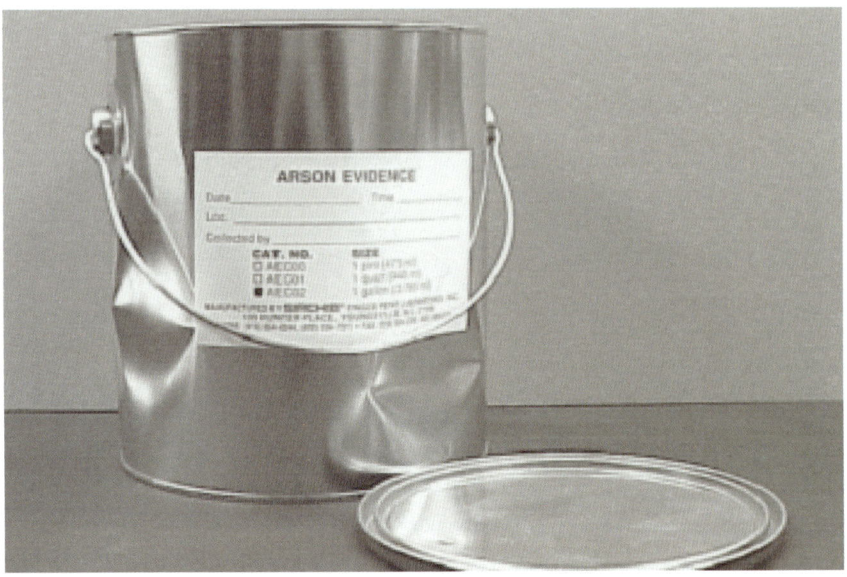

사진 6.33
방화 현장 증거물의 수집은 완전히 밀봉되는 철제 페인트 통을 사용해야 하며 외부에 증거에 대한 적절한 기록을 해야 한다.

장소에 대해서 상세히 기록해야 한다.

흡수된 인화물질

화재 현장에서 타거나 타지 않은 카펫, 패드, 가구, 침구, 바닥재, 나무, 벽은 화재를 일으키는 가연성 물질을 흡수하는 물체들의 예이다. 법과학 실험실에서는 사용된 가연성 물질로부터 물과 화재 잔여물들을 분리시킬 수 있다. 흡수된 가연성 물질도 액체상태의 물질과 같은 방법으로 반드시 밀폐용기에 포장하여야 한다. 그러나 가연성 물질이 흡수된 물체의 위치나 크기가 수집에 방해가 될 수 있다. 물체에 가연성 물질이 흡수되었다면 그 상태 그대로 KAPAK bag 또는 페인트 캔 안에 포장한 후 수집하여야 한다. 물체의 크기가 너무 크거나 범죄 현장으로부터 이동하기 어려운 경우라면, 위에서 서술한 바와 같이 가연성 물질이 포함된 일부분을 샘플로 수집하고 밀폐용기에 보관한다. 화재 잔해들과 가연성 물질은 페인트 캔 용량 전체를 채우지 말고 최대 3분의 2정도만 채우도록 한다.

폭발물질

폭발 현장은 많은 사람들을 다치게 할 수 있는 위험한 환경이라는 특징을 갖는다. 이러한 환경은 이 전의 장에서 설명한 것과 같이 폭발 현장 수사를 어렵게 만든다. 그리고 증거물의 수집과 포장, 보존과정 또한 어렵다. 일반적으로 폭발 현장에 있는 물적 증거로는 폭약과 낙진, 타이머, 도폭선과 폭발물의 일부 잔해 등이 있는데, 이 증거물들은 산산조각 난 채로 발견되기도 한다. 크기가 작은 증거물은 종종 증거물을 수집하는 과정에서 간과되어 놓칠 수도 있기 때문에 폭발 현장에서 증거물 수집을 위한 대부분의 가이드라인에서는 보이는 모든 증거물을 수집하는 것을 권고하고 있다. 법과학 실험실에서는 폭발물 잔해와 점화장치, 확인할 필요가 있는 또 다른 폭발물 관련 물체를 찾기 위해 현장에 있는 잔해물을 체로 걸러 조사한다.

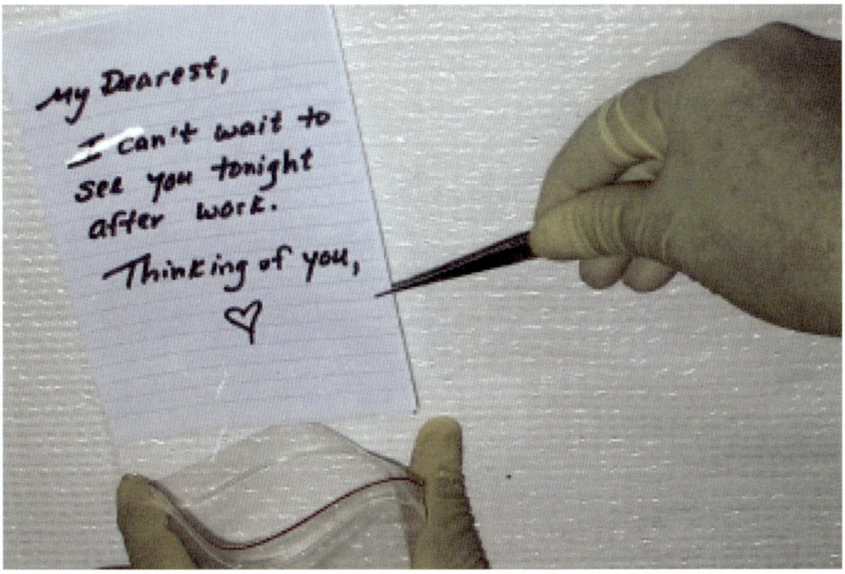

사진 6.34
문서필적 감정을 위한 증거의 수집과 포장(뉴헤이븐 대학교, Holly Dintzner 제공)

문서 증거

문서 감정은 원본이나 진본의 여부를 모르거나 불확실한 상태의 문서에 대한 판별 방법을 의미한다. 범죄 현장에서 발견된 증거물 중 글이 적힌 물건은 모두 이 범주로 분류되며 사진 6.35와 같이 수집해야 한다. 이러한 문서증거는 그 문서에 직접적으로 증거물 표시를 한다거나 접는 것처럼 어떠한 형태로든 문서를 훼손하면 안 된다. 최소한의 접촉만으로 다루어야 하기 때문에 사진 6.34에 나와 있는 것과 같이 반드시 장갑을 착용하고 핀셋으로 다루어야 한다. 그리고 깨끗한 비닐봉투나 한쪽 면에 구멍이 나 있는 봉투에 포장해야 한다.

필체대조를 위한 샘플

현장에서 발견된 문서를 감정하기 위한 방법으로 한 번 써보게 하거나 일기나 메모와 같이 실제 생활에서 작성된 문서를 수집하는 방법을 사용한다.

한 번 써보게 하는 것을 시필이라고 하는데, 시필은 현장에서 발견된 문서와 동일한 글쓰기 조건으로 하여 얻어지는 대조물이다. 예를 들면 같은 종류의 잉크, 펜, 종이와 편지의 내용을 들 수 있다. 시필을 할 때에는 스트

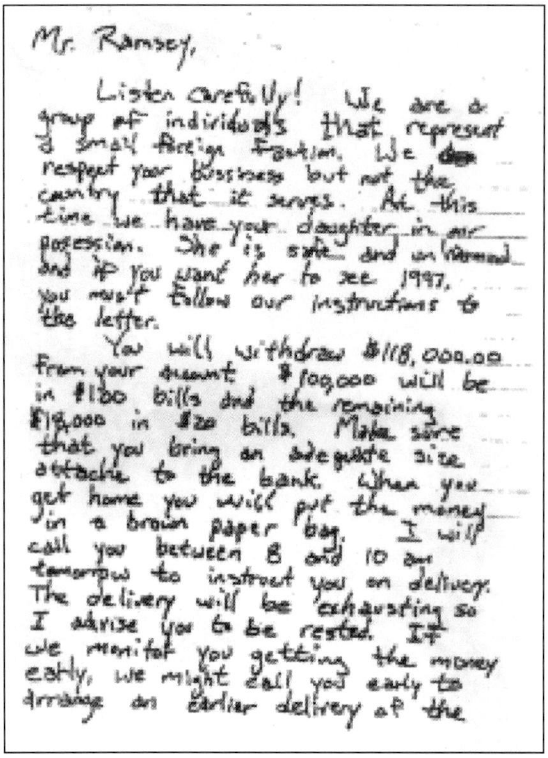

Mr. Ramsey,

Listen carefully! We are a group of individuals that represent a small foreign faction. We ~~don~~ respect your bussiness but not the country that it serves. At this time we have your daughter in our posession. She is safe and un harmed and if you want her to see 1997, you must follow our instructions to the letter.

You will withdraw $118,000.00 from your account. $100,000 will be in $100 bills and the remaining $18,000 in $20 bills. Make sure that you bring an adequate size attache to the bank. When you get home you will put the money in a brown paper bag. I will call you between 8 and 10 am tomorrow to instruct you on delivery. The delivery will be exhausting so I advise you to be rested. If we monitor you getting the money early, we might call you early to arrange an earlier delivery of the

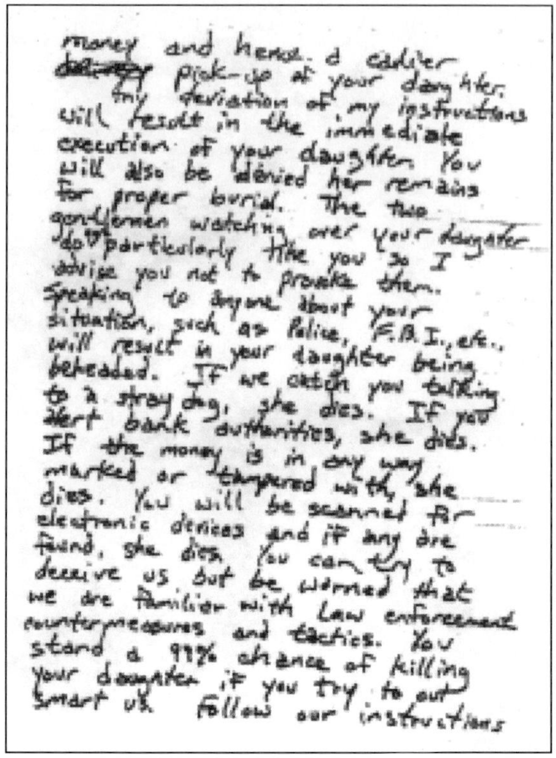

money and hence a earlier ~~delivery~~ pick-up of your daughter. Any deviation of my instructions will result in the immediate execution of your daughter. You will also be denied her remains for proper burial. The two gentlemen watching over your daugter do not particularly like you so I advise you not to provoke them. Speaking to anyone about your situation, such as Police, F.B.I., etc., will result in your daughter being beheaded. If we catch you talking to a stray dog, she dies. If you alert bank authorities, she dies. If the money is in any way marked or tampered with, she dies. You will be scanned for electronic devices and if any are found, she dies. You can try to deceive us but be warned that we are familiar with Law enforcement countermeasures and tactics. You stand a 99% chance of killing your daughter if you try to out smart us. Follow our instructions

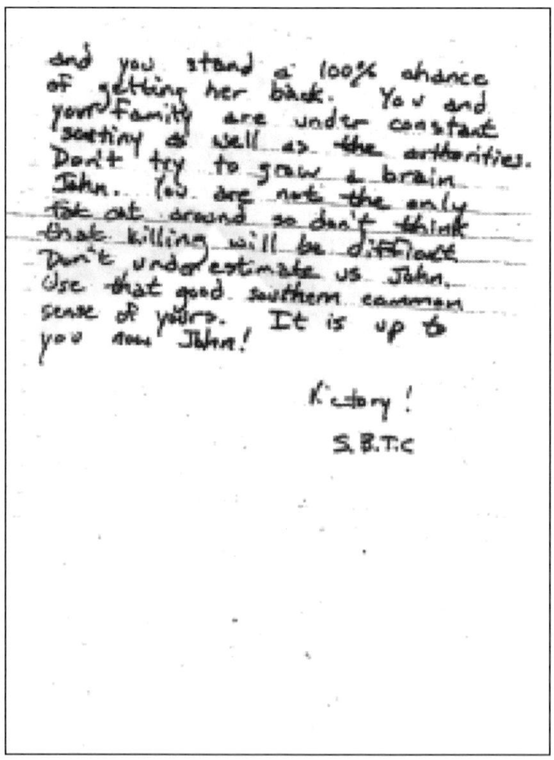

and you stand a 100% chance of getting her back. You and your family are under constant scrutiny as well as the authorities. Don't try to grow a brain John. You are not the only fat cat around so don't think that killing will be difficult. Don't underestimate us John. Use that good southern common sense of yours. It is up to you now John!

Victory!

S.B.T.C

사진 6.35
존 베넷 램지(Jon Bennet Ramsey) 살인사건의 협박 편지 사본

레스를 최소화하도록 하여 최소 10번에서 12번 반복해서 쓰도록 해야 한다. 글을 쓰는 사람이 글씨체를 조작할 수 있기 때문에 현장에서 발견된 문서의 내용을 직접 보지 못하게 해야 한다.

또 다른 필적감정 표본으로는 용의자의 실제 생활을 통해 얻을 수 있는 수표나 일기, 편지 등이 있다. 일상적인 생활을 통해 얻을 수 있는 모든 기록문서가 여기에 속한다. 사진 6.35는 어느 집의 계단에서 발견된 것으로 몸값을 요구하는 3장의 협박 편지이다. 이러한 문서와 대조하기 위해서 비슷한 종이와 펜으로 쓰인 다양한 표본을 수집해야 한다.

기기를 사용하여 작성된 표본은 타자로 친 것이나 프린터나 복사기를 사용하여 인쇄한 것들이 있다. 현장에서 문서를 프린트한 것으로 여겨지는 프린터가 있다면 그 프린터도 수집해야 한다. 그렇게 하지 못할 경우에는 실험실에서 대조를 해보기 위해 각각의 기기로부터 나온 수많은 샘플들을 수집해야 한다. 만일 타자기로 친 문서나 프린터로 인쇄한 문서를 감정해야 한다면 그 기기들에서 사용된 잉크도 함께 수집해야 한다.

약물 증거

일반적인 범죄 현장 처리 절차에는 약물 증거의 수집, 포장, 보존의 과정도 따르게 된다. 약물로 의심되는 증거의 일부분도 범죄 수사에 포함된다. 의심스러운 약물 증거는 수사에 있어서 직접적으로 또는 간접적으로 사건과 관련될 것이다. 살인사건 수사에서 희생자나 용의자의 불법적인 약물 사용에 대한 수사가 간접적으로 이루어지는 것을 예로 들 수 있다. 그렇게 의심스러운 약물 증거는 발견될 수 있기 때문에 적절하게 수집, 포장, 보존해야 한다. 의심스러운 약물 증거는 불법으로 규제된 물질과 의약품으로 분류할 수 있는데, 두 가지 유형의 약물 증거 모두 물리적 증거로써 반드시 수집하고 포장하여 보존해야 한다.

규제 약물

현장에 있는 모든 규제 약물은 원래 상태 그대로 수집하고 봉해진 용기에 포장해서 보존시킨 후 실험실로 보내 분석해야 한다. 만일 규제 약물이

사진 6.36
범죄 현장 수색 중에 발견된 약물과 도구들

가공을 거치지 않은 원료상태로 발견이 되면 반드시 비 밀폐용기에 담아야 한다. 예를 들어 마리화나와 마약성 버섯, 양귀비와 같은 식물은 종이백에 담거나 종이에 싸서 포장해야 한다. 이러한 살아있는 식물 증거물은 밀폐용기에 포장해서는 안 된다. 그리고 알약과 캡슐과 같은 약물은 수집이나 포장 전에 노트에 모양이나 개수, 무게를 기록해야 한다. 법과학 실험실에서는 제출된 약물 증거물의 샘플을 만들고 그 샘플을 채취해 분석한다.

사진 6.36에서처럼 현장에는 다른 용품들이나 물건들도 빈번하게 존재할 수 있다. 이러한 물건들의 표면에 이물질들이 덮여져 있거나 미량의 약물이 존재할 수 있다. 이러한 이유 때문에 범죄 현장의 물건들 위에 남아있는 이물질을 보존하기 위한 모든 방법을 수행해야 한다. 대다수의 물건들은 수집하고 포장하기 전에 표면에 존재하는 이물질의 수집을 필요로 한다. 이러한 물건들의 헹굼액과 부스러기는 반드시 각각의 물건들마다 개별 포장해야 한다. 실험실로 증거물을 제출하기 전에 현장 감식 요원이 이물질을 분리하는 행위가 절차상으로 금지된다면 현장 감식 요원은 정해진 절차에 따라야 한다. 법과학 실험실은 물건에 남아있는 미량의 이물질을 인지해야 하며 물건에 잔류 약품 물질이 남아있는 한 지문이나 다른 미세 증거를 위한 기법은 시도하지 말아야 한다.

의약품

처방된 약병이 발견되었다면 조사에 필요한 유용한 정보를 약병에 붙어있는 라벨을 통해 알아낼 수 있다. 약병에 붙어있는 라벨로 약을 복용한 사람이 누구인지, 약의 성분이 무엇인지, 약이 병 안에 채워져 있었을 때 처방받은 약의 수량 등을 확인할 수 있다. 또한 약병 표면에 남아있는 지문에는 지문을 채취하기 위한 처리 과정을 쉽게 적용할 수 있다. 약병에 담긴 내용물은 항상 라벨과 동일한지 확인해야 하며, 약병과 내용물은 앞에서 언급한 수집절차를 통해 원래 있던 상태 그대로 수집하고 포장해서 보관해야 한다.

교흔(물린 자국) 증거

현장에서 교흔이 발견되었을 경우에는 가능한 빨리 그 교흔을 보존해야 한다. 사진 6.37에서 볼 수 있는 이런 타입의 증거는 자를 포함하고 있는 사진과 자를 포함하고 있지 않은 사진을 모두 찍어야 한다. 그 다음 현장 감식 요원은 법치의학자의 의견을 들어야 한다. 교흔에는 소량의 타액

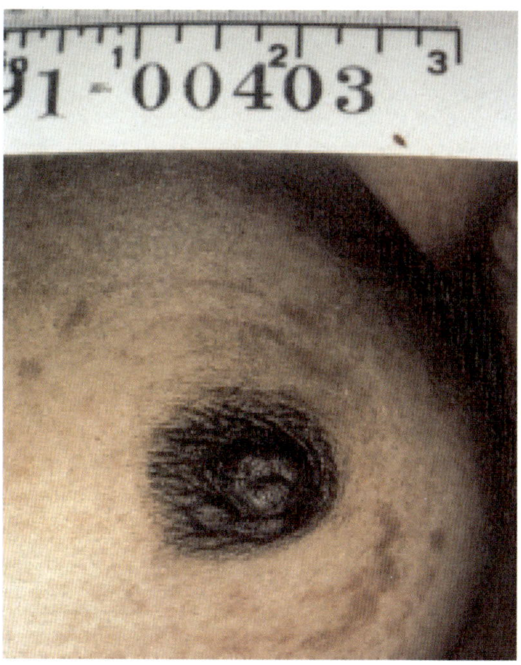

사진 6.37
살인 피해자의 유두 주변에 남겨진 교흔(C. Karazulas 박사 제공)

이 남아있을 수 있기 때문에 DNA 감식을 위해 면봉을 사용해서 수집한 다음 보관해야 한다.

곤충학적 증거

법 곤충학은 부패하는 시신에서 서식하고 번식하는 곤충에 대한 연구를 기반으로 하는 학문이다. 사진 6.38 (a)~(b)와 같이 곤충이 서식하고 번식하는 이러한 과정은 사망 후 거의 즉시적으로 발생한다. 시신 주변의 곤충을 수집하고 분석하는 일은 다른 증거물을 수집하는 방식과 마찬가지로 적절한 절차를 통해 올바른 순서로 수집해야 한다.

곤충학적 증거를 수집하기 위해 두 가지의 단계를 따르는데 범죄 현장 정보를 얻는 것과 그 현장에 존재하는 곤충을 수집하는 것이다. 범죄 현장에 대한 정보에는 지역, 시체, 곤충상에 대한 설명이 포함되어 있다. 현장에서 모아진 자세한 정보들은 시체가 그 지역에 서식하는 동물군에 얼마나 노출되었는지를 정밀하게 측정하기 위해서 중요하다. 지역에 대한 정보로는 아래에 기록된 바와 같이 주요 서식지, 지형, 식물, 토양의 유형과 최근의 기후 패턴에 관해서 기록해야 한다.

지역 정보 기술

- 주요 서식지: 구조물이나 늪, 물, 들판, 나무
- 지형: 편평한 땅, 산비탈, 고지, 고원, 지도상에서의 정확한 위치
- 식물: 시체나 나무, 숲, 잔디 주위에서 자라는 모든 식물들과 각 식물의 길이
- 토양의 종류: 모래, 자갈, 점토, 진흙
- 최근 기후: 시체가 노출 된 최초의 날부터 5일 전까지의 날씨 기록. 일일 최고 기온과 최저 기온, 강수의 종류, 강수량. 그리고 시체가 발견된 곳이 곤충의 종류와 접근에 영향을 미칠 수 있는 미기후(다른 지역과는 다른 특정 좁은 지역의 기후) 여부를 알아보아야 한다.

시체에 대한 설명은 성별과 나이, 체중, 키, 옷의 착용 여부와 정도, 시체의 자세, 사망 추정 시각, 부패의 정도 등을 포함해야 한다. 곤충상 설명

(a)

(b)

사진 6.38 (a)~(b)
부패된 시체에 있는 곤충학 증거들. 이런 곤충류들은 사후경과 시간을 추정하는 데 단서를 제공한다.

은 그림 6.7과 같이 곤충상의 어느 단계인지, 각 단계별 곤충의 수, 시체의 위나 옆, 아래에 서식하는 각 단계별 곤충의 위치 등을 포함해야 한다.

곤충 증거의 수집

곤충 증거의 수집 기법은 시체의 존재 유무와 존재하는 곤충의 유형에 따라 다르다(그림 6.7에서처럼 기어다니는 것 또는 날아다니는 것). 가능하다면 시체를 옮기기 전에 곤충 수집을 끝내도록 한다.

그림 6.7
시체 주변에서 발견된 곤충류들의 도해

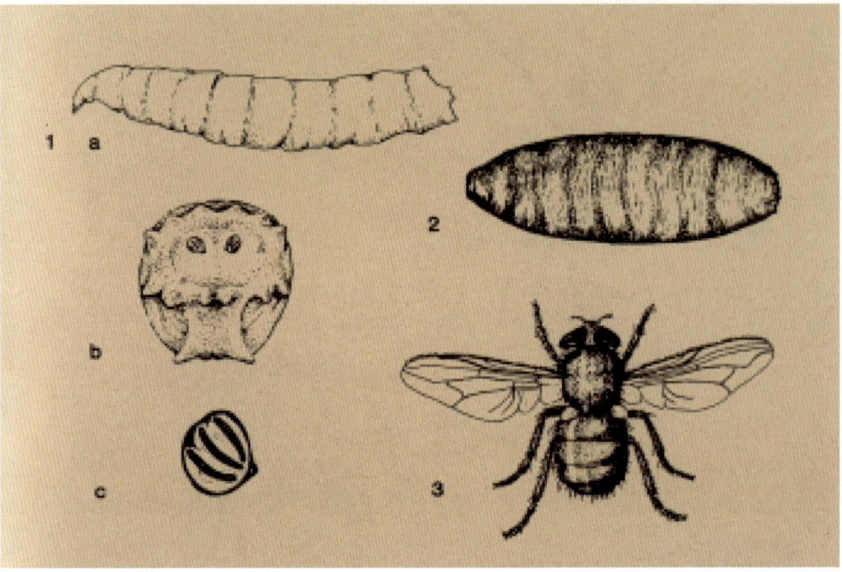

시체가 있을 때

날아다니는 곤충은 시체가 발견된 즉시 가능한 신속하게 수집해야 한다. 일반적인 곤충 채집망을 사용하여 수집하거나 시중에 나와 있는 끈적이는 종이 시트를 사용하여 시체를 향하고 있거나 떨어져 있는 곤충들을 채집할 수 있다.

기어다니는 곤충들은 장갑을 낀 손으로 시체의 아래, 위, 안쪽에 있는 서로 다른 발달 단계를 가진 곤충들을 모두 수집해야 한다. 집게를 사용하게 되면 곤충의 몸체에 흠집이나 자국을 남겨서 식별하는 데 어려움을 줄 것이다. 알과 섞여 있는 유충들도 수집해야 한다.

시체가 현장으로부터 옮겨졌을 때

시체에 있는 파리 유충과 딱정벌레 유충은 번데기가 되기 전에 시체 아래나 주변의 땅속으로 이동한다. 그래서 땅속에 있는 유충이나 나뭇잎 샘플, 토양 샘플을 수집해야 할 때에는 시체가 있던 자리의 아랫부분에서 수집을 해야 한다.

곤충표본의 보관

날아다니는 곤충: 에틸 아세테이트가 묻어 있는 솜이 든 병에 곤충을 넣으면 몇 분 안에 곤충이 죽는다. 그 다음 75% 에탄올이 든 작은 병으로 옮

긴다. 이들 중 일부는 핀으로 고정하거나 건조시킨 다음 보관한다.

미성숙한 곤충: 유충 단계에 있는 모든 곤충은 위의 성체 곤충을 죽이는 방법과 마찬가지로 죽인 다음 보관한다.

각각의 병에 날짜와 시간, 시체 위에서 수집된 곤충인지 옆에서 수집된 곤충인지를 라벨에 표시해야 한다.

성숙 과정의 미성숙 개체

범죄 현장에서 수집한 미성숙한 곤충과 알은 성체가 될 때까지 기를 수 있다. 이러한 표본은 축축하게 젖은 질석이나 영양토가 든 용기에서 길러야 한다. 또한 그 용기는 법곤충학 실험실로 이동되기 전까지 곤충들이 살았던 시체의 환경과 비슷하게 유지되어야 한다.

제 7 장

로직 트리

모든 현장을 논리적이고 체계적으로 접근하는 것은 성공적인 수사를 위해서 필수적인 부분이다. 범죄의 유형에 따라 접근법은 다양하지만 여러 공통된 특성과 기본 원칙을 공유하고 있다. 범죄의 일반적인 범주는 '로직 트리(logic tree)'에서 논리적으로 도식화 될 수 있다. 특정 범죄 조사 후 즉시 또는 조사 전이나 조사하는 동안에 적절하게 로직 트리(logic tree)를 그려내는 것은 많은 범죄 수사에서 생길 수 있는 중대한 실수를 막는 데 도움이 될 수 있다. 로직 트리는 특정한 수사를 위한 것으로 설계되어야 하며 모든 범죄를 아우르거나 강조하는 것처럼 만들어져서는 안 된다.

일반적 개념

모든 현장을 논리적이고 체계적으로 접근하는 것은 성공적인 수사를 위해서 필수적인 부분이다. 범죄의 유형에 따라 접근법은 다양하지만 여러 공통된 특성과 기본 원칙을 공유하고 있다. 범죄의 일반적인 범주는 '로직 트리(logic tree)'에서 논리적으로 도식화 될 수 있다. 특정 범죄 조사 후 즉시 또는 조사 전이나 조사하는 동안에 적절하게 로직 트리(logic tree)를 그려내는 것은 많은 범죄 수사에서 생길 수 있는 중대한 실수를 막는 데 도움이 될 수 있다. 로직 트리는 특정한 수사를 위한 것으로 설계되어야 하며 모든 범죄를 아우르거나 강조하는 것처럼 만들어져서는 안 된다.

공통 요소

인식

잠재적인 증거 또는 의미를 가진 패턴이나 물체의 존재에 대한 인식은 중요한 첫 번째 단계이다. 인식을 하지 않으면 중요한 증거물이 있어도 용의자와 피해자, 범죄 현장과 물적 증거 사이에서 연관성을 수립하지 못해 수사에 어려움을 겪을 수 있다. 증거물의 인식은 무엇을 주의 깊게 봐야 하는지, 사건과 관련성 있는 증거물을 찾기 위해서 어디를 조사해야 하는지와 같은 능력에 영향을 받는다. 인식의 다음 단계는 수많은 증거물을 분류하고 중요하지 않은 증거물과 실제 관련이 있거나 있을 수 있는 증거물을 결정하는 것이다. 이러한 능력은 상당한 훈련과 경험을 통해서만 얻을 수 있다.

식별

논리적 접근법의 다음 단계는 다양한 형태의 증거물을 식별하는 것이다. 근본적으로 식별은 분류 체계의 일부로, 모든 사람들은 이를 일상적으로 사용하고 있다. 식별은 일반적이면서 비슷한 특성에 따라 증거물을 분류하는 것을 포함한다. 비슷한 특성이 많을수록 두 가지 혹은 그 이상의 증거물은 더 복잡하지만 차별성이 있는 공통점을 가진다. 법과학에서 증거물은 대조물과 비슷한 특징 중 선택된 군집 특성을 비교하면서 확인할 수 있다.

예를 들면, 섬유 한 가닥은 현미경적 검사를 통해 비늘의 유무 등의 외형적 특징들이 확인된 후에야 체모로써 분류될 수 있다. 선택된 군집 특성이 대조물과 증거물 사이에서 본질적으로 같다면, 증거물은 대조물과 동일한 종류로 분류될 수 있다. 더 나아가 두 개의 샘플이 같은 출처로부터 발원된 것일 수 있으므로 그 이상의 검사를 해보는 것이 바람직하다. 그러나 만약에 몇몇의 선택된 군집 특성에서 주목할 만한 차이가 보인다면 증거물 샘플은 같은 출처로부터 나온 것이 아니므로 완전히 배제되어야 한다.

개별화

증거물의 식별 후에 법과학자는 같은 군집의 다른 구성요소 사이에서도 특정한 샘플이 유일무이한지를 판단하는 분석을 이어나갈 것이다. 이러한 과정을 개별화 작업이라고 한다. 반면에 모든 증거물이 개별화를 통해 만족스러운 결과를 얻을 수 있는 것은 아니므로 분석가는 궁극적 목표를 향해서 실험을 계속 수행한다. 현장에서 발견된 증거물과 대조물 사이에서 어떠한 공통된 특성도 찾을 수 없다는 검사 결과가 확인되면, 그 샘플은 공통적인 출처로부터 기원되었을 가능성이 배제된다. 때때로 비교되는 증거물이 측정할 수 있는 모든 특성에서 출처와 비슷한 특징을 가졌다고 판단되더라도 공통적인 출처와 연관시킬 수 없을 때도 있다. 이때에는 공통되는 특징에 관한 유의성 분석이 사용될 수 있다. DNA typing에서의 일치는 일반적으로 통계분석을 필요로 한다. 통계학적 해석은 추론된 결론에 대한 데이터베이스의 수준에 따라 신뢰도가 달라진다.

재구성

로직 트리에서 마지막 단계인 재구성은 관련된 증거물의 인식과 식별, 개별화에 전적으로 달려있다. 재구성은 수사 정보와 함께 범죄 현장에 관한 정보, 물적 증거물과 형태, 증거물의 실험실 분석 결과를 활용한다. 재구성이 제공할 수 있는 정보의 양은 위에 나열된 요소들에 의해 좌우된다. 관련성이 많고 정확한 데이터일수록 수사에 가치 있는 재구성을 할 수 있는 기회가 더 커진다. 재구성 과정은 귀납과 연역적 논리 두 가지를 모두 사용하는 것으로 정의되고 있으며, 물적 증거와 형태 정보, 분석 결과, 수사 정보 그리고 다른 기록 정보와 진술 증거를 하나의 완전체로 연결시키는 어려운 작업이다. 재구성에 관한 추가적인 정보는 제10장에서 다루게 된다.

로직 트리의 적용

로직 트리는 사례에 적용하는 것으로 가장 잘 설명될 수 있다. 아래와 같은 것들은 가장 흔하게 접하게 되는 범죄 현장과 수사를 위한 로직 트리의 구성들이다. 각 사례에서 보여주는 로직 트리에 나열된 요소들에 대한 고려는 불필요한 실수 또는 부주의를 방지할 수 있고 가능한 모든 증거물의 인식, 확인 및 개별화의 가능성을 높여주고, 차후의 검사 결과를 재구성할 수 있도록 만들어준다.

사망 사건 현장(로직 트리 1 참고)

나체의 젊은 여성이 아파트 단지에 인접한 우거진 숲 지역에서 발견되었다. 현장 프로파일 관점으로 현장을 수사하는 것은 전체적인 사건 수사에 도움을 주고 현장에서 무슨 일이 일어났는지에 대한 이해를 돕는다. 그곳은 1차 범행 현장일까 아니면 시체를 유기한 2차 현장일까? 시체의 위치, 옷의 손상 정도와 옷의 유무, 외상 형태, 그리고 다른 일반적인 특징들을 통해서 범행이 직접적으로 이루어지지 않은 현장에서의 행동 또는 범죄의 유형이 체계적인지 비체계적인지를 구별할 수 있다. 전반적인 현장이 비교적 보이는 그대로일까 아니면 연출된 것일까? 이러한 질문은 잠재적인 용의자의 범위를 판단하는 데 유용하게 쓰일 것이다. 실제 시체는 현장 그 자체이다. 시체의 감식은 수사에 있어서 중요한 첫 번째 단계이다. 시간이 지날수록 사건을 해결할 수 있는 능력이 떨어지기 때문에 신속하게 신원 확인을 해야 하는데, 피해자의 신원 확인은 그 시작점이 된다. 만일 소지품이나 의복, 신체의 반점이나 흉터로 신원 확인이 불가능할 경우에는 다른 수단을 이용해서 확인해야 한다. 인류학적 특징은 주로 군집 특성을 알려주지만 때때로 개별 특성을 알려줄 때도 있다. 치과기록으로 신원 확인을 하는 것은 신뢰할 수 있는 결과를 주지만 치과기록을 얻을 수 있느냐의 여부에 따라 달라진다. 만약 시신의 부패가 지문까지 진행되지 않았다면 지문을 이용한 신원 확인이 좋은 방법일 수 있다. 하지만 대조를 위해 출처를 알고 있는 지문이 필요하다. 이 사건에서는 가족들이 이 여성의 신원 확인을 해주었다. 이 여성 피해자는 벌거벗겨진 상태로 발견되었고 불행히도 현장에서 피해자 의복과 관련된 어떠한 증거도 발견할 수 없었다. 의복으로는 어떠한 방어 흔적이나 손상이 있었는지 뿐만 아니라 미세 증거도 검사할 수 있다. 피해자의 몸에서는 족적과 지문, 교흔이나 사용된 무기에 관한 정보를 알려줄 수 있는 상처 패턴 등을 조사하였는데, 이러한 검사는 법과학 광원을 사용하여 관찰할 수 있다. 또한 시체 주위에 텐트와 같은 구조물을 설치하고 그 안을 순간접착제(CA) 기체로 채워 피부에 있는 잠재지문을 현출할 수도 있다. 만일 부패가 시작되어 구더기나 곤충의 활동이 있었다면, 그 곤충의 샘플을 수집하고 보관해야 한다.

곤충 샘플들은 사후 경과 시간을 추정하거나, 그 현장이 2차 현장인지 아닌지, 시체의 몸속에 독극물이나 마약 성분이 있는지를 판단하는 데 도움을 준다.

법의관 또는 검시관은 부검을 비롯하여 초기의 현장 조사를 하는 동안에 범행과 관련된 정보들을 확대시켜야 한다. 각각의 상해의 정도를 보이는 그대로 기록해야 하며, 상해를 입힌 흉기의 유형도 기록해야 한다. 사후 경직과 시반은 대략의 사후 경과 시간을 비롯하여 사후 시체의 움직임을 추정하는 데 도움을 줄 수 있다. 몸의 심부의 온도 변화를 관찰하는 것은 사후 경과 시간을 추정하는 데 유용하며, 주변 환경 온도와 요소들을 기록하는 것은 필수적이다. 최종적으로 법의관은 사인과 죽음에 이르게 한 방법에 대해서 결정을 내릴 것이다.

시체가 온전한지 또는 신체의 일부분이 절단되거나 사라졌는지를 결정하는 일은 매우 중요한 부분이다. 유골에 대해서는 현장에 있는 모든 뼈에 대한 구체적인 목록이 요구된다. 법인류학자는 이 부분에 있어서 중요한 역할을 한다. 분실되거나 분리된 시체의 부분들은 절단된 결과일까 아니면 사후에 동물들에 의해서 훼손된 것일까? 모든 상해들과 절개된 부분들은 생전에 생긴 것일까 아니면 사후 변화에 의한 것일까? 시체가 절단되었다면 상해를 입히거나 절단할 때 쓰인 도구의 종류들과 여러 정보를 알아내려는 검사를 위해 절단된 끝부분을 주의 깊게 보호해주어야 한다. 시

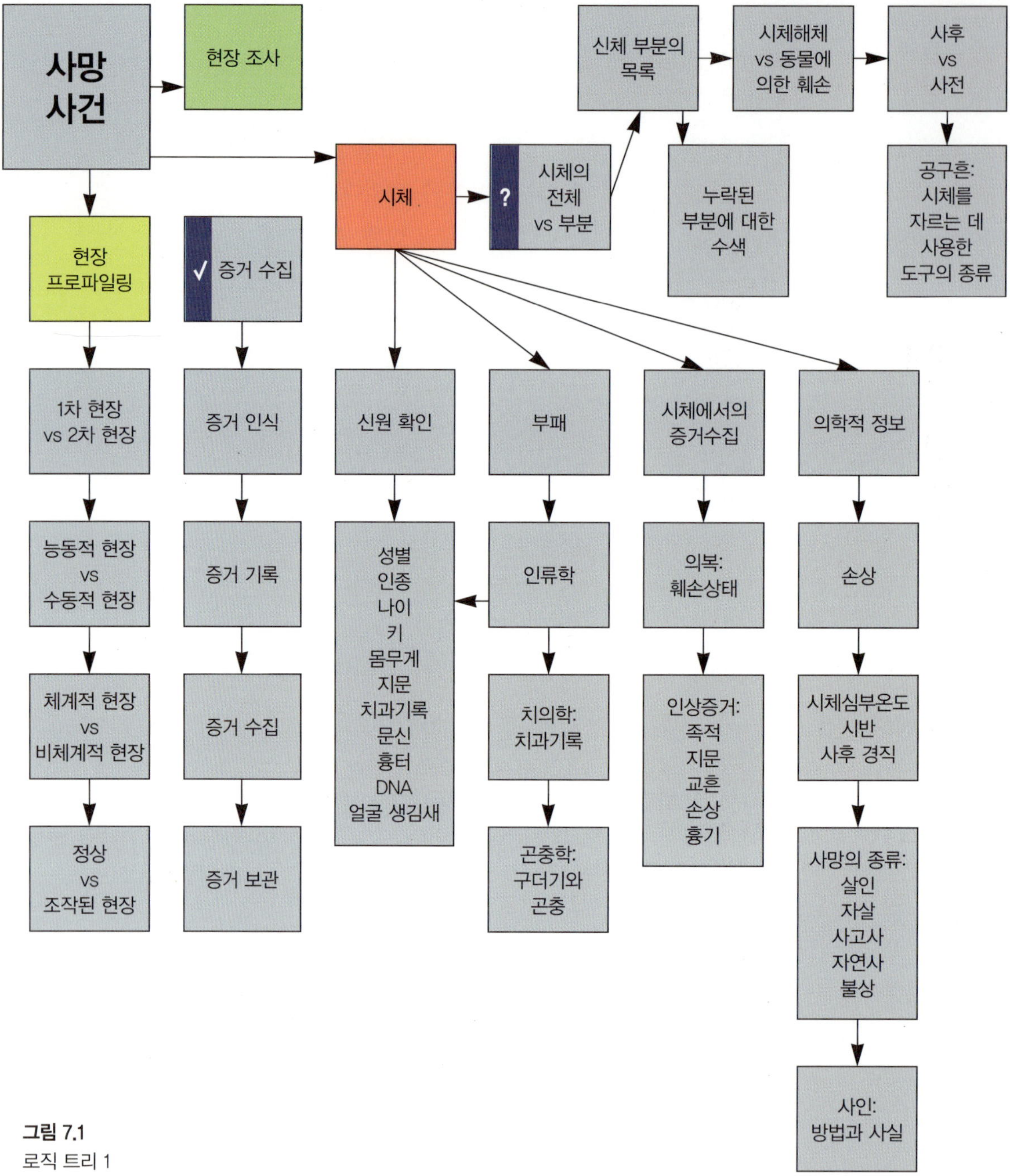

그림 7.1
로직 트리 1

체의 모든 부위들을 되찾거나, 일부 부위들을 현장으로부터 이동하기로 결정하기 전까지 노력은 계속 되어야 한다. 전반적인 현장 감식은 시체와 인접한 지역, 시체로 접근하거나 시체로부터 나오는 길, 그 주변 지역을 포함한다. 만일 관련 있는 증거물이 먼 거리에 위치해 있거나 분리된 곳에 위치해 있다면, 그 사이 지역이나 운반 차량, 1차 범행 현장으로부터 증거물을 옮기는 데 사용된 수단을 찾는 것에 신경을 써야 한다. 용의자나 용의 차량이 확인되면 수색 지역 범위는 확장된다. 이 사건에서 기초적인 검사는 사망한 여성이 살인의 피해자이며 성폭력을 당한 것으로 보여지기 때문에, 누군가는 성폭력 로직 트리를 참고하고 싶어 할 수도 있다. 발견된 증거물들은 일시적 증거(냄새-담배냄새)와 조건적 증거(비에 노출된 시체), 패턴 증거(혈흔, 의복의 손상), 전이 증거(정액, 모발, 섬유)나 그 밖의 관련성 증거가 있었다. 증거의 형태와 관계없이 모든 증거물은 적절한 방법으로 기록되고 수집, 보관해야 한다. 그리고 시체와 인접한 부분의 토양 샘플과 같은 대조 샘플도 수집해야 한다.

강간/성폭행 사건(로직 트리 2 참고)

성폭행 피해자는 경찰관이 그 범죄를 인지했을 때, 생존해 있을 수도 있지만 사망해 있을 수도 있다. 피해자가 살아있는 경우의 수사는 피해자와 직접 면담을 할 수 있기 때문에 많은 정보를 직접적으로 얻을 수 있다. 효과적인 면담은 수사의 방향만 제공하는 것이 아니라 관련 있는 모든 샘플과 증거물을 수집하는 데 있어서 도움이 된다.

그러나 두려움이 남아있는 강간 피해자는 유용한 증언을 제공해줄 수 없는데, 피해자들은 GHB와 같은 '데이트 강간' 약물 중에 하나를 몰래 섞은 술 한 잔을 무심결에 마시고 의식을 잃는 경우가 많다.

그녀는 그 지역에 있는 레스토랑과 바에서 저녁을 보냈다. 그녀는 몇몇의 사람들과 잠시 대화를 나누었던 것을 기억해냈고, 그중 일부는 이전에 만나본 적이 없는 사람들이었다. 그녀는 아침에 출근을 하기 위해서 그 자리를 떠나려고 했다는 것도 어렴풋이 기억했다. 그 다음에 레스토랑으로부터 몇 블록 떨어진 골목길 위에서 정신이 든 것을 깨달았다. 그녀의 옷들은 흩어져 있었고 스타킹은 찢겨 있었다. 몸에는 상당한 통증이 있었다. 곧 핸드폰을 이용하여 911에 신고하였다. 이 사건에는 목격자가 없었다.

피해자는 가능한 신속하게 의료시설로 옮겨져야 한다. 그녀에게 의학적 치료와 평가를 제공해주는 것과 더불어, 성폭행과 연관되어 있는 다량의 증거들을 보존하고 수집하기 위한 검사도 필수적으로 해야 한다. 대다수

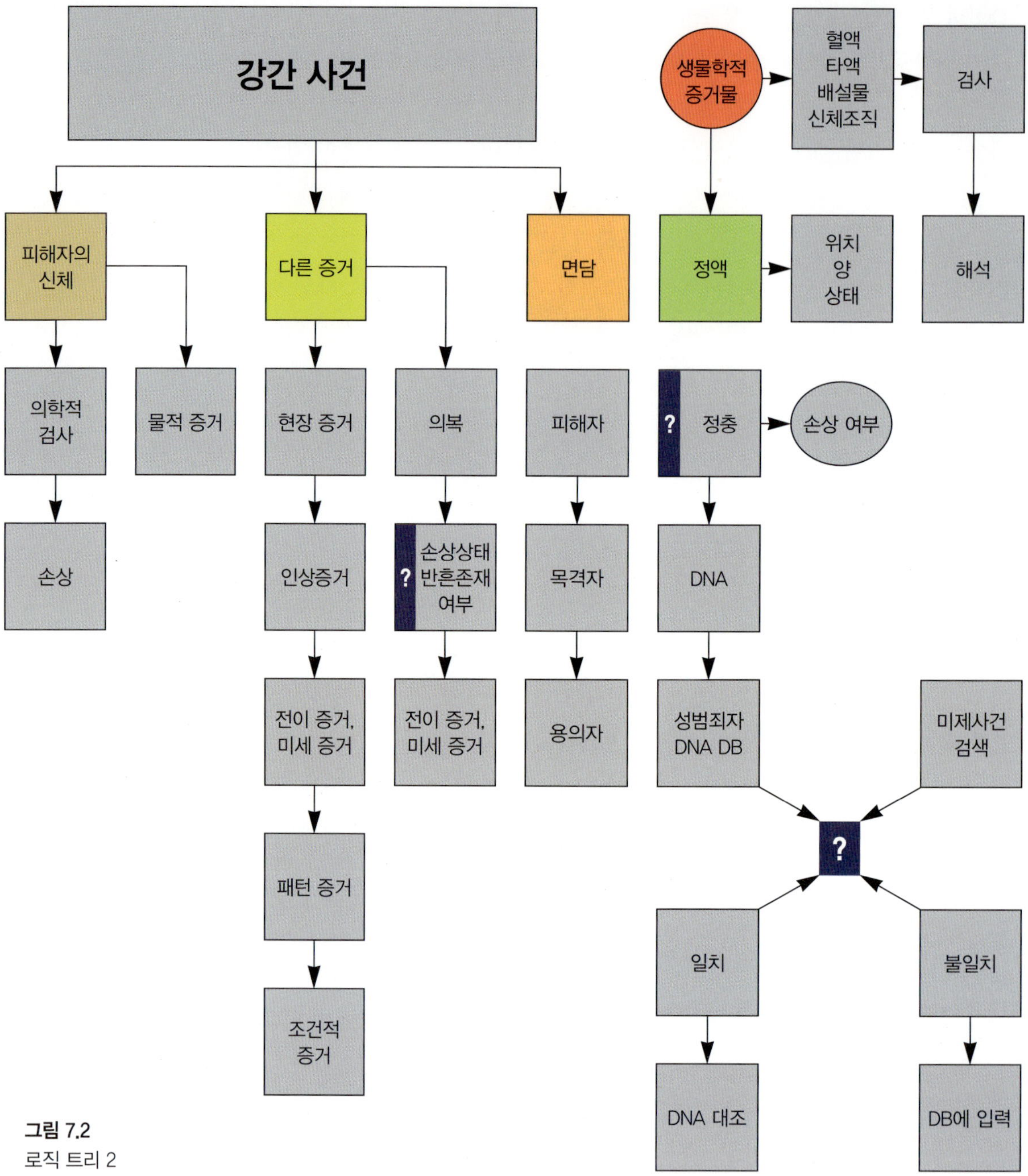

그림 7.2
로직 트리 2

의 데이트 강간 약물은 대사 작용이 빠르고 혈액과 소변 샘플에서 쉽게 검출되지 않는다. 따라서 데이트 강간 약물 복용이 의심된다면, 추가적인 혈액과 소변 샘플을 얻어야 하며 분석을 위해 믿을 수 있는 실험실로 신속하게 제출하여야 한다.

샘플들은 피해자의 질, 항문, 구강, 콧구멍을 면봉으로 채취하여 얻는다. 그중 한 곳이라도 정액이 남아있다면 수사에 상당한 가치를 부여해줄 것이다. 법과학자에 의해 손상되지 않은 정충을 확인할 수 있는데, 이는 최근에 사정이 있었다는 것을 뜻한다. 그리고 이 정충을 이용하여 범죄자의 DNA 프로파일도 확보할 수 있다. 용의자의 DNA를 감식했다면, 혈액 샘플과 직접 대조하거나 성 범죄자 DNA 데이터베이스를 통해 용의자의 신원을 확인할 수 있다. 만일 용의자가 CODIS에서 확인되었다면 DNA 감식 결과를 법원의 명령이나 영장에 의해 수집된 혈액 샘플과 함께 확인한다.

타액과 혈액, 소변, 대변과 같은 체액도 성폭행 현장에서 발견될 수 있다. 체액 검사를 통해 얻어지는 개인의 유전 정보는 용의자를 확정하거나 배제시킬 수 있다. 또한 여러 형태의 미세 증거들 간과되어서는 안 된다. 모발과 섬유는 이러한 성폭행 사건에서 발견되는 일반적인 미세 증거이다. 미세 증거는 용의자와 피해자, 범죄 현장 사이의 연결점을 제공할 수 있다. 미세 증거 외에도 다양한 형태의 패턴 증거도 발견될 수 있다. 지문과 족적, 형태전이혈흔, 질 분비물, 정액이나 교흔 등이 있을 수 있다.

피해자의 의복은 미세 증거나 생물학적 증거뿐만 아니라 찢어진 곳이나 손상된 부위를 주의 깊게 검사해야 한다. 강제로 벗겨진 옷은 찢어지거나 늘어나 있을 수 있고 단추나 잠금 장치가 없을 수도 있다. 이러한 상태가 발견되면 이것이 합의하에 일어난 행동이라기보다는 힘에 의해 일어난 것임을 의미한다.

성폭행이 발생한 장소는 1차 범행 장소로 취급해야 하며, 철저한 수색과 기록, 일반적인 현장 수사절차를 따른다. 이 사건과 같이 피해자가 범행이 일어난 정확한 장소를 기억하지 못할 수도 있다.

그러므로 성폭행이 일어났을 것으로 추정되는 몇몇의 장소에서도 증거물을 찾아야 한다. 자외선 광원을 비롯한 법과학 광원은 미세 증거나 전이 증거, 정액반의 위치를 찾아내는 데 도움을 줄 수 있다.

총격 사건 현장(로직 트리 3 참고)

총격 현장은 폭행, 살인, 강도와 같은 다양한 사건들과 연관될 수 있다. 총격 사건의 조사로는 총기 발사 잔사(GSR)와 형태 분석, 탄도 재구성, 탄환과 탄피의 비교와 현미경적 검사, 총기 증거 데이터베이스 검색, 무기 등

기소와 기록 조사가 있다.

경찰은 대로에 위치한 주유소에 강도가 들었다는 신고를 받고 출동하였다. 먼저 출동한 경찰관들은 앞 창문이 깨져있다는 것과 문 옆에 위치한 금속으로 된 쓰레기통이 부서져 있다는 것에 주목했다. 경찰관들이 안으로 들어서자, 야간 점원이 팔에 총상을 입고 고통스러워하고 있었다. 점원은 마감시간 후에 마스크를 쓴 무장 강도가 유리를 부수고, 주유소 안으로 들어와서 권총으로 자신을 겨누었고 언쟁이 오가는 동안, 무장 강도는 총알 몇 발을 발사하고, 현금 등록기에서 현금을 훔쳐 어두운 색의 대형 승용차를 타고 달아났다고 진술했다. 의료진은 X-ray를 통해 점원의 팔 상부에 탄환처럼 보이는 물체를 발견했다.

총격과 관련되어 있는 증거물과 더불어 총격 현장에 존재하는 다른 유형의 미세 증거와 형태 증거도 찾아내야 한다. 수사관은 점원이 강도가 차를 세워둔 곳이라고 가리킨 데에서 타이어 자국을 발견하였고 이를 사진과 스케치로 기록했다. 그리고 타이어 윤적을 보존하기 위해 석고 본뜨기를 했다. 실험실에서는 사진기록을 통한 바퀴흔(윤적) 검사를 하였고 본뜨기 결과, 이 타이어가 Goodyear 회사에서 생산한 타이어와 일치한다는 것을 알아냈다. 현장에서는 금속 휴지통과 유리문, 계산대에서 분말을 사용하여 잠재지문을 현출하였다. 2개의 잠재지문이 현출되었고 이를 사진으로 기록한 다음 리프팅 테이프로 전사했다. 그리고 전사된 지문은 지문자동검색시스템(AFIS)에 등록된 지문들과 비교되었다.

또한 현장에서 2개의 탄환 구멍이 발견되었다. 하나는 계산대 바로 뒷벽에서, 다른 하나는 계산대와 인접한 벽 사이의 선반에 있었다. 각 탄환의 궤도를 알아내기 위해서 색이 있는 탄도봉을 탄환 구멍에 넣은 다음 선과 함께 탄도봉의 끝에서부터 탄도 라인을 연장시켰다. 이렇게 나온 탄도는 입사각 측정을 한 후에 사진으로 기록하였고 탄환이 박힌 벽과 목재는 그 부분만 잘라낸 다음 실험실로 보내졌다. 실험실에서는 탄환에 있는 강선이나 미세 증거가 손상되지 않도록 조심스럽게 탄환을 제거했다.

이러한 조사 과정에서 탄피는 존재하지 않았다. 범죄 현장을 수색하는 동안에 현장이 녹화된 CCTV 시스템을 발견하였고 그 자료에서는 범인의 모습과 상황들이 녹화되어 있었다. 비디오테이프에서 강도의 옷과 특징들이 확인되었고, 수사관이 현장 근처의 이웃들을 조사하는 동안에 범인을

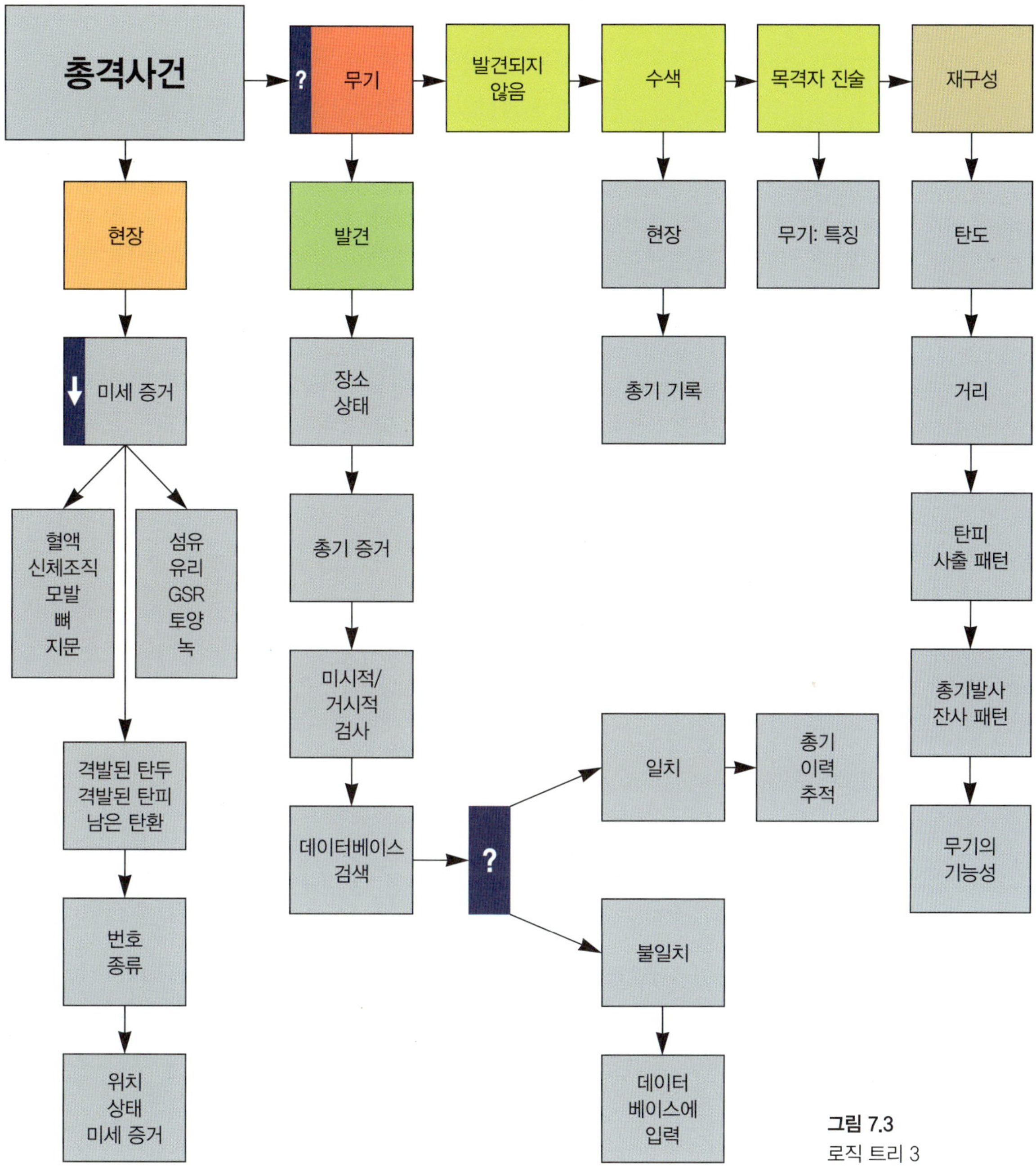

그림 7.3
로직 트리 3

식별하는 데 도움이 되었다. 압수 수색 영장을 받아 용의자의 집을 수색하였더니, 집 안에서 일련번호가 지워진 리볼버 권총이 발견되었다. 주유소 안에서 발견된 2개의 탄환과 시험 격발을 통해 얻은 대조용 탄환을 분석한 결과 용의자의 매그넘 권총과 같은 총기로부터 발사된 것임이 밝혀졌다.

실험실 분석을 통해 지워진 일련번호를 복구하여 무기 등기소 조사를 해본 결과, 리볼버의 원래 주인을 찾아냈다. 그 주인은 인근 마을에 사는 주민으로 1년 전에 리볼버를 도둑맞았다고 하였다. 결국, 용의자는 빈 집에서 리볼버를 절도한 것과 총격 및 강도 행위를 자백하였다.

폭발, 화재 현장(로직 트리 4 참고)

화재와 폭발 현장은 이미 상당부분 파괴되어 있기 때문에 물리적 증거를 찾기 어렵다. 그러나 이러한 현장들을 귀납적으로 접근한다면 현장에 대한 유용한 정보들을 얻을 수 있다. 로직 트리는 수사관이 방화 및 폭발 현장을 성공적으로 조사하는 데 필요한 중요한 요소들을 다루는 데 도움이 될 것이다.

로스앤젤레스 소방서는 어느 1월 늦은 밤에 큰 생산 공장에서 울린 화재 경보기 소리를 듣고 출동하였다. 화염이 공장의 북단 쪽 전체를 뒤덮고 있었고 자욱한 검은색 연기가 불을 따라 나오고 있었다. 표준 절차에 따라 화재 감식 요원도 현장에 출동하였다. 감식 요원이 현장에 도착한 직후, 불길과 연기가 퍼져나간 것을 사진으로 촬영했으며, 건물의 북단 쪽으로 향하는 곳과 건물에서 멀리 떨어진 곳에서 눈 속에 만들어진 여러 개의 족적을 발견하였다. 이 족적들은 공장과 인접한 주택단지 방향으로부터 나온 것이었다. 족적 사진촬영을 한 후에, 눈 족적이 훼손되지 않게 몇 개의 족적에 눈이 녹지 않도록 왁스 처리를 하였고 치과용 석고를 사용하여 본을 떴다. 현장에 있는 족적은 L size의 12~14, 작업용 부츠로 확인되었다.

불길을 진압하고 나서 감식 요원은 건물의 북단 쪽 야외, 족적이 발견된 근처에서 유리 조각들을 발견했다. 그리고 심하게 탄 건물 외벽 쪽을 향해 누워있는 화염병도 발견했다. 차후에 실내 조사에서는 건물 북단 쪽의 열려진 창문과 인접한 바닥에서 유리 조각이 발견되었다.

화재, 폭발 현장 조사에서 가장 중요한 일은 화재나 폭발의 원인과 발화 지점을 결정하는 것이다. 원인은 자연적으로 발생했거나 사고나 방화 때문일 수 있다. 일반적으로 방화는 사고와 자연적으로 발생한 것이 아닐 경우와 방화와 관련된 물적 증거나 방화임을 가리키는 수사정보가 확인될 경우 방화라는 결정을 내린다.

발화 지점의 확인은 탄화 패턴의 조사를 통해 추정할 수 있다. 이 사건

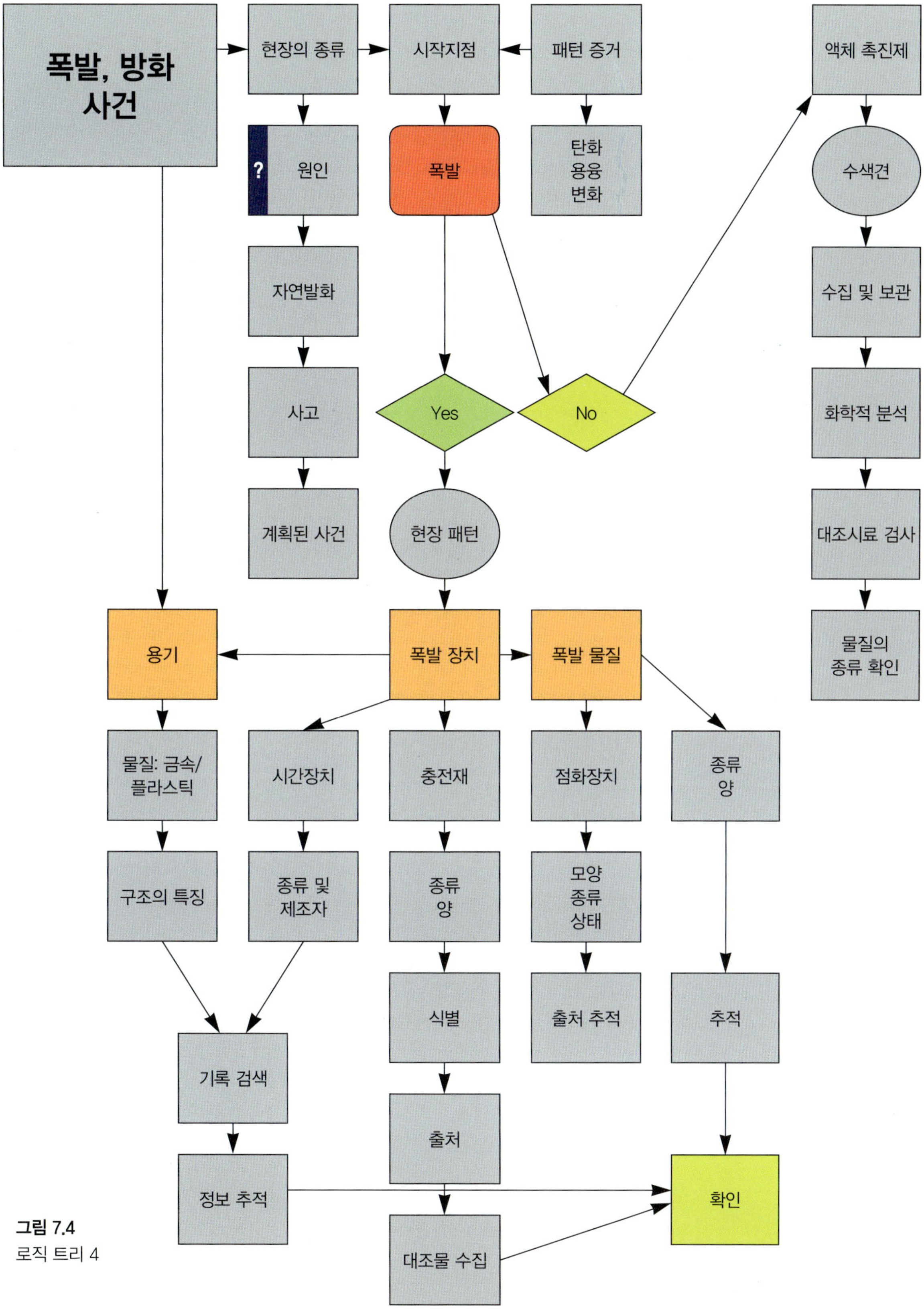
폭발, 방화 사건
현장의 종류
시작지점
패턴 증거
액체 촉진제
원인
폭발
탄화
용융
변화
수색견
자연발화
수집 및 보관
사고
Yes
No
화학적 분석
계획된 사건
현장 패턴
대조시료 검사
용기
폭발 장치
폭발 물질
물질의
종류 확인
물질: 금속/
플라스틱
시간장치
충전재
점화장치
종류
양
구조의 특징
종류 및
제조자
종류
양
모양
종류
상태
식별
출처 추적
추적
기록 검색
출처
정보 추적
확인
대조물 수집

그림 7.4
로직 트리 4

의 경우, 가장 심하게 탄 흔적이 있는 건물의 위치에서 유리 파편과 화염병이 발견되었다. 화재 현장에 가연성 잔류물이 있는지 확인하기 위하여 훈련된 개를 투입하였고 건물 안과 밖의 유리 파편이 있는 구역에서 가연성 물질이 검출되었다. 화재 현장에서 수집된 유리 파편과 새카맣게 탄 잔해들은 금속으로 된 페인트 캔에 수집하였다. 이렇게 수집된 화재 증거들은 분석을 위해 실험실로 보내졌다. 기체 크로마토그래피와 질량분석기로 잔해들을 분석한 결과, 가솔린과 등유의 혼합물이 검출되었다. 화염병과 같은 모든 폭발 장치의 분석은 기본적으로 폭발 용기, 폭발 장치, 폭발 물질 검사를 포함하고 있다. 유리병으로 이루어진 폭발 용기에서는 지문과 미세 증거를 수집하기 위한 절차가 이루어졌다. 먼저 수집된 유리 파편들은 원래 모양대로 맞춘 다음, 표면에 존재하는 잠재지문을 현출하기 위해 순간접착제(CA) 훈증법을 적용하였다. 그 후에 형광 분말을 적용하여 두 점의 지문을 현출하였고, 이 지문들을 AFIS에 입력하고 검색한 결과 일치하는 지문을 찾아냈다.

이 지문은 인근 주택단지의 한 세입자의 것으로 밝혀졌는데, 이미 여러 번의 방화 전력을 갖고 있는 것이 확인되었다. 폭발 장치는 면 심지로 되어 있어서 추가적인 수사 정보를 제공해주지 못했다. 촉진제로 사용된 혼합물은 후에 용의자의 아파트에서 압수된 램프 연료와 비슷한 성분인 것으로 밝혀졌다.

약물, 독극물 사건 현장(로직 트리 5 참고)

약물 복용이나 중독으로 인한 죽음이나 심각한 질병은 감식 요원이 논리적인 수사를 통해 얻은 정보와 관련된 요소 모두를 고려하지 않으면 간과되기 쉽다.

Morristown 경찰서의 경찰관과 그 지역의 구급대원은 한 가정으로부터 걸려온 응급 전화를 접수했다. 발견자는 피해자의 남편으로 아내가 화장실 바닥에 쓰러져 있었다고 신고했다. 그리고 욕조와 바닥에는 구토물이 있었다. 피해자는 병원으로 이동되고 난 후 몇 시간 뒤에서야 간단한 진술을 할 수 있었다. 피해자는 지금 몸 상태가 좋지 않으며, 지난 몇 개월 동안 가끔씩 이렇게 아팠다고만 말했다. 병원에서 피해자의 혈액으로 독성 검사를 한 결과 혈중 알콜 농도는 0.03 %였다. 표준 산, 염기성 약물 검사 결과도

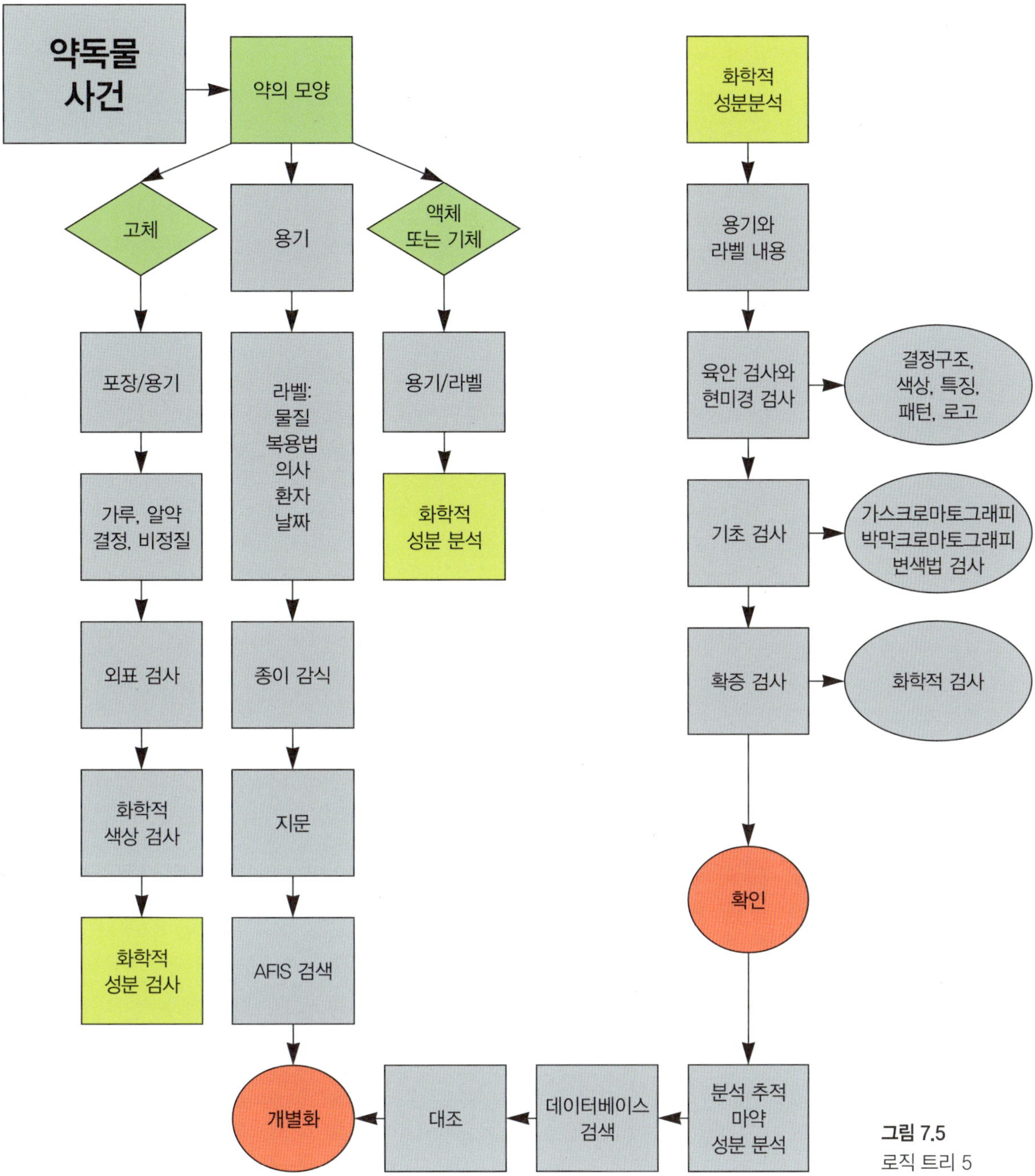

그림 7.5
로직 트리 5

모두 음성으로 나왔다.

감식 요원은 피해자의 집으로 돌아가 남편의 동의를 받고 수사를 계속했고 화장실 캐비넷에서 4개의 약 병을 발견했다. 하나는 남편이 처방받은 혈압약이었고 다른 하나는 피해자가 복용하는 항우울제였다. 그리고 일반

의약품 알레르기약과 기침감기약도 있었다.

찾아낸 약병들과 그 속의 내용물들은 실험실 분석을 위해서 압수했다. 압수한 약들의 종합적인 독성 시험에서 미량의 비소가 검출되었다. 독물학자의 조언에 따라, 수사관은 피해자의 머리카락 샘플을 채취했다. 피해자의 머리카락 샘플에서 비소의 존재가 확인되었고 적은 양의 비소 중독이 오랫동안 지속되어 왔다는 사실도 확인되었다.

수사관은 약학 및 독성학적으로 비소의 성분이 시중에서 구매할 수 있는 쥐약의 구성 성분임을 알아냈다. 수사관은 남편의 신용카드 사용 내역을 조회하여 남편이 11개월 전에 온라인 원예 물품 도매업자로부터 쥐약을 구매한 적이 있다는 사실을 알아냈다. 수색 영장을 받아 집을 수색하였더니 지하실에서 몇 개의 쥐약을 발견되었다. 추가적인 기기 분석으로 쥐약의 일부 구성요소와 찾아낸 감기약에 포함되어 있는 화학성분들이 유사하다는 것이 증명되었다.

인상 증거(로직 트리 6 참고)

족적 등 인상 증거는 대부분의 어느 현장에서나 발견되는 유용한 증거이다. 그러므로 인상 증거를 인식하고 적절하게 기록하는 것은 매우 중요하다. 인상 증거와 관련된 개별적 특성과 군집을 이해하는 것과 그 증거들과 현장의 재구성과의 관계에 대해서는 아무리 강조해도 지나치지 않다. 현장에 존재하거나 잠재적으로 존재할지 모르는 인상 증거는 논리적으로 분석되어야 하지만 그것은 쉽게 간과되기도 한다.

어느 월요일 아침, 은행 직원들은 은행의 벽에 있던 ATM기가 사라진 것을 발견했고 형사와 현장 감식 요원이 함께 현장으로 출동했다.

ATM기가 있었던 은행의 홀과 인접한 도로에서 타이어 자국이 발견되었다. 이 타이어 자국은 은행 벽으로부터 ATM기를 빼는 데 사용되었던 자동차의 타이어 자국과 일치했다. 사진으로 이 타이어 자국을 기록하고 측정했다. 측정은 각 자국의 폭과 자국과 자국 사이의 바퀴 간격을 측정했다. 타이어 자국들이 꺾일 때마다 연관된 4개의 자국들이 있었는데, 그중 하나의 타이어만 다른 타이어들과 달랐다.

ATM기가 있었던 은행 내부 바닥은 얇은 먼지 층으로 뒤덮여 있어서 감식 요원은 사광으로 그 바닥을 관찰하였고, 먼지 바닥에서 신발 자국을 발견했다. 그리고 2차원적 신발자국을 검사하기 위해서 법과학 광원을 사용했다. 그 결과 3개의 구별되는 신발 자국을 발견하였고, 정전기 족적 전사 장비를 사용하여 신발 자국을 확보했다. 형사들은 몇 명의 은행 직원이 경찰을 부르기 전에 이 부분을 지나다닌 것을 알아냈다. 그래서 그 직원들의 신발 바닥에 잉크를 바르고 신발 자국을 찍어냈다. 직원의 신발 중에서 먼지 바닥에서 발견된 자국 중 하나와 동일한 군집 특성을 보이는 신발이 있었다.

ATM기가 고정되어 있었던 곳의 철골을 검사한 결과 당겨서 옮겨진 흔적이 관찰되었고, 망치의 머리 부분과 일치하는 몇 개의 동그란 자국이 발견되었다. 사진으로 이 자국들을 기록한 다음 실리콘으로 본을 떴다. 손상되지 않은 금속 프레임의 주변에서 대조 페인트 샘플을 채취했다.

열흘 후, 은행과 대략 5마일 정도 떨어진 숲 지역에서 버려진 ATM기가 도보 여행자에 의해 발견되었다. 흙 도로에는 은행에서 관찰된 타이어 자국과 유사한 군집 특성을 보이는 타이어 자국들이 남겨져 있었다. ATM기의 표면과 가장자리 위에는 그것을 옮길 때 사용된 공구의 흔적들이 다수 발견되었다. 이러한 흔적들은 은행의 ATM 프레임에서 보인 공구의 자국과 유사했다. 현장에서 발견된 ATM기는 추가적인 검사를 위해서 실험실로 옮겨졌다.

잠재지문들은 CA 훈증과 형광 지문 분말을 사용하여 현출했다. 전이된 모든 잠재지문들은 AFIS에 검색하기 위해서 제출되었다. 잠재지문들 중에 하나는 그 지역의 거주자의 것으로 다수의 강도 및 절도 범죄 경력을 갖고 있었다. 용의자의 집과 그의 자동차인 Ford Bronco를 조사하기 위한 수색 영장이 발급되었다. Bronco 차량은 3개의 일반적인 타이어와 1개의 다른 종류의 타이어를 장착하고 있었다. 이 타이어들을 조사하였더니 은행에서 관찰된 타이어 자국과 버려진 ATM기 근처의 흙 도로에 남겨져 있었던 타이어 자국과의 유사한 군집 및 개별적 특성을 가지고 있음이 밝혀졌다. 또한, Bronco의 트렁크 안에서 드라이버와 망치도 발견되었다. 실험실에서 수집한 공구들의 공구흔을 검사한 결과 은행에 남아 있는 철골과 ATM기에 새겨진 공구흔과 일치했다. 그리고 드라이버와 망치에 묻어 있던 소량의 페인트를 수집하여 성분을 분석한 결과 은행의 철골에 묻어 있던 페인트 샘플과 화학적, 현미경적 특성이 비슷하다는 것이 밝혀졌다.

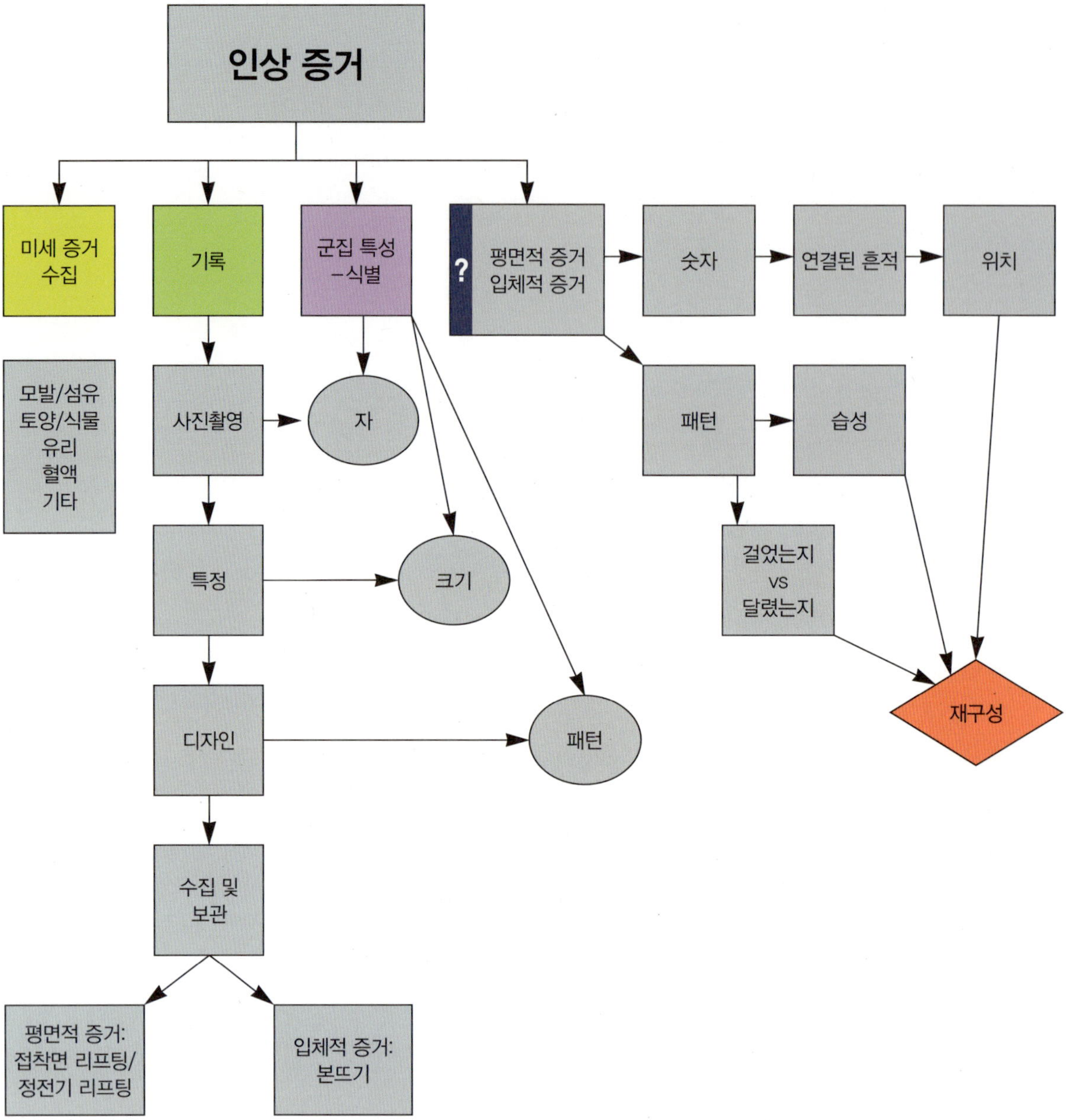

그림 7.6
로직 트리 6

이 사건에서 인상 증거는 수사에 있어서 중요한 역할을 했을 뿐만 아니라 용의자를 체포하고 유죄를 입증하는 데 사용되었다.

증강기법(로직 트리 7 참고)

패턴 증거는 종종 그 중요성이 간과되거나 과소 평가되는 증거이다. 게

다가 아무리 감식 요원이 현장에서 패턴 증거를 찾으려고 노력했어도 발견하지 못하고 돌아오는 경우도 있고, 혈흔이 낭자한 현장에서는 개별 특성이 있을 수 있는 좋은 패턴 증거를 찾기 어려울 수 있다. 하지만 논리적으로 수사 과정을 잘 조직하고 적절한 증강 시약을 사용하면 범죄 현장에서 수집한 패턴 증거의 질과 양을 극적으로 증강시킬 수 있다.

추수감사절 아침, 72세의 한 여성이 부엌 바닥에 엎드려 쓰러진 채로 그녀의 조카에 의해 발견되었다. 그녀의 가슴 부위에 27개의 자창이 관찰되었다.

수사관은 부엌 바닥에 혈액이 많이 남아있지 않은 것을 이상하게 생각했다. 그곳은 수많은 자창들에 의한 피 웅덩이가 존재했었어야 했다. 그래서 수사관은 많은 양의 혈액이 닦여졌을 것이라고 생각했다. 그래서 부엌 바닥에 남아있는 소량의 혈액이라도 찾아보기 위해서 혈액 자국을 증강해주는 tetra-methyl benzidine(TMB) 시약을 적용했다. 그 결과, 7개의 족적이 드러났고 그중에 두 개는 식별할 수 있는 형태였다. 2개 중 하나는 건축물과 평행으로 남겨져 있었고, 나머지 하나는 스니커즈 문양과 일치했다. 증강된 발자국들은 사진 촬영하여 실험실에 있는 족적 데이터베이스(footwear pattern database)에 입력했다. 스니커즈 문양은 사이즈 12의 퓨마 브랜드 운동화와 일치하는 것으로 확인되었다. 또 다른 발자국은 사이즈 10의 작업 부츠로 확인되었는데, 몇몇의 부츠 생산업체에 유사한 제품들이 있었다.

수사관들은 그 지역의 모든 쓰레기통을 수색해보기로 했다. 사건 현장으로부터 2마일 떨어진 24시간 편의점 뒤쪽에 위치한 쓰레기통에서 사이즈 12의 퓨마 스니커즈 한 짝이 발견되었다. 혈액처럼 보이는 여러 개의 작은 붉은 점들이 스니커즈 윗부분에서 관찰되었고, 스니커즈 밑바닥에는 적갈색의 얼룩들이 묻어있었다. 실험실 검사를 통해 흑인의 체모를 확인하였고, 퓨마 운동화에 묻어 있던 혈흔으로 DNA 분석을 한 결과 피해자의 유전 정보와 일치한다는 것이 밝혀졌다.

범인은 피해자의 지갑과 신용카드, 몇 개의 보석과 VCR 기기를 훔쳐갔다. 형사와 면담하는 동안 피해자의 딸은 범인이 훔쳐간 VCR 기기가 몇 주 전부터 작동하지 않았다고 진술했다. 형사는 피해자의 신용카드 사용 내역과 계좌를 추적했고, 이틀 후 이웃 주의 한 전자기기 상점에서 피해자의 신용카드를 사용해서 새 VCR 기기를 전화로 주문한 사람이 있었다. 그

그림 7.7
로직 트리 7

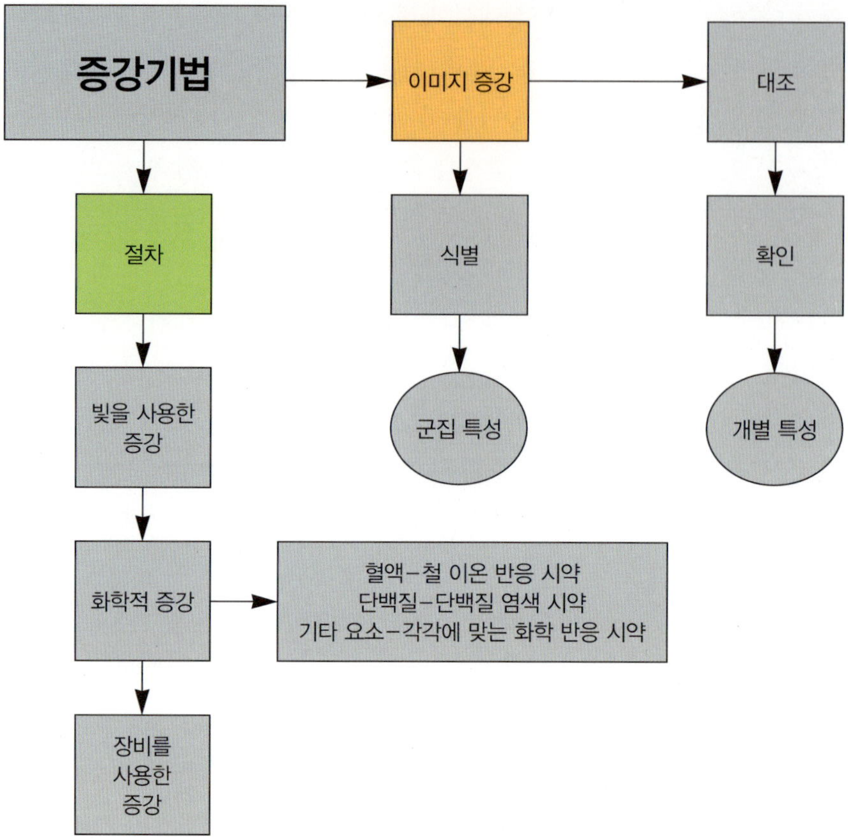

래서 형사가 배달원 행세를 해서 대신 배달하기로 했다. VCR을 배달한 후에 형사는 수색 영장을 발부받았고 용의자의 아파트를 수색했다. 피해자의 신용카드 중 몇 개는 회수되었고 사이즈 10의 작업화 한 켤레도 압수했다. 실험실에서 작업화를 검사한 결과 소량의 혈흔을 발견되었는데, 이 혈흔으로 DNA 분석을 한 결과 피해자의 유전 정보와 일치했다.

이 사건에서 증명된 것과 같이 증강 시약은 잘 보이지 않는 족적과 같은 증거를 찾는 데 도움이 된다. 혈액지문 증강 시약 외에도 증강 시약은 단백질이나 다른 잠재지문 잔류물질, 총기발사 잔사(GSR) 등을 찾는 데 사용될 수 있다.

제 8 장

현장 검사 및 증강 시약

일반적으로 현장 시험을 통해 생체물질이나 화학물질을 찾아낼 수 있다. 현장에서 이런 작업을 하려면 실험실이 아닌 환경에서도 쉽게 사용할 수 있고, 특수장비 없이도 사용할 수 있으며, 감도와 선택성이 좋고, 미량의 시료로 시험할 수 있는 시약이나 방법을 사용해야 한다. 그리고 현장 시험 결과를 빠르고 쉽게 판독할 수 있어야 한다. 현장 시험 방법 중 대부분은 법과학자들이 실험실에서 사용하는 예비시험에 맞먹는 가치를 갖는다.

서론

현장에서 증거물을 검출하고, 증강하면 현장 감식 및 실험실에서 감정하는 데 큰 도움이 되는 경우가 종종 있다. 현장 검사 시약 및 증강 시약은 다음과 같은 목적으로 사용할 수 있다.

1. 증거물을 찾아내고 확인하는 데 도움을 줄 수 있다.
2. 현장, 증거물, 의복, 신체 등에 있는 패턴 증거를 잘 보이게 할 수 있다.
3. 현장에서 일어났던 일을 해석하여 재구성하는 데 도움을 줄 수 있다.
4. 실험실에서 정밀 실험할 증거물을 선별할 수 있다.
5. 현장에서 중요한 증거물을 미리 선별함으로써 감정기관에서 무분별하게 증거물이 훼손되는 일이 없게 한다.
6. 수사관에게 수사에 필요한 정보를 즉시 제공할 수 있다(혈흔으로 추정되는 물질이 존재한다. 규제약물류로 추정되는 물질이 존재한다 등).
7. 화학물질이나 특이물질 혹은 생물학적 물질이 관련되어 있는지 여부를 알아낼 수 있다.
8. 수사에 필요한 단서를 얻을 수 있다.

일반적으로 현장 시험을 통해 생체물질이나 화학물질을 찾아낼 수 있다. 현장에서 이런 작업을 하려면 실험실이 아닌 환경에서도 쉽게 사용할 수 있고, 특수장비 없이도 사용할 수 있으며, 감도와 선택성이 좋고, 미량의 시료로 시험할 수 있는 시약이나 방법을 사용해야 한다. 그리고 현장 시험 결과를 빠르고 쉽게 판독할 수 있어야 한다. 현장 시험 방법 중 대부분은 법과학자들이 실험실에서 사용하는 예비시험에 맞먹는 가치를 갖는다.

현장 검사 방법이나 시약은 수사관이나 법과학자들에게 유용한 수단이지만 사용할 때 주의할 점이 있다. 현장 시험은 예비 시험을 목적으로 하는 것이므로 반드시 실험실에서의 감정을 통해 결과를 최종적으로 확인해야 한다. 시료 양이 너무 적어 현장 시험과 실험실에서의 감정을 모두 할 수 없는 상황이라면 현장 시험을 생략하고 실험실에서 감정하는 것이 일반적이다.

감식 요원은 현장 시험에 사용하는 시약의 사용법을 쉽게 배울 수 있다. 대부분의 경우 미리 준비된 시약을 절차에 따라 적용하기만 하면 된다. 결과는 색상이 변하거나 형광이 나타나는 식이기 때문에 시험 결과를 간단하고 쉽게 해석할 수 있다. 그러나 경험과 지식을 갖춘 사람이 해석해야 하는 시험도 있다. 이런 시험의 경우 초보자나 경험이 없는 사람은 위양성 결과가 나왔거나 결과를 잘못 해석했어도 이를 모르고 지나칠 수 있다. 이런 문제를 최소화하는 방법 중 하나는 실제 현장에 투입되기 전에 시약 사용법을 교육받도록 하는 것이다. 이런 교육 과정에는 실습 및 결과 해석 과정이 포함되어 있어야 한다. 교육받은 사람만이 현장 시험을 하고 증강 시약을 사용할 수 있도록 하는 것이 이상적이다. 사용 방법은 간단하지만 반응의 화학적 원리와 기전을 알면 도움이 된다.

그러나 현장 시험을 통해 중요한 수사단서를 얻을 수 있기 때문에 이런 예비시험을 가벼이 여겨서는 안 된다. 한 예로 아내가 실종된 사건을 수사하다가 그의 아내 실종 시간대에 용의자가 강둑에서 커다란 톱밥제조기(wood chipper)를 작동했다는 정보를 수사관이 입수한 일이 있다. Luminol과 tetra−methyl benzidine 시약을 세탁한 침대보, 수건, 욕조, 바닥 등에 뿌렸고 그 결과 수많은 검체에서 양성반응이 나타났다. 이에 따라 용의자가 빌려 사용했던 톱밥제조기를 증거물로 압수해 분해검사를 했다. 그러나 혈액, 피부조직이나 의심스런 특이 물질은 육안으로 식별되지 않았다. 그러나 모발과 섬유조각을 채취할 수 있었다. 날과 베어링 부위에서 혈흔이 있는지 예비 시험을 했고 거기서 양성반응이 나왔다. 기계를 완전히 세척해서 확인 시험할만한 분량의 혈흔은 남아있지 않았지만, 이 정보를 통해 형사들은 중요한 수사단서를 얻을 수 있었다. 사진 8.1 (a)~(e)는 수사관 및 감정관이 합동으로 증거물을 찾는 모습을 보인 것이다.

강바닥에서는 해체된 체인톱 부품들도 찾아냈는데, 거기에는 생체조직과 혈액딱지가 묻어있었다. 이외에도 강둑에서 56점의 뼈 조각, 치아, 손가락 일부 및 거기에 붙은 손톱, 2660가닥의 모발 등 수없이 많은 증거가 발견되었다. 이런 것들은 피해자 남편을 살인혐의로 기소하는 데 중요한 증거로 사용되었다.

증강 시약은 지문, 족문, 족적 등의 인상 증거를 눈에 보이게 하고 색상대비를 개선시키는 데 사용한다. 증강 시약은 생체시료가 존재하는지 예비시험의 목적과 동시에 외형을 현출하는 목적으로 사용되기도 한다.

어느 늦은 봄날에, 한 여성이 나체 상태로 자신의 아파트에서 엎드린 채 발견되었다. 시신은 그녀의 헤어진 남자친구가 발견해 경찰에 신고했다.

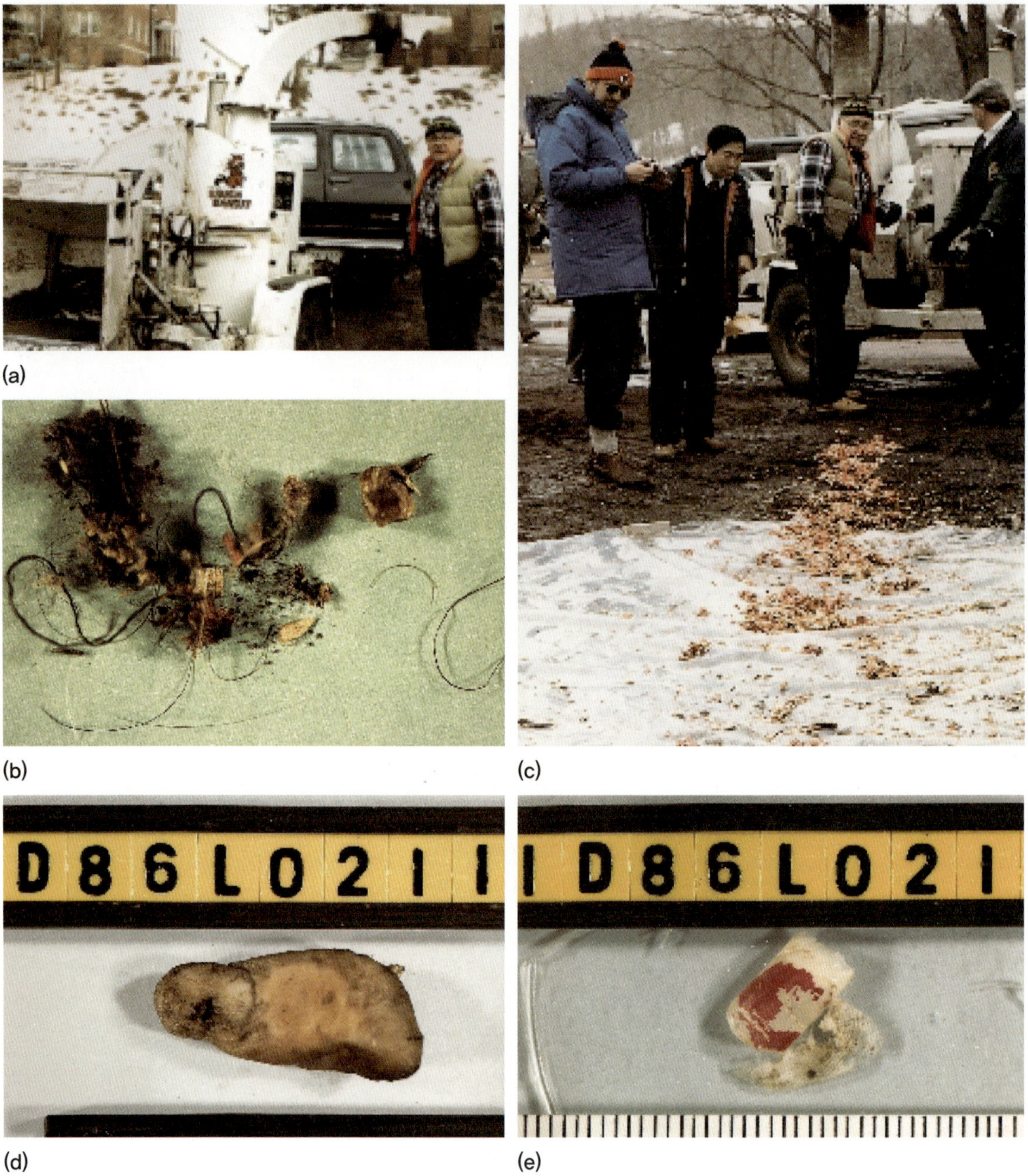

사진 8.1 (a)~(e)

State v. Richard Crafts 'wood chipper' 살인사건 관련 사진

(a) 용의자가 임대해서 자신의 부인 시신을 갈아 없앤 것으로 의심되는 톱밥제조기 옆에서 있는 현장지휘관의 모습

(b) 밤 시간대에 용의자가 톱밥제조기를 작동하는 것이 목격된 강둑에서 찾아낸 섬유, 모발, 목재 및 인체조직을 근접 촬영한 것

(c) Henry Lee 박사가 법의관 및 형사들과 톱밥제조기로 갈았을 때 살과 뼈가 어떻게 갈려나오는지 검사하고(도축용 돼지를 넣고 갈았다) 이 톱밥제조기를 갈았다는 것을 입증할 공구흔을 현미경으로 검사하기 위해 뼈 대조시료를 채취하는 모습

(d) 강둑에서 찾아낸 가장 큰 조직. 이 조직은 사람 손가락 조직이다.

(e) 매니큐어가 칠해진 손톱을 확대 촬영한 것. 분석기기로 이 매니큐어와 피해자 집에서 찾아낸 매니큐어가 동일한 것인지 분석했다.

(a)

(b)

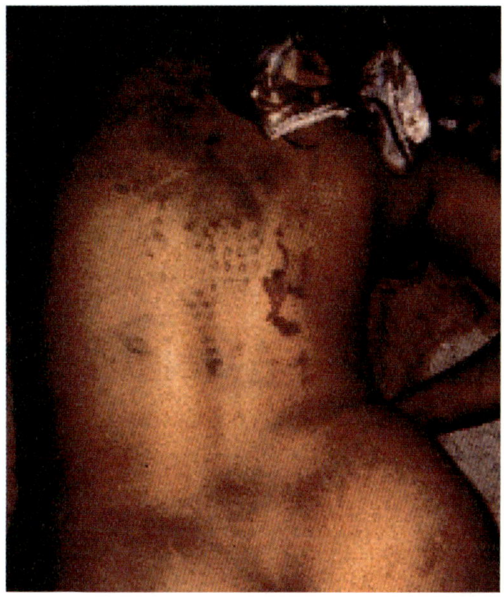

(c)

그는 경찰관에게 자신은 생사 여부를 확인하려고 피해자의 팔만을 만졌고 나머지 현장에는 손대지 않았다고 진술했다. 피해자의 목은 예리한 도구에 의해 잘려져 있었다. 혈흔 증강 시약을 피해자의 등에 뿌렸고 그 결과 세 개의 부분 족적이 나타났다. 족적에는 원형 점문양의 신발바닥 문양이 있었고 이 문양은 'Puma' 운동화의 문양과 유사했다. 수사관은 남자친구의 신발을 검사해서 비슷한 문양의 신발을 신고 있다는 것을 확인했다. 또한 신발 바닥에서 미량의 혈흔이 발견되었다. 이는 남자친구가 거짓으로 진술하고 있다는 것을 의미하는 것으로, 그는 피해자의 등을 딛고 목을

사진 8.2 (a)~(c)
(a) Henry Lee 박사가 여성 피해자가 발견된 바닥에서 인상 증거 및 미세 증거를 찾고 있다.
(b) 피해자 등을 근접 촬영한 결과 희미한 흔적이 나타났다.
(c) 피해자 등에 혈흔 증강 시약인 TMB를 뿌린 결과, 족적이 나타난 점에 주목하기 바란다.

잘랐을 가능성이 높았다. 그리고 남자친구는 이 증거 앞에 굴복하여 범행을 자백했다.

현장 검사에 사용되는 시약

다양한 현장 감정 시약이 알려져 있다. 가장 널리 사용되는 현장 시약은 다음과 같다.

Ⅰ. 혈흔 예비 검사
1. Phenolphthalin(Kastle−Meyer)
2. Leucomalachite green(LMG)
3. Ortho−tolidine
4. Luminol
5. Tetra−methyl benzidine(TMB)
6. Fluorescin

Ⅱ. 체액 검사
1. 정액 − acid phosphatase test
2. 타액 − amylase test
3. 소변 − creatinine, urea tests
4. 대변 − urobilinogen test
5. 위 내용물 − 위산 test

Ⅲ. 총기발사 잔사(GSR) 및 폭약 검출 Test

Ⅳ. 규제약물 검출 Test

혈흔 검출 시약

혈흔 검출 시약은 미량의 heme이나 heme 유도체를 검출하는 시약이다. heme은 적혈구 안에 존재하는 철을 포함하는 분자로써 hemoglobin의 주성분이다. hemogobin 분자는 신체 각 부위에 산소를 전달하는 역할을 한다. 철은 주로 환원 상태로 존재한다. 이제부터 언급하는 혈흔 예비시험은 산화−환원 반응에 의해 시약의 색이 변색되는 것을 관찰하여 환원된 상태로 존재하는 철을 검출하는 시험이다. Luminol의 경우에는 혈흔이 있으면 색이 나타나는 게 아니라 형광이 나타난다. heme이 촉매로 작용하는 산화-환원 반응은 다음과 같이 쓸 수 있다.

$$AH_2 + H_2O_2 \overset{Heme}{------} A + 2H_2O$$

이 반응은 다음과 같이 표현할 수도 있다.

산화될 수 있는 물질(무색) + 과산화물과 수분(착색) —Heme(과산화효소)→ 산화된 물질

시약 색상이 변하는 양성반응이 나타나는 것은 혈흔이 존재할 가능성이 있다는 의미이다. 혈흔 이외에도 위 반응의 촉매로 작용할 수 있는 물질이 많고 그 대표적인 예가 식물의 과산화효소나 강한 산화제들이다. 따라서 예비실험 결과를 믿고 혈흔의 존재 여부를 단정 짓지 말아야 한다. 위 양성(false positive)과 위 음성(false negative) 결과가 모두 나올 수 있다. 또한 양성 결과가 나왔다고 하더라도 어느 종의 혈액인지를 알 수 있거나 개인 식별에 필요한 **유전자마커** 정보를 알아낼 수 있는 것은 아니다. 그러나 혈흔검출시약을 알려진 표준 혈액에 적용하여 시약에 이상이 없다는 것을 확인한 후 그 시약을 실제 시료에 적용한 결과 음성 반응이 나왔다면 혈액이 존재하지 않는다고 간주할 수 있다.

위 양성 반응은 혈흔이 존재하지 않는 데도 양성 반응이 나타나는 현상이다. 위 양성 반응이 나타나는 이유는 여럿이 있다. heme은 혈흔 시약의 산화-환원 반응이 더 빠르게 일어나는 촉매 역할을 하여, 시료에 시약을 점적하고 몇 초 이내에 반응이 나타난다.

이 반응은 산화-환원 반응에 의해 색상을 띠는 착화합물을 형성하는 것을 이용한 반응이다. 따라서 강한 산화제가 있으면 heme이 없어도 산화 반응이 일어나 양성처럼 나타날 수 있다. 산화제가 들어있는 세정제는 수천 가지에 달한다. 식물의 과산화효소가 있어도 위 양성 결과가 나타난다. 사과, 고추냉이, 브로콜리 등 많은 과일과 야채에는 위 양성을 내는 데 충분한 양의 과산화효소가 들어있다. 실험실에서 표준 물질로 분석한 경험이 풍부하여 혈흔이 존재하면 어떤 식으로 반응이 진행되는지에 대해 잘 아는 사람이 시험 절차를 잘 준수한다. 또한 시험 중 반응 특성이나 반응점을 세심히 관찰하면 예비시험 과정에서 나타나는 위양성 반응 중 상당수를 구분해낼 수 있다.

위 음성은 위 양성에 비해 발생 빈도가 훨씬 낮지만 현장에서 혈흔이 아니라고 오판하게 됨으로써 더 많은 문제를 야기한다. 위 음성은 산화-환원 반응을 방해하는 물질이 존재할 때 나타난다. 강력한 환원제가 존재할 때 이런 일이 자주 일어나는데, 환원제는 산화반응이 즉각적으로 일어나지 못하게 만들기 때문에 색상 변화가 관찰되지 않게 하는 작용을 한다.

예비시험 시약은 위 양성 및 위 음성 결과를 낼 수 있으므로 확인시험 결과를 거쳐야 한다. 확인시험은 실험실에서 하는데, 주로 미세결정 시험이나 면역학적 시험법을 사용한다. Takayama 시험이나 Teichman 시험은 대표적인 미세결정 시험법으로, 이들 시험은 혈액의 heme 성분에만 반응하여 독특한 모양의 결정을 만든다. 면역학적 시험은 anti-human hemoglobin 혈청이 사람의 hemoglobin과 반응하면서 나타나는 백색 침전띠를 관찰하는 시험이다.

혈흔 검출 시약을 사용하는 절차

다양한 검출 시약이 있지만 혈흔 예비 시험 절차는 모두 동일하다.

1. 혈흔으로 의심되는 물질 소량을 생리식염수를 적신 면봉으로 닦아낸다.
2. 혈흔으로 의심되는 물질이 묻지 않은 부분을(동일 표면) 동일한 방법으로 닦아내어 공시험 시료로 사용한다.
3. Kastle-Mayer 시약 등 적절한 시약 두 방울을 2개의 면봉에 각각 떨어뜨린다.
4. 30초간 기다린다. 이때 색상 변화가 일어났으면 강력한 산화제나 과산화효소가 있어 위 양성 반응이 일어났다는 의미이다.
5. 2개의 면봉에 3 % 과산화수소 용액 두 방울을 떨어뜨린다.
6. 특정 색상으로 색이 변한다. 어떤 색으로 변할지는 시약에 따라 다르다. 보통 15초 이내에 변색된다.

주의: heme이나 다른 촉매가 없어도 위의 반응이 일어날 수 있으므로 정해진 시간 안에 색상 변화가 나타나야 한다. 사진 8.3은 kastle-Meyer 시약과 반응해 양성 결과가 나타난 것을 보인 것이다.

변색이 일어나지 않는다는 것은 일반적으로 검체 중 혈액성분이 없다는 것을 의미한다. 그러나 화학적인 방해에 의해 혈액이 있어도 음성반응이 나타날 수 있다.

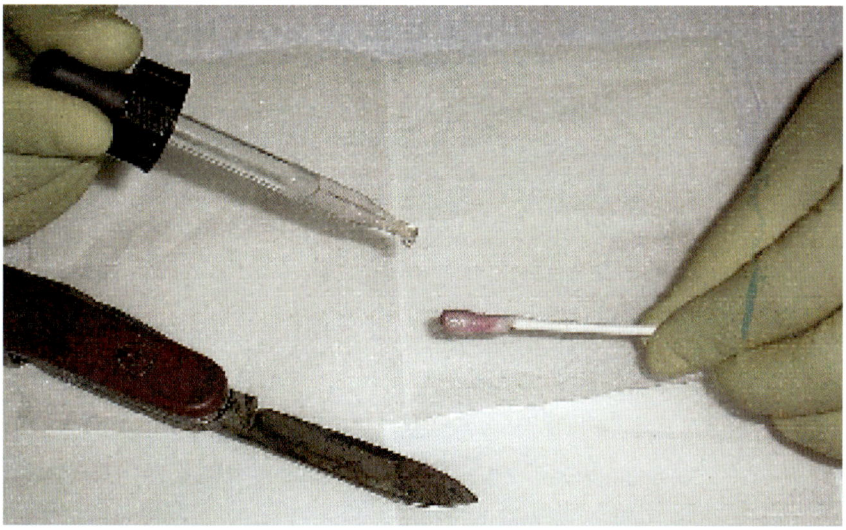

사진 8.3
혈흔이 Kastle-Meyer 시약과 반응하여 분홍색으로 변색된 모습. 칼날에 부착된 적갈색 물질을 닦아낸 것이다.

새로운 시약을 사용할 때마다 혹은 주기적으로 표준 혈액시료로 시약이 제대로 작용하는지 시험해볼 필요가 있다. 혈흔 시약 중 대다수는 시간이 경과하면 못쓰게 된다. 시약 중 일부는 변질되면 색상이 변해서 못쓰게 된다. 예를 들어 새로 제조한 o-tolidine은 미색이지만 변질되면 진갈색으로 변한다.

일반적으로 사용되는 예비 시험 시약

혈액은 과산화효소와 비슷한 활성을 갖는다는 점이 1857년에 알려진 이후 촉매반응을 이용한 정색시험에 이용할 수 있는 수많은 산화 가능한 물질들이 알려졌다. 그중에서 Benzidine과 O-tolidine이 널리 사용되고 있다. 이 둘은 환원 상태에서는 무색이고 heme과 같은 촉매에 의해 산화되면 진청색으로 변색된다. 이 반응은 감도가 좋고 색상 변화가 명확하기 때문에 benzidine과 O-tolidine이 널리 사용되어져 왔다. 그러나 benzidine은 독성이 강하고 발암성이 있는 것으로 밝혀졌다. benzidine 증기를 흡입하거나 benzidine을 만지면 암이 발병할 수 있다. 1974년에 Occupational Safety and Health Administration(OHSA)에서는 미국에서 benzidine의 생산 및 사용을 금지시켰다. O-tolidine은 종양을 유발하는 것으로 알려져 있고 잠재적 발암 유발물질로 분류되어 있다. OSHA는 O-tolidine의 작업장 농도가 5 ppm일 경우 8시간 이상 작업하지 못하도록 하고, 증기농도는 22 mg/ml 이상을 넘지 못하도록 하고 있다.

혈흔검출에 사용하는 화학물질에 따라 감도가 다르고 산성 혹은 알카리성에 따라 반응이 달라지며 색상 변화가 다르게 나타난다. 다음은 혈흔 예비 시험에 흔히 사용되는 물질들을 보인 것이다.

1. phenolphthalin(Kastle–Meyer)

감도: 1:100,000

최초 소개년도: 1901

양성판정: 면봉에서 15초 이내에 분홍색에서 적색으로 변색된다.

조제 방법:

보관용액

phenolphthalein	2 g
potassium hydroxide	20 g
증류수	100 ml

환류(reflux)장치를 이용해 위의 세 가지를 아연분말 20 g과 함께 두 시간 동안 가열해서 용액을 무색이 되도록 만들어 준다.

용액이 변색되는 것을 막기 위해 소량의 아연분말을 넣은 갈색용기에 담아 냉장보관한다.

작업용액

phenolphthalein 보관용액	20 ml
ethanol	80 ml

2. Leucomalachite green(LMG)

감도: 1:20,000

최초 소개년도: 1904

양성판정: 혈흔과 접촉하는 즉시 청록색으로 변색된다.

조제 방법:

leucomalachite green	0.1 g
sodium perborate	3.2 g
glacial acetic acid	66 ml
증류수	33 ml

3. ortho–tolidine

감도: 1:100,000

최초 소개년도: 1912

양성판정: 혈흔과 접촉하는 즉시 진청색으로 변색된다.

조제 방법:

o-tolidine	1.6 g
ethanol	40 ml
glacial acetic acid	30 ml
증류수	33 ml

4. Luminol

감도: 1:5,000,000

최초 소개년도: 1937

양성판정: 혈흔이 있을 것으로 생각되는 부위에 분무하여 어두운 곳에서 관찰한다. 혈흔이 있으면 5초 동안 형광을 낸다. 이 방법은 혈액을 닦아 내어 극미량의 혈흔이 있는 곳에서 혈흔을 찾아내는 데 좋은 방법이다.

조제 방법:

용액 I:

3-aminophthalhydrazide(luminol)	0.1 g
증류수	50 ml
ethanol	20 ml

용액 II:

sodium carbonate	0.5 g
sodium perborate	0.7 g
증류수	30 ml

사용 직전에 두 용액을 섞는다.

5. Tetra-methyl benzidine(TMB)

감도: 1:1,000,000

최초 소개년도: 1974

양성판정: 혈흔과 반응하면 청록색으로 변색된다. 이 시약을 점성용액과 혼합하면 수직/수평표면에 있는 피 묻은 흔적을 증강하는 데 사용할 수 있다.

조제 방법:

Acetate 완충용액:

sodium acetate	5 g
glacial acetic acid	43 ml
증류수	50 ml

Tetra-methyl benzidine(TMB)

3, 3′, 5, 5′ tetra-methyl benzidine	0.4 g
Acetate 완충용액	20 mL

TMB 0.2 g을 acetate 완충용액 10 mL에 넣고 5분간 저어준다. 이 용액을 걸러 용해되지 않은 입자를 제거한다. TMB 용액은 갈색 시약병에 담아 냉장보관 할 경우 6개월까지 사용할 수 있다.

6. Fluorescin

감도: 1:500,000

최초 소개년도: 1979

양성판정: 강한 녹색 형광

조제 방법: phenolphthalein 대신 fluorescin을 넣고 phenolphthalin을 만드는 것과 동일한 방법으로 조제한다.

혈흔 예비 실험이 후속 혈청학적 검사 및 DNA 검사에 미치는 영향

예비 실험은 혈흔을 찾아내는 데 대단히 유용한 방법이지만 다른 확인 시험이나 DNA 시험을 통해 혈흔이라는 것을 최종적으로 확인해야 한다.

혈흔 예비 시험에 이용되는 모든 시약은 후속 시험에 영향을 미친다. 혈흔 예비 시험 시약들은 종식별 시험, ABH 항원시험, isoenzyme 분석 혹은 RFLP DNA 분석 등에 좋지 않은 영향을 미칠 수 있다. 대다수의 예비 시험 시약들은 후속 시험에 좋지 않은 영향을 미칠 수 있기 때문에 가능하다면 마른 혈흔 증거물에 이런 시약을 직접 접촉시키지 말아야 한다.

이런 경우에는 한 증거물에서 얻을 수 있는 모든 정보를 사전에 평가한 후 시험순서를 정함으로써 가장 증거 가치가 높은 결과를 얻어낼 필요가 있다. 예를 들어 혈흔지문 · 족적 증거가 있을 경우 패턴 비교는 혈액감정 이상으로 중요한 의미를 갖는 경우가 있다. 그러나 패턴을 구성하는 혈액에서 DNA를 분석하는 것도 중요할 수 있다. 용의자 · 피해자가 여러 명이거나 여러 명의 혈액이 섞여있는 현장에서 이런 혈액감정이 특히 중요하다.

증강 시약을 적용하기 전에 혈흔 귀퉁이 일부를 채취해 두면 이러한 문제를 쉽게 막을 수 있다. 이때 패턴감정에 영향을 주지 않게 조심스럽게 채취 부위를 선정해야 한다. 최근에는 STR DNA 감정기법이 발전함에 따라 대부분의 혈흔 예비 시험 시약으로 처리한 후에도 STR DNA 감정이 가능하게 되었다.

체액이 존재하는지 여부의 검사

강도, 강간, 폭행, 살인 등의 현장에서 다양한 체액을 찾아내는 경우가 많다. 정액, 타액, 소변, 질내용물, 땀, 위내용물, 대변, 콧물 등이 범죄 현장 혹은 증거물에서 흔히 발견되는 체액들이다. 이런 체액이 있는 위치를 알아내고, 체액이라는 것을 확인할 필요가 있는데 체액 검사 시약은 현장 혹은 실험실에서 예비 시험용으로 유용하게 이용되고 있다. 예비 시험 결과 한 가지 이상의 체액이 존재한다는 결과가 나왔다면, 그 시료를 채취하여 실험실에서 감정해야 한다. 실험실에서는 ABO 혈액형, isoenzyme, DNA 분석 등을 하게 된다. 최근 DNA 감정기법이 발전함에 따라 체액의 개별 특성을 알아내 용의자 군을 압축하고, 용의자가 범인인지 여부를 높은 변별력으로 알아낼 수 있게 되었다.

1. 정액

정액은 체액과 세포 성분이 비균질하게 섞인 물질이다. 정액 성분의 대부분을 차지하는 acid phosphatase(산성 인산화효소), spermine, choline은 예비 시험 시약에 잘 반응한다. 정액 중 이런 성분의 함량이 높지만 예비 시험 결과 양성이 나온다고 해서 정액이라고 단정해서는 안 된다. 정액은 굳으면 빳빳한 백색으로 변하고 자외선이나 법과학 광원을 쪼이면 형광을 나타낸다.

Acid phosphatase

Substrate solution

Calcium2−naphyl−phosphate	200 mg
혹은 Na−alphanaphthyl−phosphate	187 mg
sodium acetate	2 g
glacial acetic acid	1 ml
증류수	100 ml가 되도록 맞춤

Fast blue B 염은 증류수에 녹인 후 걸러 색상을 띤 용액만 받아낸다.
이 시약들은 오래두면 변질되므로 사용 직전에 조제해야 한다.

시험절차

(a) 정액으로 의심되는 시료를 생리식염수를 적신 면봉으로 닦아낸다. 또는 1회용 점적판의 우묵한 부위에 시료 소량을 잘라 넣는다.
(b) substrate solution 한 방울을 떨어뜨린다.
(c) 10초간 기다린다.
(d) color reagent 한 방울을 떨어뜨린다.

사진 8.4
강간피해자의 팬티를 자외선으로 관찰해 정액을 찾아낸 결과. 가랑이 부위에서 형광이 나타났다.

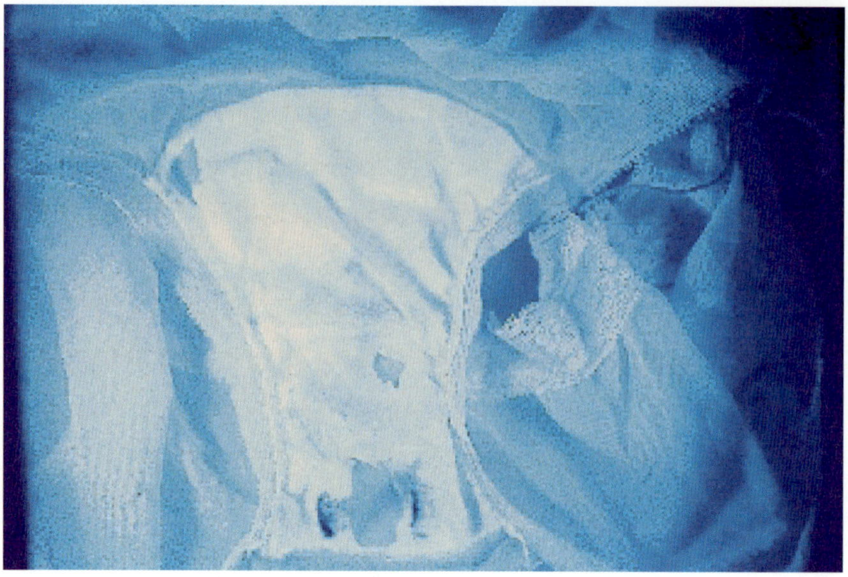

(e) 10~15분 이내에 밝은 보라색-분홍색이 나타나면 acid phosphatase 효소활성이 있다는 뜻이다.

2. 타액

타액은 먹다 남은 음식, 담배꽁초, 물린 상처 및 그 주변, 강간피해자 신체, 의복, 마스크, 베개 등에서 나타날 수 있다. 타액에는 전분 소화효소인 amylase가 들어있다. amylase의 함량이 높으면 타액인 것을 의심할 수 있다.

amylase는 타액에 고농도로 들어있지만 타액 이외의 체액에도 들어있을 수 있다. 따라서 다른 예비 시험과 마찬가지로 타액 예비 시험 시약에 양성이 나왔다 하여 타액이라고 단정할 수는 없다. 타액이 있는 것으로 의심되는 부위에 자외선이나 법과학 광원을 비추면 형광을 낼 수도 있다.

3. 소변

소변의 독특한 색상이나 냄새, creatinine 혹은 urea와 같은 화학성분을 확인하는 방법을 이용하여 소변인지 알아낸다.

Creatinine-Jaffe test

Picric acid 용액

picric acid 2~3 g을 100 ml의 증류수에 묽힘.

10 % NaOH

시험법

(a) 타액으로 의심되는 시료를 증류수에 적신 면봉으로 닦아냄.

(b) 여기에 picric acid 용액 한 방울을 떨어뜨림.

(c) 여기에 다시 10% NaOH 용액 한 방울을 떨어뜨림.

진적색-오렌지색으로 변색되면 양성이라고 판정한다. picric acid의 색인 밝은 노란색이 나타나면 음성이라고 판정한다. 음성 및 양성 대조시료와 비교하는 것이 중요하다.

4. 대변

대변은 독특한 색상과 냄새가 있다. 화학적인 방법으로 urobilinogen을 검출해 대변인지 확인할 수 있다. 현장에서 대변 검출 시험을 하기는 쉽지 않다.

5. 위 내용물

소화효소인 pepsin을 검출하여 위 내용물인지 알 수 있다. 또한 위 내용물에서 흔히 들어있는 음식물의 형태나 양을 육안 혹은 현미경으로 관찰하여 위 내용물인지 구분할 수 있다. 혹은 화학 시약을 이용할 수도 있다. 음식의 소화 정도는 사망 혹은 구토시간을 추정하는 데 사용할 수 있다. 현장에서 위 내용물을 구분하는 시험을 하기는 쉽지 않다.

총기발사 잔사(Gunshot residue, GSR) 시험

총기를 발사하면 가스, 매연, 연소 혹은 미연소된 화약 입자가 분출되고 이런 것들을 GSR이라고 부른다. GSR의 주성분은 뇌관이나 화약 입자의 연소물, 윤활제, 탄환 성분 등이다. 이런 물질들은 탄환과 함께 목표물 방향으로 날아가거나 발사자의 손이나 의복이 있는 뒤쪽으로 날아간다. 총기 발사자가 손이나 의복을 씻는 등의 행위를 하지 않은 경우 손이나 의복에서 검출될 수 있다. GSR을 검출하는 것은 발사자를 확인하거나 최근 총기를 발사한 사람을 확인하는 수단으로 사용할 수 있다. 또한 용의자에게서 GSR이 어디 있는지 현장에서 찾아냄으로써 어떤 부위에서 GSR을 채취하여 실험실에서 정밀실험을 할지 판단할 수 있다. 사진 8.5와 8.6은 실험실에서 주사형 전자현미경 및 화학적 방법으로 GSR을 확인한 결과를 보인 것이다.

사진 8.5
용의자 오른손에서 채취한 총기발사 잔사를 주사형 전자현미경으로 찾아낸 결과

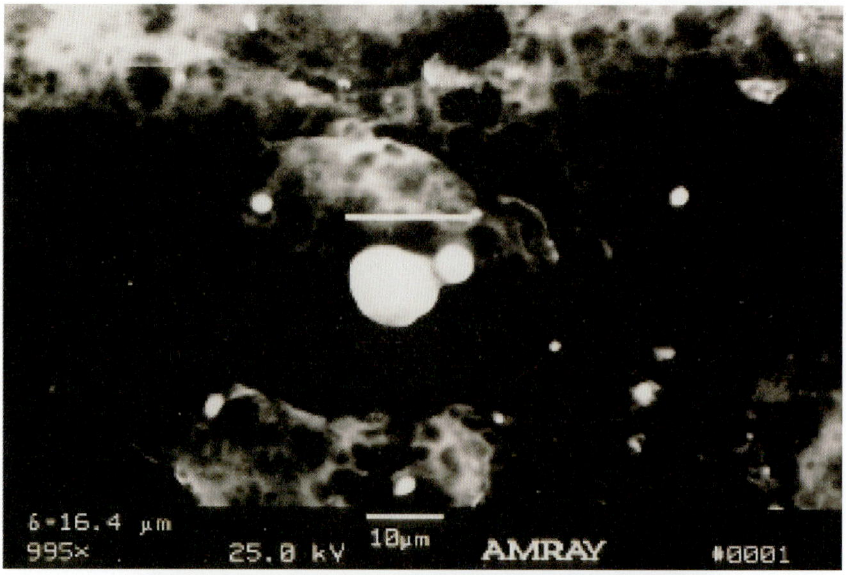

사진 8.6
살인사건 피해자 상의에서 총기발사 잔사가 있는지 확인하기 위해 Supervising Criminalist인 Robert O'Brien이 modified Griess 시험을 하고 있다.

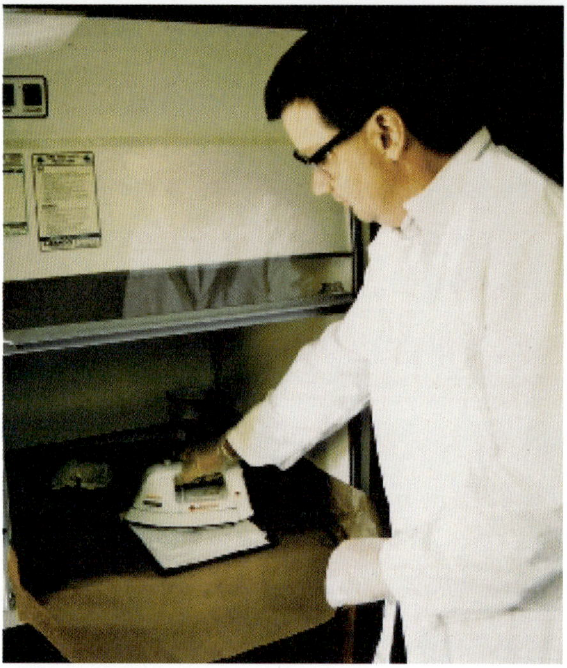

GSR을 이루는 성분은 다음과 같이 분류할 수 있다.

1. 뇌관잔사
   (a) lead styphnate, lead azide, diazodinitrophenol이 주성분인 기폭약
   (b) barium nitrate, calcium peroxide, magnesium, peroxide, magnesium dioxide가 주성분인 산화제

(c) antimony sulfide, calcium silicide, aluminum, titanium, zirconium, lead thiocyanate가 주성분인 연료

(d) tetracene, 유리가루, titanium, calcium silicide가 주성분인 예감제

2. 추진제

(a) 무연 화약(오늘날 제조되는 실탄에 가장 널리 사용): 단기제 화약인 경우 nitrocellulose, 2기제 화약인 경우 nitrocellulose와 niroglycerin

(b) 흑색 화약(총구로 장전하는 총기에 사용): potassium nitrate 75%, 황 15%, 탄소 10%.

3. 윤활제

탄환이 탄피에 쉽게 들어가고 빠져나오게 하는 물질, 탄환이 총구에서 부드럽게 빠져나가게 하기 위해 사용하는 마찰방지제, 총기름 및 기타 세척물 찌꺼기, 추진제를 성형하는 데 사용한 첨가제 등

4. 탄환 성분

납, 구리, 아연, 안티몬, 비소, 비스무스, 크롬 등의 금속 성분이 검출될 수 있다. 이런 금속들은 총강, 탄환, 탄피 등에서 나온 것이다.

GSR 시험법

GSR을 검사하는 첫 번째 목적은 어떤 사람이 최근 총기를 다루거나 발사했는지를 확인하고, 총기가 발사될 당시 어떤 물체가 총기 근처에 있었는지 여부를 판단하기 위한 것이다. 자동차 내부에서 총기가 발사되었는지 확인하기 위해 자동차 내부 표면을 검사할 수도 있다. GSR을 검사하는 두 번째 목적은 GSR 패턴을 확인하여 총구에서 목표물까지의 거리를 판단하는 것이다. 발사거리는 스스로 만든 총상인지 혹은 멀리서 살인범이 쏜 총기에 의한 총상인지 판단하는 중요한 수단이다. GSR을 검출할 경우 GSR 패턴의 손상이 최소화되는 방법을 이용해야 한다. 다른 예비 시험과 마찬가지로 현장에서 정색 시험을 이용해 GSR을 검출한 경우 실험실에서 원자흡수분광광도법, 유도결합플라스마분광광도법, 원소분석 기능이 있는 주사형전자현미경법 등으로 확인 시험을 하여야 한다.

GSR 검사 시약

GSR 검사 시약은 GSR에 있는 nitrate 및 nitrite 화합물과 반응하면 색상이 변하는 시약이다. 검체를 닦아낸 시료에 시약을 뿌려 GSR이 존재하는지 검사할 수 있고 검체 표면에 시약을 뿌려 GSR의 분포형상을 볼 수도

있다. 나타난 GSR 분포형상은 발사 거리를 판단하는 데 이용한다. 담배연기, 소변, 비료 등은 GSR 시약과 반응하여 위 양성 반응을 나타낼 수 있다.

Diphenylamine(DPA) 시험법

1. 검사할 부위를 증류수에 적신 면봉으로 닦아낸다.
2. 황산에 녹인 DPA 용액 한 방울을 떨어뜨린다.
3. 진청색이 즉시 나타나면 nitrate나 nitrite 화합물이 있는 것이다.

Modified Griess 시험법

1. 감광된 사진 현상용지를 50 % alpha−napthol 용액과 50 % sulfanilic acid 혼합용액에 담갔다 꺼내어 말린다.
2. 증거물의 검사할 부위가 사진용지의 젤라틴 면에 접촉하도록 놓는다.
3. 증거물을 15 % 빙초산을 묻힌 천으로 덮고 뜨거운 다리미로 다린다.
4. nitrite 화합물이 있는 부위는 현상지가 황색으로 변색된다(사진 8.7 (a)).

Reverse modified Griess 시험법

검체가 두껍거나 비다공성이어서 빙초산 용액 증기가 투과하지 못할 경우 사용하는 방법이다.

1. 거름종이 조각을 용액으로 처리한 현상용지 뒷면에 붙인다.
2. 증거물 위에 젤라틴 면이 닿도록 현상지를 올려놓는다.
3. 천을 이용해 15 % 빙초산 용액을 현상용지의 젤라틴 면에 묻힌다.
4. 즉시 현상용지의 젤라틴 면과 증거물을 접촉시킨다.
5. 이 상태에서 현상용지 위에 다리미를 올려놓고 다린다.
6. 증거물과 현상용지를 분리한다.
7. nitrite 화합물이 있는 부위는 현상지가 황색으로 변색된다.

Sodium rhodizonate 시험법

이 시약은 GSR에 있는 납과 반응해서 변색되는 시약이다.

1. 검사할 표면에 증류수에 녹인 sodium rhodizonate 포화용액을 분무한다.
2. 여기에 tartaric acid와 sodium bitartrate 완충용액을 분무한다.
3. 여기에 5 % 염산용액을 분무한다.
4. 앞서 나타났던 분홍색이 사라지고 납이 있는 부분은 청보라색으로 변색된다. 색상이 곧 사라질 수 있으므로 즉시 이를 기록한다(사진 8.7 (b)).

(a)

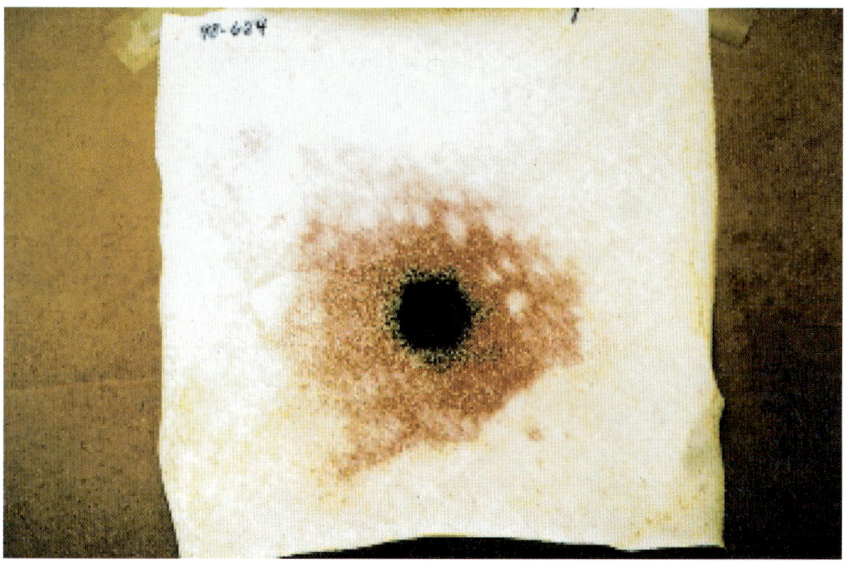

(b)

사진 8.7 (a)~(b)
(a) modified Griess 시험으로 현출한 총기발사흔을 근접 촬영한 것이다.
(b) sodium rhodizonate로 현출한 총기발사 잔사흔을 근접 촬영한 것이다.

참고: 검은색 검체에 납이 부착된 경우에는 Bashinsky 전사법을 사용할 수 있다.

폭약 검출 시험

여러 증거물에서 폭약을 검출할 필요가 있다. 폭약을 보관, 생산한 곳이나 폭약을 운반한 용기 및 차량 안에서 폭약성분이 발견될 수 있다. 폭약성분은 용의자의 손이나 의복에 남아있을 수도 있다. 폭발 현장에는 미연소된 폭약잔사와 폭발반응물이 남아있다.

폭약은 정상 상태에서 불안정한 화학물질이다. 폭약에 열이나 충격을 가하면 빠르게 분해되어 많은 양의 열과 기체를 내면서 폭발한다. 폭약은 다음 세 가지로 구분한다.

1. 화약: 정상조건에서는 안정하나 닫힌공간에서 기폭시킬 경우 격렬하게 폭발한다. 흑색화약, 무연화약, 불꽃놀이탄 등이 있다.
2. 1차 폭약: 열과 충격에 민감하고 2차 폭약을 기폭시키는 데 사용한다. 뇌관, 도폭선, nitroglycerine 등이 있다.
3. 2차 폭약: 열, 충격, 마찰 등에 분감한 폭약으로써 주장약 성분으로 사용한다. TNT, RDX, dynamite, ammonium nitrate, monomethylamine nitrate 등이 있다.

폭약의 예비 시험

사물이나 사람에게서 폭약성분을 검출할 때에는 이동식 탄화수소 검출기나 이온 검출기를 이용할 수 있다. 여러 수사기관에서 탐지견을 이용하고 있고, 그 결과 성공적으로 소량의 폭약을 검출할 수 있었다고 보고하고 있다. 또한, 폭약이 있을 것으로 의심되는 시료와 반응해 정색반응이 나타나는 다양한 시약이 이용되고 있다.

다른 예비 시험과 마찬가지로 폭약 시험에서도 위 양성 및 위 음성 결과가 나타날 수 있다. 따라서 실험실에서 반드시 확인 시험을 해야 한다. 일반적으로 사용되는 정색 시험 및 그 결과를 표 8.1에 정리했다.

규제 물질 및 마약의 시험

경찰관, 마약수사관 및 법과학자들은 다양한 형태와 종류의 규제 물질과 마약을 확인해야 한다. 오늘날 실험실에서 사용하는 기체크로마토그래프-질량분석기는 대단히 감도가 좋고 변별력도 좋다. 그러나 미상 물질이 규제 물질이나 마약인지 현장에서 신속히 확인해야 할 필요가 있다. 이런 현장 검사를 통해 규제 물질을 판매 혹은 소지한 사람을 검거하는 데 필요한 확증을 잡을 수 있다.

정색 시험은 약물을 감정할 때에도 사용하는 방법이다. 일부 약물은 특정 시약과 반응해 독특한 색상 변화를 일으키거나 침전을 만든다. 이런 시

표 8.1 폭약의 정색 시험 시약과 반응 결과

폭약성분	정색반응 결과			
	Griess	Diphenylamine	J-acid	Alcoholic KOH
Chlorate	No color	Blue	Orange-brown	No color
Nitrate	Pink to red	Blue	Orange-brown	No color
Nitrate	Red to yellow	Blue	Orange-brown	No color
Nitrocellulose	Pink	Blue-black	Orange-brown	No color
Nitroglycerine	Pink to red	Blue-black	Orange-brown	No color
PETN	Pink to red	Blue	Orange-brown to red	No color
RDX	Pink to red	Blue	Orange-brown	No color
Tetryl	Pink to red	Blue	Yellow to orange	Red
TNT	No color	No color	No color	Red violet

표 8.2 흔히 사용되는 약물 정색 시약

시약	검출되는 물질	반응 결과	
Marquis	Alkaloids	Morphine-보라 PCP-무색에서 밝은 분홍 LSD-오렌지색에서 갈색을 거쳐 보라색 Amphetamines-오렌지색에서 갈색	Heroine-보라 Psilocybin-오렌지색 Mescaline-오렌지색
Mandelin	Amphetamines	Morphine-청회색 Amphetamines-녹색 LSD-오렌지에서 녹색을 거쳐 회색	Heroine-청회색 Psilocybin-녹색
nitric acid	Morphine인지 혹은 heroin인지	Morphine-방치하면 오렌지에서 적색으로 Heroine-방치하면 노란색에서 청색으로	
Ehrlich	환각제	LDS-보라	
Duquenois	Marijuana와 THC	marijuana-청회색 THC-청회색	Hashish-청회색
Cobalt thiocyanate	Cocaine 및 그 유도체	Cocaine-청색 침전 Methadone-청색 침전	Procaine-청색 침전
Dille-Koppanyi	Barbiturate	적색-보라색	

약을 사용하기 좋게 바이알에 담은 키트가 시판되고 있다. 표 8.2에 흔히 사용되는 약물 검색 시약과 그들의 반응 특성을 나타내었다.

패턴 증강 시약

현장에 인상된 흔적을 증강시키는 많은 시약이 알려져 있다. 다음은 그 예이다.

Ⅰ. 혈문을 증강시키는 시약

Ⅱ. 단백질을 증강시키는 시약

1. Ninhydrin
2. Amido black
3. Coomassie blue
4. Crystal violet

Ⅲ. 지방산 성분을 증강시키는 시약

1. 요오드 훈증
2. small particle reagent
3. 순간접착제(cyanoacrylate) 훈증

혈문 증강 시약

혈액에 오염된 시료만을 트레이에 넣고 시약에 담가 정색시키는 것이 불가능한 경우가 종종 있다. 또한 이렇게 담그는 방법은 현장이나 야외에서는 사용할 수 없다. 게다가 일부 혈문은 수직면에 부착되어 있다. 이런 수직표면에 정색 시약을 분무하면 정색 시약이 흘러내려 패턴을 훼손시키거나 변형시킬 수 있다. 사진 8.8 (a)~(d)는 혈흔족적을 증강한 결과이다. 다양한 사건 현장 및 수직표면에 적용할 수 있는 시약이 개발되어 있다.

용액

Acetate 완충용액

sodium acetate	10 g
증류수	100 ml
Glacial acetic acid	86 ml
(6개월까지 냉장보관 가능)	
O−tolidine	0.12 g
sodium perborate	0.20 g
Collodion	

(a) (b) (c) (d)

사진 8.8 (a)~(d)
한 부부가 집에서 잔인하게 맞아 사망했다. 집 아래층 시신 옆에는 피가 너무 많이 흘러 양호한 혈흔족적을 찾을 수가 없었다. 그러나 2층 욕실을 혈흔 증강 시약으로 처리한 결과 선명한 발자국과 신발 자국이 나타났다.
(a) 혈흔 증강 시약으로 처리하기 전의 욕실 전경
(b) 같은 표면을 혈흔 증강 시약으로 처리한 모습. 발자국과 신발 자국이 나타났다.
(c) 현출된 신발 자국을 확대한 모습. 'Newbalance'란 상표가 보인다.
(d) 현출된 발자국을 확대한 모습. 범인이 양말을 신고 있어서 융선흔은 나타나지 않았다. 발 우측 뒷부분에 돌출부가 나타나 있다. 용의자는 선천성 기형이었고, 이 흔적이 일치하는 점으로 보아 용의자의 발자국이라고 추정할 수 있었다.

Ethanol	6 ml
Collodion	15 ml
Ethyl Ether	60 ml

침전이 생기는 것을 방지하기 위해 Ethanol과 Collodion을 먼저 섞어야 한다.

주의: Ether는 불이 잘 붙는 물질이다. Ether 대신 다른 용매를 사용할 수도 있다.

혼합 방법

1. O−tolidine과 sodium perborate를 시험관에 넣고 거기에 Acetate buffer 4 ml를 넣은 후 격렬하게 흔들어준다.
2. O−tolidine 용액 60 ml를 취해 Collodion 혼합물과 섞어준다.

시험절차

1. 혈문이 찍힌 부위를 먼저 사진으로 촬영한다.
2. 시약을 혈문 위에 2~3차례 뿌린다(지나치게 많이 뿌리지 않는다).
3. 나타난 흔적을 촬영한다.
4. 현출된 흔적 중에는 지문테이프로 전사할 수 있는 것도 있다.

단백질 증강 시약

현장에는 단백질 성분이 다양한 경로를 통해 묻어있게 된다. 단백질은 피부, 혈액, 우유 등 다양한 신체 조직이나 체액의 성분이다. 또한 다른 동물종이나 식품에서도 단백질이 나올 수 있다. 아미노산은 단백질을 구성하는 기본 물질이다. 용의자나 피해자는 소량 혹은 다량의 아미노산을 현장에 남겨놓을 수 있고, 살짝 접촉하기만 해도 이런 일이 일어난다. 현장에서 흔히 발견되는 단백질은 주로 땀, 눈물, 혈액, 소변, 정액, 타액 등이 직접 접촉해서 전이된 것이다. Ninhydrin은 단백질이 존재하는지 예비 시험하는 데 흔히 사용되는 시약이다.

Ninhydrin, Amido black, Coomassie Blue, crystal violet 등의 아미노산 검출 시약을 이용하면 잠재된 지문, 장문, 족문, 순문(脣紋), 이문(耳紋) 등을 찾아낼 수 있다. 시약마다 감도, 적용한계 및 적용 방법이 약간 다르다. 그러나 이들은 모두 단백질이나 아미노산이 포함된 잠재된 패턴 증거를 찾는 데 좋은 시약이라는 것이 입증되어 있다. 다음은 단백질 증강에 흔히 사용되는 시약들이다.

1. Ninhydrin

Ninhydrin은 신체에서 분비되는 미량의 아미노산을 검출하는 시약이다. 땀을 통해 분비된 아미노산은 손가락, 손바닥 혹은 발바닥을 통해 전이된다. 아미노산은 종이, 처리하지 않은 목재, 판지, 가죽 등의 매질에 쉽게 흡수된다. 흡수된 아미노산은 오히려 안정해진다. 수십 년 지난 검체에서 Ninhydrin 방법으로 지문을 현출한 예도 있다.

용액조제

2,2 Dihydroxy−1,3−indanedione monohydrate	25 g
아세톤	4 L

Ninhydrin 결정을 아세톤에 넣고 잘 저어준다. 갈색 병에 보관한다.

시험절차

(a) 스프레이 병에 시약을 채운다.

(b) 약 15 cm 떨어진 곳에서 검체에 시약을 골고루 뿌린다.

(c) 용매를 날려 보낸다. 필요할 경우 시약을 다시 분무한다.

사진 8.9
살인사건 현장에서 Amido black 시약으로 증강한 혈흔 족적(Sarasota Sheriff 사무소의 Cindy Bales 제공)

(d) 용매를 날린 후 스팀다리미로 살짝 다려 현출시간을 빠르게 할 수 있다. 지나치게 온도를 높이지 않는다. 검체를 실온에 방치하고 지문이 현출될 때까지 기다릴 수도 있다.

2. Amido black

Amido black은 혈흔지문을 증강하는 좋은 시약이다. Amido black은 단백질 염료로써 혈액에 있은 단백질과 반응하여 진청색으로 변색된다.

용액(수용성)

Citric acid 저장용액

Citric acid	38 g
증류수	2 L

둘을 섞어 Citric acid가 완전히 녹을 때까지 저어준다.

현출용액

Citric acid 저장용액	2 L
Naphthalene 12B(amido black)	2 g
Kodak Photo Flo 600 용액	

Citric acid 저장용액을 비커에 넣고 저어주며 Naphthalene 12B를 서서히 가하며 30분간 저어준다. 여기에 Photo Flo 용액을 넣는다.

용액(비수용성)

step 1 – 작업용액:

Naphthalene 12B	2 g
빙초산	100 ml
메틸알코올	900 ml

이들을 섞어 완전히 녹인다.

step 2 – 세척

빙초산	100 ml
메틸알코올	900 ml

step 3 – 세척

빙초산	50 ml
증류수	950 ml

시험절차

step 1 – 증거물 표면에 있는 혈액의 고정:

메틸알코올 속에 증거물을 1시간 동안 담가둔다(혈문이 페인트면 등에 묻어있으면 메틸알코올에 녹을 수 있다. 이 경우 수용성용액을 사용한다. 확실하지 않은 경우에는 증거물 끝부분이나 비슷한 물체에 시약을 떨어뜨려 본다).

step 2 – 작업용액의 적용:

증거물을 작업용액에 2~3분간 담가 잠재지문이 진청색으로 변하도록 한다.

step 3 – 첫 번째 세척:

(a) 증거물을 트레이에 담고 트레이를 살살 흔들어 준다.

(b) 검체 바탕면에 염색됐던 염료가 씻겨 나오면 증거물을 세척액에서 꺼낸다.

step 4 – 두 번째 세척:

(a) 증거물을 트레이에 담고 60초 동안 서서히 흔들어 준다.

(b) 증거물을 꺼내 실온에서 말린다.

3. Coomassie Blue

Coomassie Brilliant Blue(R250)는 혈흔과 잘 반응하는 단백질 염색 시약이다. Coomassie는 단백질 염색에 흔히 사용하는 crystal violet보다 더 예민한 시약이다. Coomassie Blue가 crystal violet보다 좋은 또 다른 이유는 염색한 후 탈색제를 이용해 바탕면을 탈색시킬 수 있다는 것이다.

용액

Coomassie 염색용액:

Coomassie Brilliant Blue(R250)	0.44 g
빙초산	40 ml
메틸알코올	200 ml
증류수	200 ml

Coomassie 탈색용액:

빙초산	40 ml
메틸알코올	200 ml
증류수	200 ml

새로 개발된 Crowle's Double Stain 방법을 사용할 수도 있는데, 이 방법은 메틸알코올을 사용하지 않아 잉크가 번지는 일이 일어나지 않는다.

Crowle 염색용액:

Crocein scarlet 7B	2.5 g
Coomassie Brilliant Blur(R250)	150 mg

빙초산 50 ml

Trichloracetic acid 30 g

탈이온수로 1 L가 되도록 묽힌다.

Crowle의 탈색용액:

빙초산 3 ml

탈이온수 1 L

시험절차

(a) 혈흔이 묻은 검체를 염색용액에 30분가량 담가둔다. 시간은 표면 특성 및 혈문이 부착된 시간에 따라 달라진다.

(b) 흔들어준다.

(c) 검체를 탈색용액에 넣고 1분간 흔들어준다. 보다 선명하게 현출하기 위해 위의 과정을 반복할 수 있다.

4. Crystal(gentian) violet

이 시약은 테이프와 같은 접착성 검체에 사용하면 좋다. Crystal violet을 이용해 잠재지문 혹은 조각지문을 찾아내면 사진으로 촬영해 비교할 수 있다.

A 용액:

저장용액

Gentian violet 1.5 g

에틸알코올 100 ml

작업용액

저장용액 2 ml

물 100 ml

B 용액:

저장용액

Crystal violet 5 g

에틸알코올 50 ml

Phenol 10 g

작업용액

저장용액 1 ml

증류수 100 ml

시험절차

(a) 표면에서 접착테이프를 서서히 떼어낸다. 테이프를 액체질소 속에서 얼리면 쉽게 떼어낼 수 있다.
(b) 테이프를 작업용액 속에 완전히 담근다.
(c) 테이프를 용액 속에 몇 분 동안 담가두고 서서히 저어준다.
(d) 염료용액에서 테이프를 꺼낸다.
(e) 표면을 차가운 수돗물로 씻어낸다.

지방산을 증강시키는 시약

지문에 포함된 지방산을 검출하는 시약을 이용해 패턴을 현출할 수 있다. 요오드훈증과 Small particle Reagent(몰리브덴) 방법은 현장이나 실험실에서 널리 사용되는 방법이다.

1. 요오드훈증

요오드훈증은 종이나 사람 피부처럼 흡수성이 있는 매끈한 표면에서 잘 적용된다. 요오드 결정을 가열하여 승화시키면 증기가 잠재지문에 포함된 피부기름에 녹아들어가 황갈색으로 변색된다. 이렇게 현출된 지문은 금방 사라지므로 즉시 사진으로 기록해야 한다. 다시 훈증하면 지문이 다시 나타난다. 현출된 지문은 전분용액 등의 시약으로 고정할 수 있지만 사진으로 촬영하고 지문이 있는 검체를 실험실에 감정의뢰해서 더 상세히 현출하는 것이 좋다.

요오드훈증은 검체를 훼손하지 않는 것은 물론 Ninhydrine이나 Cyanoacrylate 훈증기법 등에 영향을 미치지 않으므로 훌륭한 예비검색 수단이다.

방법:

요오드훈증봉/gun

(a) 요오드훈증봉은 자체 제작하거나 시중에서 1회용 제품을 구입할 수 있다.
(b) 훈증 gun을 손으로 잡고 연결관을 통해 서서히 공기를 불어준다.
(c) 잠재흔의 위치를 확인하기 위해 검체에 요오드증기를 살짝 쏘여준다.
(d) 잠재 흔적이 있는 위치를 확인했으면 거기에 요오드증기를 더 쏘여줘 최상의 흔적이 나타나도록 한다.
(e) 현출된 문양을 사진으로 촬영한다.

(f) 필요 시 전분이나 7,8−benzoflavone 용액으로 고정한다.

훈증첾버

(a) 요오드 1 g을 밀봉된 쳄버 안에 넣는다. 현장에서는 지퍼 백을 사용할 수도 있다.
(b) 실온에 방치하거나 결정을 50 ℃로 가열한다.
(c) 몇 분~한 시간 이내에 흔적이 현출될 것이다.
(d) 현출된 문양을 사진으로 촬영한다. 필요 시 전분 등의 시약으로 고정시킨다.

2. 몰리브덴 용액(Small Particle Reagent)

이 시약은 비다공성 표면에 있는 지방산이나 지질성분을 검출하는 시약으로써 물에 젖은 표면에서도 사용할 수 있다. 이 시약은 지문이 부착된 후 비를 맞은 자동차 외부나 물속에서 건져낸 흉기 등에서 지문을 현출하는 수단으로 사용되어 왔다. 이 시약은 검체가 젖어있는 상태에서 적용할 수 있다.

용액

Molybdenum disulfide	30 g
증류수	1 L
Photo Flo '2000'	3방울

시험절차

(a) 트레이에 작업용액을 채운다. 스프레이를 이용해 검체에 분무할 수도 있다.
(b) 검체를 용액에 완전히 담근다.
(c) 트레이를 서서히 저어준다.
(d) 잠재흔은 약 2분 이내에 나타난다.
(e) 검체를 꺼내고 과량 남은 물을 제거한다.
(f) 검체를 깨끗한 물로 세척해 미세입자를 씻어낸다.
(g) 실온에서 말린다.

3. 강력접착제(cyanoacrylate) 훈증

강력접착제는 acrylate 수지인 cyanoacrylate로 구성되어 있다. 대부분의 접착성분은 열을 가하거나 용매를 증발시켜 접착하지만, 액체상 강력접착체는 극미량의 수분과 접촉해서 고분자물을 형성한다. 검체 표면에 있는 수분은 순간적인 고분자화 반응의 개시제로 작용하는 것이다. 잠재지문에 강력접착제를 훈증하는 것은 이 원리를 이용한 것이다. 강력접착제 증기는 수분, 지방산, 지질, 아미노산, 단백질 등과 반응하여 융선을 따라 Cyanoacrylate 고분자물을 만들고, 일단 만들어지면 다시 풀어지지 않는다.

훈증하면 백색으로 융선이 나타나고 쉽게 지워지지 않는다. 이렇게 훈증한 지문은 자성분말 등으로 칠하거나 법과학광원 혹은 레이저를 쪼여 증강할 수 있다.

강력접착제는 비닐봉지, 유리, 금속, 가죽 등 다양한 표면에 사용할 수 있고 사람 피부에도 사용할 수 있다. 검체에 강력접착제 증기를 쪼이는 다양한 방법이 알려져 있다. 검체가 작은 경우에는 훈증첸버를 사용할 수 있다. 검체가 큰 경우 혹은 시신인 경우에는 검체 주변에 공기를 차단하는 텐트를 치고 그 안에 강력접착제 증기를 채워 넣을 수 있다. (사진 8.10) 집이나 자동차 내부는 창문을 닫은 상태에서 훈증할 수 있다. 강

사진 8.10
나체상태의 강간살인 피해자 주변에 이동식 텐트를 설치해 강력접착제 훈증첸버 대용으로 사용하고 있다. 텐트를 닫고 강력접착제(cyanoacrylate) 증기를 채워 잠재지문 현출을 시도하고 있다.

력접착제는 훈증봉, 열 또는 시약을 이용해 훈증을 촉진하는 형태로 시판되고 있다.
강력접착제 훈증법을 사용할 경우 준수해야 할 주의사항이 있다. 환기가 잘 되는 곳에서 작업하고 액체 강력접착제가 작업자 피부에 닿지 않도록 해야 한다. 너무 오래 훈증하여 융선이 무뎌지지 않도록 조심한다.

법적 및 과학적 고려사항

다양한 사법 관할구역이 존재한다. 사법 관할구역은 다양하지만 현장 예비 시험 검사 결과가 법정에서 받아들여지기 위한 조건은 변하지 않는다. 법적 문제 중 가장 중요한 것은 예비시험에는 주관적인 요소가 들어갈 수 있으므로 그 결과를 과대평가하는 것을 경계하는 것이다. 예를 들어 예비시험에는 위 양성 가능성이 있으므로 일부 사법 관할구역에서는 그 물질이 존재한다는 확인 시험을 하기 전까지는 증거능력을 인정하지 않는다.

State v. Moody 사건에서 피고인의 신발 바닥에 부착된 작은 반점에서 혈흔 예비 시험을 한 결과 양성반응이 나왔는데, 코네티컷 법원은 이 결과를 받아들이지 않았다. 이 사건에서 그 반점은 너무 작아 후속 확인 시험을 할 수 없는 상황이었다. 법원에서는 혈흔 예비 시험은 어떤 경우든 혈흔임을 입증하는 시험은 되지 못한다고 판단했다. 시험 결과는 단지 피의자 신발 바닥에 사람의 혈흔이 존재할 가능성만을 보여줄 뿐이고, 따라서 예비시험 결과는 무의미한 결과이므로 증거로 받아들일 수 없다고 판시했다.

시험에 필요한 시료를 획득하는 것에 대한 법적 문제도 있다. 이 문제는 개인이 불합리하게 수색을 받지 않을 권리를 보장한 4차 수정헌법 및 코네티컷 헌법과 관련된 문제이다. 현행범이나 규제물질을 소지한 혐의가 있는 사람에게서 현장에서 예비 시험하기 위한 시료를 채취하고자 할 때 이런 문제가 발생한다.

예를 들어 모피코트의 생산과 판매에 항의하는 25명의 거친 시위대가 모피 생산회사 직원들에게 혈액이 든 풍선을 던졌다고 가정하자. 경찰관은 혈액이 채워진 풍선을 만든 것으로 추정되는 시위대 5명을 구금했다. 현장 감식팀은 용의자 손을 닦아내 혈흔 예비 시험을 할 수 있었다. 손을 닦아내는 행동은 4차 수정헌법의 보호를 받는 구금행위 및 수색행위의 일환으로 볼 수 있다. 미국의 법리에 의하면 법원의 수색 영장이 있거나 피의자의 동의 혹은 명백히 긴급한 상황에서만 그 수색이 합법적이라고 인정된다. 이런 판단은 증거물(범죄자의 손에 부착된 미량의 혈액)의 훼손이나 유실을 방지하기 위해 범인에게서 적시에 필요한 조치를 취할 필요성에는 부합된다.

위와 같은 가상 상황과 결론은 이런 상황에 적용되는 법을 설명하기 위한 것은 아니다. 그러나 감식 요원은 현장검사 행위가 헌법으로 보호받는 수색행위로 간주될 수 있다는 점을 주의해야 한다.

이상적으로는 머지않아 모든 종류의 생체시료를 한 번에 검사할 수 있는 범용 시약이 개발될 것이다. 이 시약이 현장 및 실험실에서 잘 사용되려면 다음 조건을 만족하도록 구성되어야 한다. 첫째는 현장에서 사용하기 쉬워야 하고 이것이 가장 중요한 필요사항이다. 또한 반응 결과가 확연히 나타나 객관적으로 판단할 수 있어야 한다. luminol 등은 heme을 검출하는 훌륭한 시약이지만 어두운 곳에서 형광을 관찰해야 하기 때문에 널리 사용되지 않고 있다. 이 시약들은 상온에서 오래 보관할 수 있어야 한다. 감식 요원은 사용 전에 현장에서 이런 시약을 조제하는 번거로움을 감수하고 싶어 하지 않는다. 비번 혹은 휴일에 현장 감식을 하기 위해 출동할 일이 생기고 기상상태 등이 좋지 않아 즉시 출동할 필요도 있다. 모든 생체시료에 사용할 수 있는 시약이 여러 물질의 혼합물로 구성되듯이 여기에 사용되는 다양한 시약들이 서로 방해하지 않는다는 것을 입증할 연구도 필요하다. 또한 이 시약은 현장 감식 요원의 건강과 안전을 우선적으로 고려해야 한다. 초기 개발되었던 혈흔 예비 시험 시약이 훗날 발암위험성이 높은 시약으로 밝혀진 바 있다(benzidine이 그 예이다). 또한 오늘날 사용하는 시약 중 일부는 현장에서 사용하기에는 위험한 휘발성이 높은 유기용매를 사용하고 있다. 그 대표적인 예가 혈흔증강 시약인 tetra-methylbenzidine에 사용하는 에테르이다. 에테르를 사용하지 않고도 에테르로 녹인 것과 같은 정도로 빨리 휘발되어 수직 표면에 부착된 혈흔을 현출하는 데 사용할 수 있는 시약이 있다면 가장 좋을 것이다. 시약을 녹이는 용매는 빨리 휘발되어 증강된 형태가 흘러내리지 말아야 한다. 마지막으로 범용 시약은 현장 혹은 압수한 증거물에서 흔히 접할 수 있는 생체 증거물(혈액, 단백질, 타약, 정액, 소변 등)을 검지해낼 수 있어야 한다.

감식 요원이나 감정관들은 현장 시약과 증강 시약을 이용해 빠른 시간 안에 중요한 정보를 얻을 수 있다. 그러나 자신이 하는 시험의 한계와 문제점을 아는 것이 중요하다. 또한 예비 시험 결과를 과신하면 수사 방향을 잘못 잡을 수 있고 심지어는 사건을 망칠 수도 있다. 마지막으로 현장시험용 시약은 사용하기가 쉽고 결과가 명확하게 나타난다. 하지만 적절한 교육훈련을 받은 사람이 다뤄야 하며 알고 있는 대조시료를 사용해 시약과 절차의 유효성을 확인한 후 사용해야 한다.

제 9 장

특별한 기술을 요하는 현장

똑같은 현장은 존재하지 않는다. 현장마다 고유의 특성이 있고 해야 할 일이 다르다.
대부분의 사건 현장은 현장 감식 시스템이 잘 갖춰져 있으면 적절하게 감식할 수 있지만,
일부 현장에는 다른 현장에 나타나지 않는 어려움이나 위험요소가 나타난다.
현장 감식을 성공적으로 마치려면 계획에 따라 감식팀 조직을 꾸리는 것이 대단히 중요하다.
현장을 계획 없이 감식하거나 서두름으로 인해서 채취하지 못한 증거를
훗날 다시 채취하는 것은 불가능하다.

서론

똑같은 현장은 존재하지 않는다. 현장마다 고유의 특성이 있고 해야 할 일이 다르다. 대부분의 사건 현장은 현장 감식 시스템이 잘 갖춰져 있으면 적절하게 감식할 수 있지만, 일부 현장에는 다른 현장에 나타나지 않는 어려움이나 위험요소가 나타난다. 실외 현장은 넓기 때문에 증거물 검색하기가 어려울 뿐 아니라 증거물에 안 좋은 영향을 미치는 환경에 노출되어 있다. 증거물은 땅이나 물속에 숨겨져 특수기법을 사용해야만 찾아내거나 채취할 수 있는 경우가 종종 있다. 시신은 현장의 중요한 요소이지만 때로는 시신을 현장 자체라고 간주하고 보존해야만 시신과 관련된 최상의 증거물이나 정보를 얻을 수 있다. 화재나 폭발 현장은 또 다른 위험성과 복잡성을 내포하고 있다. 아울러 마약 밀조 실험실은 중요한 증거물을 보존함과 동시에 현장에 있는 위험성을 최소화하는 방법으로 접근해야 한다. 현장에는 별도의 채취 및 보존 방법을 강구해야 할 전자 증거나 디지털 증거가 있기도 하다. 현장은 이처럼 복잡하기 때문에 현장 감식을 성공적으로 마치려면 계획에 따라 감식팀 조직을 꾸리는 것이 대단히 중요하다. 이런 특수 현장에 대한 인지는 사건 초기에 인지할 수 있는 것이지 사건을 감식하다 인지하는 것이 아니다. 또한 긴급출동할 필요가 없기 때문에 이런 현장은 잘 계획된 현장 감식 절차를 따름으로써 성공적으로 감식할 수 있다. 현장을 계획 없이 감식하거나 서두름으로 인해서 채취하지 못한 증거를 훗날 다시 채취하는 것은 불가능하다.

실외 현장

실외 현장은 실내 현장과 다른 몇 가지 문제가 있다. 보안문제, 넓고 다양한 영역을 수색해야 하는 문제 및 기상상태의 악화가 그것이다.

현장보존

실외 현장은 접근할 수 있는 경로가 많기 때문에 통제하기가 어렵다. 또한 처음에는 현장의 범위를 모르기 때문에 처음에 현장이라고 생각해 보존

조치를 취해놓은 곳이 아닌 인근의 장소 혹은 그곳과 완전히 동떨어진 곳이 실제 현장으로 밝혀지는 경우가 많다. 이러한 문제를 예방하는 최상의 방법은 사건 현장이라고 생각되는 범위보다 넓은 범위를 통제구역으로 설정하는 것이다. 또한 현장 감식을 하면서 현장이라고 생각한 곳 이외의 지역에서 증거물이 나올 수 있다는 점을 인식하고 필요할 경우 현장의 범위를 조절할 수 있는 유연성을 발휘해야 한다. 선형 방법 혹은 격자형 방법 등의 방법으로 샅샅이 수색하다 보면 사건 현장 범위는 원래 생각했던 것보다 줄어드는 경우가 대부분이다.

앞선 장에서 설명했듯이 사건 현장은 여러 구획으로 나누어 구획마다 통제수준을 달리해야 한다. 가장 안쪽 구획은 중요한 증거가 있다고 알려져 있거나 그렇다고 믿어지는 지역으로, 그곳의 출입자를 철저히 관리해야 한다. 감식구획이 설정된 후에는 실외 현장은 실내 현장과 같은 방법으로 수색해야 하지만 이때 아래 설명할 복잡한 인자들을 함께 고려해야 한다. 실외 현장이 어디인지 즉시 밝힐 수 없거나 찾을 수 없다면, 철저한 계획을 세워 체계적으로 수색해야 한다.

실외 수색

일반적으로 실외 현장은 긴급 상황이 아니므로 장시간 수색하게 된다. 따라서 수색 중 닥칠 다양한 상황을 고려해서 수색을 시작하는 것이 중요하다. 그러나 기상상태가 좋지 않거나 어린이나 부상당한 피해자를 긴급히 찾을 상황이라면, 다음에 기술하는 수색 방법을 따라야 수색할 때 발생하는 여러 문제들을 최소로 할 수 있다.

어디를 얼마나 수색할지 정확하게 모른다고 하더라도 수색에 필요한 인력과 장비를 대략적으로 판단하려면 현장의 범위와 수색기간을 가늠해야 한다. 넓은 지역을 수색해야 한다면 자원자를 동원하는 방법을 고려해야 한다. 꼭 필요한건 아니지만 적절한 훈련이나 경험이 있는 성인 자원자를 선발하면 도움이 된다. 지역 소방서, 구조대원, 민간 순찰대원, 군부대, 시민단체 등의 도움을 받으면 좋다.

경험이 있는 자원자의 도움을 받았다고 하더라도 그들을 소그룹으로 나눈 후 수색 범위 및 목적, 현재 감식 상황, 증거물을 찾았거나 의문점이 있을 때의 행동요령을 알려줘야 한다. 자원자들을 통제 가능한 인원별로 나

눈 후 현장 감식 지식과 경험이 있는 사람이 자원자들을 이끌어야 한다. 또한 모든 정보를 한 곳으로 모은 후 새로운 정보를 각 수색조에 전파할 수 있는 시스템을 구축해야 한다.

탐지견, 비행기, 헬리콥터, 4륜구동 자동차, 무전기, 스쿠버다이빙 장비 등이 필요할 수 있다. 사진 9.1 (a)~(c)는 특수 수색 기법의 예를 보인 것이다. 탐지견 부서는 실종자나 유해 혹은 유류품을 찾는 데 도움이 된다. 수많은 사람이 현장 감식에 참여하면 탐지견이 시신이나 증거물을 추적하는 능력이 떨어지므로 탐지견은 많은 사람이 투입되기 전인 감식 초기에 투입해야 한다. 항공수색은 범위가 넓고 외진 곳일수록 유용한 수색 수단이다. 비행기나 헬리콥터 모두가 이용될 수 있다. 헬리콥터는 비행기보다 천천히 지면 가까이에서 비행할 수 있는 장점이 있다. 또한 헬리콥터에는 전방적외선감시장치(Forward Looking Infrared, FLIR)를 장착할 수 있다. 사람이나 부패되는 시신은 열을 방출하는데, FLIR 장비는 이런 열변화를 감지할 수 있다. 적외선은 완전한 암흑 속에서도 사물을 구분할 수 있으므로 야간 작업도 가능하다. 울퉁불퉁한 지형의 넓은 영역을 수색할 경우에는 4륜구동 차량을 이용해 각 그룹 별로 수색장비를 운반해주고 찾아낸 증거물을 운반할 수 있다.

수색할 때 정보 공유는 필수요소이다. 통신본부를 통해 여러 수색그룹끼리 중요한 최신 정보를 즉시 공유할 수 있어야 한다. 수색그룹이 많아지면 수사기관에서 보유한 무전기 등의 통신장치를 모두 지급하지 못할 수 있다. 이 경우 별도의 통신장비를 구하여 사용해야 한다. 핸드폰은 현장부서와 통신본부의 훌륭한 통신수단으로 사용할 수 있다. 그러나 외진 곳 중에는 핸드폰 전파수신이 안 되는 곳이 많다. 물속에 시신이 있을 경우에는 수중탐색장비와 훈련된 인력이 필요하다.

기상상태가 악화되면 즉시 처리해야 할 일들이 생긴다. 가능하다면 기상이 좋아질 때까지 수색을 멈춰야 한다. 그러나 현장이 어디인지 안다면 증거물의 유실이나 훼손을 최소로 하기 위한 조치를 신속히 취해야 한다(사진 9.2 참조). 패턴 증거나 혈흔형태 및 다양한 미세 증거물은 물에 닿아 훼손될 것이다. 이런 증거물이 있는 부분은 커다란 방수포로 덮어 보존해야 한다. 증거물이 있으면 먼저 기록 및 보존 조치를 취한 다음에 채취하라고 하지만 이런 경우에는 즉시 채취해야 한다.

(a)

(b)

(c)

사진 9.1 (a)~(c)

(a) 화재 현장에서 훈련된 개를 이용해 인화성 물질을 찾는 모습

(b) Sheriff Department 다이어버들이 수중탐색 준비를 하는 모습

(c) 살해된 후 외딴 곳에 버려진 것으로 추정되는 실종자를 수색하기 위해 수사관들이 헬리콥터를 이용하는 모습

사진 9.2
숲 속에서 유골과 증거물을 찾을 때 휴대용 히터와 방수포를 이용해 눈과 얼음을 녹이고 있다.

겨울철 실외에서 증거물이 발견될 경우 기상조건이 바뀔 때까지 기다려야 하는 문제가 있다. 증거물이 땅속에 얼어 있어 찾아내거나 채취하기 어려울 수 있다. 이때 증거물이 있는 곳에 이동식 온열기를 설치해 원하는 부위를 녹여낸다. 녹일 부분에 임시구조물을 설치하거나 천막을 치면 작업이 용이해진다.

고속도로나 많은 사람 혹은 경찰에 적대적인 사람이 모이는 곳이 현장인 경우도 문제이다. 고속도로는 1차 현장, 2차 현장, 유기장소 혹은 총격장소가 될 수 있다. 경찰관 발포사건 현장은 감식 요원이 접하는 현장 중 가장 면밀하게 감식해야 한다. 안타깝게도 경찰관 발포사건의 상당수는 번잡한 도로상에서 발생하여 현장 및 증거물 보존이 어렵게 된다. 깨진 유리조각, 발사된 탄피, 빈 탄창, 총기발사흔 등은 경찰관 발포사건에서 흔히 나타나는 중요한 증거물이다. 이런 증거물은 원래 위치에서 쉽게 이동되거나 훼손될 수 있고, 그러면 철저한 현장 감식을 못하게 된다.

이런 문제를 방지하려면 가급적 고속도로를 차단하고 차량을 우회시켜야 한다(사진 9.3 참조). 고속도로 중 일부는 차량통행량이 너무 많고 우회도로가 없어 차단이 불가능하다.

도심지역에서 범죄가 발생해 현장을 설정하면 많은 사람이 모이게 된다. 일반적으로 이런 사람들은 수사기관에서 비극적인 사건을 성공적으로 처

사진 9.3
번잡한 고속도로 위에 있는 사건 현장. 경찰차와 황색 테이프를 이용해 차량을 우회시키고 보행자를 현장에 접근하지 못하게 한다.

리하는 데 도움을 주려고 한다. 그러나 군중 속에는 악의를 갖은 사람이 종종 포함되어 있어, 현장의 무결성을 유지하기 어렵게 만들 수 있다. 그러므로 현장을 신속하면서도 효율적으로 기록하고 가능하다면 증거물을 채취해 안전한 곳으로 옮겨 정밀검사를 해야 한다. 예를 들어 변사자의 경우 깨끗한 수의로 싸서 부검기관으로 옮긴 후 정밀 사진촬영, 검시, 미세 증거물 채취 등을 해야 한다. 기록할 때에는 경찰을 추가로 배치하여 현장을 보전하고 감식 요원의 안전을 도모해야 한다.

실외 현장의 감식

현장이 어디인지 파악이 되면 다른 현장과 같은 방법으로 감식한다. 발생지역을 중심으로 감식영역을 설정하고 통제를 강화해야 한다. 현장이 어떤 식으로든 변형되기 전에 완벽하게 기록해야 한다. 실외 현장에 있는 불필요한 물질을 제거하고 감식하려면 특수장비와 기법을 효율적으로 사용해야 한다.

현장과 진출입로의 모든 지도는 기준원점을 기반으로 표현해야 한다. 움직일 수 없는 사물을 기준원점으로 삼아 훗날이라도 지도상의 좌표를 재현할 수 있어야 한다. 현장에서 찾아낸 모든 증거물의 위치는 기준원점으로부터의 거리나 각도로 표현해야 한다.

Global Positioning System(GPS)을 이용하면 원하는 지점의 위치를 찾아내고 표시할 수 있다. 이동식 GPS 장치는 크기가 작고 가격도 저렴하다. 장치의 감도에 따라 1미터 오차로 위치를 기록할 수 있다. 또한 개인용 PC 프로그램과 연결하여 사용자가 입력한 GPS 좌표들을 이어 지도에 표시할 수 있는 장치도 많다. GPS는 고정된 위치나 현장범위를 찾아내는 데 사용하지만 기존에 사용하던 측정법을 이용해 GPS로 표시한 지점에서 특정 지점까지의 정확한 거리를 측정할 수도 있다.

실외 현장 감식에 필요한 별도 장비

아래에 실외 현장을 감식하는 데 필요한 최소한의 장비명과 그 용도를 나열하였다.

1. 전지가위, 도끼, 톱: 수색할 부위에 있는 식물의 제거에 사용. 넓은 지역에 걸쳐 있는 식물을 제거한다면 예초기를 임대 혹은 구매해서 사용한다.
2. 표시장치나 번호표: 증거물을 찾아낸 위치를 표시하거나 금속탐지기에서 양성반응이 나와 발굴검사가 필요한 지역을 표시하는 데 사용한다.
3. 띠나 경찰통제선: 수색지역을 표시한다. 집중수색을 할 지역이나 증거물 훼손을 방지하기 위해 설정한 출입구를 표시하는 데도 사용한다.
4. 삽, 모종삽, 쇠갈퀴: 구덩이를 파거나 흙을 제거하는 데 사용한다.
5. 페인트 붓: 묻혀있던 증거물에 부착된 토양을 조심스레 제거하는 데 사용한다.
6. 양동이: 현장에 있는 토양이나 기타 잔류물을 정밀감식하기 위해 다른 장소로 옮길 때 사용한다.
7. 체: 발굴 현장에서 파낸 흙 속에 들어있는 작은 증거물을 걸러내는 데 사용한다.
8. 증거물 봉투와 상자: 찾아낸 증거물 중 정밀감정이 필요한 증거물을 보관하는 데 사용한다.
9. 이동형 발전기: 장비, 조명, 전열기 등에 전원을 공급하는 데 사용한다.
10. 방수천 및 텐트: 현장이나 증거물을 임시로 보존하기 위한 구조물을 설치하는 데 사용한다.
11. 기록장치: GPS 장치, 줄자, 자, 나침반, 각도기(필요한 경우 현장을 3차원으로 표현하는 데 사용한다).
12. 금속탐지기: 토양 등에 묻혀있는 작은 금속을 찾아내는 데 사용한다.
13. 지하탐지레이더: 묻혀있는 시신이나 증거물을 찾아내는 데 사용한다.

14. 통신장치: 핸드폰이나 쌍방향 무전기

지표면에 있는 시신이나 증거물

대부분의 시신이나 증거물은 지표면에 있어서 빠르고 쉽게 찾을 수 있다. 지표면에 있는 시신이나 증거물을 다룰 때 지켜야 할 가이드라인이 있다. 정해진 규칙을 따르면 증거물을 찾고 보전하기가 쉬워진다.

현장 감식 구역을 정해야 한다. 현장이 어디까지인지 정확히 알 수 없기 때문에 초기에는 감식구역을 넓게 설정한다. 이때 감식구역을 시신이 위치한 중심구역과 시신 주변의 증거물이 있을만한 주변구역으로 나눠야 한다. 감식구역을 둘로 나눴으면 출입구를 정하여 감식에 참여하는 모든 사람은 이를 이용해야 한다. 명확한 통행로는 범인이 지나간 족적이나 혈흔 등이 남아있을 가능성이 가장 높은 곳이므로 현장 감식용 출입구로 설정하지 않는다.

현장을 철저하고 지속적으로 기록해야 한다. 수풀을 헤치거나 파편을 들어내면 수색을 멈추고 사진, 비디오, 스케치 등으로 추가로 기록한다. 사진이나 비디오를 촬영할 때에는 촬영 방향을 알 수 있도록 한다. 그러기 위해서는 앞서 설명한 것처럼 현장에 기준점을 설정해야 한다.

중심구역에 있는 모든 식물이나 자연적으로 존재하는 물체는 천천히 체계적으로 제거해야 한다. 사진 9.4는 실외 현장에 있는 물질을 제거한 모습이다. 모든 식물은 바닥면에서 1/2~3/4인치 높이까지 잘라 담은 후 본부로 옮겨 증거물을 찾아야 한다. 또한 용의자의 신발, 의복, 차량 등에 부착된 물질과 대조하기 위해 식물 증거를 채취한다. 최근 DNA 감정기술 특히 Amplified Fragment Length Polymorphism(AMFLP) 기술이 발달함에 따라 사람 DNA를 비교하듯이 식물 DNA를 비교해 동일한 식물인지 알아낼 수 있게 되었다. 이 기술은 유효화 과정을 더 거쳐야 하고 통계적 신뢰성을 얻기 위한 데이터베이스를 보강해야 하는 문제를 안고 있어서 실제 사건 감정에는 널리 이용되지 않는다.

현장을 빠짐없이 수색하려면 현장을 격자형으로 나누는 것이 좋다. 줄을 이용해 중심구역 주변에 사각형 격자를 친다. 이렇게 친 격자선은 증거물 수색 이외에도 특정 증거물의 위치를 표시하는 바탕선으로 이용할 수 있는 이점이 있다. 가능하다면 격자의 양 끝은 동 · 서 혹은 남 · 북을 향하도록

사진 9.4
주 경찰이 용의자와 총격전을 벌인 울창한 수풀지대. 수색이 가능하도록 감식 요원이 현장에 있는 모든 식물을 잘라 제거했다.

한다. 격자 중 한 귀퉁이는 반드시 기준점을 포함하도록 한다.

현장 전역을 금속탐지기로 검사해야 한다. 양성반응이 나오면 나무막대에 매단 깃발을 꽂아 위치를 표시했다가 나중에 삽과 체를 이용해 발굴한다. 이때 증거물의 매장 깊이를 기록해야 한다. 금속성 물체를 찾아 채취했어도 그 부분을 다시 금속탐지기로 검사하여 다른 금속이 있는지 확인해야 한다. 금속을 잘 탐지하려면 감도를 조절해야 하는데, 대부분의 금속탐지기는 감도를 조절할 수 있도록 되어 있다. 장비를 보정해 사용하는 것도 중요하다. 예를 들어 금속탐지기로 탄피를 찾는다면 표준 탄피를 이용해 장비를 보정하면 좋다.

증거물을 찾아 현장에서 기록을 마쳤으면 이를 조심스레 채취해서 포장해야 한다. 증거물이 묻힌 위치 및 깊이는 수사의 중요한 단서가 될 수 있으므로 정밀하게 기록한다. 식물이 자라서 증거물을 덮고 있다면, 이는 증거물이 식물이 자란 시간 이상 동안 그 자리에 있었다는 의미이다. 이런 식물을 채취해 식물학자의 조언을 받으면 시간에 대한 중요한 정보를 얻을 수 있다.

시신이나 커다란 증거물을 들어낸 후에는 그 바닥을 약 6인치 가량 더 파서 검사해야 한다. 이렇게 파낸 흙은 체로 쳐서 검사하여 간과한 증거물이 있는지 다시 확인한다.

중심구역에 있는 모든 증거물을 수색해 기록하고 채취했으면 인접구역

(a)

(b)

사진 9.5 (a)~(b)

(a) 현장에서 금속탐지기를 이용해 증거물을 찾아내고 있다. 지표면 바로 밑에 있는 증거물을 발굴할 때에는 모종삽을 사용한다.

(b) Henry Lee 박사와 현장 감식 요원이 현장에 있는 관목을 제거한 후 금속탐지기로 검색하여 탄피를 찾아냈다(CT State Police-Major Crime Squad 제공).

을 수색해야 한다. 중심구역에서 얼마나 멀리까지 수색할지는 사건의 종류, 필요한 증거물을 찾아냈는지 여부, 중심구역으로 이어지는 자국, 지형 상황 등에 따라 달라진다. 효율적으로 수색해 증거물을 찾아낼 확률을 높이려면 체계적으로 수색해야 한다. 중심구역 주변에서 증거물을 찾아냈으면, 그 위치를 기준점으로부터의 거리로 혹은 GPS 좌표로 정확하게 기록해야 한다.

매장 증거물 및 매장시체

매장 증거물은 두 가지 문제가 있는데, 첫 번째는 증거물을 찾기가 어렵고 두 번째는 증거물을 발굴하기가 어렵다는 것이다. 매장된 위치를 찾는 데는 다양한 방법이 사용되고 있다. 이들 중 100% 효과적인 방법은 없고 특수장비와 훈련된 인력을 동원해야 한다. 매장된 위치로 추정되는 곳을 찾아냈으면 매장된 증거물이나 시신을 훼손하지 않으면서 발굴하는 방법을 강구해야 한다. 철저한 계획을 수립하고 발굴 참여자가 이를 충분히 숙지한 상태에서 체계적으로 수색하여 위의 두 문제를 차질 없이 해결해야 한다.

매장지에서 나타나는 징후들

시신이 매장된 곳이라는 것을 보여주는 가장 확연한 징후는 매장지에 나타난다. 매장지가 나타나는 모양은 많은 인자들에 따라 달라지므로 어떤 모습을 찾을 수 있을 것인가도 이에 따라 달라진다. 매장지에는 시신이 부패되는 냄새가 나기 때문에 훈련시킨 개를 이용해 이 냄새를 찾을 수 있다. 가능하다면 시신이 얼마나 오랫동안 매장돼 있었고 어느 달에 매장되었는지 밝히려고 노력하는 것이 중요하다. 매장지라는 것을 보여주는 징후들이 많이 있다.

매장된 시신이나 물체는 위장되어 있거나 감춰져 있을 수 있다. 덤불이나 잔가지 더미로 덮어 찾지 못하게 해놓았을 수도 있다. 표면에 있는 모든 물체를 제거할 필요가 있을 수 있고, 불도저와 같은 중장비를 이용할 수도 있다. 중장비를 동원할 때에는 매장된 물체가 훼손되지 않도록 주의해야 한다. 표면의 흙을 살살 한 층씩 벗겨내야 한다. 커다란 장비로 파내는 것은 좋지 않다.

식물의 생장상태를 분석할 수 있다. 뿌리째 뽑혀있거나 식물이 훼손된 것처럼 보이는 것은 최근에 식물을 헤쳤거나 매장했다는 것을 의미한다. 시간이 지나면 식물이 자라 매장지를 덮게 된다(사진 9.6 참조). 매장지의 식물 상태가 원래 모습을 되찾으려면 몇 년이 걸린다. 식물학자는 주어진 기후 조건에서 식물의 평균 생장주기에 대한 중요한 정보를 줄 수 있을 것이다.

매장지를 토양으로 메우면 이 토양이 풍화 및 침하되어 매장지에 구덩이가 생기게 된다. 사람의 복강부분은 다른 부분에 비해 빨리 분해되므로 구덩이 안에 추가로 빈 공간이 생기게 된다. 퍼져있던 토양이 수축하면서 구

사진 9.6
관목 아래에 묻혀있던 유골을 찾아낸 모습

덩이 주변을 따라 균열이 발생할 수도 있다. 토양이 침하된 면적을 보면 어느 정도 크기의 구덩이를 팠는지 혹은 어느 정도 크기의 물체가 묻혔는지 추정할 수 있다. 토양이 침하된 부분을 찾았으면 표식을 해두었다가 나중에 발굴하거나 지중탐지레이더 등으로 정밀감식을 할 필요가 있다.

시신이 매장된 것으로 추정되는 부분은 지중탐지레이더로 검색할 수 있다. 지중탐지레이더는 이동식으로 되어 있지만 다루기가 까다롭고 표면을 정리하고 치운 후에 사용할 수 있다. 격자를 따라 지중탐지레이더를 서서히 이동시키면 지하의 토양 구성 변화를 탐지할 수 있다. 파헤치지 않은 토양은 여러 층으로 되어 있지만, 토양을 파헤치면 이런 층이 합쳐진다. 레이더는 토양층의 변화를 탐지할 뿐 아니라 특정 깊이에 있는 비정상적 상태까지 탐지한다. 이를 통해 발굴작업을 해야 할지에 대한 정보를 얻을 수 있다.

토양의 상태를 분석하고 지형을 고려하면 거기에 시신이나 커다란 물체가 묻혀있을지 여부를 추정하는 데 도움이 된다. 예를 들어 물과의 경계선 부근에서는 토양에 물이 차서 시신을 깊이 묻을 수 없다. 또한 진흙이 다져진 곳이나 이판암(泥板岩) 층이 있는 지역은 땅을 파기 어려우므로 그런 곳에는 시신이 묻혀있을 가능성이 낮다.

매장지를 찾아냈으면 체계적으로 감식해야 증거물과 유골을 성공적으로 발굴할 수 있다. 앞서 언급한 것처럼 유골발굴은 긴급을 요하는 일이 아니기 때문에 충분한 시간을 갖고 계획을 짠 후 감식에 필요한 사람이나 장비를 확보하여 작업에 착수해야 한다. 발굴작업을 할 때에는 법고고학자나 법의인류학자의 도움이 가장 필요할 것이다. 발굴에 필요한 대부분의 도구는 전통적인 법고고학적 발굴작업 혹은 표준 발굴킷트와 대동소이하다. 대부분의 발굴은 토양을 살살 제거해냄으로써 중요한 증거물이 훼손되지 않도록 하는 식으로 이루어진다.

다른 모든 현장과 마찬가지로 매장지 전체를 기록한 후 매장지에 진입해야 한다. 매장지가 다른 현장과 다른 점은 기준점을 이용해 3차원으로 계측한다는 것이다. 즉 증거물의 위치를 표현할 때 깊이까지 표현한다.

정밀감식을 할 중심구역을 설정한 후 모퉁이 4개를 정확하게 표시해 계측하는 데 도움이 되도록 한다. 표면을 깨끗이 정리한 후 발굴을 시작한다. airlift, 흡입식 준설장치(hydraulic dredge) 혹은 water jet을 이용해 발굴지에 있는 다량의 토양을 치울 수 있다. 한 격자 혹은 한 지역에 있는 물질이 다른 격자나 지역에 있는 물질과 섞이게 하면 안 된다. 제거한 모든 물질은 1/4 inch mesh 체로 쳐서 작은 물질들을 걸러내야 한다.

표면에 있는 것을 먼저 대략적으로 치운 후에는 작은 모종삽 등으로 토양을 살살 걷어내는 식으로 발굴해야 한다. 삽으로 다량의 흙을 뭉텅뭉텅 걷어내면 안 된다. 매장지를 덮고 있는 토양층을 따라 한 번에 2~4인치씩 파야 하고, 한 층을 모두 발굴한 후 다음 층을 발굴한다. 토양층을 벗겨내기 전에 금속탐지기로 먼저 검색하고, 양성반응이 나온 곳은 나무막대기로 표시한다. 토양층을 벗겨내되 나무막대기 주변을 받쳐주는 토양은 남겨둬야 하고 이 토양은 나중에 별도로 체로 쳐서 검사한다. 얼마만큼의 두께로 토양층을 걷어낼지는 금속탐지기의 감도에 따라 달라진다. 1개 층을 걷어낸 후에는 1인치 가량의 경계토양을 매장지 벽면을 따라 남겨둔다. 1개 층을 제거한 후 매장지 벽의 정확한 위치를 알려주는 공구흔이나 절단된 뿌리가 손상되지 않도록 세심한 주의를 기울이며 이 토양을 제거한다. 각 층에서 채취한 토양은 체로 쳐서 작은 증거물까지 찾아한다. 필요하다면 각 층의 토양은 격자별로 긁어내서 다양한 간극의 체로 쳐내야 한다.

시신이나 유골을 발굴할 때에는 일반적으로 두개골이나 골반뼈부터 드러난다. 부위에 상관없이 시신이 드러나기 시작하면 그 이후에 발굴하는 모든 증거는 그 자리에 두고 시신에 걸치고 있다고 생각하고 취급해야 한다. 시신에 부착된 오물을 떼어낼 때에는 가장 작은 목재도구와 솔을 이용한다. 시신의 각 부위에 부착된 사물은 따로 모아 둔다.

시신에 부착된 오물을 떼어낸 후에는 사진으로 촬영하고, 스케치하며 모든 증거물의 위치를 표시해야 한다. 현장을 완전히 기록한 후 일반 현장에서 증거물을 다루는 것과 같은 방법으로 시신과 관련된 증거를 채취할 수 있다. 시신에 살이 많이 남아있고 손상되지 않았으면 시신 밑에 합판을 밀어 넣거나 시신을 시체낭 속으로 밀어 넣어 시신을 들어낸다.

수중 현장

시신이 물속에 있는 실외 현장도 있다. 시신은 얕은 늪, 물살이 센 강, 호수, 얼음이 진 물속, 염수 혹은 담수 등에 있을 수 있다. 수중시체마다 독특한 특징이 있어 시체마다 증거물의 수색 및 채취 방법이 달라진다. 현장감식 훈련을 받은 사람이 수중검색을 담당한다. 다이빙 팀원 중 몇 명이 훈련을 받거나 현장 감식을 이해하고 증거물을 기록하고 적절히 채취하는 것이 이상적이다. 최소한 현장 감식 요원이 증거물을 보존하고 포장할 수 있도록 다이버들을 도울 수 있어야 한다. 사진 9.7 (a)와 (b)는 수중에서 증거물을 수색하는 모습을 보인 것이다.

다이빙장비와 안전장구 외에도 특수장비를 사용하면 좋다. 증거물과 수중상태를 기록하려면 방수처리된 카메라, 비디오 및 조명 장치가 필요하다. 그러나 물속이 너무 탁해 수중촬영이 불가능할 수 있다. 수중촬영이 불가능하면 스케치와 노트기록만으로 기록을 마칠 수밖에 없다. GPS 장치를 이용하면 증거물의 위치를 스케치하고 기록하는 데 좋다. 현장에서 증거물을 찾아 감정소로 옮길 때에는 증거물을 물과 함께 용기에 담아 옮김으로써 변질을 방지해야 한다.

얕은 지역을 수색할 때에는 장화 등을 신고 물속으로 들어가 금속탐지기를 사용할 수 있다. 다른 첨단 전자장비를 수중수색에 활용할 수도 있다. 양성자 압력계는 금속성물질이 존재함에 따라 변하는 지구 자기장의 변화를 감지한다. side scan sonar 장치는 물속에 돌출되어 있는 모든 물체를 탐지할 수 있다. 지층탐사기(sub-bottom profiler)는 수중 바닥에 묻혀있는 사물의 고해상도 이미지를 보여줄 수 있다.

사진 9.7 (a)~(b)
(a) 수중 현장: 항구 바닥에서 두개골과 뼈가 든 금속 드럼통을 찾아냈다.
(b) 다이버가 건져 올린 통과 유해를 근접 촬영한 것. 증거물이 더 이상 산화되어 변질되는 것을 방지하기 위해 물에 담가 감정기관으로 옮긴다.

(a)

(b)

수중 현장이나 증거물의 위치를 정확하게 찾아내는 것이 관건인 경우가 종종 있다. 위치를 정확하게 모르면 감식 요원은 목격자 증언, 유속, 풍향과 풍속, 수심과 탁도, 수중지형도 등을 활용해야 한다. 이런 정보는 수색에 도움이 될 뿐 아니라 안전한 잠수계획을 수립하는 데도 도움이 된다. 보트를 타고 수면을 수색할 수 있으면 초음파장치, 네갈고리나 특수훈련을 받은 개를 이용해 시신 등을 찾을 수 있다. 전문가들에 의하면 개는 150피트 아래 있는 사람을 찾을 수 있다고 한다. 수색 중 의심이 가는 지역이나 물체를 발견했으면 그 주변에 부표를 띄우거나 GPS 좌표를 확인하여 나중

사진 9.8
식물줄기에 걸려있는 부유시체

에 정밀수색을 할 수 있도록 한다. 지면에서의 수색과 마찬가지로 어디를 수색할지 확인하고 격자 혹은 수색 방법을 설정하여 빠짐없이 수색하는 것이 중요하다. 수중시체를 수색하는 일은 아주 복잡한 일이다. 부패가 진행되면 시신에 기체가 차서 뜨게 된다. 그리고 물의 흐름이나 조수에 의해 떠내려가 예상하지 못한 곳에서 발견되기도 한다. 따라서 시신이 발견된 위치가 1차 현장(primary crime scene)인지 확인하는 것이 중요하다.

수색할 범위를 좁혔으면 위에 설명한 방법 중 하나로 시신이나 증거물의 위치를 찾아내거나, 수중시신이 있는 곳이 넓지 않은 경우에는 잠수부를 보내 수색작업을 한다. 잠수부는 나선형 혹은 격자형 방법으로 수색할 수 있다. 수중수색을 할 지역은 닻과 선 등으로 위치를 표시해야 한다. 시계가 안 좋을 경우에는 두 명의 잠수부를 들여보내 걸어내기 검색(snag line search)을 할 수 있다. 잠수부 두 명이 로프 양 끝을 잡고 들어간 후 로프를 훑어 수색구역 안에 있는 모든 돌출물을 걸어내는 것이다. 선을 잡고 작업하는 것은 잠수부의 안전을 확보하는 데도 좋다.

증거물이나 시신이 발견되면 현장과 증거물을 기록한 후 증거물을 수거해야 한다. 찾아낸 모든 작은 물체는 잠수부가 비닐봉지나 용기에 개별 포장해 수표면으로 올린다. 크거나 무거운 물체는 lift bag이나 전동 윈치로 인양해야 한다.

수중시체를 인양할 때에는 증거물이 탈락되는 일이 없도록 특별한 인양

기법을 사용해야 한다(사진 9.8 참조). 인양 중에는 시신과 의복의 위치가 변할 수 있으므로 이들의 위치에 각별한 주의를 기울여야 한다. 시신을 조심스럽게 수면까지 올렸으면 부검실로 옮겨 정밀검사를 할 수 있다. 시신 이외에도 물 시료를 채취하고 수표면 및 바닥면의 온도를 측정한다.

증거물을 인양할 때에도 특별한 취급 방법이 있다. 대부분의 물체는 지면에서보다 물속에서 훨씬 빨리 변질되며, 염수 속에 있을 경우 특히 더 그렇다. 또한 물체를 물속에서 꺼내면 산화 등의 변질과정이 더 빨리 진행된다. 물에서 인양한 증거물의 상태는 다음의 세 가지 중 하나의 상태에 속하는데, 그 상태에 따라 인양한 후 어떻게 다룰 것인지가 달라진다.

거의 변질되지 않은 증거물은 말려서 감정의뢰를 할 수 있다. 총기와 같은 금속성 물체는 물속에서 꺼내면 빠른 속도로 산화된다. 따라서 금속성 물체는 그 물체가 담겼던 물과 함께 통 속에 넣어 포장하여 가급적 빨리 실험실로 옮기는 것이 좋다. 약간 변질된 증거물은 현장에 출동한 전문가의 도움을 받아 전기분해 등의 방법으로 보존할 수 있다. 증거물이 심하게 부식되어 복구가 어려울 것 같으면 현장에서 증거물을 상세히 기록한다. 이 증거물은 비닐봉지에 넣어 두고 다른 보존 방법이 있는지 찾아볼 수 있다.

부드러운 진흙뻘 아래에 있는 물체를 들어낼 때에는 흡인력 효과 때문에 작업이 어려워진다. 흡인력이 얼마나 셀지는 물체의 크기 및 형태와 바닥면의 상황에 따라 달라진다. 이런 물체는 갑자기 바닥면에서 떨어질 수 있고 이때 잠수부가 다치거나 증거물이 훼손될 수 있으므로 조심해야 한다. 커다란 물체를 인양할 때 이런 위험성이 발생할 가능성을 최소로 하려면 잠수부는 부유성 lift bag을 사용해야 한다. 이 lift bag을 서서히 부풀리면 커다란 물체를 수면까지 서서히 인양할 수 있다.

화재 및 폭발 현장

화재 현장

방화사건의 성공적인 해결 여부는 현장에서 채취하는 증거물의 질에 달려 있다. 가장 중요한 증거물은 발화지점에서 얻어질 것이다. 따라서 화재현장을 감식할 때에는 발화지점을 찾는 데 주안점을 두게 된다.

화재 현장을 철저히 감식하는 것이 중요하지만, 그 현장에서 발생하는 여러 복잡한 문제들 때문에 철저한 감식이 어려울 수 있다. Technical Working Group on Fire/Arson Scene Investigation(화재 및 방화 현장 감식기법 워크그룹)의 최근 연구 결과에 의하면 다음과 같은 문제가 나타나는 것으로 알려졌다.

1. 발화지점과 화재 원인이 명확하지 않은 복잡한 화재 현장이 있을 수 있다. 그래서 자격이 있는 화재 현장 감식 요원이 있어야 한다. 그러나 이들을 훈련시키고 준비시키는 데는 전문가가 되기 위해 헌신해야 하기 때문에 시간과 돈이 많이 든다.
2. 화재는 본질적으로 사물을 파괴하는 특징이 있으므로 화재가 시작되면서 증거물도 훼손되기 시작한다. 또한 소방대원이 인명구조, 화재진압, 점검 등의 정상적인 작업을 하면 증거물은 더욱 훼손된다.
3. 소방서, 공공안전부서, 가스 · 전기회사 등 다양한 기관에서 파견된 전문가가 필요하다. 현장에 여러 사람이 투입되기 때문에 증거물이 유실 · 훼손되거나 무결성이 훼손될 우려가 커진다.
4. 누가 화재 원인을 규명할지에 대한 책임소재가 나뉘게 된다. 화재 원인 규명의 1차 책임은 소방서에 있지만 방화로 밝혀지면 이는 범죄행위이기 때문에 수사기관에서 범죄혐의에 대해 수사해야 한다.
5. 일부 수사기관이나 소방서에서는 책임감 없이 화재조사에 임할 수 있다. 이런 책임감 결여 문제는 적절한 자원이 없거나 임무가 부여되지 않았을 때 발생한다.

화재 현장의 기록

현장을 기록하는 최적의 시간은 화재가 진행 중인 상태에서 감식 요원이 현장에 도착했을 때이다. 이때에는 화재나 연기의 특징이나 구경꾼의 모습을 기록할 수 있다. 화재가 진압된 후에는 소방관에 의해 훼손된 부분 및 현장 구석구석을 사진으로 촬영해야 한다.

사진, 비디오, 스케치, 노트 등으로 기록해야 한다. 화재 현장은 검게 변해 빛을 흡수하므로 사진이나 비디오로 촬영할 때 적절한 노출값을 확보하려면 특수기법을 이용해야 한다. 정상적인 부분이나 훼손되지 않은 부분을 기록하는 것은 대단히 중요하다. 예를 들어 모든 전기회로를 검사한 후 기록해서 이들이 화재와 연관되어 있는지 여부를 입증해야 한다. 현장 조사

전 과정을 기록해야 한다.

화재 현장 감식

가장 먼저 고려할 것은 감식팀의 안전이다. 화재 현장의 상당수는 구조적으로 불안정하다. 또한 화재 현장에는 부식성 혹은 위험성이 있는 물질이 많으므로 각별한 주의를 기울여 취급하고 개인보호장구를 착용해야 한다. 감식 요원은 모든 화재진압 행위가 끝난 후 유독가스가 빠지고 구조적으로 안전하다는 것을 확인한 후에 현장에 들어가야 한다. 안전확보를 위해 꼭 필요한 경우가 아니면 1차 관찰이 끝날 때까지 현장에 있는 어느 것도 이동시켜서는 안 된다.

화재 현장을 수색하는 가장 큰 목적은 발화부를 찾는 것이다. 발화부에서 떨어진 훼손되지 않은 곳에서 시작해서 가장 많이 소훼된 발화부 쪽으로 수색해 나간다. 훼손된 정도와 탄화된 정도를 관찰해서 화염의 이동 방향을 역추적하여 발화부를 찾을 수 있다. 이때 다음 인자들을 확인해야 한다.

1. **외부손상**: 화재가 건물 외부에서 시작됐거나 문·창문이 열려있으면 구조물 외부의 탄화 및 연기형태를 관찰하여 화염 진행 방향을 알 수 있다.
2. **문과 창문**: 안과 밖 중 어느 쪽이 더 심하게 손상되어 있는지 관찰하면 화염 진행 방향 및 화재 당시 이들이 열려 있었는지 여부를 알 수 있다.

사진 9.9
목재기둥에 생긴 연소형상. 화염 진행 방향이 나타나 있다.

3. **탄화형상**: 화염이 목재 구조물을 감싸면 모서리가 뭉개지고 탄화된 표면이 악어 등처럼 갈라진다. 화염의 강도에 따라 이 탄화형상이 달라진다. 사진 9.9는 목재기둥의 연소형상을 보인 것이다.

증거물의 채취 및 보존

화재 현장에서는 다양한 증거물을 찾을 수 있고, 이 중에는 화재 현장에서만 독특하게 나타나거나 모든 현장에서 공통적으로 나타나는 것도 있다. 방화에는 주로 인화성물질이 사용된다. 인화성물질로는 가솔린 등의 인화성 액체, 인화성 고체 및 인화성 기체 등이 있을 수 있다. 현장에는 성냥, 담배, 초, 시한장치, 폭발물 등의 발화원이 있을 수 있다. 화재 현장에는 지문, 족적, 타이어흔, 공구흔 등이 흔히 나타난다. 또한 뼈, 혈액, 조직, 치아 등의 생체 증거물이 있을 수도 있다.

발화부 주변에 있는 모든 연소잔류물을 철저히 조사해 화재 원인이 될만한 것이 있는지 확인한다. 방화 현장에는 특이 취향(특히 석유계 탄화수소)이 남아있을 수 있다. 연소잔류물 속에는 점화에 사용한 시한장치 부품이나 기구가 남아있을 수 있다.

여러 곳에 불을 놓기 위해 용기를 사용했을 수 있다. 발화부가 여러 곳으로 확인될 경우 발화부와 발화부 사이를 철저하게 수색해 용기로 사용될만한 물질이 있는지 확인한다. 방화범은 병, 깡통, 상자 등을 이용해 인화성물질을 현장으로 반입했을 수 있다. 방화범은 화재가 나면 화재 현장을 뜯고 들어가는 데 사용한 공구 혹은 착화시키는 데 사용한 도구가 훼손되어 없어질 것이라고 생각하고 이런 것들을 현장에 두고 갈 수 있다. 증거를 인멸하기 위해 발화부 주변에 종이뭉치나 책을 갖다놓았을 수 있는데, 거기에 증거가 남아있을 수 있다. 현장에서 화재잔류물과 토양 등을 채취해 석유계 탄화수소 등의 인화성물질이 있는지 검사해야 한다.

방화 증거물을 적절히 채취해 보존하도록 주의를 기울여야 한다. 방화를 입증할 수 있는 증거물이 변질되는 것을 최소로 하기 위해 지켜야 할 절차가 있다. 위치를 바꿔 증거물을 채취할 때에는 채취도구를 세척해서 사용해야 한다. 증거물은 밀봉할 수 있는 깨끗한 용기에 담는다. 화재잔류물을 채취할 때에는 다양한 크기의 깨끗한 금속제 페인트 통을 사용하는 것이 가장 좋다. 휘발성물질이 포함된 화재잔류물은 즉시 법과학 감정소로 보내야 한다.

사진 9.10
폭파된 Oklahoma Murrah 연방빌딩의 전경. 테러범은 건물 전면 주차장에 주차 시킨 트럭에 다량의 폭약을 적재해 놓았었다.

폭발 현장

일반적으로 폭발 현장 감식은 절차, 도구, 목적면에서 방화 현장과 다르지 않다. 따라서 현장보존 및 증거물의 기록, 인지, 채취, 보존이 가장 중요하다. 그러나 폭발물에 따라 파괴력이 달라지고 현장의 변형이 일어나는 문제가 추가적으로 발생한다. 또한 폭발 현장에는 폭발되지 않은 폭발물이 있을 수 있고, 이는 감식 요원에게는 심각한 위험요인이 될 수 있다.

현장보전과 무결성이 확보된 후에는 여러 관점에서 현장의 예비감식을 실시해야 한다. 폭발 현장은 대혼돈상태에 빠져있는 경우가 많으므로 현장 감식에 더 많은 인력이나 장비를 투입해야 한다. 사진 9.10은 Oklahoma 폭발사건 현장 사진이다. 이런 곳에서는 안전이 가장 중요하다. 감식 요원은 구조물의 붕괴위험성, 또 다른 폭발물이 설치되어 있을 가능성, 불발탄의 존재가능성, 수도 · 전기 · 가스시설 이상, 다양한 유독물의 존재가능성 등을 염두에 두고 주의를 기울여야 한다. 현장에서 이런 징후를 발견하면 즉시 대피하고 해당 전문가가 적절한 조치를 취하도록 해야 한다. 현장에는 많은 사람과 장비가 동원되어 움직이므로 증거물 보존에 각별한 주의를 기울여야 한다. 이들은 중앙에서 통제되는 조직체계에 따라 움직이게 해야 한다.

폭발 당시에 폭발물이 설치되어 있던 지점을 찾아야 한다. 그곳에서 증거물의 대부분을 찾을 수 있다. 폭발물에 따라서는 폭발지점에서 상당 거리가 떨어진 곳에서도 추가 증거물을 찾을 수 있다. 폭성을 갖는 물질은 크게 폭약과 화약으로 나눌 수 있다. 화약을 이용할 경우 화약을 단단한 용기에 집어넣고 점화시키는 방법으로 폭탄을 만든다. 연소시키면 발생기체가 용기를 빠져나가지 못해 내부압력을 증가시키고 그 결과 용기가 파열된다. 화약의 폭속은 3280 feet/sec 이하다. 흑색화약, 단기제 혹은 2기제 무연화약, 신호탄 등이 주로 사용되는 화약이다. 폭약은 뇌관 등의 폭발에 의해 발생하는 충격력에 의해 순간적으로 기폭된다. 폭속은 3280 feet/sec보다 훨씬 빠르다. 다이너마이트, 군용 C4, ANFO(ammonium nitrate와 fuel oil의 혼합물) 등이 주로 사용되는 폭약이다.

화약과 폭약은 폭속, 폭발위력, 폭발에 의한 잔류물 및 파편형태 등이 다르다. 화약이 연소되면 사물을 밀치거나 들어올리는 효과가 나타낸다. 그 결과 파편이 크고 직각 형태로 만들어지고 대부분 연소된다. 폭약은 사물을 폭발시키는 효과를 나타낸다. 그 결과 파편이 작고 모서리 부위는 칼날처럼 예리하게 만들어지며 구덩이가 파이고 미연소폭약이 생기게 된다.

폭발 현장에서 증거물을 채취할 때에는 다음과 같은 증거물을 채취해야 한다.

1. 폭발물 부품이나 파편으로 추정되는 물질들 – 피해자 몸에서 파편을 회수하는 것을 잊으면 안 된다.
2. 건전지, 테이프, 소책자, 자동차, 용기 등 폭발물을 제작하거나 운반하는데 사용한 것들을 채취한다.
3. 폭약이 놓여있던 자리를 정밀수색하여 파편을 수거하거나 면봉으로 닦아낸다.
4. 폭약이 놓여있던 자리 맞은편에 있는 면을 면봉으로 닦아내야 한다.
5. 폭발물과 아닌 것을 구분하기 위한 대조시료 채취하는 것을 잊지 말아야 한다.
6. 화재 현장과 마찬가지로 지문, 족적, 타이어흔, 미세 증거물, 혈흔 등이 남을 수 있으니 이들을 간과해서는 안 된다.

현장에서 찾아낸 폭발물

현장에서 수상한 포장물이나 물체를 발견하면 그것이 부비트랩 장치 혹은 취급자에게 위해를 가할 수 있는 폭발물인지 확인해야 한다. 폭발물이

사진 9.11 (a)~(b)
(a) 여러 명의 경찰관에게 총기를 발사한 범인 집에 설치된 부비트랩
(b) 범인의 집 주변에서 발견된 파이프폭탄

(a)

(b)

라는 의심이 조금이라도 들면 즉시 행동을 취해야 한다. 현장에 있는 모든 사람을 대피시키고 통제구역을 재설정한 후 폭발물 전문가가 현장을 체계적으로 수색해 폭발물을 찾아낸다. 또한 안전장치를 취할 때까지 사람들을 안전한 곳에서 기다릴 수 있도록 해야 한다. 부비트랩은 마약 밀조 실험실, 조직폭력집단 거주지 등에서 발견된다.

부비트랩은 그 형태가 다양하다. 스위치를 폭약 용기나 인화성액체에 연결하고 누군가가 스위치를 켜는 순간 기폭되도록 구성된 것들이 있다.

냉장고 문 등의 가전제품에 폭탄을 연결한 것도 있다. 파이프폭탄이나 사제엽총 등에 필라멘트선을 연결한 것도 있다. 비디오 장치에 넣으면 내부에 있는 폭약이 터지도록 설계된 비디오테이프를 이용한 사건도 있었다.

부비트랩에 빠질 위험성을 최소로 하려면 지켜야 할 사항이 있다. 항상 긴장하고 사물을 만지기 전에 육안으로 검사하는 것이다. 가구나 가전제품을 사용하기 전에 항상 점검한다. 의심스런 장소에 있는 스위치나 가전제품 스위치는 만지지 않는다. 또한 흡연을 하지 않으며, 공기나 직접 접촉에 의해 화학물질에 오염될 가능성이 있는 곳에서는 음식물을 먹지 않는다.

코네티컷 주의 시골지역에서 주민 간의 소소한 분쟁을 처리하러 경찰관이 출동한 일이 있었다. 경찰관이 어떤 사람을 조사하려 하자 그는 아무런 이유 없이 총기를 뽑아들고 경찰관에게 발사하기 시작했다. 이 총격전으로 세 명의 경찰관이 치명상을 입었다. 마당, 차량 및 별동 건물 등에 수많은 총기와 폭약이 있는 것처럼 보였다. 폭발물 전문가가 철저하게 수색한 결과 사진 9.11 (a)와 (b)처럼 부비트랩이 20개 이상이 설치되어 집안으로 침입하는 사람을 살상할 수 있도록 되어 있었다. 초기에 이런 위험징후를 감지하지 못해 폭탄수색 및 해체작업을 선행하지 않았더라면 더 많은 경찰인력이 부상 당할뻔한 사건이었다.

마약 밀조 실험실

마약 밀조 실험실의 종류는 매우 많으므로 그 종류를 일일이 열거하는 것은 불가능할 정도이다. 마약 밀조 실험실에서는 다양한 남용 및 규제약물을 생산할 수 있다. 한 실험실에도 다양한 실험실과 합성공정이 있을 수 있다. 지난 10년간 미국에서 압수 수색을 한 마약 밀조 실험실 중 80% 이상이 methamphetamine과 관련된 물질을 합성하고 있었다. 그중 일부는 아편에서 morphine을 추출하는 것처럼 식물 원료에서 마약을 추출하는 실험실이었다. 또 다른 실험실에서는 마약원료 혹은 화학약품을 이용해 마약을 합성하는 실험실이었다. 의약품을 원료로 마약을 합성하는 실험실도 있었다.

수사기관에서 많은 노력을 기울여 매년 마약 밀조 실험실의 적발 및 압수 건수가 늘어남에도 불구하고 마약은 감소할 기미를 보이지 않고 있다. 미국 내 거의 모든 주에서 마약 밀조 실험실에 대한 단속 건수가 늘어나고 있다. 마약 밀조에 사용하는 화학성분의 유통규제를 강화하고 있음에도 불구하고 마약 밀조에 사용하는 원료는 아직도 쉽게 구할 수 있는 실정이다. 그 결과 methamphetamine과 같은 남용약물의 사용량이 증가하는 추세이다.

마약 밀조 실험실은 통제가 안 되는 대단히 위험한 실험실이다. 합성에 사용하는 상당수의 화학약품은 위험성이 있는 것들이고, 이들을 부적절하게 사용 및 폐기함으로써 그 위험성이 더 커진다. 화학약품에 라벨이 붙어있거나 원래 용기에 담겨있는 경우는 거의 없고, 다른 화학약품과 섞여있을 수 있다. 실험장비도 부적절하게 설치되어 운용되고 있다. 또한 실험실은 일부러 으슥한 곳에 설치하고 부비트랩을 설치해뒀을 수도 있다. 마약 밀조 실험실을 압수 수색하려면 훈련된 화학자나 마약 밀조 실험실 관계자 입회하에서 다음의 주의사항을 지키며 압수 수색해야 한다. 마약 밀조 실험실에서는 다른 범죄 현장과 같은 방법으로 증거물을 찾아 채취하고 보존한다. 지문, 문서, 화폐, 기록, 컴퓨터, 집기 등은 후속 수사를 위한 대단히 중요한 증거물이 된다.

1. 자격을 갖춘 화학자의 기술 지도를 받기 전에는 절대로 실험실 안으로 들어가지 않는다. 법과학 감정소나 독성학 실험실에 도움을 요청한다. 다른 팀원들도 폭발 위험이 있는 물질을 다뤄야 하기 때문에 화학지식과 개인 보호장구를 갖춰야 한다.
2. 마약 밀조 실험실 주변이나 안에서는 절대 흡연하거나 음식물을 먹지 않는다.
3. 약품에 물을 붓거나 물에 약품을 쏟는 등의 방법으로 폐기하지 않는다.
4. 전열기, 교반기 등 기계 및 전기부품의 스위치를 차단하지 않는다.
5. 마약 밀조 실험실과 그 주변의 출입을 통제한다. 불필요한 혹은 권한이 없는 사람이 통제구역 안으로 들어가지 못하도록 한다.
6. 자격을 갖춘 화학자가 현장에 도착해 실험실 장치를 해체할 때까지 통제 상태를 유지한다.

마약 밀조 실험실 혹은 실험실로 사용됐을 것으로 의심되는 곳을 수색할 때에는 화학약품이나 약품용기에 각별히 주의를 기울여야 한다. 이런 화학약품 용기를 보고 그 실험실에서 어떤 종류의 마약을 만드는지 알아낼 수 있는 경우가 있다. 표 9.1과 표 9.2는 마약 합성에 사용되는 시약을 보인 것이다. 수사기관이나 규제기관에서는 이런 시약의 거래내역을 모니터링을 하는 경우가 많다.

기록이 중요하다. 스케치, 사진, 비디오로 모든 장치를 있는 그대로 기록한다. 모든 화학 시약과 용기를 기록하고 그 양 또한 기록한다. 이 정보를 근거로 실험실에서 어느 정도 양의 마약을 생산할 수 있는지 추정할 수 있다. 모든 시약을 압수하여 분석해야 한다. 다량의 시약은 허가받은 사업자를 통해 안전하고 환경을 파괴하지 않는 방법으로 폐기할 수 있다. 빈 장치 내부에는 그 전에 합성한 물질이 남아있을 수 있으므로 이를 분석하면 그

표 9.1 마약 합성에 사용하는 시약

시약	합성하는 마약
Phenylacetone	Amphetamine
	Methamphetamine
Formamide	Amphetamine
Methylformamide	Methamphetamine
Cyclohexanone	Phencyclidine – PCP
Piperidine	Phencyclidine – PCP
Piperonal	Heliotropine – MDA
Nitroethane	MDA
Isosafrole	MDA
Indole	Dimethyltryptamine – DMT
Diethylamine	DMT
Olivetol	Tetrahydrocannabinol
Citral	THC
Verbenol	THC
Ergotamine	LSD
Lysergic acid	LSD
Benzoyl chloride	Cocaine
Succinaldehyde	Cocaine
Diphenylacetonitrile	Methadone
Phenylacetonitrile	Methylphenidate
2,5–Dimethoxy–4–methylbenzaldehyde	STP
3,4,5–Trimethoxybenzoic actd	Mescaline

표 9.2 마약 밀조 실험실에서 흔히 발견되는 시약의 위험성

시약	주의사항
Acetic acid	부식성
Acetone	가연성 및 독성
Benzene	가연성 및 독성
Boron trifluoride	물과 접촉하면 발화될 수 있음
Chloroform	독성
Ethanol (ethyl alcohol)	가연성
Ethyl ether	높은 가연성
Lithium aluminum hydride	물과 접촉하면 발화 및 폭발할 수 있음
금속 magnesium	가연성
Methanol (methyl alcohol)	가연성 및 독성
Sodium(potassium) hydroxide	부식성

실험실에서 어떤 물질을 분석했는지 알 수 있다.

화생방 물질이 관련된 현장

화생방 대량살상무기가 관련된 사건인 경우 많은 유관기관과 다양한 직위의 공무원들과 상호협력하여 문제를 해결해야 한다. 때로는 사설기관도 여기에 포함시킬 수 있다. 이 팀에는 지방 · 주 및 연방 수사기관, 소방관, 특수훈련을 받은 폭발물 해체 전문가, 위험물질 취급면허를 가진 사람, 그것이 어떤 물질인지 현장에서 예비실험을 할 수 있는 감정관, 실험실에서 감정할 수 있는 감정관, 의사 및 보건소 관계자, 군인 등이 참여해야 한다. 각 분야 참가자들은 그들의 견해를 설명하고 중요한 정보를 제공할 수 있다. 행정적으로는 사건처리를 주관하는 기관을 선정할 수 있겠지만 다른 분야의 역할을 과소평가해서는 안 된다.

모든 요원들에게 적절한 교육을 시켜야 한다. 대량살상 현장 혹은 대량살상 위협이 있는 현장에 처음 출동하는 요원들은 위험인자들을 어떻게 빨리 효과적으로 최소화시키고 시민 및 현장 요원이 위험요인에 최소로 노출되는지에 대한 기본 지식을 교육받아야 한다. 이들은 필요시 경고를 지체없이 발령할 수 있는 기본 행동계획이 필요하다는 것을 알게 될 것이다.

대부분의 경우에 현장에 가장 먼저 출동하는 사람은 정복경찰관이다. 고난이도 기술훈련은 폭탄이나 위험물을 직접 처리하거나 이런 물질을 분석하는 사람에게 필요하다. 군대는 사건을 처리하는 데 필요한 인력을 제공할 수 있다. 업무처리지침을 명확하게 만들어 군부대 인력투입이 시의적절하고 원만하게 이루어지도록 해야 한다. 의료진을 포함하여 현장에 참여하는 모든 사람들은 화생방 위험으로부터 보호할 수 있는 개인보호장구 및 장비 사용법을 교육받아야 한다.

일반 절차

지역에 따라 대량살상 무기를 처리하는 표준처리 절차(standard operation procedure)가 다른데, 이는 지역마다 활용할 수 있는 인력 · 자원과 조직체계가 다르기 때문이다. 아무리 절차가 다르더라도 반드시 동일해야 할 절차가 있다. 대량살상 무기 혹은 정황상 그 가능성이 있는 물체와 맞닥뜨렸을 경우에 가능한 한 빨리 적절한 처리절차를 수립해야 한다. 이 중에서 인명보호가 가장 중요하다. 계획을 적절하게 세우면 대량살상 무기인지 확인하여 기록하고 채취 및 보존하여 증거물을 분석할 수 있다.

최초 출동자는 오염물질을 제독하고 사람을 대피시킬 준비를 해야 한다. 최초 출동자가 불필요한 위험에 빠지지 않는다면 현장에서 부상자를 구호하고 대피를 도와야 한다. 최초 출동자는 오염문제를 생각해 스스로를 보호하고 불필요하게 위험물이 퍼지지 않도록 해야 한다. 상황을 간단히 분석해 보면 어떤 인력이나 기관이 추가로 투입되어야 할지 판단하는 데 도움이 된다.

대량살상 무기의 70% 가량은 폭약을 사용하기 때문에 폭발물 해체 전문가는 항상 현장에 출동해야 한다. 현장대응팀 요원들이 추가로 도착하면 세부분석 및 대처계획을 수립할 수 있게 된다. 현장 수색 및 증거물 채취는 현장이 안정화된 후에 시작한다. 의심스런 물체를 찾아내면 가능한 한 즉시 예비 실험을 하여 정말 위협적인 상황인지, 현장의 위험 상황을 없애려면 어떤 조치를 취해야 할지, 이미 위험에 노출된 사람에게 어떤 조치를 취할지를 판단한다. 채취한 검체는 누출되거나 외부물질에 오염되지 않도록 포장한다. 포장하는 방법은 위험물의 종류에 따라 달라진다. 채취한 물질은 위험물질을 분석할 수 있는 감정기관으로 옮긴다.

표 9.3 대량살상 무기에 사용되는 생물 및 화학물질

탄저균(anthrax)	보툴리누스균(botulism)
부루셀라균(brucellosis)	Q열균(Q fever)
리신(ricin)	사린(Sarin)　　천연두균(Smallpox)
소만(Soman)	포도상구균 장내독소 B(Staphylococcal enterotoxin B)
야토병균(Tularemia)	베네쥬엘라말뇌염(Venezuelan Equine Encephalitis)
VX 가스	바이러스성 출혈열균(Viral Hemorrhagic fever)

위험물질을 제거하고 현장의 오염물을 처리해 현장안전을 확보한 후에 감식 요원이 현장으로 들어가 현장 기록 및 증거물채취 절차를 밟는다. 다른 주요 사건처럼 사건처리기록을 작성하고 보고회 등을 가져 경험을 팀원들과 공유하는 것은 대단히 중요한 절차이다.

전자장비 및 컴퓨터와 관련된 현장

서론

선진국에서는 컴퓨터나 전자기기를 이용한 원격통신이 일반화되어 있다. 대단히 짧은 기간 동안 이러한 장치에 대한 사람들의 의존성은 급격하게 증가했다. 직장 일을 처리하거나 여가를 즐길 때, 이들 기기에 대한 우리의 의존도가 얼마나 높은지는 전 세계 인터넷 인구가 3억5천만 명에 이르고 이 숫자는 계속 증가한다는 점을 통해 알 수 있다. 그 결과 컴퓨터 및 기타 전자장치가 범죄와 연루되는 빈도가 높아지고 있다. 즉 이 장비들은 장물이 되고, 범죄의 증거, 범죄의 수단, 범죄의 목표, 범행도구, 범행을 입증하는 수단 등이 되고 있다. 또한 컴퓨터를 이용한 인터넷 범죄는 아동포르노 혹은 금융사기만 있는 것이 아니라 절도, 위협, 납치, 살인, 마약, 사기 등의 거의 모든 범죄영역으로 뻗어 있다.

이 결과 수사당국은 범죄자들이 신기술을 사용하는 것에 대응하기 위해 예산투자의 우선순위를 조정하고 교육훈련 목표나 계획 등을 수립할 필요성에 직면해 있다. 많은 지자체에서는 이러한 변화에 적절히 대응하지 못하다가 최근들어서 첨단기술을 이용한 범죄에 대응하기 위해 설비확충, 교육훈련 등에 많은 예산을 투입하고 있다. 감식 요원은 컴퓨터 혹은 전자기기와 관련된 증거와 마주칠 일이 많아질 것이다. 따라서 감식 요원은 이러한 증거를 훼손하지 않고 처리할 수 있는 절차를 개발하고 훈련을 받아야 한다. 적절한 디지털포렌식 전문가를 자체적으로 확보할 때까지 감식 요원은 증거가치를 훼손하지 않고 증거를 확보할 수 있도록 도와줄 수 있는 외부전문가의 도움을 받아야 한다. 또한 컴퓨터/데이터 검색에 많은 시간을 투입하는 것이 좋다.

물론 전문가의 도움을 받아 영장을 집행할 시간이 부족한 경우가 있을 수 있다. 이 경우에는 다음 절차를 지키면 증거가치를 훼손시키지 않을 수 있다.

컴퓨터 시스템을 수색 및 압수하는 방법

1. 시스템을 관찰해 컴퓨터의 종류(IBM 호환기종, 애플, DOS기반 등)를 확인하고 네트워크에 연결된 것인지 여부를 확인한다. 또한 가능하다면 컴퓨터가 설치된 위치를 확인하고 컴퓨터가 영장이 필요한 장소(가정집 등)에 있는 것인지 혹은 필요없는 장소(개인사업장 등)인지 확인한다.
2. 수색 후 압수해야 할 필요가 있으면 압수 수색 영장인지 다시 확인한다.
3. 현장을 통제하고 컴퓨터 및 전원 주변에 있는 모든 사람을 내보낸다. 법적으로 가능하다면 피의자를 컴퓨터와 떨어진 곳에 구류시키고 비밀번호를 묻고 컴퓨터 시스템이나 개별파일을 구동시키는 데 필요한 암호화 프로그램이나 기타 특수파일이 있는지 확인한다(Miranda원칙을 고지하거나 권리포기각서를 받았는지 확인한다).
4. 현장에 원격적외선 장치 혹은 음성구동장치를 가진 사람이 있는지 확인한다.
5. 지붕 및 건물 외벽을 확인한다(지붕에 설치된 위성송신장치에 대한 수색 영장이 발부된 사례가 최근 있다).
6. 권한이 없거나 훈련받지 않은 사람이 컴퓨터 혹은 그 주변장치에 손대지 못하게 한다(FBI는 컴퓨터에 손대는 모든 행위는 법과학적 감정이라고 간주하고 있다).
7. 다음 사진을 촬영한다.
   (a) 컴퓨터가 설치된 방 안
   (b) 스크린에 있는 모든 이미지
   (c) 컴퓨터, 주변장치 및 배선 등
   (d) DIP 스위치 설정 상태

(e) 컴퓨터 주변 모습, 저장 장치, 종이, 설명서, 접근부호, 비밀번호 등

8. 컴퓨터가 켜져 있으면 플러그를 뽑는다. 컴퓨터가 켜져 있고 자살프로그램(self destruct program)이 구동 중이면 지체 없이 전원 플러그를 뽑는다(컴퓨터에 있는 전원 스위치에 손대지 않는다). 무정전전원장치(UPS)에 연결되어 있으면 컴퓨터 뒷면에서 전원선을 뽑는다.
9. 전자장비에 손상을 줄 수 있는 대형 자석이 있는지 주변을 확인한다.
10. 각 드라이브 자리에 미리 준비한 압수용 디스켓이나 비시스템 디스켓을 넣고 증거물 테이프로 봉인한다.
11. 컴퓨터가 모뎀에 연결되어 있으면 벽에 있는 모뎀선을 분리한다. 수색할 당시 전화선이 연결되어 있으면 전화기용 헤드셋을 끼고 다이얼 소리를 확인해 기록한다.
12. 커버를 벗기고 내부 장치와 점프케이블 연결 상태를 촬영한다. 외부장치에 있는 모든 전원을 차단한다.
13. 압수 및 기록:
    (a) 컴퓨터 및 주변기기
    (b) 소프트웨어 및 하드웨어 설명서
    (c) 컴퓨터 및 주변 장치와 관련 있는 메모들
    (d) 플로피디스크, CD롬, Zip 디스크 등 모든 저장매체
14. 주변 장치와 연결하는 모든 케이블에 표식을 붙인다. 사용하지 않는 모든 포트나 슬롯에도 표식을 붙인다. 컴퓨터를 분해하기 전에 어떤 식으로 연결되어 있었는지 보일 수 있도록 사진을 촬영해 둔다.
15. 압수품에 조심스레 레벨을 붙이고 기록하고 포장한 후 컴퓨터 증거를 압수할 때 사용하도록 만든 압수품 목록표에 기재한다. 증거물인계 과정을 철저하게 지킨다.
16. 모든 부품과 저장 장치를 이동시키거나 증거물보관시설에 보관할 때 양방향 무선장치에 노출되지 않도록 한다.

자판이나 스위치 등에서 분말법으로 지문을 채취할 수 있다. 지문 증거는 용의자가 컴퓨터를 다뤘다는 것을 입증하거나 용의자 이외에는 컴퓨터를 다루지 않는다는 것을 입증하는 좋은 수단이다.

증거물을 취급할 때 고려할 사항들

컴퓨터 증거는 마약 혹은 살인사건에 사용된 흉기를 다루듯 해야 한다.

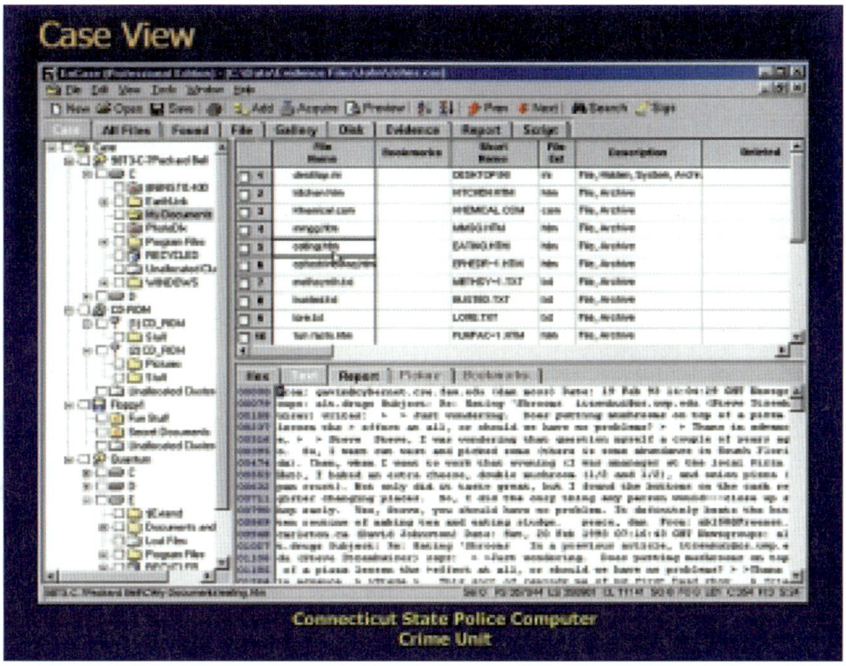

사진 9.12
컴퓨터 범죄 수사에 사용되는 Encase 프로그램을 구동시킨 모습

살인 현장에서 발견된 총기가 정상 작동되는 것인지 확인하기 위해 현장에서 방아쇠를 당겨보지 않는 것처럼 컴퓨터 증거를 다룰 때에는 잘 모르는 상황에서 아무 것이나 만지지 말아야 한다.

용의자가 갖고 있는 디스켓 등 원형 증거를 검사하지 않는다. 현장 감식 과정에서 바이알이 든 하얀 가루를 찾아낸 경우, 그 가루를 찍어 냄새를 맡아보지 않는 것처럼 말이다. 증거물을 있는 그대로 보존하면서 복사본을 만든다. 가능하면 그 복사본은 원본과 동일하다는 것을 용의자에게 확인시키고 서명을 받는다.

작업에 사용할 복사본을 하나 더 만든 다음 이 파일을 열어 내부구조를 살펴본다(파일을 열기 전에 바이러스 검사하는 것을 잊지 말아야 한다). 사진 9.12는 컴퓨터 범죄를 수사할 때 검사관이 사용하는 프로그램을 보인 것이다.

2차 영장을 받고자 할 때

진술서나 영장 신청 서류를 작성하다 보면 그 당시에 알고 있는 만큼의 정보만 담을 수 있다. 그러나 다른 사건에서 영장을 집행할 때와 마찬가지로 컴퓨터 관련 증거의 영장을 집행하다 보면 2차 영장이 필요한 경우가 발생한다. 수색 중 첫 번째 수색 영장에 적시되어 있지 않던 컴퓨터가 갑자기 발견되는 경우가 이에 해당한다. 그러나 수색 영장을 신청할 때 컴퓨터 시스템과 데이터 및 컴퓨터 시스템을 분석하는 데 필요한 언어를 특정해서 적어놓았다면 디지털포렉식 감정을 위해 2차 영장을 받을 필요는 없다. 그러나 자치단체에 따라 규정이 다르다는 점을 명심하기 바란다.

예를 들어 경찰관이 비디오테이프 압수 수색 영장을 집행하고 있다면 VCR로 그 테이프를 보기 위한 영장을 받지 않아도 된다. 테이프에 녹화된 내용이 아니라면 그 테이프는 아무런 가치가 없기 때문에 누구나 테이프가 아닌 테이프 내용물을 압수했다고 생각한다. 같은 개념으로 전자적으로 저장된 데이터를 압수하려면, 그 데이터의 증거 가치는 저장매체(디스켓 등)에 따라 결정되므로 그 데이터의 저장매체를 압수해야 한다.

전자적으로 기록된 데이터는 오렌지주스와 비슷하다. 용기가 있어야만 주스를 옮길 수 있는 것이다. 유리나 플라스틱 용기에 담아 옮기지 않는다면 방안을 난장판으로 만들고 주스를 못 먹게 만들 것이다. 오렌지주스와 마찬가지로 전자적으로 기록된 데이터도 용기에 담아야 한다. 데이터를 압수할 권한을 확보했다면, 그 데이터가 들어있는 디스켓이나 하드디스크를 압수해야 한다. 비디오테이프를 압수할 수 있는 영장을 갖고 있다면 수색 현장에서 테이프 사본을 만들 필요는 없다.

오렌지주스를 압수할 수 있는 영장을 확보한 사람은 주스와 용기를 모두 압수하지, 결코 다른 용기에 주스만 담아 압수하지 않을 것이다. 그리고 주스의 사진을 찍거나 비디오로 녹화한 후 사진이나 비디오를 증거물이라고 부르지는 않을 것이다. 여러분은 원래 용기에 들어있는 오렌지주스를 압수하는 것이다.

데이터를 압수할 권한을 부여받았다면, 이는 그 데이터의 내용을 보고 느끼고 들을 수 있는 수단을 사용해도 된다는 것을 의미한다. 녹음테이프를 압수할 수 있는 영장을 갖고 있다면 테이프에 들어있는 소리를 들을 수 있다. 소리를 듣기 위한 또 다른 영장이 필요한 것이 아니다. 같은 원리로 데이터를 압수해 분석할 수 있는 권한이 있는 영장을 확보했다면, 데이터 저장매체를 압수할 영장을 따로 받을 필요가 없는 것이다. 조금이라도 의심이 든다면 검찰청에 문의하기 바란다.

영장에 압수 수색할 품목이 명시되어 있어도 컴퓨터 본체, 소프트웨어 및 파일은 명시되어 있지 않을 수 있다. 수색을 하는 도중에 컴퓨터, 주변기기 및 데이터가 범죄 행위의 수단이거나 이들 자체가 장물이라는 것이 명백히 드러날 수 있다. 컴퓨터 시스템과 거기에 들어있는 데이터를 압수하려면 현장을 통제한 후 컴퓨터, 주변장치 및 내용물을 압수하고 실험실로 옮겨서 분석할 수 있는 또 다른 영장을 받아야 한다.

컴퓨터, 디스켓 등을 압수하되 컴퓨터에 저장된 데이터를 볼 수 있는 권한을 가진 영장이나 소유주의 동의를 확보하지 못했다면 이를 실행할 수 있는 영장을 확보해야 한다. 검찰청에 문의하여 현행법에 위배되는지 여부를 확인하기 바란다. 전자 증거에 대한 영장문제가 명확하게 정리되어 있지 않다면 영장을 받아두는 것이 좋다. 의문사항이 있으면 검찰청에 문의한다.

인터넷 범죄 현장

다른 범죄 현장과 마찬가지로 인터넷을 이용한 범죄에도 증거가 남는다. 그러나 전자 증거는 예민한 증거이므로 적절히 다루지 않으면 훼손될 수 있다. 증거의 무결성을 훼손하지 않으면서 채취하고 보존할 능력을 갖춘 감식 요원이나 기술전문가가 전자 증거를 다룸으로써 성공적으로 법원에 제시될 수 있도록 해야 한다.

인터넷은 기능이 다른 여러 영역으로 구성되어 있는데, 어떤 영역이든 범죄 현장이 될 수 있다. 인터넷 증거에는 전자통신 분야가 포함되어 있는데, 이 분야는 1986년에 제정된 전자통신 프라이버시법(Electronic Communication Privacy Act, ECPA) (18 USC § 2701 et seq.)의 구속을 받는다. ECPA는 정부기관이 얻을 수 있는 통신정보의 종류를 제한하고 이를 얻을 때 지킬 절차를 규정하고 있다. ECPA 이외에도 연방프라이버시 보호법(Federal Privacy Protection Act, 출판자로부터 증거를 얻는 방법을 규정, 42 USC § 2000aa), 연방 도청법(실시간 전자통신을 도청하는 것을 규정, Title III, 18 USC §§ 2510–22) 및 유선통신정책법(Cable Communication Policy Act, 유선통신 가입자 정보를 얻는 절차를 규정한 법률로써 유선인터넷 접속자 정보를 얻는 절차도 규정하고 있다, 47 USC § 551) 등을 통해 정부가 인터넷 및 전자 증거를 얻을 때 지킬 절차를 규정하고 있다. 마찬가지로 주마다 인터넷이나 전자 증거에 접근하는 것을 규제하는 법률이 있으므로 감식 요원은 인터넷 수색이나 증거물 압수절차를 밟기 전에 그 법에 익숙해져야 한다. 예를 들어 코네티컷 주에서는 유선통신 도청을 규제하는 법률과(CGS § 54-41 et seq.) 뉴스 생산기관 검색을 규제하는 법률(CGS § 54-33i)이 있다. ECPA 및 인터넷 통신에 접근하는 것을 규제하는 법률을 모두 설명하는 것은 이 책의 범위를 벗어나는 것이다. 그러나 이 모든 법은 수사기관이 디지털 증거를 수색하고 압수하는 절차를 규제하고 있으므로 수사관은 이에 익숙해져야 한다.

인터넷 중 가장 흔히 사용되는 네 가지 분야는 e-mail, newsgroup, 채팅방 및 웹사이트이다. 다음부터 각 분야에 대해 설명하고 증거물을 보존하고 채취하는 방법에 대해 설명하겠다.

e-mail

e-mail은 전자형태의 통신수단으로, 이를 통해 문자나 그림정보, 스프레드시트나 각종 파일을 보낼 수 있다. e-mail은 일반 메일과 마찬가지로 한 사람에게서 다른 사람에게 전달되고 일반적으로 비밀통신이 가능하다. e-mail은 여러 개의 컴퓨터 서버를 거쳐 전달되므로 우편엽서처럼 내용이 노출되어 취급자가 그 내용을 볼 수 있다.

보통 e-mail에는 머리말이 들어있는데, 여기에는 메시지나 그래픽을 작성한 사람에 대한 정보와 회신을 받을 주소 정보가 들어있다. 인터넷 e-mail 계정을 가진 사람은 어떤 기관 혹은 상용서비스의 회원 혹은 제휴회원으로 가입되어 있는 경우가 대부분이다. 인터넷서비스 제공자(Internet Service Provider)는 줄여서 ISP라고 부른다.

ISP 운영체계는 우체국과 비슷하다. ISP 계정 소유자에게 보낸 e-mail은 ISP 서버에 전자적으로 기록된다. 사용자가 메일을 보내거나 받으면 그 사본은 일정 기간 동안 ISP 서버에 저장되는데, 이 저장기간은 서버의 저장공간과 ISP의 메일 보관 정책에 따라 달라진다.

e-mail의 수 · 발신 및 컴퓨터로 처리한 기록은 다음의 두 이유로 인해 범죄수사에 중요한 수단이 된다. 즉 (1) e-mail 자체가 범죄의 수단, 결과 혹은 증거일 수 있고 (2) e-mail에 범죄에 관련된 내용이 (데이터 형태로) 포함되어 있을 수 있기 때문이다.

ISP를 통해 다음과 같은 정보를 얻을 수 있다.

1. **가입자 정보**: 인터넷에 접속계정을 만들려는 사람은 일반적으로 청구서

를 받을 주소와 이름을 입력하게 되어 있다. 여기서 '일반적으로'라는 말이 중요한데, 이는 인터넷서비스 제공자는 가입자의 정보를 갖고 있을 필요가 없기 때문이다. 일부 인터넷서비스 제공자는 한 번 무료 가입자를 받으면 평생 무료로 이용하도록 한다. 일부 인터넷서비스 제공자는 신용카드 번호를 원하지 않고 정확한 주소도 원하지도 않는다. 이것이 웹 기반 e-mail 계정의 현실이다.

2. **계정과 청구서 받을 주소 정보**: 계정 정보에는 신용카드 번호, 신용카드 개설일자 및 개설자 등 가입자에게 어떻게 청구서를 보낼지에 대한 정보가 들어있다. 청구서를 보내는 정보에는 가입자가 청구서를 받았을 경우의 청구내역 정보가 들어있다. 수사기관에서 영장에 명시만 받으면 ISP로부터 상세한 청구내역 정보를 얻을 수 있다. 상세한 청구내역 정보를 보면 계정이 언제 어떤 IP로 얼마동안 개설되어 있었는지 알 수 있다. 가입자 및 청구내역 정보를 요청할 때 다음 언어를 사용하면 도움이 될 수 있다.
3. **친구목록과 즐겨찾기**: 일부 ISP는 사용자들이 친구목록과 즐겨찾기 목록을 사용할 수 있도록 한다. 친구목록 혹은 주소록에는 종종 연락을 주고받는 다른 인터넷 사용자들의 e-mail 주소가 저장되어 있다. 즐겨찾기 목록에는 자주 방문하는 사이트의 주소가 저장되어 사용자가 일일이 주소를 입력하지 않고도 원하는 사이트로 쉽게 이동할 수 있도록 되어 있다.
4. **e-mail과 첨부파일**: ISP 서버에는 새 메일, 보낸 메일, 읽은 메일 세 종류의 e-mail이 있다. ISP에서는 이 세 종류의 메일을 기간을 달리하여 보존하고 있다. 새 메일이란 가입자에게 보내진 메일 중 읽지 않은 메일을 말한다. 새 메일은 가입자가 그 계정에 로그인하여 접근할 때까지 ISP 서버에 남아있게 된다. 새 메일은 ISP 서버에 가장 오래 보관되는 메일로써 일반적으로 한 달까지 보관된다. 보낸 메일은 가입자가 보낸 메일을 말한다. 보낸 메일은 ISP 서버에 한 달까지 보관된다. 읽은 메일은 가입자가 받아 열어본 메일을 말한다. 읽은 메일은 보관기간이 가장 짧다. America Online 사에서는 읽은 메일을 2일 동안만 보관한다. 그러나 다른 ISP에서는 읽은 메일을 이보다 오래 보관한다.

계정 사용자의 하드디스크에는 (새 메일을 제외하고는) ISP에서 얻는 것과 동일한 정보가 들어있다는 것이 중요하다. 사용자가 정보를 지우더라도 이 파일과 데이터를 복구할 수 있는 경우가 많다.

영장이 나올 것으로 예상되면 ISP에 계정 정보를 보존해달라고 요청할 수 있다. 다수의 ISP는 그들이 계정을 보호하는 동안에는 가입자가 계정에 접근하지 못하도록 동결시킨다. 진행 중인 범죄를 수사 중이고 계정 가입자에게 그가 수사대상자라는 것을 알리고 싶지 않다면, 계정을 동결하는 방법은 좋지 않을 수 있다. 이 경우 법원 명령을 받아 ISP에게 수사 사실을 공표하지 못하도록 요청하여 가입자가 눈치채지 못하게 한다.

증거물 인계 과정

다른 주에 있는 정보에 대한 압수 수색 영장을 집행하기 전에는 증거물 인계 과정을 어떻게 지키고 기록할지를 판단해야 한다. ISP와 가능하다면 다른 주의 관계 수사기관이 데이터의 복사본을 갖고 있는지 항상 확인한다. 데이터를 어떤 식으로든 받아야 할 경우에는 그 데이터는 다른 주의 수사기관 종사자의 소유물이 아니어야 하고 등기우편이나 접수영수증을 받는 등의 수용할 수 있는 방법으로 전달되어야 한다.

예를 들어 America Online(AOL)사와 Loudoun County Virginia Sheriff Office(AOL사 서버가 위치한 곳을 관할하는 수사기관)가 다음과 작업을 수행했다. Loudoun County Sheriff는 가입자의 컴퓨터가 위치한 곳을 관할하는 수사기관이 발급받은 압수 영장을 기반으로 압수영장을 발급받았다. Sheriff는 AOL에 대한 영장을 집행했다. AOL은 요청받은 데이터의 복사본을 만든 후 디스켓에 저장해 Loudoun Sheriff에 제출했다. Sheriff는 디스켓을 받아 사무실로 가져가서 AOL 디스켓의 복사본을 만들었다. Sheriff는 AOL 디스켓을 이를 요청한 기관에 등기로 보냈다. 이 데이터의 신뢰성에 대한 의문이 생길 경우 검찰청은 이것이 진본이라는 것을 증언할 사람으로 AOL 대표를 소환할 것이다.

2차 e-mail

컴퓨터, 모뎀 및 전화선만 있으면 world wide web에 접속해 e-mail을 보내거나 받을 수 있다. 또한 인터넷 계정만 있으면 익명의 e-mail 계정을 만들 수 있다. 웹 기반 e-mail인 2차 e-mail을 사용하는 사람은 익명성을 보장받을 뿐 아니라 다른 전화선 혹은 컴퓨터를 이용해 제한 없이 e-mail을 이용할 수 있다(MSN의 Hotmail처럼). 사업자가 2차 e-mail을 제공한다면 수사기관은 접속한 인터넷 프로토콜(internet protocol, IP) 주소, 접속날짜 및 시간만 알 수 있다. 이 정보로 수사기관은 e-mail 송신자에 대한 수색 영장을 발부받거나 기타 적절한 법적 절차(ECPA 참조)를 밟을 수 있다.

Mail list

Mail list는 가입자만 메시지를 읽거나 쓸 수 있는 개인 영역이다. Mail list는 개인 영역이고 여러 사람이 접근할 수 있기 때문에 악용되는 경우가 종종 있다. Mail list를 통한 협박, 아동포르노, 사기 등의 범죄가 종종 자행되고 있다.

뉴스그룹

인터넷을 사용하는 모든 사람은 뉴스그룹을 통해 공통 관심사에 대해 정보를 교환할 수 있다. 뉴스그룹에는 이름이 있는데, 보통 관심사를 반영하는 것으로 이름을 짓는다. 예를 들어 그룹 멤버들이 sex에 대한 호기심에 대해 토론하고 사진을 공유한다면 alt.sex.pedophilia, alt.sex.teen와 같은 가상의 이름을 지을 수 있다. 뉴스그룹의 이름은 바뀔 수 있지만 이름을 보면 어떤 내용을 담고 있는지 알 수 있는 경우가 많다. 사용자가 뉴스그룹에 글을 올리면 전 세계 독자들은 그 글을 읽고 답변을 쓸 수 있다. e-mail과 마찬가지로 뉴스그룹 사용자들은 사진 이미지를 포함한 컴퓨터 파일을 무제한 올릴 수 있다. 뉴스그룹 사용자는 올라온 자료나 사진을 다운로드할 수 있다. 일부 뉴스그룹은 관리자가 내용을 모니터링하고 있지만 모든 뉴스그룹이 다 그렇지는 않다.

모니터링 하는 뉴스그룹에서는 관리자가 글을 먼저 읽어보고 편집한다. 이론적으로는 요리에 대한 뉴스그룹에는 최소한 요리에 대한 글만 올라가는 것이다.

뉴스그룹은 전자게시판(electronic bulletin boards, BBS) 및 채팅방과 비슷하다. 뉴스그룹은 식료품점 등과 같은 공공장소에 붙어있는 사람들이 마음껏 메모지를 붙이고 읽을 수 있는 게시판과 대단히 비슷하다. 차이라면 뉴스그룹은 인터넷을 통해 이루어진다는 것이다. 우리는 수백만 명의 사람이 올리는 수천 개의 뉴스그룹 주제를 볼 수 있다. 뉴스그룹 사용자는 흥미로운 글을 골라 읽거나 의사결정 과정에 참여할 수 있다.

채팅방과 instant messaging

채팅방은 범죄 현장이 될 수 있다. 채팅방은 인터넷을 통해 수없이 많은 사람이 채팅을 할 수 있는 공간이다. 뉴스그룹과 마찬가지로 채팅방에는 토론 주제가 있다. 일부 채팅방은 운영자가 있어서(일반적으로 그 채팅방을 후원하는 온라인 서비스단체 소속) 대화를 주도한다. 운영자는 채팅 내용을 심의하고 부적절한 내용이나 사람을 배제시킬 수 있다. 그러나 대부분의 채팅방에는 운영자가 없어 채팅 내용은 해당 채팅방 주제와 관련된 것일 수도 있고, 주제와 무관한 것일 수도 있다.

브라우저 소프트웨어를 이용해 채팅 내용을 기록할 수 있다. 그러나 채팅방을 관리하는 온라인 서버 제공자는 일반적으로 채팅 내용을 기록하지 않는다. 그 사이트에 로그인하여 채팅하고 오래 접속해 있는 경우에만 온라인 서버 제공자를 통해 수사에 도움이 되는 정보를 얻을 수 있다.

instant messaging은 인터넷에 로그인한 사람들끼리 실시간으로 대화한다는 면에서는 채팅방과 비슷하다. instant messaging이 채팅방과 다른 점은 최초 대화가 인터넷 서비스에 접속한 사람을 통해 다른 온라인 서버 혹은 다른 사람의 컴퓨터를 통해 이뤄진다는 점이다.

일단 두 대 이상의 컴퓨터가 연결되면 ISP 혹은 온라인 서비스는 더 이상 관여하지 않고 대화 내용이나 어떤 정보도 기록하지 않는다. 따라서 instant messaging이 범죄 현장인 경우 증거물을 찾기가 대단히 어렵게 된다. 채팅방 대화와 마찬가지로 브라우저 소프트웨어를 세팅하기에 따라서는 instant message를 기록할 수 있다. 메시지가 기록되지 않았어도 디지털포렌식 분석을 통해 개인 컴퓨터에 부주의로 기록된 증거를 찾아내는 경우가 가끔 있다.

전화를 이용해 자행되는 모든 범죄 행위는 채팅방이나 instant message를 통해서도 자행될 수 있다. 인터넷을 이용한 실시간 통신은 일반적으로 문자 형태로 이뤄진다. 그러나 채팅은 소리나 영상을 통해 이뤄질 수도 있다.

웹사이트

World Wide Web(www)은 인터넷에서 찾아볼 수 있는 서비스이다. www는 마우스를 이용한 point and click 기능을 사용하는 hypertext 기능을 사용함으로써 인터넷을 통해 정보를 공유할 수 있는 기능을 확장시켰다. www는 'web page'를 사용할 수 있도록 했는데 웹페이지는 문서와 같은 것이다. 웹페이지를 구축하는 데 사용하는 소프트웨어 언어는 운영체계

(Apple, Microsoft, Sun 등)가 다른 컴퓨터에서 만든 파일을 운영체계가 다른 또 다른 컴퓨터에서 파일형식을 변형시키지 않고도 읽을 수 있게 만들었다. 웹페이지를 모아둔 것을 웹사이트라고 부른다.

www를 통해 정보를 담고 있는 수억 개의 페이지에 접속할 수 있다. www에 있는 한 웹사이트에서 다른 웹사이트로 옮겨가는 서핑(surfing)은 컴퓨터 시스템에 설치된 혹은 인터넷 서비스 제공자에 의해 유료패키지로 제공되는 웹브라우저를 통해 가능하게 되었다. 웹사이트는 종종 범죄 현장이 된다. 서버에 저장된 데이터베이스에 접근하기 위해 웹사이트에 침입하는 해킹에 대해 알고 있을 것이다. 범죄자는 신용카드 번호와 같은 고객 정보를 이용해 사기구매 등을 할 수 있다. 해커는 웹사이트의 서비스를 중단시키거나 엄청난 양의 정보를 보내 웹사이트의 처리속도를 늦추거나 아예 접속이 불가능하게 만들 수도 있다. 웹사이트는 아동포르노나 마약 등을 유포하는 수단으로 사용될 수 있고, 그 이외에도 웹사이트를 악용하는 사례는 수없이 많다.

제 10 장

현장 재구성

현장 재구성이란 현장에 나타난 형상이나 증거물의 위치를 확인하고
증거물의 감정 등을 통해 현장에서 일어났던 일을 알아내거나
어떤 일이 일어나지 않았다고 확인하는 과정을 말한다.
과학적인 현장 분석, 나타난 패턴 증거의 해석, 증거물의 법과학적 감정뿐 아니라
관련된 정보를 체계적으로 연구하고 논리적으로 조합하는 일도 재구성의 영역에 포함된다.

서론

현장 재구성이란 현장에 나타난 형상이나 증거물의 위치를 확인하고 증거물의 감정 등을 통해 현장에서 일어났던 일을 알아내거나 어떤 일이 일어나지 않았다고 확인하는 과정을 말한다. 과학적인 현장 분석, 나타난 패턴 증거의 해석, 증거물의 법과학적 감정뿐 아니라 관련된 정보를 체계적으로 연구하고 논리적으로 조합하는 일도 재구성의 영역에 포함된다.

현장 재구성의 중요성

현장 혹은 증거물과 관련된 어떤 일이 일어날 가능성의 범위를 좁힘으로써 범죄가 일어난 실제 과정을 알아내면 수사에 중요한 정보를 얻을 수 있는 경우가 종종 있다. 범죄 현장의 무결성을 유지하는 가장 중요한 이유 중 하나는 현장을 재구성할 필요성이 있기 때문이다. 현장 재구성은 현장 재연, 현장 재현 혹은 범죄분석과는 다른 개념이라는 것을 이해하는 것이 중요하다. 현장 재연이란 피해자, 용의자, 증인 및 관계자들이 범행에 대해 알고 있던 지식을 근거로 현장에서 일어났던 일을 재연하는 것을 말한다. 현장 재현이란 감식할 때 기록한 내용을 토대로 사물이나 행위를 현장에 다시 대입하는 것을 말한다. 범죄분석이란 현장을 심리학적 혹은 통계적으로 분석하여 범행을 저질렀을만한 사람의 특징을 알아내는 과정을 말한다. 이 모든 분석은 수사에 도움을 주는 과정이다. 그러나 이런 분석이 범죄를 해석하는 데 도움이 되는 경우는 거의 없다. 현장 재구성은 현장에서 관찰하는 능력, 증거물을 과학적으로 감정하는 능력 및 논리적으로 가설을 세우는 능력에 근거해서 하는 행위이다.

재구성의 본질

재구성은 부분적으로는 과학적 실험에, 부분적으로는 과거의 경험에 근거한다. 그러나 다른 법과학이 그렇듯이 과학적 기본원리, 이론 및 논리적 방법론에 근거해서 재구성의 절차 및 단계가 만들어진다. 현장을 재구성할

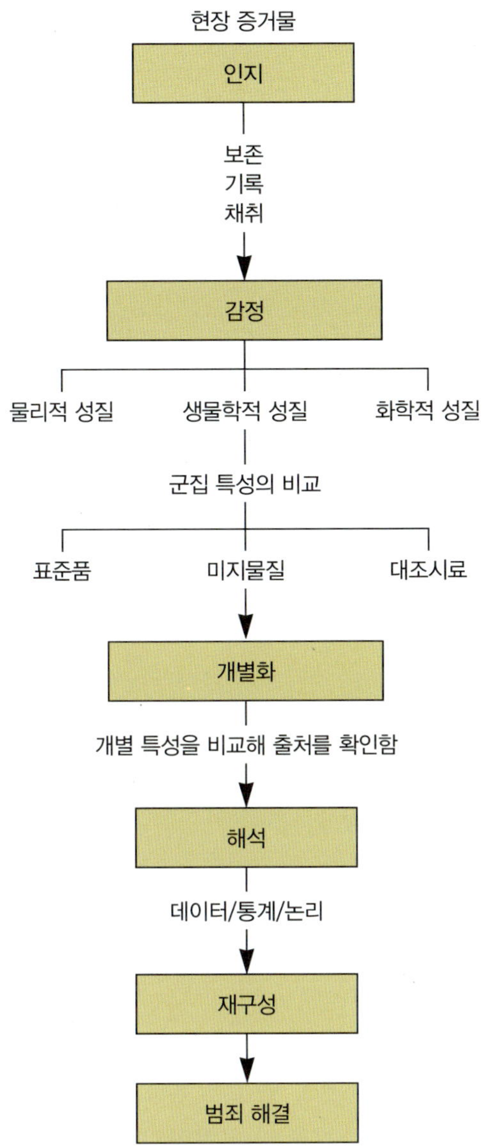

그림 10.1
증거물의 감정 단계

때에는 증거물 감정 결과와 범죄에 대한 충분한 설명 및 그와 관련된 현상을 모두 포함하는 수사정보를 융합시킨다. 현장을 조사하고 증거물을 감정하면서 얻은 논리, 세심한 관찰 및 상당한 경험을 결부시켜야 적절한 해석 및 분석이 가능하여 궁극적으로 현장 재구성이 가능하게 된다.

증거물을 감정하고 현장을 재구성하는 기본원리

증거물을 법과학적으로 감정한다. 기본원리에 충실해야 현장 재구성의 기초가 다져진다. Locard의 교환법칙은 모든 법과학적 감정의 기본원칙이다. 전이가 충분히 일어나지 않으면 법과학적 감정 결과가 제한적이지만, 그래도 이 정보는 현장 재구성에서 중요하게 사용된다. 그림 10.1은 현장 및 실험실에서 증거물을 감정할 때 일반적으로 사용되는 단계를 보여주고 있다.

인지

모든 법과학적 감정은 증거물일 가능성이 있는 물질을 인지하고 이를 증거 가치가 없는 물체에서 분리해내는 데서 시작한다. 앞장에서 설명했듯이 증거물을 찾아내면 이를 보존하고 기록하며 채취하기 위해 최선을 다해야 한다. 실험실에서 증거물을 분석해 비교하는 것은 사물을 확인하여 그 출처를 밝히기 위한 것이다. 어떤 물질인지 확인되었으면 이를 대조품 혹은 표준품과 비교한다. 현장 증거물과 대조품과의 대조 결과를 이용해 현장 증거물이 어떤 물체에서 나온 것인지 확인한다. 현장이 어떤 상황이었는지 파악하고 증거물 감정이 끝난 다음에 사건을 재구성할 수 있다.

모든 현장 재구성은 인지에서 시작한다. 증거물을 인지하지 못하면 재구성은 할 수 없다. **거시적 현장(macroscopical scene) 관찰**과 **미시적 현장(microscopical scene) 관찰**은 다른 것이지만 일반적인 접근 방법은 다르지 않다. 증거물일 가능성이 있는 사물을 인지했으면 감식 요원은 이를 적절히 기록하고 채취하며 보존하기 위한 최선의 노력을 다해야 한다. 의구심이 들면 감식 요원은 증거물을 변형시키기 전에 전문가와 상의해야 한다. 대부분의 상황 증거와 인상 증거는 쉽게 변형되거나 훼손될 수 있으므로 이는 대단히 중요하다. **이런 증거가 일단 변형되면 현장 재구성은 그만큼 어려워진다.**

감정

감정은 현장에서 채취한 증거 가치가 있는 사물을 표준품 혹은 대조 시료의 물리적 성질이나 형상, 화학적 성질, 생물학적 성질에 있어서 동일한 물질인지 비교하는 과정이다. 표 10.1은 감정을 할 때 흔히 비교하는 물리적 성질 및 형상을 나열한 것이다.

사람의 신원을 확인할 때에는 키, 체중, 체격, 인종, 모발 및 눈동자 색

표 10.1 물리적 특성 및 형상을 통한 확인

물리적 성질	형상
크기: 대, 중, 소	상태: 액체, 기체, 고체
모양: 원형, 사각형, 무정형	출처: 식물, 곤충, 동물, 사람
색상: 적색, 청색, 백색 등	기원: 천연물, 인조물
무게: 무거움, 보통, 가벼움	
길이: 장, 보통, 단	
폭: 넓음, 중간, 좁음	

표 10.2 현장 재구성에 사용되는 혈청학적 감정 결과

물리적 성질		
1. 종 구분	2. 성별 구분	3. 인종 구분
4. 나이 구분	5. 누구의 것인가?	6. 유전자표지 구분
7. 모집단분포	8. 형태해석	

상 등을 관찰해 그 사람일 가능성이 있는지부터 판단한다. 이들이 모두 동일하면 그 사람이 맞는지 보다 상세히 확인하는 절차를 거친다. 체형을 측정하는 방법은 1900년대 초에 Alphonse Bertillon이 개발하였고, 이를 인체측정학(anthropometry)이라고 부른다.

어떤 증거물의 군집 특성이 유사하긴 하지만 정말 그 물체에서 나온 것인지 확인할 수 없을 경우에는 군집 특성이 동일하다고 말할 수밖에 없다. 그렇기 때문에 이 둘이 얼마나 유사한지를 기술할 필요가 있다. 증거물이나 특징의 유사도는 여러 인자에 따라 달라지는데, 혈흔처럼 유사성을 쉽게 계산할 수 있는 것이 있는가 하면 유사성을 대략적으로 유추할 수밖에 없는 것도 있다. 표 10.2는 혈청학적 군집 특성으로부터 얻을 수 있는 현장 재구성 정보를 보여주고 있다.

개별화

개별화는 법과학에서 꼭 필요한 개념이다. 개별화란 같은 군집에 속하는 여러 개 중에서 특정 하나와 동일한 것이라는 것을 결정하는 과정을 말한다. 개별화는 현장에서 찾아낸 어떤 증거물이 이와 유사하게 보이는 다른 증거물과 같은 사물(사람)에서 나왔다는 것을 말하기도 한다. 따라서 군집 특성이 동일한 물체 중에는 다른 것과 구분할 수 있는 동일한 개별 특성을 갖는 물체가 있을 수 있다. 이 개별 특성의 속성은 증거물마다 다르고 법과학자는 증거물을 개별화시키기 위해 노력한다. 어떤 증거물은 개별화가 가능하지만 어떤 증거물은 일부분만 개별화가 가능하다. 이런 개별화를 부분적 개별화라고 부르고, 혈흔에서 유전자표지의 판단, 정액의 DNA 타이핑, 페인트에 포함된 미량금속의 정량분석과 같은 경우가 이에 해당한다. 확인이란 말은 종종 개인 식별이란 의미로도 사용한다. 예를 들어 지문의 확인은 어떤 사람의 개인 식별 수단으로 사용할 수 있다. 이처럼 신원을 확인하는 것이 진정한 의미의 개별화(개인 식별)이므로 여기서 사용하는 개별화란 말은 부적절한 말이다. 마찬가지로 변사체의 신원 확인을 할 수 있는 수단이 달리 없을 경우 법치의학자는 치아 증거와 치과기록을 이용해 개인 식별을 할 수 있다(대량재해, 화재 혹은 폭발사건에서 이러한 경우가 많이 생긴다).

증거물을 확인하고 개별화하여 어떤 결론을 이끌어내는 것은 최종 재구성을 하는 데 중요한 요소이다.

재구성

재구성은 현장 감식, 법과학적 감정 및 기타 방법으로 알아낸 현장에서 일어난 일에 대한 정보를 토대로 이루어지는 것이다. 현장 재구성에는 다양한 증거물에 대한 연역 및 귀납적 논리, 통계값, 현장에서 얻은 정보, 패턴 증거, 실험실에서의 감정 결과 등이 포함된다. 재구성은 수많은 증거물, 혈흔형태 정보, 감정 결과, 수사정보, 기타 기록이나 증언 등을 서로 맞추는 대단히 복잡한 작업이다.

법과학 정보를 축적하고(CODIS나 AFIS 등) 전문 시스템이 가동됨에 따라 재구성의 새로운 지평이 열리게 되었다. 이런 시스템을 이용해 법과학자는 감정 결과를 구체적으로 표현하고 현장에서 어떤 일이 있었는지 추론하고 재현하며, 필요한 논리를 만들고 용의자를 프로파일링하고 비교하여 사건에 대한 논리적인 추리를 할 수 있게 되었다. 하드웨어와 소프트웨어가 발달함에 따라 법과학자는 문제를 체계적으로 해결할 수 있는 또 다른 수단을 갖추게 되었다. 컴퓨터가 발달함에 따라 사용자와 전문가 사이의 정보 교류가 가능해져 법과학적 문제를 보다 쉽게 해결할 수 있게 되었다. 목격자의 진술이 없거나 믿을 수 없는 상황에서 재구성이 필요한 경우가 종종 있다. 또한 자동차나 항공기사고, 화재나 방화사건 수사, 대형재해 사건 등을 수사할 때에도 재구성이 필요한 경우가 많다.

재구성의 단계

재구성이란 과학적인 사실을 모으는 과정이라고 볼 수 있다(그림 10.2 참조). 재구성에는 일반적으로 현장 재구성에 필요한 단계들을 배열하는 행위가 포함된다. 다음은 재구성에 일반적으로 사용되는 다섯 단계이다.

1. **데이터수집**: 현장, 피해자 혹은 목격자로부터 얻은 정보 및 기록을 수집한다. 증거물의 상태, 명확하게 드러난 형상, 피해자 상태 등을 취합 검토한다.
2. **추정한 내용**: 증거물에 대한 정확한 감정 결과가 나오기 전에 현장에서 어떤 행위가 있었는지 추정할 수 있다. 그러나 이 추정은 이 단계에서 할 수 있는 가능성에 불과하다. 여러 다른 설명이 있을 수 있다.
3. **가설의 수립**: 증거물 감정 결과와 후속 수사 결과를 바탕으로 데이터를 계속 축적한다. 현장 검사와 증거물 검사가 반드시 수반되어야 한다. 현장 검사 및 증거물 검사란 혈흔 및 패턴 증거 형상, GSR 형상, 지문, 미세 증거물 검사 등을 말한다. 이 과정을 통해 현장에서 어떤 일이 일어났었는지에 대한 가설을 세울 수 있다.
4. **검증**: 가설을 세웠으면 가설이 전체적으로 맞는지 다시 확인해야 한다. 이 단계에서는 현장 증거물을 화학적 방법이나 현미경 비교 등을 통해 대조 시료와 비교하거나 알리바이와 비교하는 등의 행위가 포함된다. 재구성 가설을 확인하려면 가능한 행위에 대한 절제된 시험과 검증이 수반되어야 한다.
5. **이론의 수립**: 수사를 하다 보면 피해자나 용의자의 상태, 관계자의 행위, 목격자 증언의 신빙성 등 범행 당시에 일어났던 일에 대한 추가정보가 나올 수 있다. 검증할 수 있는 수사정보, 증거물 감정 결과 및 해석, 실험 결과 등 모든 것을 검증하여 가설이 맞는지 확인해야 한다. 가설에 대한 철저한 검증이 끝나면 가설을 이론으로 간주할 수 있다. 그림 10.2는 현장 재구성 과정에서 이론을 수립하는 모델을 나타내고 있다.

그림 10.2
사실 관계를 모으는 과정

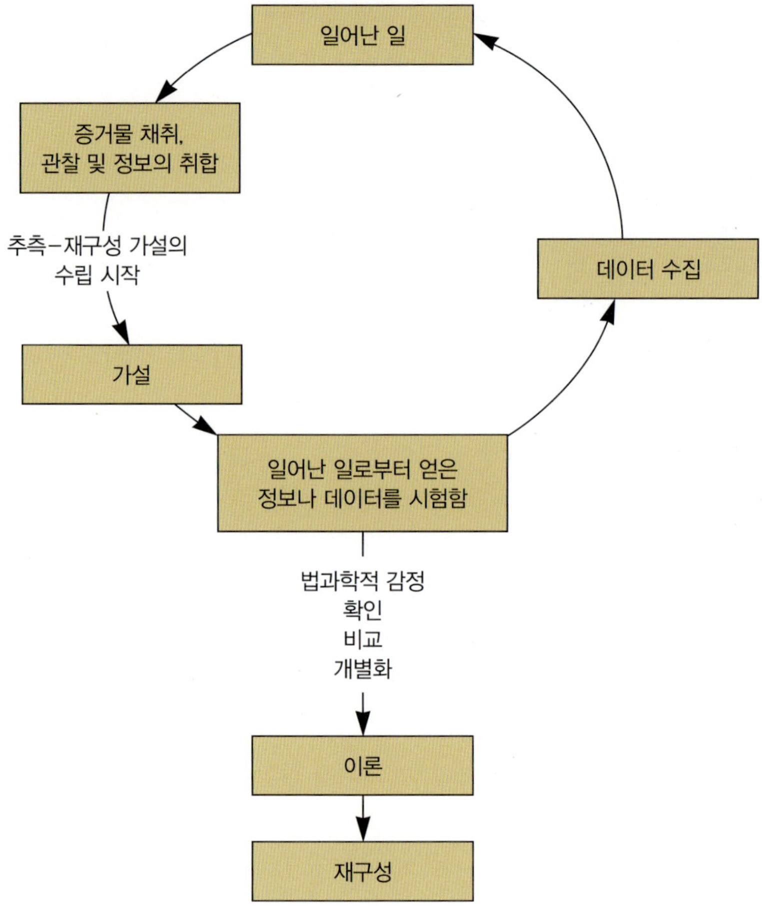

재구성의 종류

범죄의 종류, 수사관이 궁금해 하는 사항, 현장에서 발생한 일 등에 따라 다양한 종류의 재구성이 이루어질 수 있고, 재구성하는 사람이 얼마나 깊이 관여했는지에 따라 재구성이 달라질 수 있다. 재구성을 하는 방법은 아래와 같이 크게 다섯 가지로 나눌 수 있다.

재구성의 종류

A. 사고를 재구성하는 방법
  1. 사고 재구성

(a) 교통사고 재구성: 자동차, 트럭, 오토바이사고 등
(b) 기타 교통수단의 사고 재구성: 기차, 비행기, 보트사고 등
(c) 산업재해 재구성: 산업 현장 등에서 일어나는 사고, 건물붕괴, 기계사고 등

B. 일어났던 일을 재구성하는 방법
1. 순서결정
2. 방향결정
3. 위치결정
4. 관계결정
5. 상태결정
6. 동일성결정

C. 관련정도결정
1. 사건전체 재구성
2. 사건의 일부 재구성
3. 한정된 사안의 재구성
4. 특정 패턴 재구성

D. 증거물 재구성
1. 인상 증거
2. 총기발사 증거
3. 혈청학적 증거

E. 기타 특수 재구성
1. 범인프로파일링: 범행수법, 동기, 심리상태 및 체계적 · 비체계적 범죄자인지 판단
2. 현장프로파일링-1차 현장 혹은 2차 현장인지 여부 판단 등

이 책의 목적상 현장에서 일어났던 일(범인의 행위)의 재구성에 대해서는 현장의 행위에 의해 생성된 증거물과 현장에서 찾아낸 증거물의 형태 분류법을 이용해 설명할 것이다. 이 재구성 과정은 재구성 이론을 수립하기 위한 '정보수집 과정'을 따를 것이고, 이는 앞서 설명한 바 있다. 재구성 이론에는 법과학적 시험 방법의 가치와 활용 방법을 잘 아는 감식 요원이 현장 감식하는 모든 절차가 포함된다. 범죄 현장에서 발견되는 증거 중 패턴 증거, 총기사건 증거, 혈청학적 증거의 재구성에 대해 설명할 것이다.

사진 10.1 (a)~(c)
코네티컷 주 경찰 소속의 경위가 고속도로 노견에서 몸이 불편한 운전자를 돕다 트레일러 트럭에 치여 사망한 사건이 발생했다.
(a) 범행을 부인하는 용의 트럭의 오른쪽을 촬영한 사진. 160이라는 트레일러 번호 아래 닦인 흔적이 있다.
(b) 경위 상의의 코네티컷 주 경찰 배지 부위
(c) 트레일러에 있는 흔적을 증강하여 확대 촬영한 결과. 주 경찰 견장문양이 선명하게 나타나 있다.

(a)

(b) (c)

패턴 증거와 재구성

대부분의 현장에는 패턴 증거가 남는다. 법과학자들은 이런 증거의 중요성을 과소평가해 '비과학적 요소가 많은 증거'라고 생각하는 경우가 종종 있다. 그러나 현장에 남는 패턴 증거는 현장에서 일어났던 행위를 재구성하는 대단히 중요한 증거물이다. (사진 10.1 (a)~(c) 참조) 패턴 증거는 용의자의 알리바이, 목격자 진술, 어떤 사람이 그 사건과 관계가 있는지, 후속 수사가 필요한지 여부를 입증하거나 결정하는 데 이용될 수 있다.

패턴 증거는 일반적으로 두 표면(사람, 차량, 사물 등)이 접촉할 때 만들어지

는 것으로 눌림흔이나 찍힌 흔적이 대표적인 것이다. 패턴 증거는 정적접촉(Stationary contact)이나 동적접촉(Dynamic contact) 형태로 나타나고 2차원 혹은 3차원으로 나타난다. 접촉을 통해 한 표면에 있는 물체가 다른 표면으로 물질이 이동하여 얼룩형태의 패턴 증거가 남는 경우도 있다. 패턴 증거는 사물이 깨지거나 부러지거나 잘릴 때에도 생길 수 있다. 다음은 다양한 범죄 현장에서 접할 수 있는 패턴 증거를 보인 것이다.

1. 혈흔형태
2. 유리파단형태
3. 섬유용융형태
4. 가구배열형태
5. 끌린형태
6. 타이어형태 혹은 스키드마크
7. 의복손상형태나 위치
8. 범행수법과 범죄 현장 프로파일 결과
9. 발사체궤적과 화약잔사형태
10. 상처형태

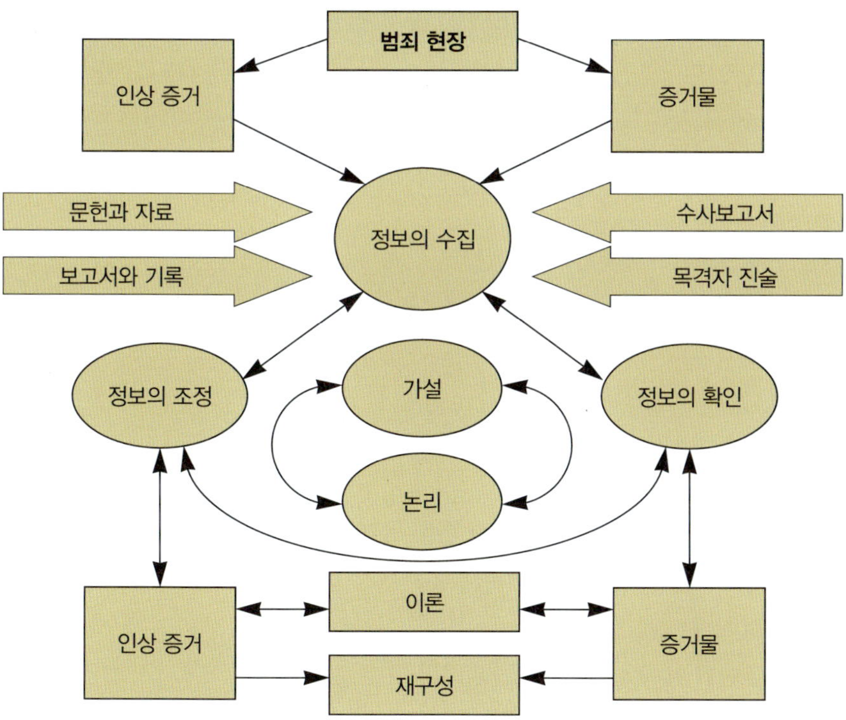

그림 10.3
범죄 현장 재구성의 기본단계

현장에서 패턴 증거를 발견하면 이 책의 앞장에서 사용한 모든 방법을 동원하여 세심하게 기록하고 채취하여 증강시켜야 한다. 패턴 증거를 재구성할 때에는 다른 증거물을 검사하는 경우처럼 인지 → 확인 → 개별화 → 해석 → 재구성의 절차에 따라 시행한다. 그림 10.3은 인상 증거를 재구성하는 기본 단계의 흐름도이다.

혈흔형태분석을 이용한 재구성

혈흔형태분석을 이용한 재구성은 오랜 세월동안 주목을 받지 못하다가 최근 수사기관에서 주목받기 시작한 분야이다. 혈흔형태분석을 정의하는 방법은 여러 가지가 있다. 혈흔형태분석은 혈액의 물리적 특성을 연구하여 수사에 필요한 정보를 얻는 것이다. 혈흔형태분석은 유혈 현장에서 발견된 혈흔이 어떤 행위에 의해 만들어졌는지 평가하는 것이다. 혈흔형태분석을 하면 현장에서 어떤 일이 일어났는지 알아낼 수 있는 경우가 종종 있다. 즉 유혈 현장에 있는 혈흔의 크기, 모양, 분포형태를 보고 당시 일어났던 일을 알아내는 것이다.

혈흔형태분석을 하면 혈청학적 혹은 DNA 감정을 하는 것보다 유용한 정보를 얻어낼 수 있는 경우가 가끔 있다. 혈흔형태분석은 범인이 '누구'라는 것을 밝히는 수단이 아니라 범행 당시에 '어떤' 일이 일어났는지를 밝혀내는 수단이다. 혈액에 '어떤' 일이 일어났는지는 현장에 나타난 혈흔을 세심하게 관찰해서 판단한다. 다음은 혈흔 증거를 관찰해서 현장을 어떻게 재구성을 하는지 보인 예이다.

- 혈액방울의 이동 방향
- 혈액 출발점에서 도착점까지의 거리
- 혈액방울의 충돌각도
- 혈액방울의 종류
- 혈액방울의 이동 방향과 행위의 상대적 속도 판단
- 혈흔을 만든 힘의 종류
- 혈흔을 만든 물체 특성, 가격횟수, 발혈 당시 사람 및 사물의 상대적 위치
- 출혈과 관련된 여러 일의 발생순서
- 접촉전이형상 해석
- 혈액의 양 및 발혈 후 경과된 시간

혈흔형태의 기초

사건 현장에서 발견되는 혈흔형태는 낙하혈흔, 충격비산흔 및 특이한 배열형상인 세 가지로 나눌 수 있다. 이 책에서는 재구성에 필요한 혈흔형태를 이해할 수 있도록 각각을 간단하게 설명할 것이다. 혈흔형태분석을 제대로 하려면 다른 전문서적이나 문헌을 공부하고 실험 및 훈련을 거쳐야 할 것이다.

낙하혈흔

현장의 낙하혈흔 형태는 혈액의 생화학 및 물리적 특성에 의해 달라진다. 혈액은 신체 밖으로 나와 낙하하면 표면장력에 의해 공 모양을 띠게 된다. 혈액방울의 점도는 물보다 4배 정도 크다. 정상 혈액방울의 평균 부피는 약 0.05~0.06 ml(1 ml 당 20방울 정도)이다. 생성된 혈액방울은 낙하하는 동안 약간씩 진동하게 된다. 혈액방울은 접착성이 있어 소량의 혈액은 대부분의 표면과 접촉하면 거기에 부착된다.

또한 자유낙하하는 혈액방울의 종속은 20~25 ft/sec 정도이다. 혈액이 최종 표면에 도달했을 경우 혈흔의 크기와 모양은 여러 인자에 의해 달라진다. 자유낙하하는 혈액방울이 수평표면과 접촉하면 원형 혈흔이 생긴다. 혈액방울의 낙하거리가 길어지면 낙하속도가 종속에 도달할 때까지 원의 직경이 점점 커진다(사진 10.2 참조). 이 이상의 높이에서 떨어져도 혈흔의 직경은 더 이상 늘어나지 않는다. 이런 원리를 이용해서 혈흔의 직경을 재서

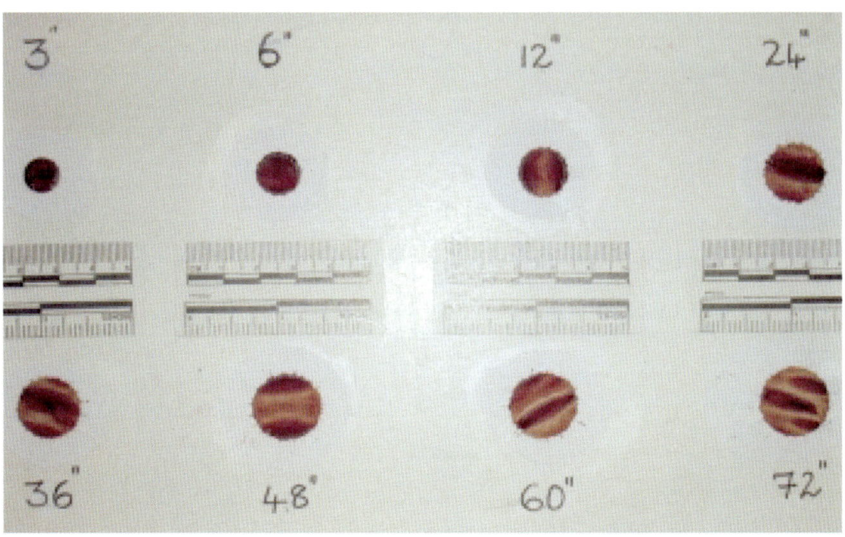

사진 10.2
48인치까지는 낙하거리가 늘어날수록 혈액방울의 크기도 커진다. 이 이상의 높이에서는 낙하거리가 늘어나도 혈액방울이 더 이상 커지지 않는다.

사진 10.3 (a)~(c)
접촉하는 물체에 따라 낙하혈흔이 달라지는 모양

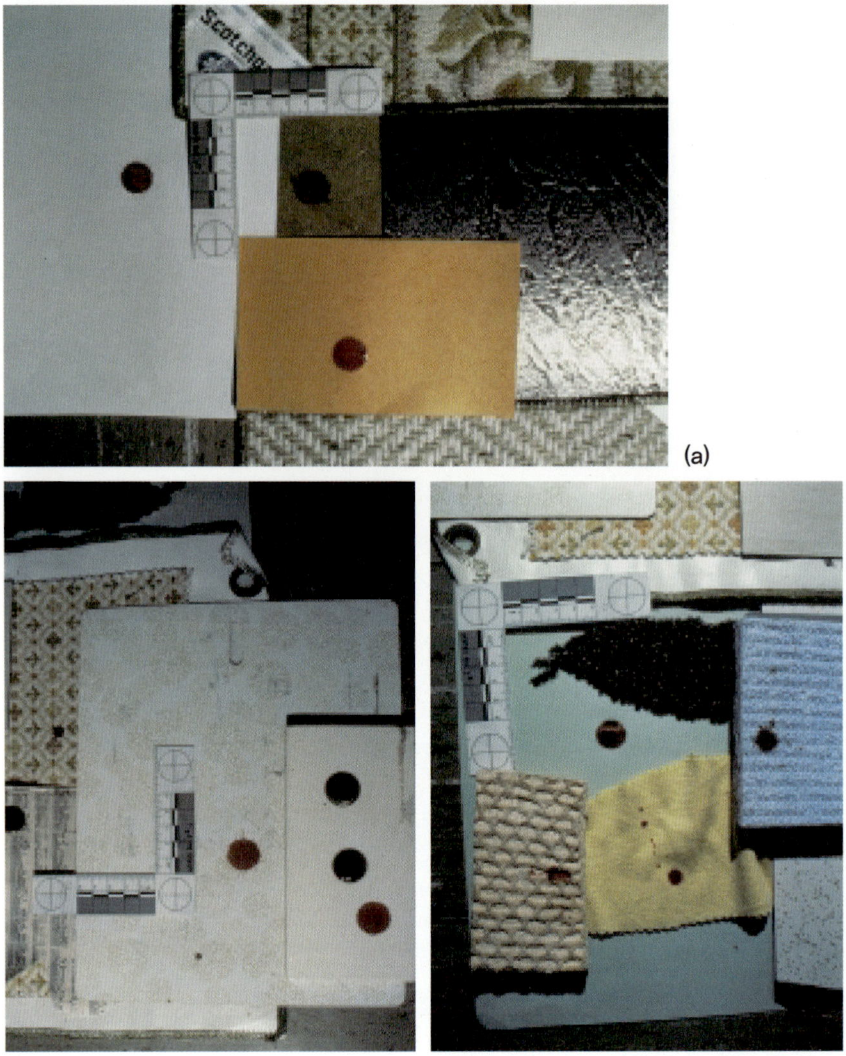

(a) (b) (c)

그림 10.4
충돌각도

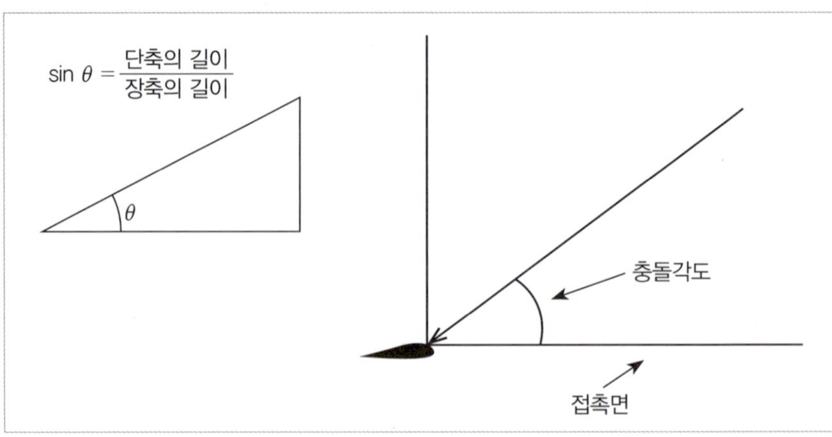

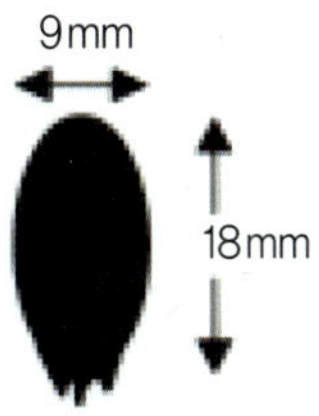

$$\text{sine} = \frac{\text{폭}}{\text{길이}} = \frac{9\text{mm}}{18\text{mm}} = 0.500$$

따라서 arcsine 0.500 = 30°가 충돌각도가 된다.

그림 10.5
삼각함수를 이용해 충돌각도를 계산하는 방법

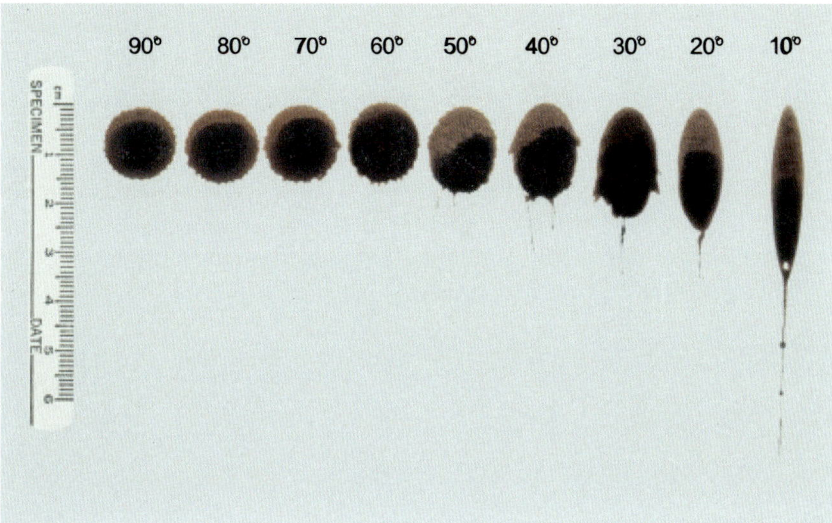

사진 10.4
혈액방울의 모양과 충돌각도와의 관계

혈액방울의 낙하거리(distance fallen)를 측정할 수 있다.

혈액방울이 떨어져 접촉하는 물체의 재질도 혈흔형태의 크기와 모양에 영향을 미친다. 혈액이 단단한 비다공성표면에 접촉하면 모서리가 둥근 원형 혈흔이 만들어지는 반면 부드러운 다공성표면에 접촉하면 모서리가 가리비껍질 끝부분처럼 생긴 혈흔이 만들어진다. 사진 10.3 (a)~(c)는 접촉하는 재질과 혈흔방울의 직경과의 관계를 보인 것이다.

접촉각도가 변하면 혈흔의 모양도 변하게 된다. 충돌각도가 작을수록 혈흔 형태는 타원형으로 찌그러진다(사진 10.4 (a)~(c) 참조). 이를 보고 혈흔이 어느 방향에서 날아왔는지 알 수 있다. 일반적으로 혈흔형태의 '꼬리'는 혈흔이 날아가는 방향을 향해 생성된다. 이를 보고도 혈흔이 어느 방향에서 날아왔는지 알 수 있다. 이 충돌각도와 충돌 방향과의 관계를 혈흔의 **방향성(directionality)**이라고 부른다.

혈흔의 길이와 폭을 알면 충돌각도(angle of impact)를 알 수 있다. 혈흔의

사진 10.5 (a)~(b)
지하실에서 부부가 흉기에 맞아 살해되었다. 이 혈액의 혈흔 방향과 DNA를 검사한 결과, 이 혈흔이 누구의 것이고 혈흔이 생성된 순서를 알 수 있었다.

(a)

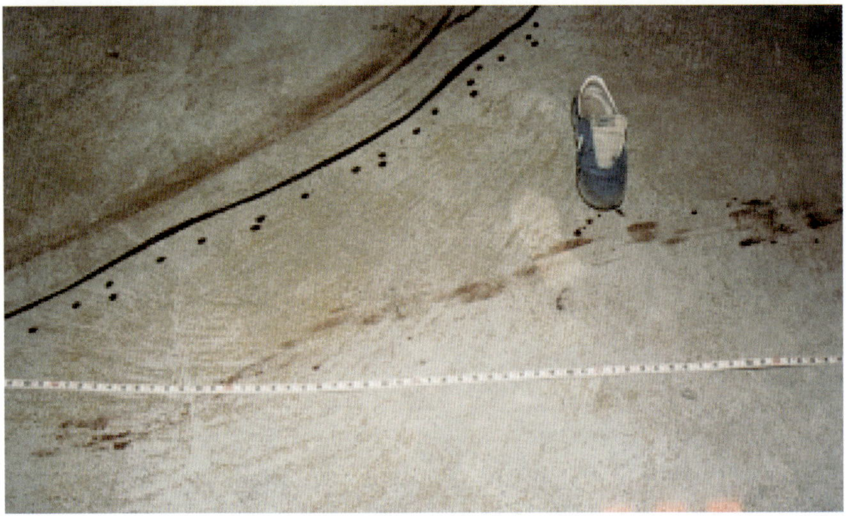

(b)

장축(길이)에 대한 단축(폭)의 비율을 측정해 다음 삼각함수식으로 충돌각도를 계산할 수 있다.

그림 10.5는 혈흔의 충돌각도를 계산하는 예를 보인 것이다.

현장에서 낙하연결혈흔이 발견되는 경우가 흔히 있다. 이 낙하혈흔이 연결되는 방향을 보면 어느 방향으로 이동했는지와 이동속도에 대한 정보를 얻을 수 있다. 각 혈흔은 어떤 방향을 갖고 늘어나는 정도가 각각 다르며, 혈흔끼리의 거리 또한 다르게 나타날 것이다. 발혈하는 물체의 수평 이동속도가 빠를수록 혈흔의 모양이 길어지고 혈흔과 혈흔사이의 간격이 멀어진다.

부부의 변사체가 그들 집의 지하실에서 발견된 사건이 있었다. 둘은 흉기에 맞아 살해되었다. 사진 10.5 (a)와 (b)는 현장 사진을 보인 것이다. 바닥면에 낙하혈흔, 문지름혈흔, 중간속도의 충격비산혈흔 및 커다란 고인혈흔이 있는 것을 볼 수 있다. 혈흔을 감정한 결과 혈흔이 생성된 순서를 알 수 있었다. 부부의 양아들이 집 안으로 침입해서 대형 망치로 아버지를 가격하여 먼저 살해했다. 범인은 아버지 시신을 멀리 떨어진 모퉁이로 끌고 가서 침대보로 덮었다. 그리고는 어머니가 지하실로 들어올 때까지 숨어 기다렸다. 그는 망치로 어머니를 살해하고 지하실 밖으로 끌어냈다. 어머니의 혈액방울이 아버지의 혈액이 끌린 자국 위로 떨어져 있다. 혈청학적 검사를 통해 어느 것이 아버지와 어머니의 혈액인지 확인했고, 이를 이용해 현장에서 어떤 일이 일어났는지 재구성할 수 있었다.

충격비산혈흔

중력보다 큰 에너지(힘)에 의해 생성된 혈흔을 충격비산혈흔이라고 부른다. 혈액방울에 에너지를 가하면 혈액은 그 힘에 의해 더 작은 방울로 나눠지게 된다. 이 작은 혈액방울은 더 작은 크기의 비산혈흔을 만드는데, 그 크기는 얼마만큼 힘을 가했는가에 따라 달라진다. 혈액에 가해지는 에너지는 크게 내부에너지와 외부에너지의 두 가지가 있다. 내부에너지는 신체 내부의 혈액순환계에 의해 결정된다. 혈액은 동맥, 정맥 및 모세혈관을 일정한 속도로 이동한다. 그 결과 어디서 분출됐는지에 따라 혈흔형태가 달라진다. 외부에너지는 출혈을 유발한 힘 혹은 혈액원에 가해진 힘에 기인하다. 사진 10.6은 살인사건 현장에서 발견된 중간속도의 충격비산혈흔을 보인 것이다. 그러나 혈액방울의 방향성은 변하지 않는다. 이런 이유로 충격을 받은 혈흔을 감정하면 어디에서 힘을 받았는지 혹은 어느 곳에서 출혈이 있었는지를 알아낼 수 있다.

혈흔의 **발혈점(point of origin)**은 다음의 두 단계를 이용해 알아낼 수 있다.

1. 평면집중부위(2차원)의 판단
2. 공간발혈부위(3차원)의 판단

평면집중부위(point of convergence) 판단이란 충격비산혈흔의 2차원적 출발점을 찾는 것이다. 그림 10.6에서 보인 것처럼 각 충격비산혈흔의 중심

사진 10.6
충격비산혈흔

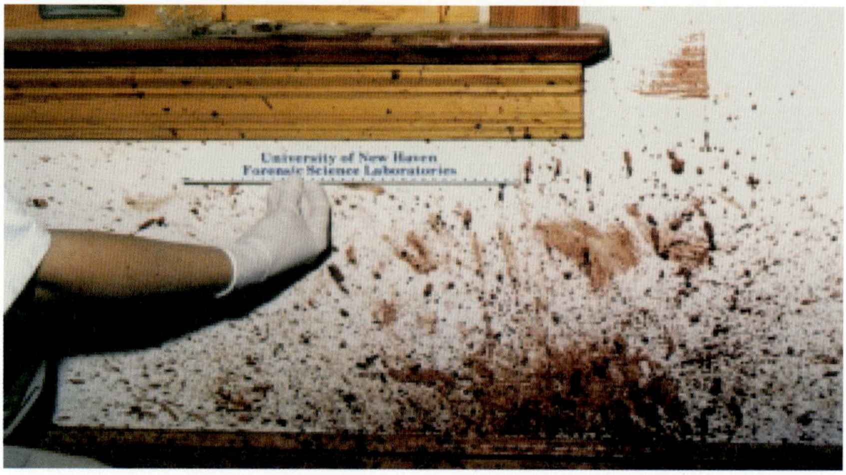

그림 10.6 (a)~(b)
(a) 충격비산혈흔의 2차원 수렴점을 확인하는 방법
(b) 충격비산혈흔의 출발점을 확인하는 방법

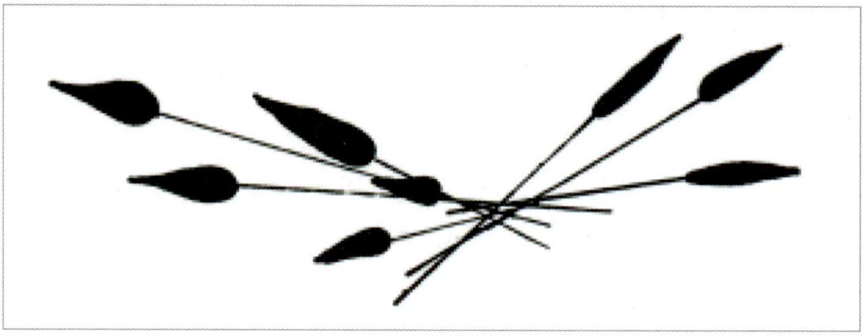

(a)

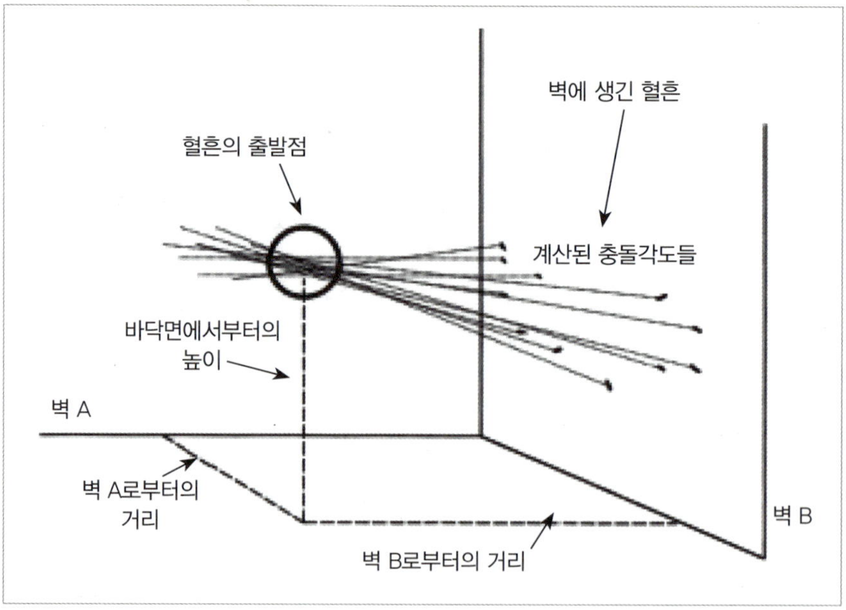

(b)

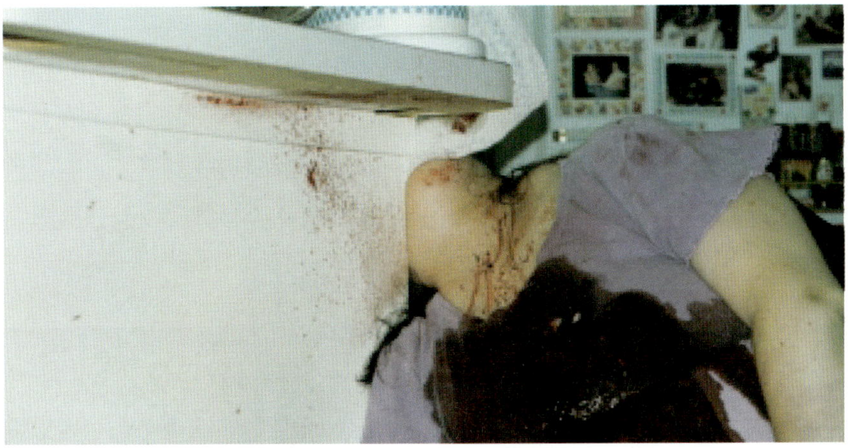

사진 10.7
고속충격비산혈흔

을 지나는 선을 그을 수 있다. 선택한 모든 비산혈흔의 선을 모아서 이를 역추적하면 충격 방향을 알아낼 수 있다. 모든 선이 하나의 좁은 영역으로 수렴하면 이 영역이 혈흔이 출발한 평면집중부위가 된다. 혈흔이 출발한 점에서 해야 할 다음 단계는 수렴하는 각 혈흔의 충돌각도를 알아내는 것이다. 충돌각도를 계산했으면 각도기를 놓을 축 방향을 결정한다. 선이나 테이프를 사용해 작업할 수 있다.

그림 10.6 (a)는 1단계인 2차원 평면집중부위를 결정하는 방법을, 그림 10.6 (b)는 2단계인 3차원 출발점을 결정하는 방법을 보인 것이다. 2차원 평면집중부위와 각각의 충돌각도를 이용해 충격 위치를 알아낸다. 이런 재구성을 하기 위해 어떤 혈흔을 선택할지는 경험이 있는 혈흔형태분석 전문가에게 조언을 구하면 알 수 있다. 작은 수의 혈흔보다는 많은 혈흔을 이용하면 좋다. 혈흔의 출발점을 알면 어떤 힘이 가해졌고 어떤 순서로 사건이 진행되었으며, 충격을 가한 사물 주변에 있는 사람이나 물체와의 상관관계를 알 수 있다.

가해진 힘의 상대적인 크기에 따라 충격을 받은 혈흔형태를 분류할 수 있다. 이런 분류 방법은 혈흔을 만든 도구의 종류를 해석하는 데 사용할 수 있다. **저속의 충격을 받으면** 크기가 좁은 영역의 혈흔형태가 만들어진다. 이렇게 생성된 혈액방울의 직경은 대부분 4 mm 이상이다. **중간속도의 충격을 받으면** 직경이 2~4 mm 정도인 혈액방울이 생긴다. 25 ft/sec 이상의 힘이 가해질 때 이런 혈흔이 생긴다. **고속의 충격을 받으면** 직경이 2 mm 이하인 혈흔이 만들어진다. 폭발, 총격, 고속충격체 등 100 ft/sec 이상의 속도를 가진 물체에 충격될 때 이런 혈흔이 생긴다. 사진 10.7은 총기에 머리를 맞아 사망한 피해자 뒷벽에 생성된 고속충격비산혈흔을 보인 것이다. 이 고속충격비산혈흔은 혈액이 분무된 것처럼 생성됐다. 이 고속비산혈흔은 피를 머금은 입이나 코에서 분무된 혈흔과 혼동되기 쉽다. 이들을 자세히 관찰해 이 둘 중 어느 방법에 의해 생긴 것인지 구분할 수 있어야 한다.

사진 10.8 (a)~(b)
(a) 고속충격시 혈흔이 앞 또는 뒤로 분산되는 현상을 관찰하기 위한 발사시험장치
(b) 혈액에서 6인치 떨어진 곳에 둔 표면에 생성된 앞 또는 뒤로 튀는 충격혈흔을 확대 촬영한 결과

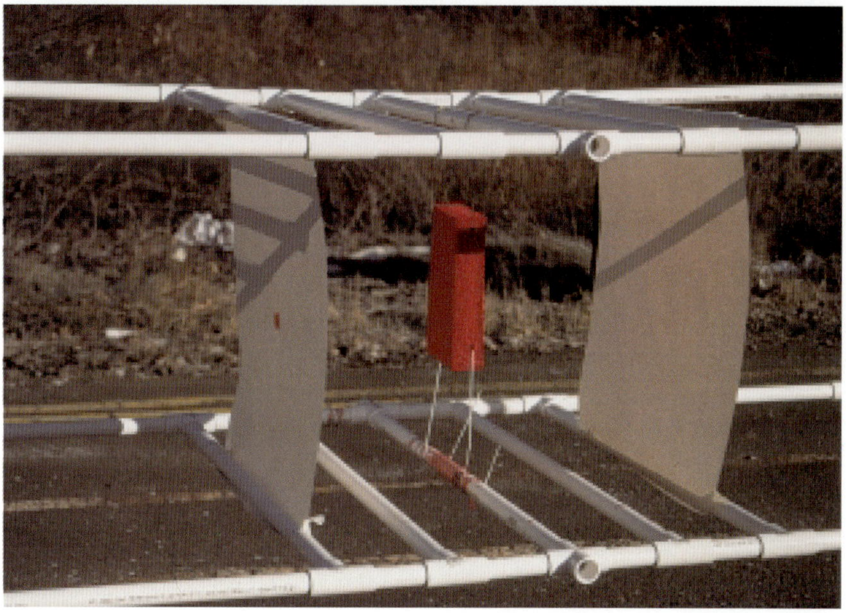

(a)

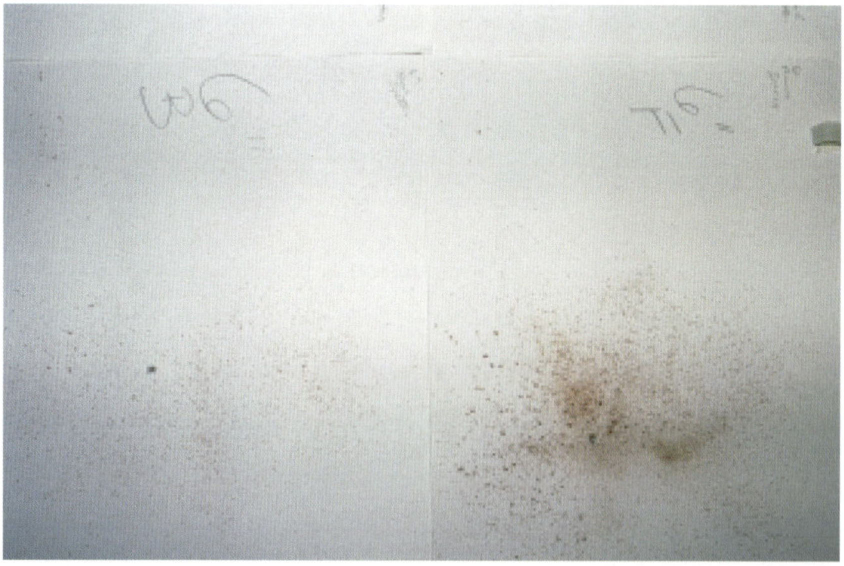

(b)

특수한 혈흔형태

현장에는 수많은 종류의 혈흔이 있고 이들을 이용해 현장을 재구성할 수 있다. 각각의 혈흔분석, 혈흔의 전체적인 형태분석 및 이 둘을 조합하는 방법으로 혈흔을 분석한다.

중속 및 고속 충격혈흔에서는 앞으로 튀는 혈흔과 뒤로 튀는 혈흔의 **비산효과(dispersion effect)**가 나타나는 것으로 밝혀졌다. 사진 10.8 (a)와 (b)는 이를 확인하는 실험 결과를 보인 것이다. 비산형태가 관찰되지 않으면 이 현상이 없는 이유를 설명할 수 있어야 한다. 혈흔형태분석에서 혈흔형태가 없다는 것은 혈흔형태가 있는 것만큼 중요하다. 혈흔이 튀는 경로에 있는 물체의 윤곽을 따라 혈흔이 튄 현상이 관찰되지 않는 경우가 종종 있다. 이를 이용해 혈흔이 튀는 경로에 어떤 물체가 있었는지 알 수 있다.

어느 정도의 힘을 갖고 표면을 충격하는 많은 양의 혈액을 **분출혈액(projected blood)**이라고 부른다. 이런 혈흔형태는 상처의 개구부에서 다량의 혈액이 수평표면에 분출될 때 흔히 나타나고, 그 대표적인 예로는 **동맥선상분출혈흔(arterial gushing pattern)**을 들 수 있다. 사진 10.9는 동맥선상분출혈흔을 보인 것이다. 이런 혈흔은 모서리가 예리하고 벽면에서 흐르는 현상이 자주 관찰된다. 다량의 혈액이 수직표면에 부착되면 중력에 의해 아래로 흐르는 **흐름혈흔(flow pattern)**현상이 나타난다. 더 많은 양의 혈액이 수

사진 10.9
동맥선상분출혈흔. 총기에 의해 사망한 사람의 동맥선상분출혈흔이 벽면과 중간에 있는 진공청소기에 부착되었다.

사진 10.10 (a)~(b)
흐름혈흔의 예

(a)

(b)

평표면에 부착되면 표면의 높낮이에 따라 아래로 흘러 흐름혈흔이 나타난다. 사진 10.10 (a)와 (b)는 이를 보여주고 있다.

고인혈액에 혈액방울이 떨어지면 독특한 형태의 혈흔이 만들어진다. 이 혈흔형태는 분출혈흔과 다른 모양으로 만들어진다. 이 혈흔의 모서리는 그렇게 예리하지 않고 종종 **누적혈흔**(**repetitive dripping pattern**)이라고 부른다. 누적혈흔은 분출혈흔과 달리 사진 10.11에서 보인 것처럼 움직임이 관찰

사진 10.11
고임혈흔에 혈액이 계속 떨어져서 생긴 누적혈흔

사진 10.12
이탈혈흔의 예

사진 10.13
피 묻은 물체에 신발이 접촉해서 생긴 접촉전이혈흔

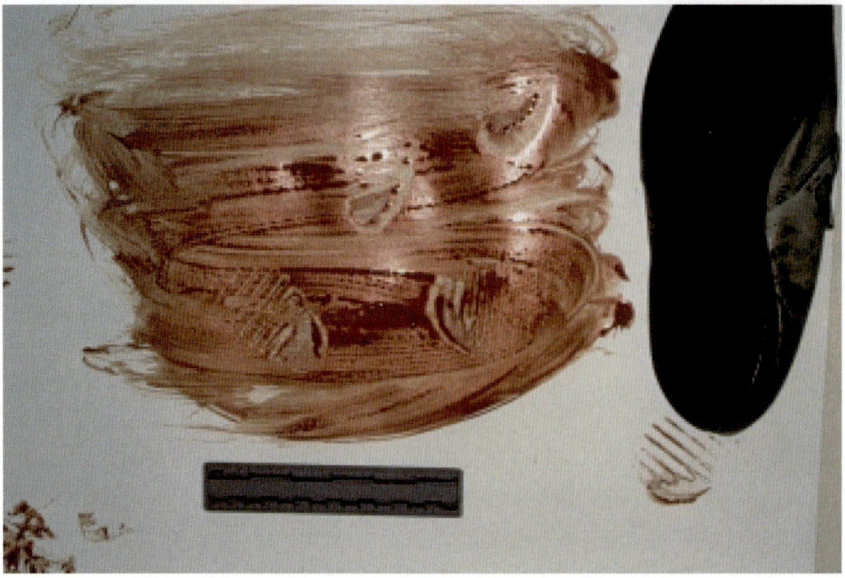

되지 않는다.

어떤 물체나 신체부위가 상처를 유발하거나 거기에 충분히 많은 양의 혈액에 접촉되면 혈액은 그 물체나 신체부위로 전이된다. 혈액이 묻은 물체가 호를 그리며 움직이면 **이탈혈**(cast-off)형태가 생긴다. 이 혈흔은 목표물에 직선형태로 부착되고 각 혈액방울의 모양은 지속적으로 달라진다. 사진 10.12는 이를 보인 것이다. 충돌각도가 변하기 때문에 혈액방울 모양이 변하는 것이다. 이탈혈흔형태를 보면 혈액이 있던 부위에 몇 번의 충격이 가해졌는지 알 수 있다. 피 묻은 손, 팔, 발 등 휘둘러지는 모든 물체는 사진 10.12에 보인 것처럼 현장에 이탈혈흔을 만들 수 있다. 천장, 벽, 가구나 가해자의 의복에 이탈혈흔이 흔히 부착된다.

유혈 현장에서는 **고인혈액**(pooling of blood)을 흔히 발견할 수 있다. 이를 보고 얼마나 많은 양의 출혈이 있었는지와 피해자가 어떤 상처를 입었는지에 대한 정보를 얻을 수 있다. 고인혈액은 접촉한 다른 물체로 전이될 수 있다. **형태전이혈흔**(contact-transfer bloodstain pattern)은 혈액이 어떤 물체나 신체에 직접 접촉했을 때 생기고, 사진 10.13에 보인 것처럼 다른 표면으로 전이된다. 형태전이혈흔에는 그 물체의 형체가 남으므로 접촉한 물체의 형체를 알 수 있다. 예를 들어 피 묻은 칼날을 침대보에 놓았다면 칼날의 형태가 있는 형태전이혈흔이 생긴다.

접촉물이 접힐 때 형태전이혈흔이 생긴 경우에는 동일 물체에 두 개의 비슷한 혈흔이 찍히거나 다른 피 묻은 물체에 의해 생긴 하나의 형태가 남는다. 그 결과 원래 혈흔의 거울상 모양이 생긴다.

형태전이혈흔은 불연속적으로 나타날 수 있다. 이런 형태의 불연속성은 일반적으로 어떤 행위를 지속적으로 하거나 피접촉체가 접힐 때 나타난다. 이 혈흔형태를 관찰하면 운동의 방향이나 순서를 결정할 수 있다.

동적 운동에 의해 형태전이혈흔이 생기는 경우도 종종 있다. 이런 전이형태를 흔히 **문지름혈흔**(blood smear)이라고 부른다. 피가 묻지 않은 물체가 혈액 위를 지나갈 때 생긴 혈흔을 **닦인혈흔**(wipe pattern)이라고 부른다. 문지름혈흔에는 윤곽화(skelectonization)가 나타날 수 있고 피가 묻지 않은 물체가 어느 방향으로 이동했는지를 보이는 방향성이 나타날 수 있다. 피 묻은 물체와 피가 묻지 않은 물체가 접촉했을 경우에는 **묻힌혈흔**(swipe pattern)도 나타날 수 있다. 사진 10.14에 보인 것처럼 이런 혈흔을 이용해 운동 방향을 알 수 있다.

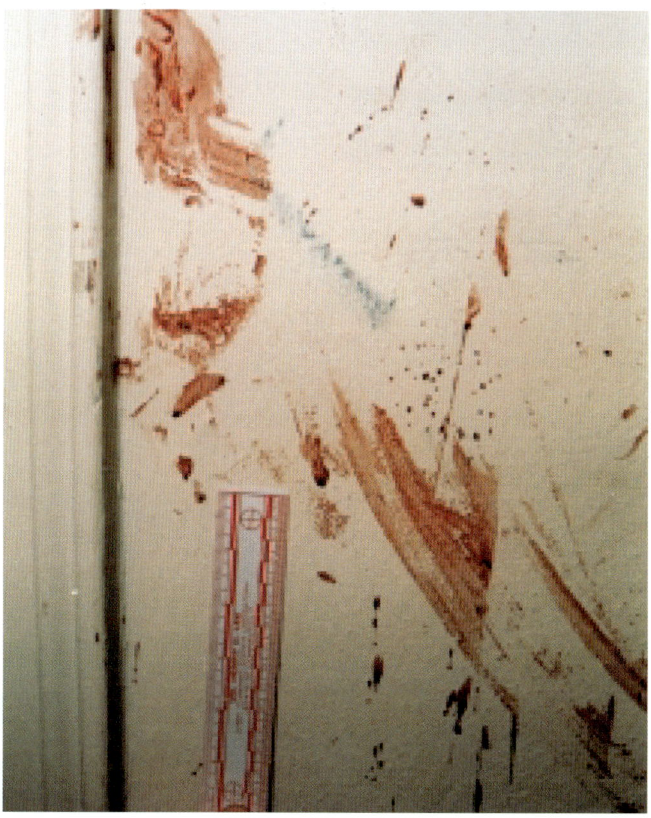

사진 10.14
살인사건 피해자 옆 벽면에 생긴 묻힌혈흔

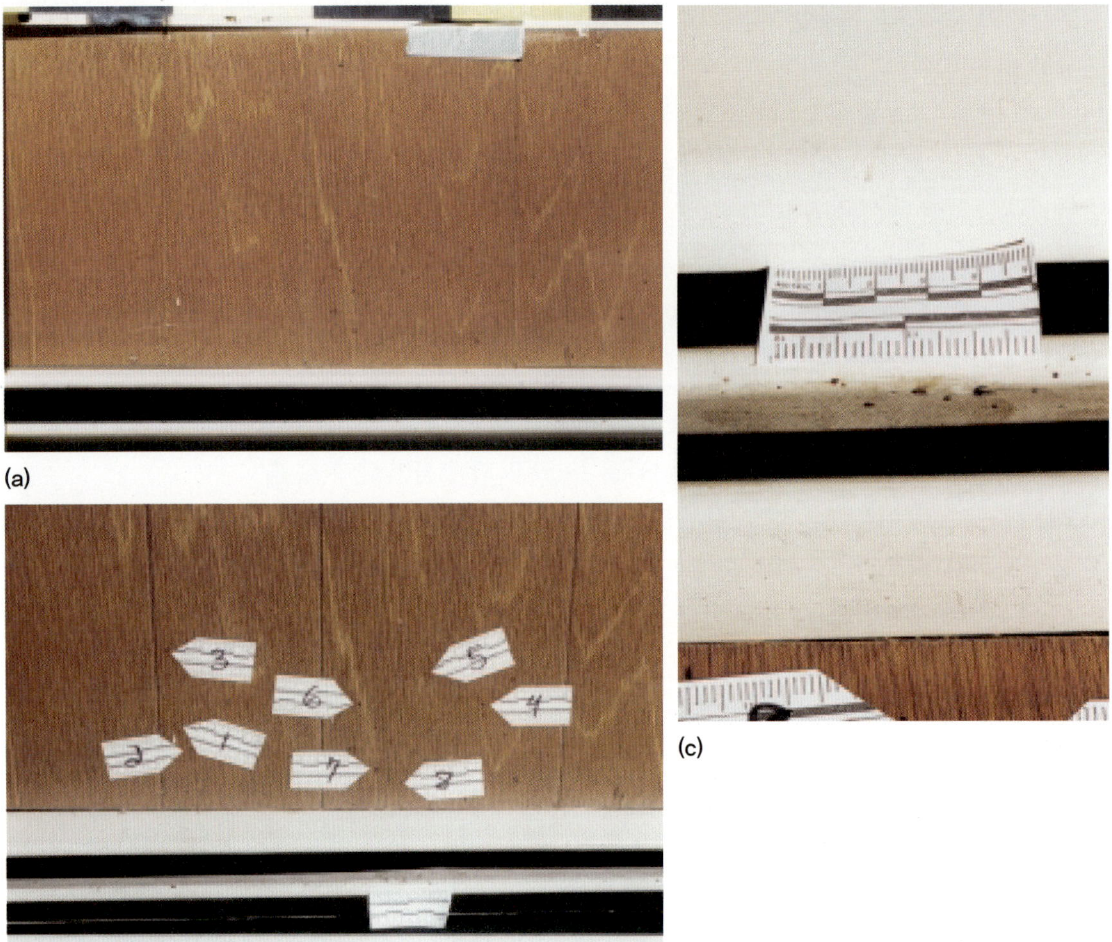

(a)

(b)

(c)

사진 10.15 (a)~(c)
혈흔형태를 사진으로 촬영한 결과
(a) 혈흔 전체 사진
(b) 확인한 혈흔 사진
(c) 혈흔의 근접 사진

혈흔형태의 기록

현장 재구성에 사용되는 현장이나 증거물에 부착된 혈흔형태도 증거물이다. 따라서 이들은 앞의 내용에서 설명한 것과 동일한 방법으로 기록해야 한다. 그러나 혈흔은 특성상 별도의 기록 방법을 사용한다. 다른 현장에서처럼 혈흔을 기록하는 것은 후속시험, 재구성 및 법정증언을 준비하는 좋은 수단이다.

혈흔의 사진촬영

다른 현장의 사진을 촬영하듯이 혈흔형태를 촬영할 때에도 전체 사진(general), 혈흔 전체 사진(overall) 및 근접 사진(close-up)을 촬영한다. 혈흔의 정확한 크기를 측정하는 것은 중요하므로 혈흔형태 사진은 반드시 자를 놓

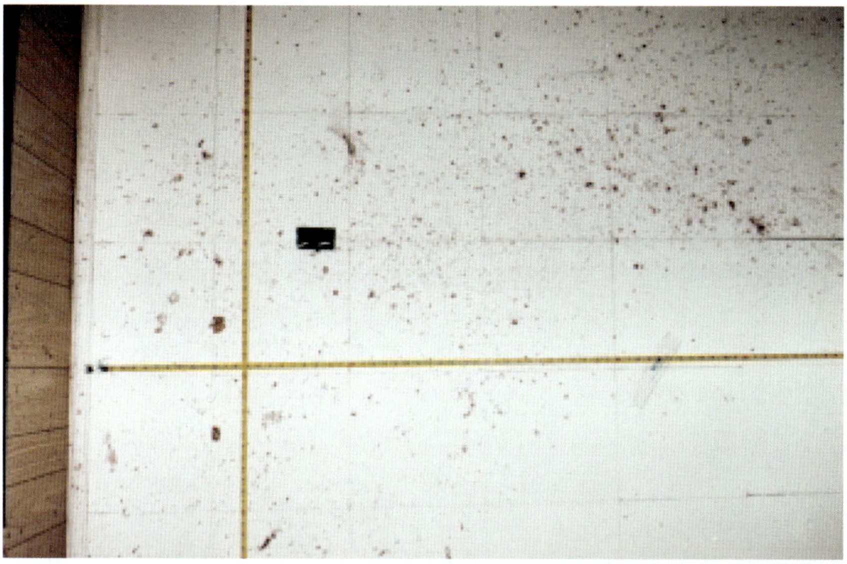

사진 10.16
혈흔형태를 사진으로 기록할 때 road mapping 기법을 사용한 예

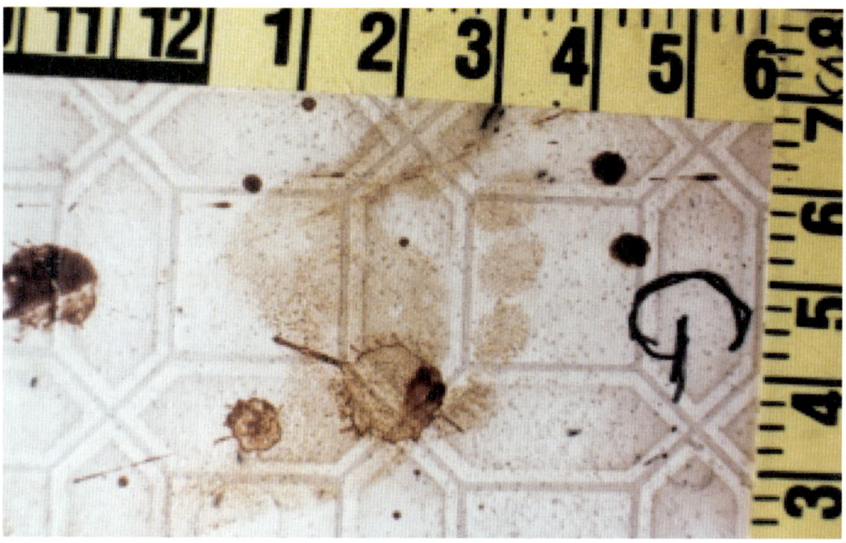

사진 10.17
혈흔에 자를 대고 표식을 한 후 적절한 조명을 비추고 근접 촬영한 결과

고 촬영한다. 중간거리 사진을 촬영할 때에도 원근감을 알고 혈흔의 전체 크기를 알아야 하므로 자를 대고 촬영하는 것은 중요하다. 앞서 설명한 라벨, 화살표 등은 혈흔 사진을 촬영할 때 특히 중요하다. 사진 10.15 (a)~(c)는 혈흔을 사진으로 기록하는 모습을 보여주고 있다.

사진을 실제 크기로 확대현상을 할 수 있기 때문에 혈흔 주변에 자를 직각되게 놓고 사진을 촬영해야 한다. 촬영범위가 넓거나 혈흔 전체 형상을 촬영할 때에는 사진 10.16과 사진 10.17에서 보인 것처럼 전체 표면에 접착성 자를 붙이는 road-mapping 기법을 사용하면 좋다.

혈흔이 찍힌 흔적이나 각각의 튄 혈흔의 근접 사진은(사진 10.17 참조) 앞서 설명했듯이 적절한 조명과 삼각대를 이용해 촬영한다. 혈흔이 하얗게 나오지 않게 하려면 플래시 빛을 분산시키거나 반사플래시를 사용해야 한다.

기록을 하거나 재구성하기 전에 혈액이 찍힌 흔적을 증강해야 할 경우가 많다. 루미놀, tetramethylbenzidine, amido black, leucomalachite green, fluorescence 등 현장에서 혈흔을 검출하는 시약을 뿌려 혈흔이 찍힌 모양을 증강할 수 있다. 이 경우 8장에서 설명한 주의사항과 절차에 따라야 한다.

혈흔형태의 스케치

혈흔형태를 기록하는 최종 단계는 스케치하는 것이다. 혈흔형태만 스케치할 수도 있고 전체 현장스케치에 포함시켜 혈흔을 스케치할 수도 있다. 혈흔형태를 이용한 재구성 증거를 법정에 제출할 경우 검찰청에 문의해야 한다.

혈흔 위에 투명비닐을 올려놓고 스케치하면 혈흔을 변형시키지 않고 기록할 수 있다. 혈흔을 기록하고 재구성하는 많은 상용 컴퓨터 프로그램이 수사기관에서 널리 이용되고 있다. 컴퓨터를 이용하는 방법의 장점 중 하나는 재구성에 필요한 3차원 스케치가 가능하고, 혈흔의 거리나 길이 측정이 용이하다는 것이다.

유리파손형태

현장에 있는 깨진 유리를 이용해 어떤 일이 일어났는지 재구성하고, 증언의 진위 여부를 판단하는 데 이용하는 경우가 가끔 있다. 유리파손형태는 주거침입사건, 기물파손사건, 총기사건, 화재사건 등에서 흔히 나타난다. 유리파손형태를 보고 다음과 같은 정보를 알 수 있다.

- 힘을 가한 방향(안쪽에서 바깥쪽으로 혹은 바깥쪽에서 안쪽으로)
- 대략 얼마만큼의 힘이 가해졌는지
- 대략 어느 각도에서 힘이 가해졌는지
- 어떤 힘에 의해 유리가 파손되었는지
- 총기의 발사 순서, 발사 방향 및 발사된 총기의 종류
- 화염의 온도, 화염의 진행 방향, 화염의 강도(용융된 유리를 보고 판단)

유리파손형태를 이용해 현장을 재구성하려면 인지, 기록 및 방사형 · 동

심원파손흔의 관찰이 주의 깊게 이루어져야 한다. 갈비형상, 파손흔의 공간적 형태, 갈라진 모양, 용융된 유리의 형태 등도 재구성에 사용된다.

유리가 파손된 형태를 보고 기본적인 재구성을 하는 것 이외에도 유리의 종류에 따른 파손형태 특성을 알아야 한다. 유리는 과냉각된 비정질(amorphous) 액체로 주성분은 이산화규소(모래)이다. 유리는 판유리, 강화유리 및 안전유리의 세 종류가 있다. 이 셋의 성직은 각각 다르고 파손형태도 다르다.

판유리는 창문과 거울을 만드는 데 사용된다. 판유리의 표면장력을 파괴할 만큼 그 이상의 힘이 가해져 유리가 파손되면, 피자조각 모양의 유리파편이 생긴다. 유리평면에 힘이 가해지면 그곳을 출발점으로 방사형처럼 뻗어나가는 방사형(radial) 파손형상이 생기는데, 창틀에 유리조각이 남아있다면 이 조각은 힘이 가해진 부분을 향해 있다. 방사형파손흔과 직각 방향으로 생기는 동심원(concentric)파손흔도 생긴다. 사진 10.18은 유리에 생긴 방사형 및 동심원파손흔을 보인 것이다. 방사형파손흔을 따라 생긴 모서리를 자세히 관찰하면 힘이 가해진 방향을 알 수 있다. 이를 통해 어느 방향에서 힘을 받아 유리가 깨졌는지 알 수 있다. 유리가 바깥쪽에서 안쪽으로 가해진 힘에 의해 깨진 것이 아니라 안쪽에서 바깥쪽을 향해 가해진 힘에 의해 깨졌다면, 건물주가 강도를 당했다고 진술한 것이 거짓임을 밝힐 수 있다.

사진 10.18
유리에 생긴 방사형 및 동심원파손흔

그림 10.7
유리 파손면에 생긴 갈빗살무늬와 빗살무늬

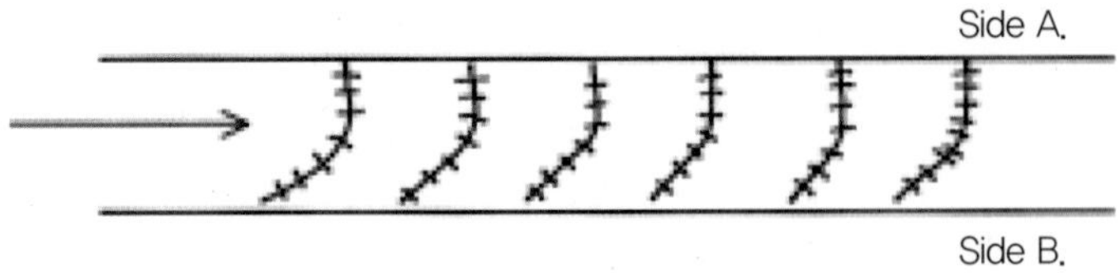

길게 굽은 선은 갈비문양이다. 이 갈비문양에 직각 방향으로 생긴 작은 선은 빗살문양이다. 이 그림의 유리는 A 방향에서 힘을 받아 B쪽으로 깨졌고 화살표 방향으로 파손이 진행됐다.

안전유리는 자동차 앞 유리에 사용된다. 안전유리는 투명한 라미네이트판을 가운데 두고 두 장의 판유리를 접합시킨 것이다. 안전유리가 파손되는 모양은 판유리와 비슷하지만 라미네이트 때문에 안전유리는 파손된 후에도 원형을 유지한다. 안전유리는 교통사고가 났을 때 승객의 부상을 줄이도록 설계되었다. 안전유리에는 두 장의 판유리가 있고, 이들은 별도로 방사형 및 동심원파손흔을 만들기 때문에 안전유리의 파손형상을 관찰할 때 주의해야 한다.

안전유리는 원형을 유지하므로 총기사건의 경우 중요한 정보를 얻을 수 있다. 충격이 가해진 면에 분화구 형상의 파손흔이 생기므로 분화구형상을 찾으면 총기가 발사된 방향을 알아낼 수 있다. 또한 두 발 이상의 탄환이 유리를 관통하였고, 관통흔이 각각에 의해 생긴 방사형파손흔이 겹치는 범위 안에 있으면 관통 순서를 알 수 있다. 관통될 당시 생긴 방사형파손흔이

사진 10.19
차량 앞유리의 다수의 총탄 구멍

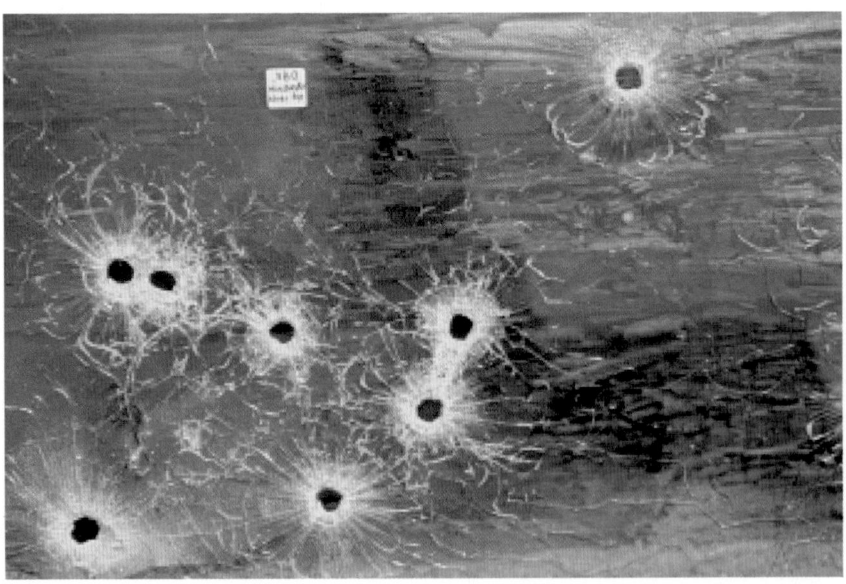

앞서 생긴 방사형파손흔을 만나면 더 이상 진행하지 않는다. 따라서 어느 관통흔이 먼저 생긴 것인지 알 수 있다. 그림 10.7은 파손흔이 생기는 모양과 방향을 설명하는 것이다. 사진 10.19는 차 유리에 생긴 방사형파손흔과 동심원파손흔을 보인 것이다.

강화유리는 표면장력을 강화시켜서 내구성이 강화되고 잘 깨지지 않게 만든 한 장의 유리이다. 이 유리에 표면장력 이상의 힘을 가하면 전체 유리가 수천 개의 작은 조각으로 깨지는데, 이를 주사위모양(dicing) 파손이라고 부른다. 강화유리는 자동차의 옆 유리에 사용된다. 대부분의 경우에 엄청난 양의 주사위모양 유리조각이 차 안쪽이나 바깥쪽으로 떨어진다. 많은 수사관들이 이 유리조각의 잠재적인 증거 가치를 인지하지 못하므로 모든 유리조각을 수거하지 않는 우를 범한다. 수천 개의 유리조각을 맞추는 것은 힘든 작업이지만 이를 맞추면 중요한 정보를 얻을 수 있다. 사진 10.20 (a)~(d)는 주사위모양으로 깨진 유리조각을 이용해 탄환구멍의 위치를 재구성한 결과를 보인 것이다. 주사위모양 유리조각을 다시 맞춰 유리가 충격당한 위치, 충격체의 비행 방향, 대략적인 충돌각도를 알아내고 경우에 따라 몇 개의 충격체가 충격했는지 알아낼 수 있다. 이런 재구성은 2개 이상의 옆 유리가 탄환에 의해 파손되었을 때 대단히 유용한 방법이다.

연소형상

연소형상을 보고 화재 원인에 대한 다양한 정보를 얻을 수 있는 경우가 종종 있다. 연소형상을 자세히 관찰하면 발화부, 화염진행 방향 및 화재에 의한 손상정도를 알아내는 데 도움이 된다. 이는 방화사건 수사의 단서가 되기도 한다. 화재 현장에서는 다음과 같은 연소형상이 흔히 발견된다.

- 역삼각뿔 혹은 V자 연소형상
- 다중발화 연소형상
- 미연소형상
- 악어등처럼 갈라지는 형상
- 이동형상
- 매연형상
- 용융된 사물의 형상
- 콘크리트가 깨진 형상

(a)

(b)

(c)

(d)

사진 10.20 (a)~(d)
(a) 운전석 창문을 뚫고 들어온 탄환에 의해 운전자가 사망한 사건 현장에 있는 주사위 모양으로 깨진 유리조각이다.
(b) 탄환이 유리 어느 부분을 관통했는지 재구성할 것에 대비하여 유리조각을 분류했다.
(c) 탄환구멍을 재구성했고 탄환구멍과 창틀 사이 공간 역시 비슷하게 재구성했다. 그래서 탄환구멍이 어디에 생겼는지 알 수 있었다.
(d) 엇비슷하게 재구성한 탄환구멍의 근접사진이다.

연소형상은 화재 현장의 환경요인, 가연성물질의 존재 여부, 화재의 종류의 세기에 따라 달라진다. 경험 있는 화재조사관은 연소형상과 비정상적인 연소형상을 관찰하여 화재 현장을 재구성할 수 있다.

가구위치형상

실내 현장에서는 가구의 위치와 상태를 보고 그런 형상이 만들어진 이유, 순서 및 피해자나 가해자의 행위에 대한 정보를 얻는 경우가 종종 있다. 위치가 변형되거나 부서진 가구가 있으면 몸싸움이 있었다는 것을 알 수 있다. 정상적인 혹은 원래 위치가 아닌 가구배열형태 및 상태를 보고 용의자나 목격자의 행위를 밝힐 수도 있다.

이동형상

사건 현장에 이동형상이 나타나는 경우가 종종 있다. 이들을 적절히 해석하면 얼마나 많은 사람이 있었고 그들이 어떻게 혹은 어떤 식으로(걷기, 뛰기) 움직였으며, 어느 방향으로 이동했고 무거운 물체를 끌고 갔는지 여부 등을 알 수 있다. 이런 형상 중 일부는 그 형상을 만든 사람의 군집 특성정보(신발크기, 보폭, 성별, 체중 혹은 비정상적인 걸음걸이 특성 등)를 제공하기도 한다.

타이어흔과 스키드마크 형상

실외 현장에서는 타이어흔이나 스키드마크 형상이 발견되는 경우가 종종 있고, 이를 통해 재구성에 대한 중요한 정보를 얻을 수 있다. 교통사고를 조사할 때 스키드마크의 중요성은 잘 알려져 있다. 그러나 범죄 현장을 재구성할 때 이런 형상의 중요성이 무시되는 경우가 종종 있다. 이런 흔적을 보고 어떤 종류의 차량이 몇 대가 있었는지와 차량의 속도 및 방향, 브레이크를 밟았는지 여부, 조향장치를 작동했는지 여부 등을 알 수 있다. 사진 10.21 (a)~(d)는 교통사고 현장에서 발견된 스키드마크와 요(yaw)마크를 보인 것이다.

의복 등에 남은 형상

이런 형상은 명확하게 남는 경우도 있고 희미하게 남는 경우도 있다. 이런 흔적을 상세히 관찰, 측정, 기록하고 정확하게 해석하면 재구성에 필요한 중요한 정보를 얻을 수 있다. 그 예로 의복 등에 남은 형상을 보고 범인이 현장을 뒤졌는지, 알리바이가 맞는지, 용의자가 어느 경로를 지나갔는지, 사람과 사람 혹은 사람과 사물사이에 접촉이 있었는지, 현장에 있어야 할 형상이 손상되었는지, 어떤 순서로 사건이 일어났는지 등에 대한 정보를 얻을 수 있다. 사진 10.22는 현장에 남은 피 묻은 직조 흔적을 보인 것이다.

사진 10.21 (a)~(d)
차량이 고속으로 도주하면서 포장된 길과 눈이 쌓인 노견에 남긴 타이어흔
(a) 포장도로에 생긴 스키드마크와 요마크의 전체 모습
(b) 요마크를 확대촬영한 모습
(c) 차량이 포장도로를 벗어나기 전에 추가로 남긴 스키드마크
(d) 차량이 도로를 벗어난 후 눈이 쌓인 노견에 남긴 타이어흔

(a)

(b)

(c)

(d)

범행수법과 현장의 프로파일 형상

이런 형상은 대단히 복잡하게 나타나므로 해석에 주의를 요하며 범인 및 그의 전과에 대한 방대한 정보를 알아야 해석이 가능하다. 범행수법을 비교해 서로 연관이 없어보이던 범행의 연관성을 밝힐 수 있다. 이런 형상에는 침입한 수법, 주로 사용하는 흉기의 종류, 사용한 완력이나 언어의 종

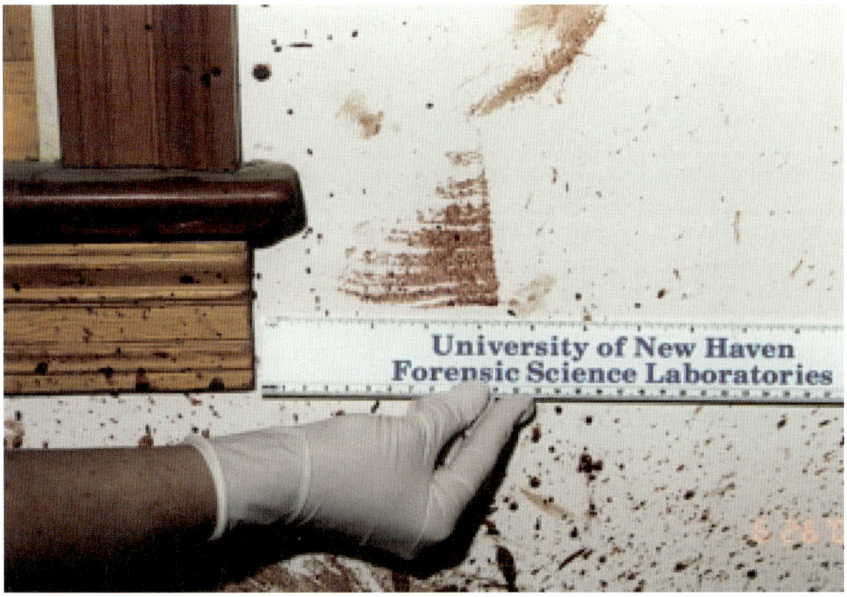

사진 10.22
벽에 남은 피 묻은 직조흔

류, 범행 후의 행동, 절취해간 물건의 종류, 현장에 유류한 증거의 종류 등이 있다.

현장 프로파일을 하면 1차 현장인지 혹은 2차 현장인지, 능동 현장(active scene)인지 수동 현장(passive scene)인지, 체계적 범죄자가 저지른 현장인지 비체계적 범죄자가 저지른 현장인지 등에 대한 정보를 얻을 수 있다. 현장의 종류에 대해서는 제1장에서 다룬 바 있다.

총기사건 현장: 수사와 재구성

수사의 핵심요소를 파악하기 위해 총기사건 현장을 재구성할 필요가 종종 있다. 현장을 재구성하지 않으면 사망의 종류(자살, 타살 혹은 사고사인지)를 판단하기 어려울 수 있다. 수사에 필요한 정보를 알아내고 정확한 결론을 도출하는 것 이외에도 총기사건 현장을 재구성하면 사랑하는 사람이 스스로의 목숨을 끊었다는 사실 때문에 비탄에 빠진 유족에게 도움을 줄 수 있다. 또한 사건 당시 발사자와 피해자의 위치 관계에 대한 정보를 얻을 수도 있다. 더불어 자살인지 혹은 타살인지를 판별하는 중요한 정보인 총구와 피사체 사이의 거리를 알아내는 데 도움이 되기도 한다. 탄환궤적을 재구성하면 용의자, 피해자 혹은 목격자 진술의 진위 여부를 판단하는 중요한 정보를 얻을 수 있는 경우가 많다. 총기사건이 발생하면 현장을 재구성하는 절차는 일반적인 절차임에도 불구하고 실제로는 재구성 능력을 최대한 활용하지 못 하는 것이 현실이다.

총기사건 현장을 성공적으로 재구성하려면 수사정보, 현장 감식, 부검 및 진료기록, 총기 증거물 및 패턴 증거물의 법과학적 감정 및 관련 증거의 재구성실험이 필요하다. 다른 사건과 마찬가지로 총기사건을 의미있게 재구성하는 능력은 현장에 있는 증거물을 기록, 수색, 채취 및 보존하는 능력에 의해 좌우된다. 총기발사 잔사와 같은 증거물은 신속하게 찾아내어 보존하는 등의 특별한 조치를 취하지 않으면 훼손되기 쉽다. 또한 현장에서 모든 증거물을 찾아내지 못하고 현장을 인계하거나 현장이 훼손되는 경우가 대단히 많다.

총기사건 수사를 위한 준비절차

사건과 관련된 모든 사람들의 진술과 같은 수사정보는 전체 수사뿐 아니라 현장 감식 요원에게도 중요한 정보이다. 현장 감식 요원은 열린 마음을 갖고 객관적으로 현장에 임해야 하지만 수사정보를 통해 그들은 현장에서 어떤 일을 해야 할지에 대한 정보를 얻을 수 있다. 예를 들어 목격자가 어두워서 움직임을 관찰하는 것이 어려웠다고 진술했다면, 감식 요원은 이 정보를 토대로 밝은 사진조명을 준비할 수 있다. 감식 요원이 사건개요를 알고 얼마나 많은 사람들이 관련되었는지 등을 아는 것을 감식에 유리할 수 있다. 진술이나 관찰내용을 확인하거나 반박하려면 기록을 해야 한다.

총기발사 잔사분석을 하면 그 사람이 총기사건에 관련되어 있는지 여부 및 총구에서 피사체까지의 거리를 판단하는 중요한 정보를 얻을 수 있다. 총기발사 잔사는 적절히 채취하고 보존하지 않으면 훼손되기 쉬운 증거이다. 대부분의 사건에서 피해자 혹은 총기발사 용의자의 손에서 가급적 빨리 증거물을 채취하여 총기발사 잔사가 있는지 검사하는 것이 좋다. 총기발사 잔사는 5% 질산용액 혹은 전자현미경용 채취용구를 이용해 채취할 수 있다. 총기발사 잔사는 비교적 빨리 없어지므로 증거물은 가급적 빨리 채취해야 한다. 총기사건 피해자 의복을 채취해 보존했다가 총기발사 잔사가 분포된 모습을 관찰하면 발사거리에 대한 정보를 얻을 수 있다. 의복은 조심스레 벗기고 접지 않으며 말려서 보관한다.

피해자 및 발사용의자의 의복에는 총기발사 잔사, 혈흔형태, 유리조각 등의 미세 증거물, 전이 증거, 찢긴 흔적, 토양 흔적 등 재구성에 필요한 정보가 남아있을 수 있으므로 반드시 압수해야 한다. 의복에 있는 미세 증거물이나 손상흔은 총격 전후의 이동에 대한 진술의 진위 여부를 확인하는 데 사용할 수 있다.

한 명 혹은 여러 명이 총기를 여러 발 발사한 사건인 경우 총기와 관련된 모든 증거를 찾아내야 한다. 따라서 각각의 총기에 장전할 수 있는 실탄의 수 및 총 안에 남아있는 실탄의 수를 정확히 파악하고, 탄환구멍의 수(가능하다면 사입구 숫자와 사출구 숫자까지 비교), 탄환에 맞고 튄 자국의 수, 상처의 종류와 개수, 몇 발을 발사했는지에 대한 목격자 증언 등을 종합해서 못 찾은 탄환이 몇 발인지 파악해야 한다. 이 작업이 끝나면 감식 요원은 모든 자료를 취합해서 모든 탄환이나 총기 관련 증거를 찾았는지 확인해야 한다. 현장에 있는 모든 증거를 찾기 전에 현장을 인계해서는 안 된다. 피해자의 X-선 사진을 촬영하거나 부검을 통해 몇 발의 탄환 · 파편에 맞았고, 몸 안에 몇 개의 탄환 · 파편이 있는지 명확하게 확인해야 할 경우가 종종 있다.

탄환에 남은 발사 흔적

현장에서 찾아낸 발사체를 법과학적으로 감정하면 현장 재구성에 필요한 중요한 정보를 얻을 수 있다. 법과학 감정소에서는 총기감정을 통해 사용된 총기의 종류(구경, 실탄의 종류, 강선흔 특성을 보고 총기 제조회사 및 모델)에 대한 정보를 제공할 수 있다. 발사체를 현미경으로 감정하면 총기발사 후 어떤 표면에 접촉했는지에 대한 정보도 얻을 수 있다.

탄환에 남아있는 총기 흔적

총기에서 발사된 탄환에는 총구에서 유래된 흔적이 생기는데, 이는 군집 특성과 개별 특성을 모두 갖고 있다. 군집 특성은 제조회사와 모델이 같은 다른 총기로 발사해도 공통적으로 나타나는 특성이다. 강선의 수, 강선의 꼬임 방향, 강선의 깊이, 강선의 폭 등이 그 예이다.

발사된 탄환에서 발견되는 개별 특성으로는 총기를 사용하는 과정에서 총기가 마모되어 생기는 특성과 총기를 생산하는 과정에서 생기는 특성이 있다. 이런 흔적으로는 탄환이 총강을 지나갈 때 생기는 미세마찰흔, 스키

사진 10.23 (a)~(b)
(a) 피해자 몸을 관통한 것으로 추정되는 탄환 끝부분을 근접 촬영한 사진. 붉은색 섬유상 물질이 부착되어 있다는 점에 주목하기 바란다.
(b) 탄환에서 분리해낸 붉은색 물질을 현미경으로 촬영한 결과. 이 물질을 분석한 결과 피해자 상의 섬유와 동일한 섬유로 밝혀졌다.

(a)

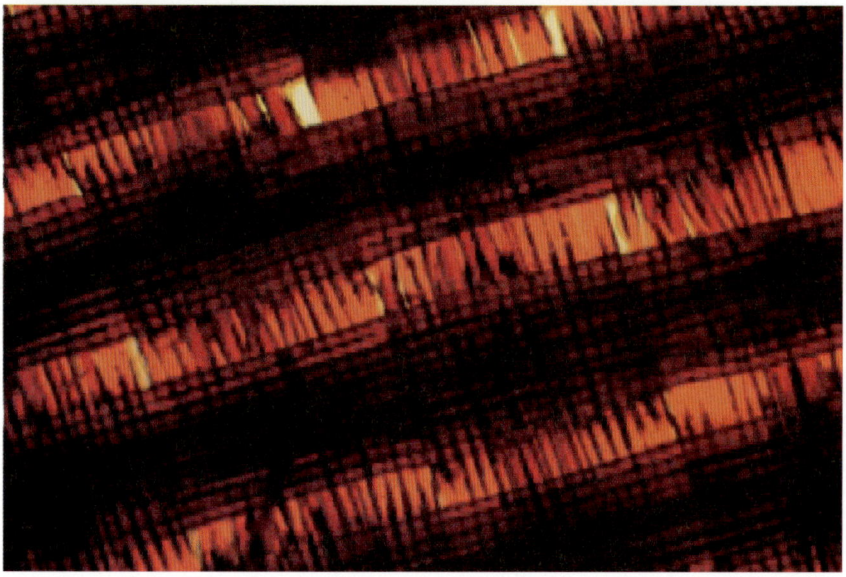

(b)

드마크(skid mark)[1], 깎이는 흔적 등이 있다.

총구를 떠난 후 탄환에 생기는 흔적과 미세 증거물

탄환이 총구를 떠난 후에 생긴 흔적을 보고 탄환궤적을 재구성할 수도

1) 역자 주–탄환이 리볼버 탄창과 총열 사이의 공간을 지날 때 생기는 흔적

있다. 재구성에 사용되는 이런 흔적들로는 소음기 흔적, 중간목표물 충격흔, 최종 충격물에 의해 생긴 흔적 등이 있다. 소음기를 장착한 총기에서 발사된 탄환에는 소음기와 마찰하면서 독특한 흔적이 생긴다. 탄환이 중간목표물을 충격하면 Locard의 교환법칙에 의해 중간목표물에서 유래된 미세 증거물이 탄환에 묻게 된다. 이러한 미세 증거물을 확인해 현장의 어느 지점과 충격되었는지 알 수 있다. 탄환이 중간충격물을 관통하면 그 경로와 방향을 알 수 있어 재구성에 사용할 수 있다. 재구성에 사용하는 중간충격물에서 나오는 또 다른 증거로는 손이나 의복에 있는 총기발사 잔사 및 실린더 · 총구의 화염흔을 들 수 있다. 최종 피사체에 생긴 사입구의 크기와 모양도 재구성에 이용되고, 이에 대해서는 다음 절에 설명하겠다. 최종 피사체에 생긴 사입구 흔적을 통해 탄환의 최종 궤적을 확인할 수 있고, 이는 재구성하는 데 중요하게 이용된다. 사진 10.23 (a)와 (b)는 탄환에서 발견된 붉은색 섬유를 보인 것으로써, 이 증거는 탄환과 피해자와의 연관성을 보이는 결정적인 증거였다.

총구와 피사체간의 거리판별

약 75년 전에 총구와 피사체간의 거리판별 기법이 개발된 후 성공적으로 총구와 피사체간의 거리를 판별할 수 있었다. 오랜 세월을 거치면서 파괴 및 비파괴감정을 하는 데 이용되는 감정 장비와 검출감도도 향상되었다. 일반적으로 발사거리는 현장에서 찾아낸 증거물에 있는 총기발사 잔사의 분포와 실험실에서 다양한 거리에서 시험 발사하여 얻은 총기발사 잔사의 분포를 비교해서 감정한다. 총기발사 잔사의 시료 준비, 검출 및 비교 과정은 상세히 기록해야 한다. 이 과정은 다음과 같은 방법으로 진행된다.

- 현장에서 증거물을 적절한 방법으로 기록하고 채취한다.
- 피사체 표면을 육안 및 입체현미경으로 관찰한다.
- 적외선 사진을 촬영한다(사진 10.24 (a)와 (b) 참조).
- nitrite나 납을 검출하는 화학 시약을 이용해 총기발사 잔사입자 분포가 잘 보이도록 증강시키고 mapping한다. 9장의 총기발사 잔사 증강기법을 참고하기 바란다.
- 산탄총인 경우 산탄의 형태를 확인하고 계측한다.
- 공시험: 입자의 유실/재분포 공시험, 환경인자 공시험, 시험발사용 표면 재질의 선정, 발사각도 시험 등이 있다.

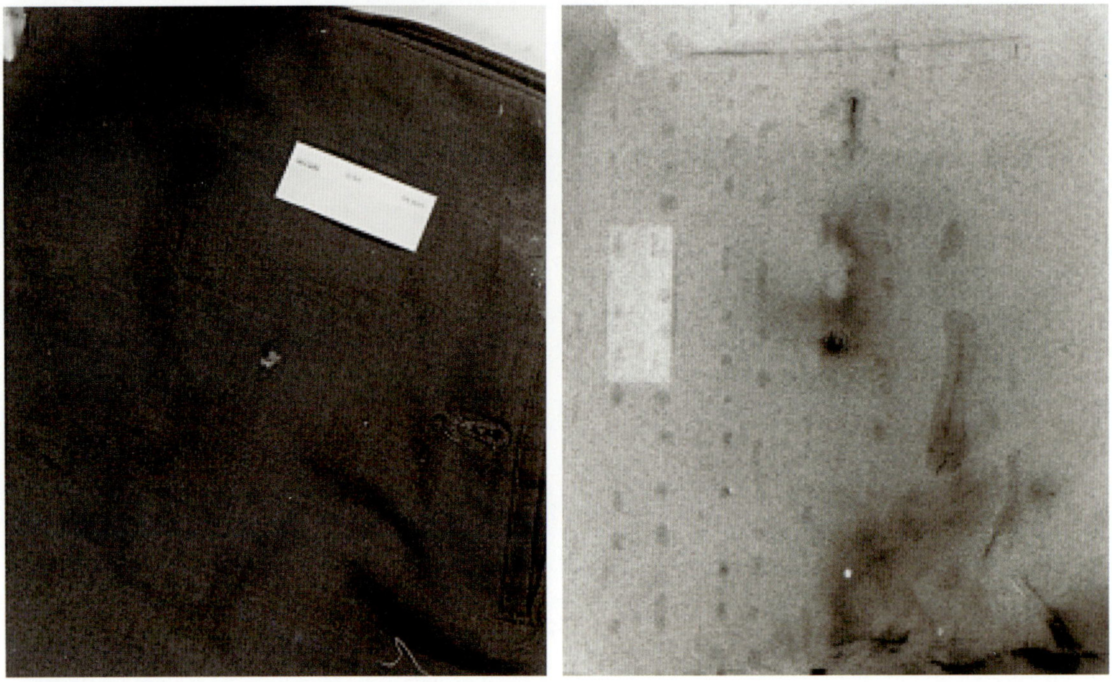

(a) (b)

사진 10.24 (a)~(b)
(a) 검은색 폴리에스테르제 바지에 생긴 사입구의 흑백사진
(b) 같은 부분을 적외선으로 촬영한 결과. 사진 가운데 있는 사입구 주변으로 총기발사 잔사형상이 나타난 것에 주목하기 바란다.

- 시험발사용 피사물의 준비: 적절한 실탄을 이용한다.
- 시험발사 피사물의 객관적 비교 및 평가한다.
- 발사거리 판별한다.

총기발사 잔사형태를 해석하거나 그 형태가 나타나지 않은 경우 주의를 기울여 해석해야 한다. 총기발사 잔사형태는 많은 요인에 따라 달라진다. 피사체 표면의 재질에 따라 총기발사 잔사가 잔류되는 시간이 달라진다. 또한 피사체 표면이 피나 빗물 등에 젖어있으면 총기발사 잔사 혹은 그 분포형상을 찾아낼 가능성이 떨어진다. 탄환의 입사각도가 낮아져도 피사체 표면에 부착되는 총기발사 잔사의 양이 줄어든다. 탄환궤적을 재구성하면 입사각을 알아내는 데 도움이 된다.

탄환궤적의 기하학적 계측

탄환궤적을 알아낼 때에는 두 가지 기하학적 방법을 사용할 수 있다. 그 첫 번째 방법은 물리적 방법(봉, 줄 등)을 이용하는 것이고, 또 다른 방법은 빛을 조사하는 방법(육안으로 관찰하거나 저출력 레이저를 사용)이다. 어떤 방법을 사용하든 재구성 과정의 전체를 꼼꼼히 기록해야 한다.

물리적 계산 방법

1. **사입구로 계산하는 방법**: 피사체 표면에 생긴 사입구와 사출구의 모양을 계측하여 입사각을 계산할 수 있다. 대부분의 탄환구멍은 타원형으로 생겼고 삼각함수를 사용하면[cosine(사입구의 폭/사입구의 길이)] 입사각을 계산할 수 있다.
2. **봉을 사용하는 방법**: 탄환구멍들이 가까운 거리에 있고, 탄환구멍 중 하나의 반대편을 볼 수 없는 경우에 봉을 사용하면 탄환궤적을 판단하는 데 유용하다. 봉을 집어넣을 때에는 총알구멍이 훼손되지 않도록 주의해야 한다. 나무봉이나 금속봉이 주로 이용된다. 총알구멍의 직경과 그 직경이 비슷한 봉을 사용하고, 총알구멍 직경보다 굵기 때문에 억지로 밀어 넣어야 하는 봉은 사용하지 않는다.
3. **줄**: 사입구끼리의 거리가 먼 경우에는 줄을 매단 봉을 사용할 수 있다. 줄이 늘어지거나 구멍의 측면에서 줄이 굽어지지 않도록 조심해야 한다. 그렇지 않으면 오차가 커진다.

빛을 조사하는 방법

1. **육안관찰**: 재구성할 때 사입구가 어떻게 배열되어 있는지 알아내는 간단한 방법 중의 하나는 사입구를 통해 다른 사입구를 관찰하는 것이다. 이 방법은 예비 시험 방법으로써 정확한 계측은 불가능하다. 한 구멍을 통해 다른 구멍이 일렬로 정렬되어 있는지 관찰하여 이를 사진으로 촬영한다.
2. **저출력 레이저**: 레이저는 긴 거리까지 직선적으로 발사할 수 있기 때문에 사입구가 일렬로 정렬해 있는지 확인하는 좋은 수단이다. 탄환의 궤적은 중력에 의해 직선경로에서 벗어날 수 있기 때문에, 측정거리가 길면 주의해야 한다. 특히 발사속력이 낮은 탄환일수록 이런 일이 잘 발생한다.
3. **벽에 있는 사입구에 레이저를 정렬시키는 방법**: 탄환이 벽에 박히면 사입구를 훼손시키지 말고, 탄환 최종 위치까지의 경로 정렬상태를 확인해야 한다. 탄환이 박힌 지점 가까이까지 벽을 잘라내면 탄환 정지지점까지의 경로를 확인할 수 있다. 보이지 않는 사입구 내부의 경로를 확인하는 또 다른 방법은 레이저가 달린 봉을 이용하는 것이다. 봉(관체 형이 좋다)을 사입구에 집어넣고(사입구가 훼손되지 않도록 주의한다) 레이저 빔을 봉과 일렬로 정렬시키면 봉을 늘린 것과 같은 효과를 얻을 수 있다.
4. **레이저 빔의 기록**: 재구성하는 과정은 비디오나 사진으로 계속 기록해야

사진 10.25 (a)~(b)
(a) 차고 안에서 탄환구멍이 발견되었다. 이 벽에서 줄을 늘여 탄환궤적을 표시했다.
(b) 육안으로 관찰하는 방법. 탄환 근처에 있는 나무벽에 있는 구멍을 보인 것이다.

(a)

(b)

한다. 하지만 2개 이상 탄환구멍의 정렬상태를 레이저 빔으로 보인 모습은 특히 잘 기록해야 한다. 연무나 분말을 사용하면 레이저 빔을 보다 잘 보이게 할 수 있다. 실외나 공기순환이 있는 곳에서는 연무를 이용하는 방법을 이용하기 어렵다.

5. **Positioning stage**: 시판되는 레이저 positioning stage를 이용해 레이저의 위치를 잡을 수 있다. 레이저 발광부를 적절한 눈금이 있는 다중축 스테이지에 고정하면 위치를 계산 및 기록할 수 있다.

(a)

(b)

사진 10.26 (a)~(b)
(a) 벽에 있는 구멍으로 관찰한 모습. 탄환이 어느 방향으로 날아갔는지 보여준다.
(b) 나무벽에 생긴 총알구멍을 근접 촬영한 사진. 나무봉을 사용해 탄환궤적을 표시했다.

6. **정렬시킨 레이저 빔을 이용한 각도계산**: 각도기와 자를 이용하여 현장에 있는 어느 고정점을 기준으로 총알구멍의 위치를 기록할 수 있다. 다림추, 경사계, 수평계를 이용하면 각도를 정확하게 재는 데 도움이 된다. 탄환의 궤적을 알아내어 기록한 후, 다시 한 번 계측하여 정확하게 계측했는지 확인해야 한다.
7. **레이저 빔 사이에 중간목표물 넣기**: 레이저 빔 중간에 물체를 넣어보거나 사람이 들어가 보아 제대로 재구성하고 있는지 확인할 수 있다. 부드

사진 10.27
탄환궤적을 알아내기 위해 레이저를 이용하는 모습. 연무제를 이용해 레이저 빔의 경로를 관찰하고 있다. 천막은 공기 흐름을 줄이기 위해 친 것이다.

러운 재질의 중간목표물(매트리스, 베개, 쿠션 등)을 사용할 경우에는 관체형 봉을 사용하는 것이 좋다. 기울어지게 넣으면 오차가 생기기 때문에 주의해야 한다.

8. **두 개의 동축레이저**: 앞서 설명한 것처럼 부드러운 물체가 중간목표물인 경우에는 관체형 봉을 이용해 탄환구멍 정렬상태를 확인하면 좋다. 실제 증거물과 모양, 크기, 무게 등이 동일한 다른 물체를 사용하면, 실제 증거물을 훼손시키지 않고도 현장을 재연할 수 있다. 신체에 탄환구멍이 있는 경우에는 두 개의 레이저를 이용해 탄환궤적을 재구성해야 한다. 첫 번째 레이저를 정렬시킨 후 두 번째 레이저를 첫 번째 레이저의 빔 안에 장착시킨다. 이렇게 두 번째 레이저를 장착하면 레이저 빔 안에 신체처럼 움직일 수 있는 목표물을 넣을 수 있다.
9. **정렬용 보조목표물 넣기와 조명 문제**: 실외 현장에서는 레이저를 이용해 궤적을 재구성하기가 어렵다. 이 경우 야간에 작업하면 좋다. 낮에는 색인카드 혹은 야광반사판 등의 보조목표물을 이용하면 실험이 쉬워진다.

주의사항과 오차요인

어떤 물체를 충격한 후의 탄환궤적을 재구성할 때에는 오차가 들어갈 수 있다. 탄환이 어떤 물체를 스치거나 물수제비뜨듯 지나가거나 큰 각도로 충격하면 탄환의 궤적을 예측하기가 어려워진다.

중간목표물이 있는 사건에서 탄환궤적을 재구성할 때에는 탄환궤적이

표 10.3 탄환의 궤적을 바꿀 수 있는 인자들

중간목표물의 특성	탄환의 특성
• 경도	• 경도
• 표면모양	• 모양
• 내부의 불균질성	• 무게 및 밀도
• 내부 불균질성의 방향성	• 단면적과 밀도
• 두께, 휘어지는 정도, 탄성	• 속도 및 안정하게 비행하는지 여부
목표물과 탄환의 접촉각도	
• 사입면	
• 사출면	

바뀔 가능성을 항상 염두해야 한다. 즉, 탄환이 어떤 사물을 관통하면 어느 정도의 궤적 변화가 발생한다. 그 정도는 물체의 재질, 모양 및 탄환이 그 물체 안에서 어떻게 움직였는지에 따라 달라진다. 표 10.3은 탄환궤적을 변화시킬 수 있는 요인을 보인 것이다.

두 점을 잇는 방법으로 탄환궤적을 판단할 수 있지만, 탄환궤적이 변했을 가능성이 있으면 이 방법만으로는 불충분하다. 그래서 최소 셋 이상의 점을 이용해야 비교적 정확하게 궤적을 재구성할 수 있다. 또한 재구성한 결과가 과학적 신빙성을 얻으려면 가능한 이탈 정도를 평가하는 것이 필요하다. 계획을 잘 세워서 여러 인자를 조절한 실험이 필요하다. 시험발사를 통해 얼마나 벗어날 수 있는지를 실험해야 한다.

탄피 배출흔

현장에 있는 탄피에서 중요한 정보를 얻을 수 있다. 이 탄피를 용의총기와 비교해 그 총기에서 발사된 탄피인지 판단한다. 총기를 찾지 못했으면 탄피자료를 Drugfire, IBIS, NIBIN 등의 총기 데이터베이스에 저장되어 있는 탄피 자료와 비교한다. 탄피의 위치는 발사자의 대략적인 위치를 판단하는 데 사용한다. 사진 10.28 (a)와 (b)는 탄피가 총기에서 배출되는 정도를 확인하는 시험 모습이다. 대부분의 반자동 및 자동 총기는 오른쪽으로 탄피가 배출된다. 하지만 그 총기의 탄피배출 특성을 확인할 때에는 사건에 사용된 총기 혹은 동일 회사에서 생산된 동일 모델 총기로 실험해야 한다. 총기의 배출 특성을 알기 위해 시험 발사할 때에는 배출 특성에 영향

사진 10.28 (a)~(b)
탄피가 배출되는 정도를 확인하는 시험 장면. 발사자 손의 위치가 다르기 때문에 탄환이 떨어지는 위치가 다르게 나타난 것이다.

(a)

(b)

을 미치는 인자를 함께 고려해야 한다. 실탄의 종류, 발사자 손 및 신체의 위치, 발사자가 정지된 상태에서 혹은 움직이면서 발사했는지 여부, 탄피가 떨어지는 바닥의 상태, 비 또는 바람 등 환경요인 등이 그 인자들이다. 이런 인자를 고려하는 것 이외에도 탄피를 찾아낸 위치가 원래 위치가 아닐 가능성도 고려해야 한다. 즉 탄피가 떨어진 후 발로 찼거나 차량의 영향으로 위치가 옮겨졌을 수 있다.

기타 고려사항

파손된 유리의 분포상태

유리가 탄환에 충격되거나 관통되면 금이 가고 이를 이용해 충격 지점, 충격 방향 및 대략적인 충돌 각도, 충격 순서 등에 대한 정보를 얻을 수 있다. 이 장의 앞부분에서 설명한 유리파손형태 내용을 참조하기 바란다. 파손형태 이외에도 유리의 비산형태도 총기사건을 재구성하는 데 유용하게 사용된다. 유리파편이 가장 가깝게 떨어진 지점과 가장 멀리 떨어진 지점 및 유리파편이 얼마나 길게 늘어져 있는지 등을 보면 최초에 유리가 어디에서 깨졌는지 및 유리가 깨진 후 차량의 이동 상태에 대한 정보를 얻을 수 있다.

혈흔형태

혈흔형태도 총기사건 재구성에 중요하게 이용된다. 엽총처럼 에너지가 높은 총기에 의해 상처가 생기면 고속충격비산혈흔이 생긴다. 자세한 내용은 앞의 혈흔형태에 관한 설명을 참고하기 바란다. 고속비산혈흔형태를 찾아내면 피해자의 상대적 위치를 알아내고, 충격이 어디서 일어났는지에 대한 정보를 얻는 데 도움이 된다. 탄환이 혈액이 있는 곳을 충격하면 전방 및 후방 비산혈흔 모두가 생긴다. 이 현상은 재구성하는 데 유용한 정보이다. 자살한 변사자 손등에 있는 고속비산혈흔은 사진 10.29 (a)와 (b)에서 보인 것처럼 자살 여부를 판단하는 중요한 정보이다.

사건 재구성－차량의 운동

총기사건에 차량이 관련된 경우 차량의 운동도 고려해 재구성해야 한다. 교통사고 전문가의 자문을 받아 스키드마크와 차량손상흔을 해석하면 충격 전후의 차량 속도와 이동 방향을 해석하는 데 도움이 된다. 차량운동만으로는 수사관이 궁금해하는 모든 문제에 대한 답을 얻을 수 있는 경우는 거의 없지만 총기사건을 전체적으로 해석하는 데는 도움이 된다.

경찰관 발포사건과 관련된 특별한 문제들

경찰관이 발포사건이든 아니든 현장을 적절하게 기록하고 감식하는 것

사진 10.29 (a)~(b)
(a) 자살한 사람의 손에 튄 혈흔. 피 묻은 손등에 미세 혈흔이 튄 점에 주목하기 바란다.
(b) 타살 당한 사람 손에 묻은 고속충격혈흔. 피해자가 머리에 총을 맞았을 당시 손이 머리 근처에 있었다.

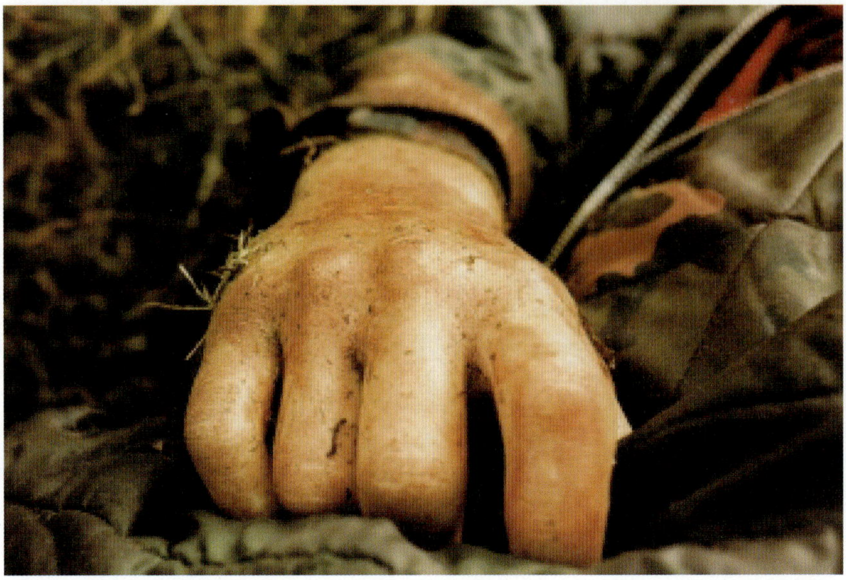
(a)

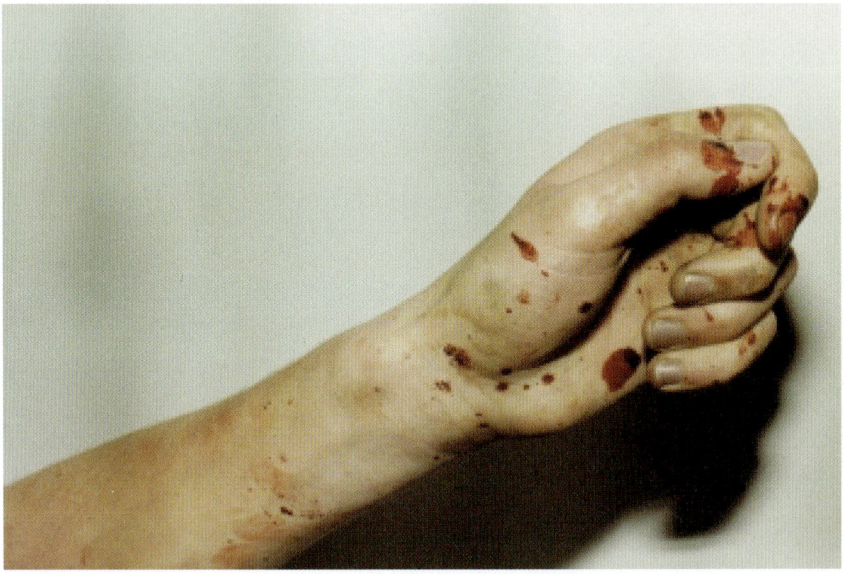
(b)

은 꼭 해야 할 일이다. 하지만 경찰관 발포사건에는 별도로 고려할 사항이 있다. 경찰관 발포사건을 해당 경찰서에서 적절하고 철저히 수사하지 않으면, 경찰관 개인뿐 아니라 사법 시스템 자체가 심각한 비판에 시달리고 시민의 신뢰를 잃으며 거대한 민사소송에 휘말리게 된다. 경찰 및 검찰지휘부, 정부 고위 관계자 등이 사건을 검증하고 어떤 후속대책을 마련해야 한다. 그들은 최대한의 독립성과 객관성을 갖고 사건을 수사할 수 있는 계획을 수립해야 한다. 또한 그들은 경찰관 발포사건에는 목격자가 없는 등의 복잡한 문제가 있다는 점을 잘 이해해야 한다.

경찰관 발포사건은 언론의 집중조명을 받고, 대중의 지대한 관심사가 될 것이다. 대중은 경찰에서 수사 결과를 거의 내놓지 않는 수사초기에 사건에 대한 선입견을 갖는 경우가 종종 있다. 사건과 관련된 정보를 정식 경로를 통해 신속하고 정확하게 언론에 알리는 것이 불가피하다. 언론의 기본적인 정보 요구에 응하지 못하면 자칫 방어적 자세를 취하는 것으로 비춰질 수 있다. 그러나 결론을 속단한다거나 확인되지 않은 정보를 알리지 않도록 조심한다. 수사가 진행되고 수사 결과를 도출하면 시민단체 지도자, 언론사 대표, 유가족 및 경찰관 측 변호인 등과 함께 만나는 것이 좋을 수 있다.

경찰서장 및 지휘부는 그들이 취한 조치에 대해 알아야 하고 설명할 수 있어야 한다. 가능하다면 수사는 경찰 이외의 기관에서 하는 것이 좋다. 검찰청은 발포행위가 합법이었는지 불법이었는지를 판단하는 최종 위치에 있다. 그러나 경찰이나 법과학 감정소 직원들이 현장 감식을 하고 수사할 수 있다. 그 지역에 이런 일을 할 만한 충분한 인력이 확보되지 않을 경우 다른 기관에서 현장 감식과 수사기능을 담당한다면, 지휘관은 수사에 참여하는 모든 사람이 발포경찰관과 어떠한 인과 관계가 없다는 것을 확인해야 한다. 또한 이러한 사건은 아주 철저하게 수사할 것이고 민사법정 등에서 논쟁의 대상이 될 수 있으므로 모든 가용자원과 전문가를 활용해야 한다. 법과학 감정소나 과학수사팀에 총기사건을 재구성할 수 있는 전문가가 있으면 그들을 가급적 초기단계에 빨리 수사에 합류시켜야 한다.

경찰관 발포사건마다 나타나는 어려운 문제가 있다. 목격자가 충분하지 않은 경우가 많고, 심지어는 수사 초기단계를 풀어갈 목격자가 없는 경우도 있다. 총격을 받은 사람이 사망했거나 부상이 심해 진술을 듣지 못할 수도 있다.

발포사건에 관련된 경찰관은 자신의 헌법상 권리를 주장하며 진술을 거부하다가 나중에 합법적 위원회에서 진술하는 방법을 구사하는 경우가 많다. 이렇게 되면 배경 정보가 거의 없는 상태에서 현장 감식을 하게 될 수도 있다.

현장을 인계한 후 재구성할 필요성

모든 현장 사진, 부검 결과 및 부검 사진, 현장의 비디오 기록, 계측 결과, 노트, 현장 감식 보고서, 증거물의 법과학적 감정 보고서 등 관련 자료를 철저하게 분석해야 한다. 가능하다면 사건발생 즉시 현장을 방문하여 그 현장에 나타난 형상을 직접 관찰하는 것이 가장 바람직하다. 현장을 철저하고 정확하게 기록하는 것도 중요하다. 최상의 재구성 결과를 얻으려면 증거물을 직접 검사해 훼손정도, 흔적, 상태 등을 확인하는 것이 좋다. 그러나 현장을 완전히 재구성하는 것이 불가능하다는 것을 알아야 한다. 또한 부분적 재구성(전체를 재구성하지 않고 특정 사안이나 논점에 대해서만 재구성하는 것)은 사건을 수사하는 데 대단히 중요하다. 재구성을 통해 얻은 정보는 그 사건을 해결하는 열쇠가 될 수 있다. 수사관과 법과학 감정 요원(사망사건인 경우 의료진도 포함됨)은 상호 협조하여 현장에 있는 모든 중요사항을 기록하고 증거물을 감정하며 사건이 한쪽에 편향되지 않도록 철저히 수사하고 재구성에 필요한 모든 정보를 공유해야 한다. 현장을 수사하고 재구성할 때에는 항상 팀을 이루어 활동해야 한다.

재구성 보고서의 작성

일반적인 권고사항

1. 두 명의 검사관이 보고서를 검토하고 서명한다.
2. 어떤 것을 조사해서 어떤 근거로 보고서를 작성했는지 명기한다.
3. 사건을 검토하고 재구성하는 과정에서 쟁점이 되는 사안은 서로 완전한 의견일치를 봐야 한다.
4. 사진과 사진 설명을 이용해 관찰한 내용과 의견을 정확하게 표현한다.
5. 근거가 부족한 정보를 사용하거나 이에 의존하지 않는다.
6. 자신이 모르는 사안이나 정황은 모른다고 명확하게 기술한다.
7. 정보가 부족해서 해석이 제한적이라면 이를 기술한다.
8. 자신의 의견이나 관찰내용을 지나치게 강조하거나 주장하지 않는다.
   (a) 다음과 같은 단어를 사용한다: 일치, 유사, 가능성이 매우 높음, 확인한 정보나 사실과 일치하지 않는다, 미상, 판단불가능

(b) 열린마음과 객관적인 시각을 갖는다.

9. 결론을 얻기 전까지 자신의 의견을 말하지 않는다. 사실 관계, 관찰 결과 및 데이터를 별도로 관리한다.
10. 의견이 다른 가설이 존재할 경우, 문서화된 사실에 의해 객관적으로 평가할 자세를 갖는다.
11. 문서로 표현 못한 세부 정보는 구두로 증언한다. 문서화된 모든 기록은 동료 전문가와 함께 다시 검증하는 것을 잊지 않는다.
12. 사실을 진실되고 객관적으로 관찰한다.

알고 있는 정보 이상의 재구성 결과는 얻을 수 없다. 정보는 현장, 증거물, 기록, 진술, 목격자 및 알려진 데이터로부터 얻을 수 있다. 재구성에 필요한 정보를 모아 사용하는 과정은 현장 재구성이 과학적이라는 것을 보여주는 것이고, 그래서 수사관이 이를 유용하게 사용할 수 있는 것이다.

부록

현장 감식에 사용되는 용품

부록 1 현장 감식에 사용되는 용품

현장 통제 용품

- 폴리스라인
- 로프와 줄
- 쏘 호스(saw horse)
- 신호판과 이를 세울 막대
- 유색 스프레이 페인트
- 거리에 붙일 전단지
- 조명장치
- 경찰 차량
- 응급구호장비
- 텐트와 천막

현장 기록 용품

사진 용품

- 폴라로이드
- 번호판
- 35 mm SLR 카메라고 부속품
- 1:1 혹은 접사카메라(대형)
- 흑백필름
- 컬러필름
- 자와 줄자
- 외장플래시 및 연결선
- 삼각대
- 필터
- 비디오카메라와 건전지, 테이프 등의 소모품

스케치 용품

- 다양한 색상의 종이 및 펜과 클립보드
- 다양한 길이의 테이프 자
- 롤러
- 각도계
- 모눈종이–부피측정, 방울 수 계산 등에 사용
- 휴대용 GPS
- 초안용 모형
- 1인치 및 3인치짜리 붙일 수 있는 자

현장 검색 용품

증거물 포장

- 종이봉투(다양한 크기)
- 상자
- 금속 페인트 용기
- 끝이 뾰족한 용기
- 전지
- 지퍼 백(다양한 크기)
- 약병(다양한 크기)
- 면봉 및 면봉을 담을 상자
- 채혈용기(EDTA가 들어있는 것과 들어있지 않은 것)
- GSR 채취 키트
- 성폭력사건 증거물 채취 키트–피해자용
- 성폭력사건 증거물 채취 키트–용의자용
- 테이프와 젤라틴전사판
- 줄
- 라벨
- 증거물 태그와 라벨
- 증거물 표식 테이프
- 4각 접기 할 약포지

시약

- 혈흔 예비시험시약
- 혈흔증강시약
- 곤충표본 보존시약
- 생리식염수/증류수
- 단백질 예비시험시약
- 잠재지문 현출시약
- 세정제
- 마약 예비시험시약

채취 용품

- 핀셋
- 1회용 피펫
- 포충망
- 1회용 메스
- 4각 접기 할 종이
- 다양한 손도구들(드릴, 칼, 드라이버, 끌 등)
- 다양한 연장들(갈퀴, 삽, 모종삽, 양동이 등)
- 체
- 진공청소기
- 본뜨기 재료(석고와 실리콘)

조명 용품

- 보조전등
- 손전등
- 자외선등
- 발전기
- 법과학광원

잠재지문 채취 용품

- 다양한 색상의 지문분말
- 자성분말과 자성 붓
- 젤라틴리프터
- 잉크패드
- 손전등
- 지문 붓
- 전사테이프
- 전사대지
- 다양한 현출/증강시약
- 확대경

족적 및 눌림흔 채취 용품

- 정전기전사판
- 혼합용기 및 젓개
- 보강재
- 실리콘고무
- 골판지 상자
- 치과용 소석고
- 거푸집
- 이형제
- snow wax
- 커다란 전사판

통신 용품

- 핸드폰
- 팩스
- 이동식 프린터/복사기
- 녹음기
- 유선전화기, 전화선 및 잭
- 노트북컴퓨터
- 화상회의 장치

소형 도구

- 가위, 칼, 메스 및 면도날
- 핀셋 등 다양한 도구
- 톱, 드라이버 등, 필요 시 전동공구
- 이동식 발전기
- 절단기
- 약숟가락
- 이쑤시개
- 손잡이가 있는 거울

- 금속 펜
- 금속검출기, 삽
- 필터 혹은 증거물 채취장치가 달린 소형 진공청소기
- 사다리, 발판
- 접이식 테이블과 의자

감식 차량

- 감식용품과 증거물을 옮기기에 충분한 크기의 차량
- 전선 및 발전기
- 4륜구동, 비포장도로 주행 가능

개인 안전

- 수술용 라텍스장갑, 두꺼운 고무장갑
- 일회용 가운 및 덧신
- 먼지차단용 마스크
- 산소통
- hepa filter가 있는 가스마스크
- 장화
- 세안장치
- 세정제
- 티슈 및 종이수건
- 상하 일체형 작업복 및 가운
- 해충퇴치제

부록 2 현장 감식 전략

현장 감식을 적절히 관리하는 것은 현장 감식의 성패와 직결되어 있다. 사건 현장은 전략적으로 감식해야 한다. 때로는 가장 성실한 감식 요원도 간단한 작업을 빼먹고 지나치거나 기록할 것을 기록하지 않고 지나칠 수 있다. 현장 감식을 할 때마다 현장 감식 가이드와 명과부를 이용해야 하고, 거기에는 다음과 같은 정보가 들어있어야 한다.

경찰관서 정보

사건번호
일시
장소
사건을 배당받은 시간 및 현장 도착시간
현장 철수 일시
감식을 도운 수사관의 소속 및 성명
관할 검찰청의 주소 및 연락처
관할 검찰청의 사건번호

최초 목격자 혹은 최초 출동 경찰관

최초 목격자의 이름, 주민등록번호, 주소, 연락처
면담한 경찰관 이름
최초로 출동한 경찰관의 이름

현장에서 알아낸 피해자 인적사항

이름, 주민등록번호, 주소, 연락처
시신이 발견될 당시의 위치와 시체굳음 현상이 일치하는지 여부
혈액의 흐름
비산혈흔

변사자의 신원확인 결과(확인해준 사람 인적사항)
(있을 경우) 치과 진료 기록
(가능할 경우) 지문 및 장문

현장에 없는 피해자 인적사항

이름, 주민등록번호, 주소, 연락처
병원 주소 및 전화번호
후송한 방법
병원으로 가라고 명과 받은 수사관
치료 진행상태
피해자의 의복을 수거한 사람
기타 증거물: 성폭력 키트, GSR 키트 등

현장 임무부여

폴라로이드 담당자
비디오 담당자
컬러프린트(35 mm) 담당자
컬러슬라이드(35 mm) 담당자
현장스케치 담당자
잠재지문 담당자
잠재지문 사진촬영 담당자
항공 사진 담당자

증거물 검색

혈액: 피해자, 현장, 용의자에게서
정액: 피해자, 현장, 용의자에게서
타액: 피해자, 현장, 용의자에게서
모발: 피해자, 현장, 용의자에게서
섬유: 피해자, 현장, 용의자에게서
의복: 피해자, 현장, 용의자에게서
제압하는 데 사용한 것들: 피해자, 현장, 용의자에게서

족적
지문/장문
타이어흔
물린 상처
공구흔
기타 흔적들
사용하지 않은 실탄
탄피
발사된 탄환
산탄 wad
유리
토양
문서
탄화된 문서
싱크대 배수구 잔류물
정화조시설
쓰레기
쓰레기통
신문: 날짜
편지: 날짜
의약품: 처방전, 불법약물 여부
독물
구더기
주변 수색에서 찾아낸 물체
자동응답기 테이프

흉기

범행도구: 현장에 있는 것, 없어진 것
회전식 권총/피스톨/장총/엽총/기관총/기타 총기
과도/등산용 픽/면도날/가위/도검/도끼/망치/지렛대/잭
(공구의) 손잡이/곤봉/방망이/막대기/병/돌/드라이버/기타

손/주먹/발/신발/장화/로프/끈/전선/스타킹/스카프/허리띠/체인/기타 결박물

구조물

기상상태
온도: 실내/실외
조명기구: 켜짐/꺼짐/작동 안함
난방기구: 종류/작동상태
냉방기구: 종류/작동상태
가전제품: 종류/작동상태
문/창문/출입구: 잠김/풀림/열림/닫힘/강제로 뜯음
음식물 조리 상태/냉장고에 들어있는 것들
시계
애완동물: 배변상태
세탁물
전화/전선: 잘려있는지 여부

자동차

엔진: 시동이 걸려있는지 여부
문: 열림/잠김
창문: 열림/닫힘
자동차부품: 작동/꺼짐
연료계
배터리 충전상태
거리계
외부손상
트렁크
도난 차량 여부
라디오
후사경
재떨이

차량에 실려 있는 것들
전등 스위치

법의관

이름: 법의관이 현장에 도착한 일시
신고한 일시
신고자
사망진단을 한 사람 및 시간
현장에서 철수한 시간
부검 접수번호
시신 운구자
장의사: 이름/주소/전화번호/일시
시신을 옮긴 곳의 주소
부검계획: 일시 및 담당수사관

검찰청

보고한 사람의 이름 및 보고 일시
보고받은 사람의 이름 및 보고 일시

감정기관

감정의뢰한 사람의 이름 및 의뢰 일시
감정기관 접수번호

유족

이름/주소/전화번호
관계
알려준 사람의 성명/일시/방법(전화 등)
부검실에서 신원확인을 해줄 가족

지휘본부

설치 일시/주소/전화번호

부록 3 RESOUCES AND SUPPLIES

Abbey Camera, Inc.
8040 Georgia Avenue
Silver Spring, MD 20910
(301) 587-3600, (888) 587-0712
www.abbeycamera.com

Academic Press
525 B Street, Suite 1900
San Diego, CA 92101-4495
(800) 321-5068
www.academicpress.com

AFIP Office of the Armed Forces Medical Examiner Offices
6825-16th Street Northwest
Building 54, Room G018
Washington, DC 20306-6000
(202) 782-2468

AccessData Corporation
2500 North University Avenue, Suite 200
Provo, UT 84604
(800) 489-5199
www.accessdata.com

Activation Laboratories Ltd
1336 Sandhill Drive
Ancaster, ON L9G 4V5, Canada
(888) 228-5227
www.actlabs.com/forensics

Advanced Chemistry Development, Inc.
133 Richmond Street West, Suite 605
Toronto, ON M5H 2L3, Canada
(800) 304-3988
www.acdlabs.com

Advanced Imaging Magazine
445 Broad Hollow Road, Suite 21
Melville, NY 11747
(631) 845-2700
www.advancedimagingmag.com

Agilent Technologies
2850 Centerville Road
Wilmington, DE 19808
(302) 633-8000
www.agilent-tech.com

AirClean® Systems
PO Box 17614
Raleigh, NC 27619
(919) 876-6142
www.aircleansystems.com

American Academy of Forensic Science
PO Box 669
Colorado Springs, CO 80901
(719) 636-1100
www.aafs.org

American Board of Criminalistics
Massachusetts State Police Labs
59 Horse Pond Road
Sudbury, MA 01776
(508) 358-3101

ARTEL Inc.
25 Bradley Drive
Westbrook, ME 04092
(207) 854-0860
www.artel-usa.com

ASCLD-LAB
139 J Technology Drive

Garner, NC 27529
(919) 773-2600
www.ascld-lab.org

Astec Microflow Systems
2180 Andrea Lane, Suite 5
Fort Myers, FL 33912
(800) 382-8537
www.ductless.com

Avid Technology, Inc.
Ocean Systems
700 13th Street, NW, Suite 950
Washington, DC 20005
(800) 497-2843
www.avid/government

Beckman Coulter, Inc.
4300 North Harbor Boulevard
Fullerton, CA 92834
(800) 742-2345

Bill Deaton Systems/JSD–LLC
200 Paw Paw Avenue
Benton Harbor, MI 49022
(616) 927-2781
www.jsd-llc.com

Biochemical Diagnostics, Inc.
180 Heartland Boulevard
Edgewood, NY 11717
(516) 595-9200
www.biochemicaldiagnostics.com

Biophotonics International
2 South Street, Berkshire Common
Pittsfield, MA 01201
(413) 499-0514
www.Photonics.com

BioSynthesis
612 East Main Street
Lewisville, TX 75057
(800) 227-0627
www.biosyn.com

BioTechniques Books-Eaton Publishing
154 East Central Street
Natick, MA 01760
(508) 655-8282
www.BioTechniques.com

The Bode Technology Group, Inc.
7364 Steel Mill Drive
Springfield, VA 22150
(703) 644-1200
www.bodetech.com

Bristlecone Corporation
1474 North Point Village Center, #314
Reston, VA 20194
(703) 318-1343

Bruker AXS Inc.
5465 East Cheryl Parkway
Madison, WI 53711
(800) 234-XRAY
www.bruker-axs.com

Bulbtronics Inc.
45 Banfi Plaza
Farmingdale, NY 11735
(800) 624-2852
www.bulbtronics.com

California Criminalistics Institute (CCI)
Room A-104 DLE/CCI
4949 Broadway
Sacramento, CA 95820
www.ns.net/cci

Canon USA
2110 Washington Boulevard, Suite 150
Arlington, VA 22204
(703) 807-3862

Carlson Software
1340 Soldiers Field Road, #2A

Boston, MA 22204
(877) 221-6199
www.carlsonsw.com

Cellmark Diagnostics
20271 Goldenrod Lane
Germantown, MD 20876
(301) 515-6150
www.cellmark-labs.com

Centennial Products, Inc.
6900 Phillips Highway
Jacksonville, FL 32216
(904) 332-0404

CETAC Technologies
5600 South 42nd Street
Omaha, NE 68107
(402) 733-2829
www.cetac.com

ChoicePoint
8330 Boone Boulevard
Vienna, VA 22182
(703) 734-6200
www.choicepoint.net

Chromex, Inc.
2705-B Pan American Freeway, Northeast
Albuquerque, NM 87107
(505) 344-6270
www.chromex.com

CMI, Inc.
316 East Ninth Street
Owensboro, KY 42303
(270) 685-6454
www.alcoholtest.com

College of American Pathologists
325 Waukegan Road
Northfield, IL 60093
(800) 323-4040

Cogent Systems Inc.
209 Fair Oaks Avenue
South Pasadena, CA. 91030
(626) 799-8090
www.cogentsystems.com

Computer Cop Corp./
NetWolf Technologies
80 Orville Drive
Bohemia, NY 11716
(800) 311-3114

CRC Press, LLC
2000 Corporate Boulevard, Northwest
Boca Raton, FL 33431
(800) 272-7737
www.crcpress.com

Cross Match Technologies, Inc.
777 South Flagler Drive
East Tower, Suite 1200
West Palm Beach, FL 33401
(561) 802-3442
www.crossmatch.com

Data Unlimited International, Inc.
362A Christopher Avenue
Gaithersburg, MD 20879
(240) 631-7933
www.duii.com

DBT Online, Inc.
4530 Blue Lake Drive
Boca Raton, FL 33431
(800) 279-7710
www.dbtonline.com

Department of Energy
Forrestal Building
1000 Independence Avenue, Southwest
Washington, DC 20585

Defense Group Inc.
2034 Eisenhower Avenue, Suite 115
Alexandria, VA 22314

(877) 233-5789
www.defensegroupinc.com

Diagnostix, LTD
400 Matheson Boulevard East
Suites 14 and 15
Mississauga, Ontario
Canada L4Z 1N8
(800) 282-4075
www.diagnostix.com

Digital Biometrics, Inc.
5600 Rowland Road
Minnetonka, MN 55343
(952) 932-0888
www.digitalbiometrics.com

Digital Descriptor Systems, Inc.
2010-F Cabot Boulevard West
Langhorn, PA 19047
(800) 799-0963
www.ddsi-cpc.com

Draeger Safety, Inc.-Breathalyzer Division
185 Suttle Street, Suite 105
Durango, CO 81301
(800) 385-8666
www.draeger-breathalyzer.com

EAI Corporation
1308 Continential Drive, Suite J
Abingdon, MD 21009
(410) 676-1449
www.eaicorp.com

Eastman Kodak-Scientific Imaging Systems
4 Science Park
New Haven, CT 06511
(877) SIS-HELP
www.kodak.com/go/scientific

EDAX Inc.
91 McKee Drive
Mahwah, NJ 07430
(201) 529-6277
www.edax.com

Edmund Scientific Co.
101 East Gloucester Pike
Barrington, NJ 08007
(609) 573-6250
www.edsci.com

Elephant Engineering
PO Box 968
Dahlgren, VA 22448
(540) 663-2137
www.latentmaster.com

Environmental Criminology Research Inc. (ECRI)
Suite 212, 1807 Maritime Mews
Vancouver, BC V6H 3S4, Canada
(604) 718-2060
www.ecricanada.com

Evans, Conger, Broussard & McCrea Inc.
(The Expert's Expert)
One Bala Plaza, Suite 640
Bala Cynwd, PA 19004
(610) 668-7100
www.ecbm.com

EVI-PAQ
PO Box 18276
Tucson, AZ 85731-8276
(800) 377-0450
www.evipaq.com

Expert Pages.com
150 Shoreline Highway
Building E
Mill Valley, CA 94941
(800) 487-5342
www.ExpertPages.com

Fairfax Identity Laboratories
3025 Hamaker Court, Suite 203
Fairfax, VA 22031

(800) 848-4362
www.fairfaxidlab.com

Fisher Hamilton, Inc.
1316 18th Street
Two Rivers, WI 54241
(920) 793-1121

Fisher Scientific Worldwide
Pittsburgh, PA
(800) 772-6733
www.fishersci.com

Forensic Research Training Center
PO Box 826
Meriden, CT 06451

The Forensic Science & Crime Scene Technology Expo, Frenzy Expo, LLC
731 Main Street
Monroe, CT 06468
(203) 445-1224
www.frenzyexpo.com

Forensic Solutions, Inc.
3 Schoolhouse Lane
Waterford, NY 12188
(518) 233-7272
www.forensicsolutionsinc.com

Forensic Technology Inc.
1901 Research Boulevard, Suite 250
Rockville, MD 20850
(301) 838-9141
www.fti-ibis.com

Foster and Freeman
25 Swan Lane
Evesham Worcestershire
UK WR11 4PE
(013) 864-1061
www.fosterfreeman.co.uk

Fuji Photo Film USA
555 Taxter Road
Elmsford, NY 10523
(800) 755-3854
www.FUJIFILM.com

Gamma Metrics
5788 Pacific Center Boulevard
San Diego, CA 92121
(858) 450-9811
www.gammametrics.com

GW Medical Publishing
2601 Metro Boulevard, Suite 101
St. Louis, MO 63043
(314) 298-0330
www.gwmedical.com

Government Scientific Source, Inc.
8460 Tyco Road
Vienna, VA 22182
(800) 248-8030
www.govsci.com

Graphco Technologies Inc.
41 University Drive, Suite 205
Newtown, PA 18940
(215) 497-9321
www.graphcotech.com

Guidance Software
572 E. Green Street, #300
Pasadena, CA 91101
(626) 229-9191
www.guidancesoftware.com

Hamilton Company
4970 Energy Way
Reno, NV 89502
(775) 858-3000
www.hamiltoncompany.com

H & M Scientific
5340 North Dixie
Elizabethtown, KY
(877) 561-1511
www.hmscientific.com

HEMCO Corporation
111 Powell Road
Independence, MO 64056
(800) 779-4362
www.HEMCOcorp.com

High Tech Crime Network
759 Bloomfield Avenue
PMB 155
West Caldwell, NJ 07006
(973) 726-9328
www.htcn.org

Hitachi Genetic Systems
1201 Harbor Bay Parkway, Suite 150
Alameda, CA 94502
(510) 337-2041
www.hitachi–soft.com/gs

Humana Press Inc.
999 Riverview Drive
Totowa, NJ 07512-1165
(973) 256-1699
www.humanapress.com

i2 Inc.
6551 Loisdale Court, Suite 600
Springfield, VA 22150
(888) 546-5242
www.i2group.com

IAAI-International Assn of Arson Investigators
12770 Boenker Road
St. Louis, MO 63044
(314) 739-4224
iaaihq@aol.com

Identicator, Inc.
7055 Gentle Shade Road, #204
Columbia, MD 21046
(877) 344-4810
www.identicatorinc.com

Identigene, Inc.
7400 Fannin, Suite 1250
Houston, TX 77054
(713) 798-9510
www.identigene.com

Identix Inc.
510 N. Pastoria Avenue
Sunnyvale, CA 94086
(888) 500-7018
www.identix.com

IMAGIS
1300-1075 West Georgia Street
Vancouver, BC N6E 3C9 Canada
(604) 684-4691
www.imagis-cascade.com

Immunalysis Corporation
560 East Arrow Highway
San Dimas, CA 91773
(909) 394-2203
www.immunalysis.com

Image Content Technologies LLC
185 Main Street, Ste 211
New Britain, CT 06051
(860) 229-4122

Integritek Systems Inc.
111 Bermuda
Tampa, FL 33606
(813) 258-6882

International Assoc. for Identification IAI
2535 Pilot Knob Rd, Suite 117
Mendota Heights, MN 55120-1120
(651) 681-8443
www.theiai.org

International Diagnostic Systems Corporation
2620 South Cleveland Avenue, Suite 100
St Joseph, MI 49085
(616) 428-8400
www.ids-kits.com

IPIX (Interactive Pictures Corporation)
1009 Commerce Park Drive
Oak Ridge, TN 37830
(423) 482-3000
www.ipix.com

Isotec Inc.
3858 Benner Road
Miamisburg, OH 45342
(937) 859-1808
www.isotec.com

J & M Analytische Mess-und
Regeltechnik GmbH
Robert-Bosch-Strasse 83
D-73431 Analen Germany
+49 7361 9281-0
www.j-m.de

J & W Scientific
91 Blue Ravine Road
Folsom, CA 95630
(800) 223-3424
www.jandw.com

JEOL USA, Inc.
11 Dearborn Road
Peabody, MA 01960
(978) 535-5900
www.jeol.com

JEWETT Inc.
750 Grant Street
Buffalo, NY 14213
(716) 881-0030
www.JEWETTINC.com

JusticeTrax, Inc.
2501 W. Behrend Drive, Suite 27
Phoenix, AZ 85027
(800) 288-LIMS
www.justicetrax.com

Kapak Corporation
5305 Parkdale Drive
Minneapolis, MN 55416
(800) KAPAK57
www.kapak.com

KARA Company
5255 Dansher Road
Countryside, IL 60529
(800) 369-KARA
www.karaco.com

Kinderprint Company Inc.
PO Box 16
Martinez, CA 94553
(800) 227-6020
www.kinderprint.com

LabCorp
1912 Alexander Drive
Research Triangle Park, NC 27709
(800) 533-0567
www.labcorp.com

Lab Safety Supply
(800) 356-0783
www.labsafety.com

LabVantage Solutions
245 Highway 22 West
Bridgewater, NJ 08807
(908) 707-4100
www.lims.com

Law Enforcement Technology
Magazine
1233 Janesville Avenue
Fort Atkinson, WI 53538
(800) 547-7377
www.letonline.com

Leica Microsystems
111 Deer Lake Road
Deerfield, IL 60015
(800) 248-0123
www.leica-microsystems.com

Leisegang Medical, Inc.
6401 Congress Avenue

Boca Raton, FL 33487
(561) 994-0202
www.leisegang.com

Lifecodes Corporation
550 West Avenue
Stamford, CT 06902
(800) 543-3263

Life Technologies, Inc.
9800 Medical Center Drive
Rockville, MD 20850
(301) 610-8696
www.lifetech.com

Lightning Powder Co. Inc.
1230 Hoyt Street, SE
Salem, OR 97302
(800) 852-0300

Lipomed Inc.
One Broadway
Cambridge, MA 02142
(617) 577-7222
www.lipomed.com

Lippincott, Williams and Wilkins Publishers
187 Ridgecrest Drive
Napa, CA 94558
(707) 265-8055

Lunar Lite Inc.
955 Connecticut Avenue, #6003
Bridgeport, CT 06607
(203) 336-3482
www.lunarlite.com

Lynn Peavey Company
PO Box 14100
Lenexa, KS 66285-4100
(800) 255-6499
www.peaveycorp.com

Mack Information Systems, Inc.
1 North Avenue
Wyncote, PA 19095
www.mackinfo.com

The Mattman Company
1220 Industrial Avenue
Escondido, CA 92029
(800) 245-2865
www.gomattman.com

Melles Griot
2051 Palomar Airport Road, 200
Carlsbad, CA 92009
(760) 438-2131
www.mellesgriot.com

Microflex Corp.
127 Woodland Avenue
Reno, NV 89523
(800) 876-6866
www.microflex.com

Mideo Systems, Inc.
15234 Transistor Lane
Huntington Beach, CA 92649
(800) 258-1066
www.mideosystems.com

Misonic Inc.
1938 New Highway
Farmingdale, NY 11735
(800) 645-9846
www.misonix.com

MYRIAD Genetic Laboratories
320 Wakara Way
Salt Lake City, UT 84108
(801) 584-3572
www.myriad.com

National Center for Forensic Science
PO Box 162367
Orlando, FL 32816
(407) 823-6469
www.ncfs.ucf.edu

National Forensic Center

17 Temple Terrace
Lawrenceville, NJ 08648
(609) 883-0550

National Forensic Science Technology
Center, Inc.
Allstate Center
3200 34th Street South
St Petersburg, FL 33711
(727) 549-6067
www.nfstc.org

National Law Enforcement and Corrections Technology Center
2277 Research Boulevard, MS-8J
Rockville, MD 20850
(800) 248-2742
www.nlectc.org

National Patent Analytical Systems Inc.
2260 North Main Street
Mansfield, OH 44903
(419) 526-6727
www.npas.com

NEN Life Science Products
549 Albany Street
Boston, MA 02118
(800) 551-2121

Neo Gen Screening
110 Roessler Road
Pittsburgh, PA 15220
(412) 341-8658
www.neogenscreeening.com

Neogen Corporation
628 Winchester Road
Lexington, KY 40505
(606) 254-1221
www.neogen.com

Nicolet Instrument Corporation
355 River Oaks Parkway
San Jose, CA 95134
(408) 433-4808
www.nicolet.com

Nikon Inc.
1300 Walt Whitman Road
Melville, NY 11747
(516) 547-4200
www.nikonusa.com

NIST Office of Law Enforcement Standards
100 Bureau Drive
Gaithersburg, MD 20899
(301) 975-2757
www.nist.gov

NuAire, Inc.
2100 Fernbrook Lane
Plymouth, MN 55447
(800) 328-3352
www.nuaire.com

ODV, Inc
PO Box 180
South Paris, ME 04281
(800) 422-3784
www.odvinc.com

Olympus America Inc., Scientific Equipment Division
Two Corporate Center Drive
Melville, NY 11747
(800) 446-5967
www.olympus.com

One Mile Up, Inc.
7011 Evergreen Court
Annandale, VA 22003
(800) 258-5280
www.onemileup.com

Optronics
175 Cremona Drive
Goleta, CA 93117
(800) 796-8909

www.optronics.com

Oxford Instruments Inc.
130A Baker Avenue Ext.
Concord, MA 01742
(978) 369-9933
www.oxford–instruments.com

Pacific Concepts Inc.
PO Box 84463
Seattle, WA 98124
(800) 827-2247
www.bagexperts.com

Payton Scientific Inc.
244 Delaware Avenue
Buffalo, NY 14202
(716) 855-1314

PE Biosystems
850 Lincoln Center Drive
Foster City, CA 94404
(650) 638-5715
www.pecorporation.com

Photodyne Technologies, Inc.
19441 Business Center Drive
Suite 134
Northridge, CA 91324
(818) 701-8877
www.photodyne.com

Polaroid Corporation
2750 Prosperity Avenue, Suite 501
Fairfax, VA 22031
(703) 641-8547

Porter Lee Corporation
906 South Roselle Road, Suite C
Schaumburg, IL 60193
(847) 985-2060
www.PorterLee.com

Promega Corporation
2800 Woods Hollow Road
Madison, WI 53711
(608) 277-2497
www.promega.com

Qiagen, Inc.
28159 Avenue Stanford
Valencia, CA 91355
(800) 426-8157
www.qiagen.com

QORPAK DIV. ALL-PAK
1195 Washington Pike
Bridgeville, PA 15017
(412) 257-3100
www.gorpak.com

Quincy Technologies
5650 Brookstone Drive
Acworth, GA 30101
(770) 590-0966
www.quincytech.com

Radian International
PO Box 201088
Austin, TX 78720-1088
(512) 238-9974
www.radian.com/standards

Rainin Instrument Co., Inc.
5400 Hollis Street
Emeryville, CA 94608
(510) 654-9142
www.rainin.com

Rees Scientific Corporation
1007 Whitehead Road Ext.
Trenton, NJ 08638
(609) 530-1055
www.ReesScientific.com

ReliaGene Technologies, Inc.
5525 Mounes Street, Suite 101
New Orleans, LA 70123
(504) 734-9700/(800) 256-4106
www.reliagene.com

Renishaw, Inc.

623 Cooper Court
Schaumburg, IL 60173
(847) 843-3666
www.renishaw.com

Restek Corporation
110 Benner Circle
Bellefonte, PA 16823
(814) 353-1300
www.restekcorp.com

RJ Lee Instruments, Ltd
515 Pleasant Valley Road
Trafford, PA 15085
(724) 744-0100
www.rjleeinst.com

Roche Diagnostics Corporation
9115 Hague Road
Indianapolis, IN 46256
(317) 845-7071
www.Roche.com

Sanyo Gallenkamp
900 North Arlington Heights Road
Suite 310
Itasca, IL 60143
(800) 848-8442

Schleicher and Schuell, Inc.
10 Optical Avenue
Keene, NH 03431
(603) 352-3810

S.E.E. Inc.
801 Mahler Road, Suite G
Burlingame, CA 9410
(650) 259-3910
www.see-incorp.com

Sempair Corporation
PO Box 659
Chestertown, MD 21620
(888) 778-7829
www.semper.co.uk

SensIR Technologies, LLC
15 Great Pasture Road
Danbury, CT 06810
(203) 207-9700
www.sensir.com

Shandon Inc.
171 Industry Drive
Pittsburgh, PA 15275
(412) 788-1133
www.shandon.com

Shimadzu Scientific Instruments, Inc.
7102 Riverwood Drive
Columbia, MD 21046
(410) 381-1227
www.shimadzu.com

The Sirchie Group
100 Hunter Place
Youngville, NC 27596
(800) 356-7311
www.sirchie.com

Skeltrak, Inc.
63 Sarasota Center Boulevard
Sarasota, FL 34240
(941) 342-8707
www.skeltrak.com

Spectrum Laboratory Products
14422 South San Pedro Street
Gardena, CA 90248
(800) 777-8786
www.spectrumchemical.com

Spex Forensics Division
3880 Park Avenue
Edison, NJ 98820
(732) 494-8660
www.crimescope.com

STC Technologies, Inc.
1745 Eaton Avenue
Bethlehem, PA 18018
(610) 882-1820

www.stctech.com

Tetra Scene of Crime Ltd
Hygro Farm, Kennel Lane
Great Burstead
Billericay, Essex CM11 2SU, England
+44(0)1277 626100
www.tetrasceneofcrimeuk.com

T & L Products, Inc.
7856 Reinbold Road
Reese, MI 48757
(517) 868-1550
www.tlproducts.com

Transgenomic Inc.
2032 Concourse Drive
San Jose, CA 95131
(408) 432-3230
www.transgenomic.com

Tri-Tech Inc.
4019 Executive Park Blvd, SE
South Port, NC 28461
(910) 457-6600
www.tritechusa.com

United Chemical Technologies, Inc.
2731 Bartram Rd.
Bristol, PA 19007
(215) 781-9255
www.unitedchem.com

University of Bern
Institute of Legal Medicine
Buhlstrasse 20
CH-3012, Switzerland
(0041) 31 631 84 12
www.cx.unibe.ch/irm/

Varian, Inc.
3120 Hansen Way
Palo Alto, CA 94304
(650) 424-5499

VertiQ Software, LLC
16275 Monterey Road, Suite L
Morgan Hill, CA 95037
(408) 782-7470

VWR Scientific Products
(800) 932-5000
www.vwrsp.com

W.B. Saunders/Mosby
4307 Inlet Road
Stockton, CA 95219
(209) 951-9434

Whatman FITZCO
5600 Pioneer Creek Drive
Maple Plain, MN 55359
(612) 479-2880
www.fitzcoinc.com

Zymark Corporation
68 Elm Street
Hopkinton, MA 01748
(508) 435-9500
www.zymark.com

부록 4 참고문헌

책

ATF Arson investigation guide (1997, May). Washington, DC: The Department of the Treasury.

Bevel, T. and Gardner, R. (1997). *Bloodstain pattern analysis with an introduction to crime scene reconstruction*. Boca Raton, FL: CRC Press.

Bodziak, W. (1990). *Footwear impression evidence*. New York: Elsevier Science Publishing Co., Inc.

Casey, E. (2000). *Digital evidence and computer crime: Forensic science, computers and the internet*. New York: Academic Press.

Computer Analysis and Response Team (1997, 21 February). *Conducting searches in a computer environment*. Washington, DC: Federal Bureau of Investigation, US Department of Justice.

DeForest, P., Gaensslen, R. and Lee, H. (1983). *Forensic science: An introduction to criminalistics*. New York: McGraw-Hill, Inc.

DiMaio, V. (1985). *Gunshot wounds: Practical aspects of firearms, ballistics, and forensic techniques*. New York: Elsevier Science Publishing Co., Inc.

Dix, J. (1999). *Handbook for death scene investigators*. Boca Raton, FL: CRC Press.

Eckert, W. and James, S. (1989). *Interpretation of bloodstain evidence at crime scenes*, 1st edn. New York: Elsevier Science Publishing Co., Inc.

Fisher, B. (1992). *Techniques of crime scene investigation*, 5th edn. New York: Elsevier Science Publishing Co., Inc.

Gaensslen, R. (1983, August). *Sourcebook in forensic serology, immunology, and biochemistry*. Washington, DC: National Institute of Justice and US Department of Justice.

Hawthorne, M. (1999). *First unit responder: A guide to physical evidence collection for patrol officers*. Boca Raton, FL: CRC Press.

Lee, H. and Gaensslen, R. (1991). *Advances in fingerprint technology*. New York: Elsevier Science Publishing Co., Inc.

Lee, H., *et al*. (1991). *Physical evidence in criminal investigations*. Westbrook, CT: Narcotic Enforcement Officers Association.

Lee, H., Gaensslen, R., Ladd, C., Bourke, M., Gibbs, D., Maxwell, V., Mills,

R., Novitch, B., O'Brien, R., Pagliaro, E., Penders, P., Tramantozzi, D. and Zercie, K. (1994). *Crime scene investigation*. Taoyuan, Taiwan ROC: Central Police University Press.

Lee, H. (assistant editors Pagliaro, E., Maxwell, V. and Zercie, K.) (1994). *Physical evidence*. Enfield, CT: Magnani & McCormick, Inc.

Lee, H. and Harris, H. (2000). *Physical evidence in forensic science*. Tucson, AZ: Lawyers & Judges Publishing Co., Inc.

McDonald, J. (1992). *The police photographer's guide*. Arlington Heights, IL: PhotoText Books.

McDonald, P. (1989). *Tire imprint evidence*. New York: Elsevier Science Publishing Co., Inc.

National Medicolegal Review Panel (1997, December). *National guidelines for death investigation*. Washington, DC: National Institute of Justice and US Department of Justice.

Ogle, R. (1995). *Crime scene investigation and physical evidence manual*. Vallejo, CA: Robert Ogle, Jr.

Redsicker, D. (1994). *The practical methodology of forensic photography*. Boca Raton, FL: CRC Press.

Technical Working Group for Bombing Scene Investigation (2000, June). *A guide for explosion and bombing scene investigation*. Washington, DC: National Institute of Justice and US Department of Justice (NCJ #181869).

Technical Working Group on Crime Scene Investigation (2000, January). *Crime scene investigation: A guide for law enforcement*. Washington, DC: National Institute of Justice and US Department of Justice (NCJ #178280).

Technical Working Group on Fire/Arson Scene Investigation (2000, June). *Fire and arson scene evidence: a guide for public safety personnel*. Washington, DC: National Institute of Justice and US Department of Justice (NCJ#181584).

판례

Mincey v. Arizona, 437 US 385 (1978).

State v. Moody, 573 A.2d 716, 214 Conn. 616 (Conn. 1990).

논문 및 기타

Basic laboratory protocols for the presumptive identification of bacillus anthracis. [Online]. Centers for Disease Control and Prevention, Department of Health and Human Services. Available:

http://www.bt.cdc.gov/documents/biological/B.anthracisv8BasicProtocol.doc (2000, 4 May).

Douglas, J., Ressler, R., Burgess, A., and Hartman, C. (1986). Criminal profiling from crime scene analysis. *Behavioral Sciences & the Law*, 4(4), 401–421.

Drug Enforcement Administration (No date). *Clandestine laboratory awareness*. US Department of Justice, Office of Training, Quantico, VA. (Pamphlet).

Forensic diving. (1998, April). *FBI Law Enforcement Bulletin*.

Franz, D. (No date). *Defense against toxin weapons*. United States Army (pamphlet).

Hamm, E. (1983, June 23). *Enhancement and development of blood prints*. Presented at summer workshop, Georgia State Division, International Association for Identification, Savannah, GA.

Lee, H. (No date). *Blood and bloodstains*. (Paper).

Lee, H. (No date). *Bloodstain pattern interpretation*. (Paper).

Lee, H. (No date). *Survey of methods used in forensic science*. (Paper).

Lee, H., Hazen, R. and Nutt, J. (No date). *TMB* as *an enhancement reagent for bloody prints*. University of New Haven.

Lee, H. and Attard, A. (1979) The comparison of fluorescamine O–phthaladehyde and ninhydrin in latent prints detection. *J. Police Science and Administration*, 7(30).

Lee, H. and Gaensslen, R. E. and DeForest, P. (1979) An evaluation of fluorescein as a presumptive test reagent for blood. *Eastern Analytical Symposium Abstracts*, 138(69).

Lee, H. (1984) TMB as an enhancement reagent for bloody prints. *Identification News*, March.

Lee, H. and DeForest, P. R. (1984) Forensic hair examination. *Forensic Sciences*, Vol. 2, Chapter 37A.

Lee, H. and Gaensslen, R. E. (1984) Analytical techniques used in homicide investigation. *Eastern Analytical Symposium Abstract*.

Lee, H. and Gaensslen, R. E. (1984) Cyanoacrylate. *Identification News*, 34(6), June.

Lee, H. and Gaensslen, R. (1984). *Cyanoacrylate fuming: Theory and proce-*

dures. University of New Haven.

Lee, H. *et al*. (1985) Methods for the recovery of accelerant residues from arson debris. *Forensic Science*, 2nd ed.

Lee, H. and Gaensslen, R. E. (1987) Electrostatic lifting procedure for twodimensional dustprints. *Identification News*, January.

Lee, H. *et al*. (1989) The effect of presumptive test, latent fingerprint and someother reagents and materials on subsequent serological identification, genetic markers and DNA testing in bloodstains. *J. of Forensic Identification*, 39(6), 331 – 350.

Lee, H. and Gaensslen, R. (1989, August). The effect of presumptive test, latent fingerprint and some other reagents and materials on subsequent serological identification, genetic marker and DNA testing in bloodstains. *Journal of Forensic Identification*, 39(6), 339 – 342.

Lee, H. *et al*. (1991) DNA analysis in human bone tissue: RFLP typing. *J. Forensic Science Society*, 31(2), 209 – 212.

Lee, H. *et al*. (1991) DNA analysis in human bone and other specimens of forensic interest: PCR typing and testing. *J. Forensic Science Society*, 31(2), 213 – 216.

Lee, H. *et al*. (1991) Guidelines for the collection and preservation of DNA evidence. *J. Forensic Identification*, 41(5), 344 – 356, September.

Lee, H. (1994). *Benzidine or o–tolidine? Identification News*.

Lee, H., Ladd, C., Bourke, M., Pagliaro, E., Trinady, F. (1994) DNA typing in forensic science. *The American Journal of Forensic Medicine and Pathology*, 15(4), 269 – 282.

Lee, H., Bigbee, P., Kearney, J., Lindsey, J. and Doyle, J. (1997, January). *Guidelines for the collection and preservation of DNA evidence*. Presented to Technical Working Group on DNA Analysis.

McCracken, K. (1999). To–scale crime scene models: A great visual aid for the jury. *Journal of Forensic Identification*, 49(2), 130 – 133.

Noblett, M., Pollitt, M. and Presley, L. (2000, October). Recovering and examining computer forensic evidence. *Forensic Science Communications*, 2(4).

Norkus, P. and Noppinger, K. (No date). *New reagent for the enhancement of blood prints*. Florida Department of Law Enforcement, Pensacola Regional Lab.

Ressler, R., Burgess, A., Douglas, J., Hartman, C. and D'Agostino (1986, September). Sexual killers and their victims. *Journal of Interpersonal Violence*, 1(3), 288 – 308.

Staff (No date). Responding to terrorism victims – Oklahoma City and beyond.

Executive summary. [Online]. US Department of Justice. Available: http://www.ojp.usdoj.gov/ovc/fores/respterrorism/executive.html (2000, 28 November).

Staff (1985, August). Crime scene and profile characteristics of organized and disorganized murderers. *FBI Law Enforcement Bulletin*.

Staff (1995, November). Multiagency response to clandestine drug laboratories. *Bureau of Justice Assistance Fact Sheet*, US Department of Justice.

사례연구 1

혈흔형태분석을 이용한 부분적 재구성

현장을 적절하게 기록하고, 논리적이고 체계적인 수색을 통해 적절한 증거를 채취하고, 부검 감정서가 있으면 전체 재구성을 할 수 있다. 부분적 재구성을 하면 수사관은 현장에서 어떤 행위가 일어났다는 것을 알아내거나 일어나지 않았다고 배제할 수 있다. 경험 있는 수사관은 현장 사진, 증거물 감정 결과, 관련된 보고서 등을 보고 현장을 부분적으로 재구성할 수 있다. 다음 사건은 Hawaii Hilo에 발생한 살인사건으로, 혈흔형태분석을 이용해 사건을 재구성했다. 이 사건은 차장검사인 Kurt Spohn이 직접 관여했고 Hilo police의 Paul Fasseira 경위, Martin Ellazan 경장 및 동료들이 현장을 적절하게 기록하고 정보를 수집했기에 해결할 수 있었던 사건이다.

1992년 11월 27일에 Hawaii 경찰서의 Kenneth Mathison 경사와 그의 부인인 Yvonne은 Volcano Highway의 북쪽을 향해 달리고 있었다. Mathison에 의하면 당시 비가 내리고 있었고 Yvonne이 그들의 van을 운전했다. 부인이 운전하는 동안 둘이 가정문제로 말다툼을 벌였고 부인이 갑자기 달리는 차에서 뛰어내렸다고 Mathison 경사는 진술했다. Mathison 경사는 심문 과정에서 그 당시의 정황에 대해 여러 진술을 했다. 초동경찰관이 현장에 도착했을 당시 Mathison 경사는 자동차의 짐칸 부분에서 생명이 위독한 부인을 안고 있었다. Mathison 경사는 현장의 최초 목격자이기도 한 초동경찰관에게 달리는 차 안에서 뛰어내린 부인을 찾으러 현장으로 차를 돌려왔고, 부인이 도로변에 쓰러져 있는 것을 발견했으며, 부인은 불상의 차량에 치인 것으로 보인다고 진술했다. 훗날 Mathison 경사는 부인을 찾으려고 비오는 밤에 서서히 차를 몰아가는 과정에서 충격을 느꼈고, 차에서 내려 보니 자신의 van에 부인이 치어 있었다고 진술했다.

부인은 인근 병원으로 옮겨졌으나 결국 사망했다. 부인의 두개골은 여러 곳이 파열되어 있고 머리 왼쪽에 찢긴 상처가 있었다. 부검 결과 두개골 파열은 달리는 차에 역과되어서 생긴 상처가 아니라 수직 방향에서 가해진 둔력에 의해 생긴 것이라고 밝혀졌다. 그녀의 이마도 파열되어 있었다. 그녀의 가슴 왼쪽에는 타이어흔이 있었는데, 이 흔은 그녀가 van에 역과될 경우 생길 수 있는 흔적이었다.

수사정보

처음에 이 사건은 교통사고에 의한 사망사건으로 생각했었다. 초동경찰관 및 순찰경찰관이 작성한 보고서를 받은 이외에도 다른 수사팀과 전문가를 투입하여 수사를 도왔다. 교통사고 재구성 전문가인 Martin Ellazan 경장에게 이 사건을 배당했다. 또한 Paul Ferreira 형사 등을 투입해 사건의 배경정보를 수사하도록 했다. 각자의 역할을 수행한 후 교통사고 재구성 담당자와 형사들은 부인이 타살되었다는 의심을 하게 되었다. 수사정보를 차장검사인 Kurt Spohn에게 보내 검토를 요청했다. 차장검사는 교통사고 이외의 다른 요인이 사망과 관련되어 있다고 판단했다. 안타깝게도 부인의 시신은 즉시 화장했기 때문에 추가적인 의학검사는 할 수 없는 상황이었다.

1993년 5월 7일에, Kurt Spohn은 Henry Lee 박사에게 Hilo에 와서 Mathison의 van을 검사해 달라고 요청했다. Lee 박사는 차량의 내 · 외부를 정밀감식해 혈흔형태 증거와 다른 몇몇 증거가 Mathison의 진술과 상반된다는 것을 밝혀냈다. 다음은 Lee 박사가 찾아낸 주요 증거들이다.

1. 운전석 선바이저에 피 묻은 머리카락의 묻힌혈흔이 여럿 있는데, 이는 변사자 머리와 접촉해서 생긴 것이다.
2. 운전석 문 상단의 육각너트에 혈액딱지와 머리카락이 부착되어 있다. 변사자 얼굴 오른쪽에 있는 상처모양은 이 육각너트에 의해 생길 수 있는 모양이다.
3. 계기판 전면에 수백 개의 중간속도 충격비산혈흔이 관찰되는 점으로 보아 여러 번의 충격이 있었다.
4. sliding cargo[1]에 피 묻은 주먹 및 손가락에 의한 혈흔이 관찰되는데, 이는 피해자가 짐칸 옆면에 기대 있다가 쓰러졌다는 의미이다.
5. 짐칸에서 피와 토양이 발견되었다. 정밀감정을 한 결과 혈액이 부착된 후 토양이 부착되었다.
6. 운전석 문 아래 발판에 로프 조각, 머리카락 뭉치, 식물조각이 부착되어 있다. 머리카락은 충격에 의해 잘린 형상이다.

---

1) 역자 주 – van 짐칸에 짐을 하역하기 쉽게 설치한 앞뒤로 밀 수 있는 판넬

법과학적 감정 결과

증거물을 FBI 감정소로 감정의뢰 했다. 차량 뒤의 짐칸 및 운전석 의자에서 변사자 모발과 혈액이 확인되었다. 혈흔형태를 분석하고 증거물을 감정한 것을 토대로 재구성한 결과, 사건이 발생한 순서와 가격을 당할 당시의 피해자 위치를 알 수 있었다.

최종 재구성 결과

현장 기록, 부검, 증거물의 감정, 수사 등을 철저하게 한 결과, 이 사건을 의미 있게 재구성할 수 있었다. 변사자 시신은 화장되어 더 이상의 검사를 할 수 없었지만 Mathison의 van은 남아있어 추가검사를 할 수 있었다. 추가검사를 할 때 van에 대한 철저한 증거물 인계과정이 이뤄지지 않았다는 주장이 제기되면서 증거물의 무결성에 대한 법적 문제가 대두되었다. 이 문제는 초기 감식과정에서 van을 정밀촬영한 사진과 사건 발생 5개월 후 Lee 박사가 감식할 당시의 차량을 동일한 상태로 두고 정밀 비교함으로써 극복하였다.

최종 재구성보고서는 현장을 재구성하고 형사법정에서 증언하는 데 사용되었다. 수사 및 재구성 결과를 토대로 부인인 Yvonne을 유인 및 살해한 혐의로 Mathison을 기소할 수 있었다.

다음은 재구성보고서의 요약 부분을 복사한 것이다.

요 약

1. 본 사건은 1992년 11월 27일 Mt. View, HI 부근 Route 11 도로 남행차로에서 저녁시간에 일어남. 현재로써는 정확한 발생지점 및 발생시간을 알 수 없음.
2. 본 사건과 관련된 차량은 1984년 식 Ford Econ E 150 베이지색 van이고, Hawaii 등록번호는 HRJ 038임. 이 van은 수동 기어 차량임. 운전석 아래에 클러치 페달이 관찰됨.
3. 혈흔시약으로 검사한 결과 조수석 하부에서 혈흔 양성반응이 나오고 거기에 모발 · 섬유 같은 미세 증거물이 부착되어 있음. P.Ferreira 형사의 수사 결과에 의하면 여기에 부착된 조직, 혈액, 모발처럼 생긴 물질을 채취함. 이것들이 피해자의 것이라면 조수석 하부바닥이 피해자와 접촉한 것이 분명함.
4. 변사자 왼쪽 가슴에서 타이어흔으로 보이는 흔적이 관찰됨. 이는 타이어가 변사자 왼쪽 가슴과 접촉했다는 것을 의미함. 변사자 얼굴 및 기타 신체 부위에서 타이어흔이 관찰되지 않는데, 이는 가슴 이외의 부위는 타이어와 접촉하지 않았다는 것을 의미함.
5. 부검 결과에 의하면 변사자의 하체에서 차량에 충격됐을 때 나타나는 전형적인 충격흔이 관찰되지 않음. 이는 피해자가 서 있는 자세에서 차량에 충격되지 않았다는 것을 의미함.
6. Omori 박사의 보고서에 의하면 변사자 머리에 있는 상처는 차량에 의한 충격흔과는 다른 흔적임.
7. 플라스틱제 계기판에서 중속충격비산혈흔이 발견됨. 이 형상, 혈액의 양 및 분포상태로 보아 혈액은 어느 정도 힘을 갖고 왼쪽에서 오른쪽으로, 위에서 아래로 비산되었음. 이런 형태는 피해자 상처의 동맥 혹은 정맥의 혈액이 선상으로 분출될 때 생길 수 있는 형태임. 이런 혈흔형태는 차량이 피해자를 역과할 때 생길 수 없는 것임.
8. 운전석 부위에서 여러 개의 독립적인 충격에 의해 생성된 중속충격비산혈흔이 발견됨. 사진 1은 이 혈흔형태를 재구성한 결과임.
9. 선바이저와 실내등 부근 천정에 모발에 의한 묻힘혈흔이 관찰됨.

사진 1

이는 혈액이 있는 부위가 이 부위에 접촉되었다는 의미임.

모발에 의한 묻힘혈흔은 피에 젖은 모발에 의해 생성될 수 있는 혈흔임. 이 혈흔은 왼쪽에서 오른쪽으로 이동된 모습을 보이는데, 이는 피해자가 차량에 의해 역과되었다는 사건개요와 일치하지 않음.

10. 운전석 창문, 문, 문틀에서 혈흔이 관찰됨. 혈흔의 형태, 분포, 상태 등으로 보아 다른 각도에서 여러 차례에 걸쳐 부착된 것으로 보임.
11. 창틀 위쪽에 있는 너트에 두꺼운 피딱지가 부착되어 있다는 것은 그 부위가 출혈 부위와 세게 접촉했다는 것을 의미함. 여기에서 모발과 조직처럼 생긴 물체가 관찰되는데, 이는 피해자의 머리가 이 부위에 충격되었다는 것을 의미함. 이 형상 역시 단순 교통사고에서는 나타날 수 없는 형상임.
12. 짐칸 지붕과 스페어타이어 근처에 있는 조수석 안쪽 벽에 다량의 중속충격비산혈흔이 관찰됨. 이런 형상과 양 및 분포로 보아 혈액이 있는 물체에 중간정도의 힘이 가해진 것을 알 수 있음.
13. 조수석 방향으로 짐칸 벽 안쪽에 있는 혈흔을 증강한 결과, 피 묻은 사람 손이 두 번에 걸쳐 위에서 아래로 이 벽면에 접촉했다는

것을 알 수 있음.

14. 차량 내 · 외부에 있는 혈흔 및 모발 · 조직 · 피딱지의 검사 결과, 부검감정서, 현장 감식보고서, 최초 현장 사진 등을 검토한 결과 다음과 같은 결론을 얻음.

a. 조수석 측 차량하부에서 발견된 혈흔은 혈액이 있는 물체와의 문지름에 의해 전이된 것과 일치함. 이는 피해자가 역과될 때 생긴 것일 수 있음.

b. 차량 내부의 혈흔형태는 교통사고에 의해 생긴 형태에 부합되지 않음. 이런 형태는 혈액이 있는 물체에 다수의 충격이 가해졌을 때 생길 수 있는 형태에 부합됨.

Henry C. Lee, Ph.D.	Stanley S. Lee, D.M.D.
Director	Sr. Scientist

FORENSIC RESEARCH TRAINING CENTER
MERIDEN, CONNECTICUT

재구성보고서

의뢰관서:	의뢰일자:
Hilo Police Department	March 11, 1993
County of Hawaii	
349 Kapiolani Street	
Hilo, Hawaii 96720	작성일자:
	June 20, 1993

수신:

Chief Victor V. Vierra	Det. Paul Ferreira
Chief of Police	Detective Division
Hilo Police Department	Hilo Police Department

경찰 사건번호: D-99428 실험실 접수번호: HL930311HA

A. 관련 사진 및 기록검토

1993년 3월 11일에 Hilo 경찰서의 Paul Ferreira 형사가 수사기록, 부검감정서, 현장 사진을 제출하고 1992년 11월 27일에 발생한 교통사고 사망 사건의 재구성을 요청함.

제출된 사진은 175매임. 이 사진 일체를 다음의 4개 Group으로 분류함.

Group A는 사건 당일 밤 Hilo 경찰서의 Guillermo 형사가 촬영한 사진 14매임. 사진의 대부분은 현장에 있던 베이지색 차량을 다양한 각도에서 촬영한 것임.

또한 차량 안의 여러 곳에 있는 혈흔 사진이 6매 포함되어 있음. 대부분의 사진은 van을 원거리에서 촬영한 것으로, 이 사진만으로는 혈흔형태에 대한 자세한 해석이 불가능한 상태임.

Group B는 1992년 12월 21일에 Ellazar 형사가 촬영한 사진 11매임. 이 사진들은 차량의 내부를 촬영한 것임. 짐칸, 콘솔 가운데, 실내등 주변 천정, 속도계 커버, 운전대, 운전석 창문 및 문에서 혈흔처럼 보이는 흔적이 보임. 혈흔처럼 보이는 이 물체 중 일부는 묻힘혈흔처럼 보이고 나머지는 중간속도 충격비산혈흔처럼 보임.

Group C는 1992년 2월 25일에 P. Ferreira 형사가 촬영한 사진 32매임. 이 중 3매는 차량의 외부를 촬영한 것임. 나머지는 차량 내부를 다양한 각도에서 촬영한 것임. 차량 내부의 여러 곳에서 혈흔처럼 보이는 물체가 식별되고, 이 형태는 다음처럼 정리할 수 있음.

1. 짐칸의 벽면이나 스페어타이어에 부착된 혈흔처럼 보이는 물체는 저속 혈액방울, 묻힘혈흔, 중간속도 충격비산혈흔처럼 보임.
2. 실내등 주변 천정부근, 선바이저, 운전대, 운전석 옆면에 부착된 혈흔처럼 보이는 물체는 접촉전이 흔적처럼 보임. 이 중 일부는 모발과 접촉해서 생긴 묻힘혈흔처럼 보임.
3. 운전석 문, 창문 및 문틀에 부착된 혈흔처럼 보이는 물체의 대부분은 접촉낙하혈흔처럼 보임. 이 중 일부는 중간속도 충격비산혈흔일 수 있음.
4. 계기판 커버에 부착된 혈흔처럼 보이는 흔적은 중간속도 충격비산혈흔처럼 보임. 이 형상은 내부 혹은 외부에서 중간 정도의 힘이 가해졌을 때 생길 수 있는 것임.

Group D는 1992년 2월 25일에 P.Ferreira 형사가 촬영한 사진 87매임. 이 사진은 다음의 세 가지로 분류할 수 있음.

1. 차량 외부 사진 22매. 범퍼의 지상고는 약 14인치임.
2. 차량 외부를 추가로 촬영한 사진 31매. 이 사진들은 Group C에서 설명한 혈흔처럼 보이는 물체를 촬영한 것임.
3. 차량 하부 사진 26매. 조수석 하부 여러 곳에 혈액 및 조직처럼 보이는 물질이 보임. 차량하부의 지상고는 10~14인치임.
4. 의복 및 기타 증거물을 촬영한 사진 8매. 사진만으로는 더 이상의 정보를 얻을 수 없음.

Group E는 부검 사진 25매임. 얼굴에 나타난 다양한 손상흔이 촬영되어 있음. 가슴 왼쪽에 타이어흔처럼 보이는 흔적이 식별됨. 변사자 왼손, 왼팔, 머리에 다수의 상처가 있음. 이 상처에 대한 상세한 설명은 Hilo 병원의 Charles E. Reinhold 박사가 작성한 부검감정서에 나타나 있음.

B. 차량검사

1993년 5월 7일에 본 감정관은 Hilo 경찰서 차고에서 본 사건과 관련된 차량을 검사함. Yvonne M. Mathison 사망 사건과 관련하여 다음과 같은 정보를 얻을 수 있었음.

증거물 차량은 1984년식 Ford Econ E 150 베이지색 van으로 차대번호는 IFTEE14Y9EHB37413이고, Hawaii 주 차량등록번호는 HRJ 038이며, 주행거리는 92,479 mile임. 차량에서 다음과 같은 정보를 얻을 수 있었음.

1. 차량 외부에서는 최근에 손상된 흔적이 관찰되지 않음. 혈흔, 조직으로 의심되는 물체, 섬유직조흔 등이 식별되지 않음. 차량 외부의 운전석 문 뒤에 보라색 물체가 묻어있는 것이 식별됨. 이 물질에서 혈흔시험을 했으나 음성으로 반응함. 베리 종류의 과일인 것으로 추정됨.

   운전석 문설주 아래쪽에 사진 2에 보이는 것과 같은 식물처럼 보

사진 2

이는 물체가 식별됨.

2. 범퍼가드 아래쪽에 오목하게 들어간 부분이 관찰됨. 이 흔적은 오래 전에 생성된 것으로 보임.
3. 차량을 들어 하부를 검사함. 새로 생성된 손상흔이 여러 곳에서 관찰됨. 사진 3은 이런 부위를 촬영한 것임.
4. 차량 조수석 하부 바닥면 여러 곳에서 접촉묻힘혈흔, 식물, 토양처럼 보이는 물체와 모발처럼 보이는 물질이 식별됨.

   시약을 이용해 혈흔검사를 한 결과 이 부분에서 양성반응이 나

사진 3

옴. 다음 표는 시험 결과를 정리한 것임.

시험부위	시험 결과	부착된 흔적	사진번호
앞 범퍼	−	−	#3
휠	−	유리	#4
휠	−	토양	#6
축	+	묻힌혈흔	#6, 7
머플러	+	묻힌혈흔	#10

5. 조수석 아래 축 부위에 모발/섬유로 추정되는 물질이 부착되어 있음. 이 물질들을 채취해 Ferreira 형사에게 보관하게 함.
6. 앞 유리에 파손흔이 한 곳 관찰됨. 이 파손흔은 직선형 및 방사형 파손흔임. 창문에 있는 파손흔에서 혈흔 혹은 모발로 추정되는 물질이 식별되지 않음.
7. 운전석 부근, 운전석 천장부근, 운전석 문의 여러 곳에서 적갈색 혈흔처럼 보이는 물체가 식별됨. 이 흔적들은 혈액시험에서 양성 반응을 보임. 이 결과를 아래 표에 정리하였음.

채취 장소	시험 결과
플라스틱 덮개	+
선바이저	+
천장	+
실내등	+
운전대	+
계기판	+
문틀	+
창유리	+

8. 운전석 의자 등받이에서 혈흔이 관찰됨.
   이 혈흔의 크기는 3×5인치이고 문지름혈흔 형태임. 또한 계기판의 플라스틱 커버에서도 혈흔처럼 보이는 흔적이 식별됨. 이 혈흔은 중간속도 충격비산혈흔으로 보임.
   사진 4는 이 혈흔형태를 근접 촬영한 것임. 이 혈흔의 충격 방향

사진 4

은 위에서 아래쪽이고, 플라스틱 커버의 충돌각도는 약 10~20도 정도임.

9. 운전석 쪽 선바이저에서 커다란 혈흔 하나가 관찰되고 실내등 주변에서 또 다른 커다란 혈흔 하나가 관찰됨.

   선바이저에 부착된 혈흔의 크기는 5×3인치임. 이는 묻힘혈흔 형상임. 이 혈흔은 우측에서 좌측으로 이동하는 물체에 의해 생성된 형상임. 이 부근에서 모발과 같은 물체에 의한 묻힘혈흔과 중간속도 충격비산혈흔도 관찰됨.

   천장의 실내등 옆에 길게 굳은 혈흔이 식별됨. 이 혈흔은 4개의 개별 혈흔이 연결된 것으로 전체 길이는 11인치이고, 전형적인 접촉전이형상임.

   이 부근에서 모발처럼 보이는 물질이 식별됨. 모발처럼 보이는 물질을 채취해 Ferreira 형사가 보관함.

   사진 5는 이 혈흔을 화학적으로 증강한 후 촬영한 사진임. 이 부위에서 모발처럼 보이는 묻힘혈흔이 나타남. 운전석 천장에서 이 외에도 여러 개의 혈흔이 관찰됨. 이 혈흔은 사진 6에도 보였고 역시 접촉전이에 의한 혈흔과 유사한 형태임.

10. 금속제 문틀의 중상 부위에 혈흔처럼 보이는 물질이 식별됨. 이 혈흔은 두꺼운 딱지로 크기는 약 2×3인치임. 이 혈흔에는 직접

사진 5

사진 6

접촉에 의해 나타난 형태 및 접촉 후 전이된 형태가 모두 나타남. 이 형태로 보아 혈액이 있는 물체가 이 금속표면에 직접 접촉한 후 문질러진 것으로 판단됨.

이 혈흔 위의 너트에 피딱지가 부착되어 있음. 사진 7은 이 피딱지를 근접 촬영한 것임.

이 혈흔을 화학적으로 증강한 후 관찰하면, 모발처럼 보이는 물체가 혈흔 속에 부착되어 있음. 이 물질은 사람 머리카락으로 밝혀졌고, 이를 채취해 Ferreira 형사가 보관했음.

11. 운전석 창문 안쪽에서도 혈흔처럼 보이는 물질이 관찰됨. 이 혈

사진 7

흔은 약 30여 개의 작은 충격비산혈흔이 모인 것임. 이 혈흔의 직경은 약 1~3 mm임.

창문에 부착된 혈흔형태는 중간속도 충격비산혈흔임. 이 사실로 보아 운전석 창문은 혈흔이 부착될 당시 올려져 있었음.

12. 운전석 문 안쪽에 약 15개의 혈흔이 부착되어 있음. 문 아래쪽에는 혈흔과 토양처럼 생긴 물체가 오른쪽에서 왼쪽으로 문질러져 부착된 것을 볼 수 있음.

    문 아래쪽에 부착된 혈흔형태를 근접 촬영하여 보면, 이 혈흔 중 일부는 수직으로 낙하해 문과 10~20도 정도의 각도로 접촉했음.

13. 운전석 문틀 안쪽에 혈흔처럼 보이는 물체가 보임.

    문틀 오른쪽 상단에 혈흔처럼 보이는 물질이 부착되어 있음. 문틀 상단 우측 모서리에 4인치 길이의 혈흔이 부착되어 있음. 이 혈흔은 접촉전이 형상임. 또한 이 부분에서 충격비산혈흔과 묻힘 혈흔도 관찰됨.

    문틀 좌측면에 폭이 약 2인치, 길이가 약 30인치인 혈흔이 부착되어 있음. 이 혈흔은 낙하혈흔 및 흐른혈흔임. 혈흔이 흐른 방향은 위에서 아래임. 또한 이 혈흔의 윗부분을 근접 촬영하면, 주로 접촉전이형상을 보이고 있음.

14. 운전석 문에 발 딛는 부분을 살펴보면, 마른 식물, 담배꽁초, 토

사진 8

양처럼 보이는 물체, 모발처럼 보이는 물체, 혈액처럼 보이는 흔적이 식별됨. 사진 8은 이 모습을 촬영한 것임.

이 혈흔을 근접 촬영한 것을 보면, 20개의 작은 비산혈흔(약 1~3 mm 크기)이 모여 생긴 것임. 이 혈흔은 중속충격비산혈흔임.

발 딛는 부분의 중간 부분에는 토양처럼 보이는 물질이 문질러져 있고 모발처럼 보이는 물질이 부착되어 있음. 모서리 부분에 머리카락 뭉치가 부착되어 있고, 이 뭉치에는 약 20수의 머리카락이 들어있음. 이것을 현미경으로 검사한 결과, 사람 머리카락으로 밝혀졌음. 이 머리카락은 Hilo 경찰서의 Ferreira 형사가 채취했음.

15. 운전대에서도 묻힘혈흔처럼 보이는 형상이 관찰됨. 사진 9를 보면 여러 차례에 걸쳐 이 묻힘혈흔이 부착된 것을 알 수 있음. 혈흔 중 일부는 다른 혈흔 위에 부착되어 있음.

    핸들지지대 왼쪽에 있는 방향지시등 손잡이에 손목시계가 매달려 있음. 이 사진을 보면 핸들지지대 왼쪽에 인접해 있는 플라스틱 커버에도 혈흔처럼 보이는 물질이 부착된 것을 알 수 있음.

16. 속도계 커버에는 100개 이상의 혈흔처럼 보이는 물체가 보이고, 특히 오른 쪽에 많이 부착되어 있음.

    이 혈흔은 중간속도 충격비산혈흔임. 이 혈흔은 좌상방에서 우하

사진 9

사진 10

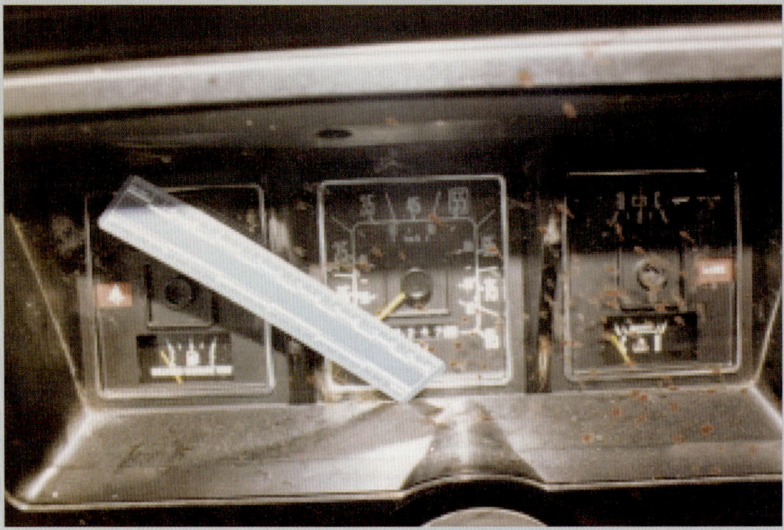

방으로 진행했고, 충돌각도는 10~20도 사이임. 사진 10은 이 혈흔을 자를 대고 촬영한 것임.

17. 차량 짐칸 부위에는 sheetrock[2] 형태의 물체가 있고 그 위에 다량의 혈흔, 혈액방울, 토양처럼 보이는 물체, 담뱃갑 등의 물체가 올려져 있음. 사진 11은 이 흔적을 촬영한 것임.
    sheetrock처럼 보이는 물체 등 짐칸 안에 있는 물체의 위치는(A 부

2) 역자 주–종이 사이에 석고를 넣은 물체

사진 11

위에서 설명한 최초 현장 사진과 비교해 보았을 때) 변형되었으므로 이 물체에 대해서는 해석 및 재구성하지 않았음.

18. 차량 우측 내부를 검사할 당시 옆문과 뒷문은 모두 닫혀 있었음. 차량 뒷부분에서 혈액처럼 보이는 물질이 다수 발견되었음. 옆문 손잡이 부분에는 혈흔처럼 보이는 물체가 부착되어 있고, 또한 백색 조직 1점이 있으며 그 주변에 조그만 묻힌혈흔처럼 보이는 흔적이 남아있음.
19. 차량 뒤쪽 벽에 스페어타이어가 매달려 있음. 이곳에서 혈흔처럼 보이는 물질을 확인할 수 있음. 스페어타이어 부분을 보면, 타이어 표면에 다량의 혈흔이 부착된 것을 볼 수 있음. 이 혈흔 중 일부는 접촉전이형상임. 다른 혈흔은 중간속도 충격비산혈흔임.
20. 스페어타이어 왼쪽 벽면을 보면 다량의 혈흔이 관찰됨. 이 혈흔의 대부분은 접촉에 의한 묻힌혈흔임.
21. 위쪽 판넬을 보면 특이 형상이 보이는데, 이는 혈액인 것으로 보임. 이 흔적 주변에 혈액증강시약을 뿌렸음. 사진 12는 이렇게 증강한 것을 촬영한 것임. 이 형상의 윗부분은 두 번의 접촉에 의해 생성된 모습임. 이 둘은 피 묻은 손에 의해 생긴 형상임. 이 피 묻은 손 형상을 보면 왼쪽의 짙은 흔적은 주먹 쥔 상태로 움

사진 12

직이면서 일부만 접촉한 것처럼 보임. 이 운동 방향은 우에서 좌로, 위에서 45도 아래임.

오른쪽 짙은 흔적은 손을 대고 비튼 형상임. 이 운동 방향은 우측에서 좌측으로, 위에서 아래임. 이 흔적은 계속 좌측 아래 방향으로 이어짐.

또한 이 흔적으로 보아 손에 피를 묻힌 어떤 사람이 이 부위에 손을 대고 이런 흔적을 만들었다는 것을 알 수 있음.

22. 차량 천정의 중간부근에 다량의 혈액이 부착되어 있음.

이 부위에 약 100개의 혈흔이 부착되어 있는데, 이 혈흔형태는 중간속도 충격비산혈흔임. 이 혈흔 중 일부는 우측에서 좌측으로 이동한 것으로 보이고, 다른 것들은 뒤에서 앞쪽으로 이동한 형태임. 이 혈흔 중 일부는 물체를 휘두를 때 생기는 이탈혈흔일 수 있음. 다른 혈흔은 중간속도 충격비산혈흔 형태임.

사례연구 2

전체 재구성
(총격사건 현장 재구성)

총기사건을 재구성하는 것은 복잡하고 어려운 일이지만 현장을 철저하게 재구성함으로써 어떤 의구심에 대한 답을 얻을 수 있는 경우가 많다. 총기사건 현장을 재구성하려면 탄환궤적 분석, GSR 분석 및 산탄총알의 분포 분석을 통한 총구에서 피사체까지의 거리판별, 탄피의 배출패턴 분석, 유리 파손 흔적 분석, 혈흔형태 분석, 발사체에 부착된 미세 증거물의 분석 등을 해야 한다. 다른 재구성과 마찬가지로 최종 재구성 보고서의 질은 재구성하는 요소의 질에 의해 결정된다.

총기는 과격분자의 행위에서 살인에 이르기까지 다양한 범죄에 이용되고 있고, 총기사건 현장을 재구성하는 것은 수사를 하거나 법정 증거를 제시할 때 중요한 요소로 작용한다. 그리고 경찰관이 총기를 발사한 점에 대해 어떠한 의혹이 없이 객관적으로 정밀하게 조사해야 한다. 그러기 위해서는 현장을 완벽하게 재구성해야 한다. 아래 보인 사건은 경찰관이 총기를 발사하여 용의자가 사망하고 용의자에게 납치당할 뻔한 13세 소년이 중상을 입은 사건이다. 사건 발생 시작부터 현장을 완전히 재구성한 결과, 사건의 전모에 대한 결론을 성공적으로 도출하고 경찰 및 수사기관에 대한 시민의 신뢰를 유지할 수 있었다.

1993년 1월 11일, 전과 경력이 많은 Jack Jones(42세, 남)는 코네티컷 주 해안선 주변에 있는 자동차 판매점으로 가서 Mustang 차량을 시험운전해 보겠다고 했다. 판매원은 이를 허락해서 피의자와 함께 차량에 올랐다.

차량이 95번 고속도로에 올라서자 범인은 권총을 꺼내 영업사원을 쏘고 Mustang을 몰고 도주했다. 도시를 몇 개 지난 후 Mustang은 연료가 떨어졌다. 범인은 지나가는 차량을 세워 차를 얻어 타고 가까운 주유소로 갔다. 깡통에 구해 온 연료를 Mustang 차량에 채운 용의자는 차를 몰아 그 주요소로 가서 연료를 가득 채웠다. 주유소 직원은 뉴스 기사를 보고 차량과 범인을 알아보고 코네티컷 경찰서에 신고했다. 그 지역을 순찰하던 경찰관들은 도난당한 차량을 발견하고 용의자를 쫓기 시작했다. 용의자는 구조물을 받고 멈춰선 차량을 버리고 도주했다. 주 경찰은 거리에 바리게이트를 설치했다. 특수교육을 받는 13세 및 14세 아동을 태운 통학용 van을 운전하던 여성이 차를 경찰 바리게이트 앞에 세웠다. 바리게이트 주변을 떠나기 전에 한 손에 총을 든 범인이 차량에 올라타서는 차를 몰고 가라고 명령했다. 범인은 주 경찰과 20마일에 걸쳐 총격전을 펼치며 도주했다. 거의 45

분정도 지난 후에 경찰이 시멘트 트럭과 4대의 경찰차로 van을 막아 세울 수 있었다. 차량이 멈추고 경찰관이 다가가자 범인은 van의 앞 유리창과 옆 유리창을 통해 총기 여러 발을 발사했다. 차량을 둘러싸고 있던 경찰관 4명이 응사를 했고, 범인은 여러 발의 총상을 입고 사망했다.

범인 말고도 소년이 가슴에 탄환을 맞았다. 그러나 소년이 어떻게 총에 맞았는지가 불확실했다. 응급구조대원은 소년을 병원으로 후송했다. 의사는 소년을 검사하고 0.25구경 정도의 소형총기 총알이 앞에서 뒤쪽으로 관통했다고 결론을 내렸다. 그러나 현장을 재구성하는 과정에서 총알은 뒤에서 앞으로 관통했다는 것이 밝혀졌다. 소년의 의복을 정밀감정한 결과 탄환의 사출구를 찾지 못했다. 소년은 경찰관이 사용한 9 mm 탄환에 부상당한 것에 가까웠다. 병원에서 의사가 다시 검사한 결과 9 mm 정도의 탄환이 소년 몸에 남아있는 것으로 밝혀졌다.

며칠 후, 수사 과정에서 나타난 의구심을 해소하기 위한 정밀 재구성을 시행했다. 이를 위해 통학용 van과 현장에 있던 경찰차를 원래 위치에 다시 세워두었다.

수사 과정에서 나타난 의문점들

1. 총격전 중 몇 발이 발사되었는가?
2. 경찰관과 범인은 각각 몇 발씩 발사했는가?
3. 각 총격의 궤적, 발사각, 발사 방향은?
4. 범인은 누구 총에 맞아 사망했는가?
5. 소년은 누구 총에 맞아 부상당했는가?
6. 총기 발사 순서는? 그리고 정당방위 차원에서 총기를 발사했는가?

다음에 보인 것은 이때 작성한 재구성 보고서의 사본이다. 분량이 많기 때문에 보고서 내용 일부 및 사진은 생략하고 실었다.

재구성 보고서

사건 발생도시: Portland 의뢰일: 01-11-93

의뢰관서: Eastern District Major Crime Squad 보고서 작성일: 07-13-93

수신: Middlesex State's Attomey's Office and Eastern District Major Crime Squad's Commanding Officer

사건번호: C-93-0528 접수번호: ID9300117

Ⅰ. 현장분석

1993년 1월 11일, Eastern District Major Crime Squad와 Middlesex County 검찰청의 요청으로 Henry C. Lee 박사와 Rober J, Mills 경사, Elaine Pagliaro 범죄연구관, Kenneth Zercie 범죄연구관, Robert Finkle 수석연구관은 총격사건 현장으로 출동함. 현장은 Portland 시 66 West 가에 위치해 있음.

주 경찰은 야간에도 현장을 보존하고 있었고, 1차로 현장을 둘러본 결과, 다음 사항을 알 수 있었음.

1. 코네티컷 주 버스 번호판 #24064 번호판을 단 백색 Ford Club Wagon이 66번가의 서쪽 방향 차로 오른쪽에 정차해 있었음.
2. 차량의 앞 유리는 손상된 것으로 보임. 총알 구멍처럼 보이는 8개의 구멍이 차량 앞 유리에 있음. 사진 1은 차량의 앞모습을 보인 것임.
   총알 구멍과 같은 구멍은 앞 유리에 무작위로 형성되어 있음. 이 구멍 중 일부는 차량 내부에서 가해진 힘에 의해 생성된 것처럼 보임.
3. 차량의 운전석 쪽 유리창은 3개의 창문이 있음.
   A. 운전석 옆 유리는 내려져 있었음.
   B. 운전석 쪽 중간 유리는 깨져 있었음. 사진 2는 이 창문을 근접 촬영한 것임. 이 사진에서 보인 것처럼 유리의 대부분은 깨져서 없어져 있음. 1개 이상의 탄환이 충격할 때 이런 손상흔이 생길 수 있음.

사진 1

사진 2

C. 사진 3은 운전석 쪽 3번째 창문을 보인 것임. 이 창문도 손상되어 있음. 그러나 유리 대부분은 손상되지 않은 상태임. 총알 구멍처럼 보이는 구멍 1개가 관찰됨.

4. 깨진 뒷 유리는 두 장 모두 손상되어 있음. 두 유리의 가운데 부분은 모두 없어져 있음. 이런 손상은 탄환과 같은 물체에 충격되었을 때 생길 수 있는 전형적인 손상임.
5. Van 전면 우측 천장 부분에 2개의 탄환구멍으로 추정되는 구멍 및 1개의 구멍이 추가적으로 생성되어 있음.

사진 3

6. van의 앞 유리창에 생긴 탄환 구멍은 앞 유리 왼쪽 모서리에서 약 28인치, 아랫면에서 약 3인치 거리에 생성되어 있음. 이 구멍의 직경은 약 0.3~0.5인치임.
7. 차량 앞 유리에 생성된 탄환 구멍은 앞 유리 왼쪽 모서리에서 약 25인치, 아랫면에서 약 4인치 거리에 생성되어 있음. 이 구멍의 직경은 약 0.7~1.0인치임.
8. van 앞 유리창에 생긴 탄환 구멍은 앞 유리 왼쪽 모서리에서 약 21인치, 아랫면에서 약 6인치 거리에 생성되어 있음. 이 구멍의 직경은 약 0.3~0.5인치임.
9. van 앞 유리창에 생긴 탄환 구멍은 앞 유리 왼쪽 모서리에서 약 17인치, 아랫면에서 약 10인치 거리에 생성되어 있음. 이 구멍의 직경은 약 0.3~0.5인치임.
10. van 앞 유리창에 생긴 탄환 구멍은 앞 유리 왼쪽 모서리에서 약 1.5인치, 아랫면에서 약 15인치 거리에 생성되어 있음. 이 구멍의 직경은 약 0.3~0.4인치임.
11. 다음 표는 2~9번 설명에서 언급한 8개 탄환 구멍의 위치와 크기를 요약해서 보인 것임.

번호	운전석 모서리에서 부터의 거리	바닥 모서리에서 부터의거리	크기
1	41″	11.5″	.9″ diameter
2	34″	16″	.9″ diameter
3	31″	10″	.9″ diameter
4	28″	3″	.5″ × .3″
5	25″	4″	1″ × .7″
6	21″	6″	.5″ × .3″
7	17″	10″	.5″ × .3″
8	1.5″	15″	.4″ × .3″

* 여기 적은 구멍 번호는 발사순서는 아님.

12. 원의 모양으로 방사형으로 깨져나간 van의 앞 유리의 각 탄환 구멍을 조사함. 구멍들의 깨진 패턴에 대한 현미경 검사도 실시함. 이러한 검사를 토대로 탄환 구멍 1, 2, 3은 van의 안쪽으로부터 비롯된 것이라는 사실을 확인할 수 있었음. 탄환 구멍 4, 5, 6, 7, 8은 이와 반대로 차량의 밖으로부터 안쪽으로 발사된 탄환에 의한 것임을 알 수 있었음.
13. 탄환 구멍 9는 "포드"사 로고 옆 그릴 쪽에 위치해 있음. 이러한 탄환 흔적은 차량의 앞부분에서 발사된 것에 의해서 생긴 것이며

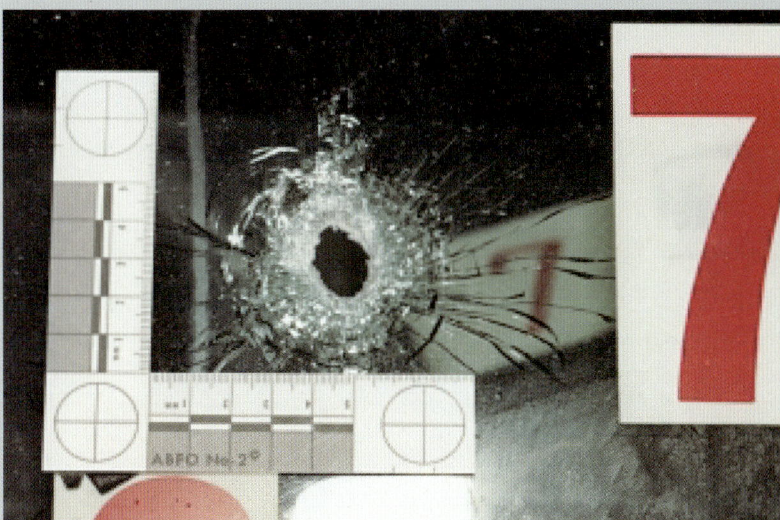

사진 4

사진 5

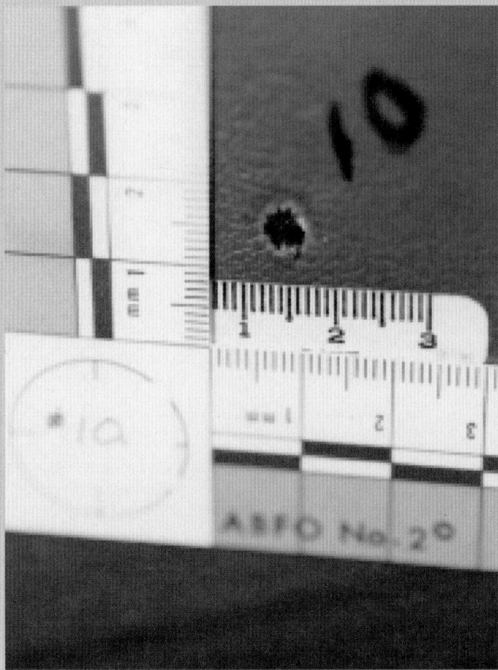

총알은 그릴을 지나서 차량의 엔진부까지 들어와 있었음.

14. van 차량의 대시보드 등의 내부 표면에 탄흔을 보여주고 있음.
15. 차량 조수석 등받이에 탄흔을 보여주고 있음. 이 구멍은 바닥으로부터 대략 26인치, 옆면으로부터 4인치 정도 떨어진 부분에 위치하고 있음. 구멍의 직경은 0.25인치로 측정되었음. 스펀지 재질의 물질이 구멍 밖으로 빠져나와 있는 것이 관찰됨. 이 구멍은 사출구와 일직선상에 위치함.
16. 탄환 구멍 9가 짐칸 옆문의 안쪽 표면에 위치하고 있다는 것을 보여줌. 이 구멍은 발판으로부터 거의 36인치정도 떨어진 곳에 위치하고 있고, 사입구와 방향이 일치함.
17. 탄환 구멍 10은 앞쪽 조수석 등받이 뒤편, 바닥으로부터 약 25인치, 등받이 모서리로부터 약 4인치 떨어진 곳에 위치하고 있음. 이 구멍의 직경은 약 1/16인치로 측정되었음. 사진 5는 자를 대고 촬영한 것임. 이 구멍 역시 사입구와 방향이 일치함.
18. 탄환 구멍 11, 12, 13의 전체 사진임. 이 구멍들은 첫 번째 탑승자 좌석(두 번째 열)의 우측 모서리 부근에 위치해 있음. 탄환 구멍

11은 대략 바닥으로부터 25인치, 팔걸이로부터 6인치 정도 떨어진 위치에 있음. 이 구멍의 직경은 약 1/16인치로 측정되었음. 구멍 12는 바닥으로부터 약 25인치, 팔걸이로부터 약 4인치 떨어진 곳에 위치함. 이 구멍은 직경이 1/4인치로 측정되었음. 탄환 구멍 13은 바닥으로부터 약 23인치, 팔걸이로부터 약 5.5인치되는 곳에 위치해 있으며 모양이 반원의 형태를 보이고 있고, 그 직경은 약 1/2인치 정도임. 이 구멍 11, 12, 13은 모두 총알이 바깥쪽으로 격발된 방향과 일치하는 곳에 위치해 있음.

19. 2열 벤치의 탄환 구멍 14는 바닥으로부터 약 29인치, 팔걸이로부터 약 20인치 떨어진 곳에 위치하고 있고, 이 위치는 의자의 봉합선을 분리하고 있음. 스펀지 재질이 이 구멍의 밖으로 빠져나와 있고, 구멍은 밖으로 향하는 탄환 구멍과 일치하는 위치에 있음.
20. 2열 벤치의 뒷면에 있는 탄환 구멍 15는 바닥으로부터 약 31인치, 팔걸이로부터 약 28인치 떨어진 곳에 위치해 있음. 이 구멍은 직경이 약 1인치로 측정되고 약간 타원형의 모양을 띄고 있으며, 밖에서 안으로 들어오는 총격에 의한 것임.
21. 탄환 구멍 16, 17은 2열 벤치의 오른쪽 뒤편에 위치해 있음. 탄환 구멍 16은 바닥면으로부터 약 31인치, 팔걸이로부터 약 4인치 떨어진 위치에 있음. 구멍의 직경은 약 1/4인치로 측정되었음. 이 구멍은 바닥면으로부터 약 31인치, 팔걸이로부터 1인치 떨어진 곳에 위치해 있음. 직경은 약 1/4인치로 측정되었음. 이 구멍들은 밖에서 안으로 향하는 총격의 방향임.
22. 탄환 구멍 18, 19는 2열 벤치의 왼쪽의 상단에 위치하고 있음. 탄환 구멍 18은 바닥면으로부터 약 33인치, 팔걸이로부터 약 50인치 떨어진 곳에 위치하고 있음. 이 구멍은 1인치 길이로 찢어진 부분을 포함하고 있으며, 차량 안에서 밖으로 격발된 탄흔들과 일치되는 위치에 있음. 탄환 구멍 19는 바닥면으로부터 약 34인치, 팔걸이로부터 약 51인치 떨어진 곳에 위치하고 있고, 직경은 1/4 인치로 측정되었음. 이 탄환 구멍은 외부에서 내부로 들어오는 총격에 의해서 만들어진 것임.

사진 6

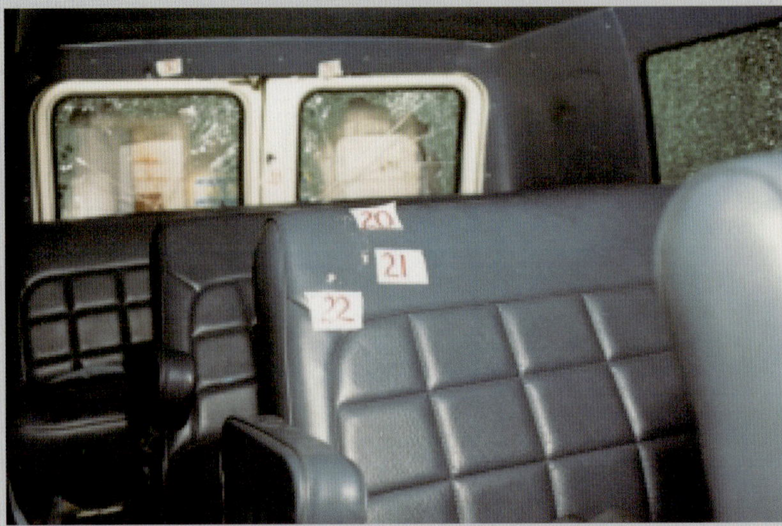

23. 사진 6은 탄환 구멍 20, 21, 22의 전체 사진임. 이 구멍은 2열 벤치의 오른쪽 앞쪽에 형성되어 있음. 탄환 구멍 20은 바닥면으로부터 약 33인치, 팔걸이로부터 약 4인치 떨어진 곳에 위치하고 있고, 직경은 1/4인치로 측정되었음. 이 구멍은 내부에서 외부로 발사된 탄환에 의해서 형성된 것임. 탄환구멍 21은 바닥면으로부터 약 31인치, 팔걸이로부터 약 4인치 떨어진 곳에 위치하고 있고 직경은 약 1/4인치로 측정되었음. 이 구멍은 외부로 향하는 충격에 의한 것임. 탄환 구멍 22는 바닥면으로부터 약 30인치, 팔걸이로부터 약 2와 1/2인치 떨어진 곳에 위치해 있으며 직경은 1/2인치로 측정되었음. 이 구멍은 밖으로 향하는 충격에 의한 것임.
24. 탄환 구멍 23, 24, 25, 26은 2열 벤치의 뒤편에 위치해 있음. 탄환 구멍 23은 바닥면으로부터 약 28.5인치, 팔걸이로부터 10인치되는 곳에 위치해 있음. 직경은 약 1/2인치로 측정되었고, 이것은 내부로 향하는 충격에 의한 것임. 탄환 구멍 24는 바닥면으로부터 약 31인치, 팔걸이로부터 약 9.5인치 떨어진 곳에 위치하고 있음. 이 구멍의 직경은 3/4인치로 측정되었고 밖에서 안으로 향하는 충격에 의한 것임. 탄환 구멍 25는 바닥면으로부터 약 31.5인치, 팔걸이로부터 약 4인치 떨어진 곳에 위치하고 있음. 이 구멍의 직경은 약 1/4인치로 측정되었음. 이 구멍은 내부로 향

하는 총격에 의한 것임. 탄환 구멍 26은 바닥면으로부터 약 31인치, 팔걸이로부터 약 2인치 떨어진 곳에 위치하고 있고 직경은 약 1/4인치임. 안으로 향하는 총격에 의한 것임.

25. 탄환 구멍 27은 3열 벤치의 오른쪽 앞부분에서 발견되었음. 바닥면으로부터 약 31인치, 벤치의 끝부분으로부터 약 7인치 떨어진 곳에 위치하고 있음. 이 구멍은 1.5인치 길이로 찢어진 부분을 포함하고 있으며 구멍의 크기는 1/4인치임. 이 구멍은 밖으로 향하는 총격에 의한 것임.
26. 4열 벤치 뒤쪽 오른편에 있는 탄환 구멍 28은 바닥면으로부터 약 31인치, 벤치의 모서리로부터 약 6인치 떨어진 곳에 위치하고 있음. 이 구멍의 직경은 약 1/4인치로 측정되었고 밖에서 안으로 가한 총격에 의한 것임.
27. 3열 벤치의 운전석 쪽에 위치한 손상부위 29를 보여주고 있음. 이 손상은 총격과는 관련이 없어 보임. 현미경으로 검사한 결과 이 손상은 날카로운 물건에 의해서 만들어진 것임.
28. 탄흔으로 보이는 4개의 손상이 문틀과 van의 뒷문 안쪽에서 발견되었음. 손상 30은 바닥면으로부터 약 48인치, van의 금속 부분으로부터 약 12인치 떨어진 곳에 위치해 있으며 직경은 약 1/2인치에서 3/4인치 사이임. 손상 31은 바닥면으로부터 약 47인치, van의 금속부분으로부터 약 35인치 떨어진 위치에서 발견되었고 직경은 1에서 1/2인치 정도임. 손상 32는 바닥면으로부터 약 47인치 떨어진, van의 뒷문 오른쪽 모서리에 위치해 있고 직경은 약 2인치에서 1인치 사이임. 손상 33은 바닥면으로부터 약 38인치, van의 옆면으로부터 29인치 떨어진 곳에 위치해 있음. 직경은 약 1/2인치로 측정되었음. 손상 30, 31, 32, 33은 외부에서 내부로 향하는 총격에 의한 것임.
29. van의 천장부 앞부분에 3개의 총격흔이 있는데, 이 3개의 구멍은 van의 천장 외부에 있는 3개의 탄환 구멍과 부합하는 위치에 있음.
30. 앞에서 언급한 탄환 구멍들과 함께 탄환으로 인한 손상으로 보이

사진 7

는 흔적들이 van의 창문에서 발견되었음. 사진 7은 van의 왼쪽 세 번째 창문의 총격으로 인한 것으로 보이는 구멍을 보여주고 있음. 이 구멍의 직경은 약 1~3/4인치 정도로 측정되었고 창문의 밑 부분으로부터 약 6.75인치, 창문의 왼쪽 모서리로부터 약 27.25인치 떨어진 곳에 있었음. 유리의 깨진 패턴에 근거할 때, 이 탄환 구멍은 창문을 통해서 외부에서 들어온 탄환에 의해서 생겨난 것임을 알 수 있음.

II. 탄도의 재구성

1993년 1월 15일, Henry Lee 박사, 범죄연구관 Kenneth Zercie, David Gibbs, Robert O'Brien, 포토그래퍼 Paul Penders는 이 총격 사건의 재구성을 계속 진행하기 위해서 Colchester의 Troop K로 갔다. 사고가 난 van과 두 대의 경찰차가 직접적으로 이 사건에 연관되어 있었기 때문에 사건 당일의 상황대로 이들을 다시 배치했다. 그리고 다음과 같은 조사가 진행되었다.

1. 사진 8은 van의 운전석 쪽과 두 대의 경찰 차량의 모습을 보여주고 있음.
2. 6개의 9mm 탄피들이 van의 운전석 쪽 바닥에서 발견되었음. 7개의 9mm 사용된 탄피가 van의 뒷부분 안쪽에서 발견되었음. 1개

사진 8

의 9mm 탄피가 van의 뒷부분 바닥 근처에서 발견되었음.

3. 프로브와 끈, 레이저 포인터가 탄도를 분석하기 위해 투입되었음. van의 앞 유리 부분에 8개의 탄도를 분석한 것이 완료되었고 그 결과는 아래와 같이 요약됨.

구멍 번호	내-외/외-내	방향	왼쪽 모서리로부터의 거리	바닥으로부터의 거리
1	내-외	바깥쪽	41인치	11.5인치
2	내-외	바깥쪽	34인치	16인치
3	내-외	바깥쪽	31인치	10인치
4	외-내	안쪽	28인치	3인치
5	외-내	안쪽	25인치	4인치
6	외-내	안쪽	21인치	6인치
7	외-내	안쪽	17인치	10인치
8	외-내	안쪽	1.5인치	15인치

* 구멍의 번호는 발사순서와 무관

4. van의 앞부분 그릴의 탄환 구멍을 통해 알 수 있듯이, 이 총격의 방향은 바깥쪽에서 안쪽으로 형성된 것임. 탄도는 앞쪽에서 뒤쪽으로, 약 10도 정도로 하방을 향하고 있음. 그릴의 손상은 약 1과 1/2인치 정도이며 라디에이터를 관통하였음.

5. 운전석 쪽 중간 창문의 대부분은 파손되었음. 남아있는 유리들의 파손 패턴에 대한 연구를 통해서, 이 창문을 통해 총격이 있었다는 것은 확실해졌음. 그러나 심각한 차량 유리의 파손으로 인해서 정확한 총격의 횟수나 총격의 방향 등을 알 수는 없음. 구멍 9(탑승자 쪽 짐칸 문의 안쪽에 있는)와 9A(같은 위치 바깥쪽)는 운전석 쪽에서 날아와 탑승자 쪽 문의 안쪽에서 진입하여 바깥으로 빠져 나간 것으로 확인되고 있음.
6. 운전석 쪽 세 번째 옆 유리에 있는 탄환 구멍은 직경이 약 1과 3/4인치로 측정되었음. 지면으로부터 5피트 6인치되는 높이에 위치해 있음. 창의 하단으로부터 약 6과 3/4인치, 창의 왼쪽 모서리로부터는 27과 1/4인치되는 곳에 위치해 있음.
7. 문단 #6에서 언급한 탄환 구멍은 한발의 총격에 의해서 생겨난 것으로 보임. 이 총격의 탄도는 van의 외부에서 비롯되어 왼쪽에서 오른쪽으로 통과한 것으로 판단됨. 창문으로 들어온 탄환은 2열 벤치 탄환 구멍 19를 만들고 진입하여 18을 통해 빠져나간 것임. 이후, 탄환은 1열 벤치에 15를 남기고 14를 통해서 밖으로 빠져나갔음.
8. 뒤쪽 창문의 가운데 부분이 사라졌음. 유리의 파손 패턴을 통해서 가능한 총격 위치가 재구성되었음.
9. 사진 9는 van의 뒷문의 안쪽을 보여주고 있다. 백색 끈이 총격 부위로 추정되는 위치를 재구성하는 데 사용되었음. 뒷문에는 추가적인 탄환 구멍이 관찰되었음. 아래 표는 각 탄환 구멍들의 위치와 성상을 정리한 것임.

구멍 번호	위치: 오른편	왼편	크기
30	12인치	48인치	1/2인치~3/4인치
31	35인치	47인치	1인치~1/2인치
32	0인치	47인치	2인치~1인치
33	29인치	38인치	1/2인치

사진 9

10. 33개의 모든 탄환 구멍들의 van 안쪽의 위치가 파악되었음. 이 구멍들은 각각 번호가 부여되었고, 위치와 크기가 측정되었으며 충분히 조사되었음. 아래의 표는 이 검사의 결과임.

번호	위치	총격 방향: 안으로/밖으로	발견된 증거
1	천장	안으로	–
2	천장	안으로	–
3	천장	안으로	–
4	대시보드	안으로	#124
5	대시보드	안으로	#126
6	대시보드	안으로	#129
7	대시보드	?	–
8	탑승자석	밖으로	–
9	짐칸 옆문	안으로	#143 & #162
10	탑승자석	안으로	–
11	1열 벤치	밖으로	–
12	1열 벤치	밖으로	–
13	1열 벤치	밖으로	–
14	1열 벤치	밖으로	–
15	1열 벤치	안으로	–
16	1열 벤치	안으로	–

번호	위치	총격 방향: 안으로/밖으로	발견된 증거
17	1열 벤치	안으로	–
18	2열 벤치	밖으로	–
19	2열 벤치	안으로	#130
20	2열 벤치	밖으로	–
21	2열 벤치	밖으로	–
22	2열 벤치	밖으로	–
23	2열 벤치	안으로	9 mm(#153 or #154)
24	2열 벤치	안으로	9 mm(#153 or #154)
25	2열 벤치	안으로	–
26	2열 벤치	안으로	–
27	3열 벤치	밖으로	–
28	3열 벤치	안으로	–
29	3열 벤치	잘린 손상	–
30	뒷문	안으로	#53
31	뒷문	안으로	#150
32	뒷문	안으로	–
33	뒷문	안으로	#144

11. 탄환 구멍처럼 보이는 대부분의 구멍들이 van의 안쪽 좌석의 오른쪽에 위치하고 있음. 이 구멍들의 탄도는 프로브, 레이저 장비들, 끈 등으로 파악할 수 있었음. 이 구멍들은 다섯 가지의 탄도로 분류될 수 있음. 아래는 각 탄도에 대한 구체적인 설명임.
   A. 뒤쪽 창문으로부터 진입한 탄도의 모습을 통해 차량의 앞쪽 부근을 지나며 van의 천장을 통해서 빠져나갔음.
   B. 뒤쪽 창문으로부터 발사된 다른 탄도의 모습을 통해 탄환은 3열 벤치에 28 탄환 구멍을 만들었고 27을 만들면서 빠져 나갔음. 그러나 이 자국들은 강력범죄과의 요원에 의해서 제거되었음.
   C. 차량의 뒤쪽 창문의 또 다른 탄도의 모습을 통해 탄환은 2열 벤치 24를 통해서 들어갔고, 그 자리에서 빠져나가지 못하고 발견되었음. 탄환은 강력범죄과의 형사에 의해서 발견되었음.

사진 10

사진 11

D. 다른 탄환은 탄환 구멍 25를 통해서 2열 벤치로 진입, 21을 통해서 나옴. 다시 1열 벤치의 16을 통해서 들어가서 12를 통해서 나오고 다시 10을 통해서 들어가고 8을 통과해서 나옴. 이 탄도는 사진 10, 11에 잘 표현되어 있음.

E. 또 다른 탄도는 26을 통해서 2열 벤치로 들어가서 22를 통해서 나오고 1열 벤치를 17을 통해서 진입, 13을 통해서 나옴.

사진 12

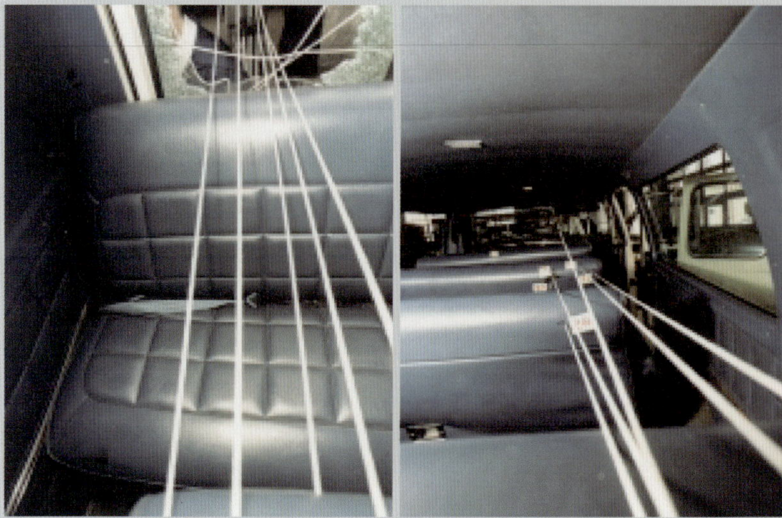

사진 12는 이것을 잘 나타내고 있다.

12. 추가적으로 시트 커버의 일부를 잘라서 검사하였음. 1열 벤치의 시트 커버를 잘라내는 과정에서 탄도에 해당하는 16과 12가 드러남. 이 탄환 구멍은 176과 177에서처럼 철사의 중앙에 바로 위치하였음. 이 탄환 구멍은 길이가 약 3/4인치, 넓이가 약 1/2인치임. 구멍은 van의 바닥으로부터 약 26인치, 시트의 모서리에서 약 4와 1/2인치 떨어진 곳에 위치하였음.
13. 위의 문단에서 설명한 탄환은 탄환의 탄도의 가운데에 있었음. 이 사실은 금속 구조물 위에 위치한 그 탄환 구멍이 16과 12를 만들어낸 것과 동일한 탄환에 의해서 만들어졌다는 것을 의미함. 앞좌석의 탑승자 좌석의 등쪽 시트 커버도 잘라서 확인해 봄. 탄도가 스펀지 재질의 두꺼운 부분에서 발견됨. 그 탄도는 10과 8 사이에 위치하고 있음. 그 사실은 10과 8을 만들어낸 탄환은 동일하다는 것을 의미함. 다음의 표는 이 5개의 탄도를 정리한 것임.

탄도	탄도각/방향	바닥으로부터의 거리
A	5~10/상	5피트 4인치
B	10/하	5피트 3인치
C	10~15/하	5피트 7인치

사진 13

탄도	탄도각/방향	바닥으로부터의 거리
D	15/하	5피트 8인치
E	25/하	5피트 7인치

14. 사진 13은 탄도를 분석하기 위해서 마네킹을 사용하는 모습임. 이 탄환은 4개 열의 벤치들을 통과하여 최종적으로 맨 앞자리 탑승 좌석에 있는 사람에게 도달하였음. 마네킹은 증거물로 제출된 셔츠 59와 재킷 93을 입고 있음. 이 사진은 총격이 있었을 때 추정되는 탑승자의 자세를 설명하고 있음.

Ⅲ. 결론

현장에서 관찰한 사실들과 현장 조사 보고서, 현장 사진, 물적 증거의 실험실 분석 결과, 현장 재구성 등을 토대로 이 사건과 관련하여 아래와 같은 결론을 도출하였다.

1. 이 총격 사건은 Connecticut Portland의 66번 도로의 서쪽 차로에서 발생하였음. 이 사건은 1993년 1월 11일 East Lyme, North Bridebrook Road에서 시작된 몇 건의 연쇄적인 사건의 결과임.
2. 이 van은 몇 대의 경찰차에 의해서 Portland의 66번 도로의 서쪽 차로의 갓길에 멈춰선 것으로 보임. 이 순찰차들 중에 한 대는

van의 왼쪽 앞부분과 충돌하였고, 다른 한 대는 van의 왼쪽 뒷부분과 충돌하였음.

3. 최소한 17개소의 탄환 구멍이 차량의 외부에서 확인되었음. 아래의 표는 이 탄환 구멍들을 설명하고 있음.

구멍 번호	위치	타입	방향
1	앞 유리	사출구	안에서 밖으로
2	앞 유리	사출구	안에서 밖으로
3	앞 유리	사출구	안에서 밖으로
4	앞 유리	사입구	앞에서 뒤로
5	앞 유리	사입구	앞에서 뒤로
6	앞 유리	사입구	앞에서 뒤로
7	앞 유리	사입구	앞에서 뒤로
8	앞 유리	사입구	앞에서 뒤로
9	앞 그릴	사입구	앞에서 뒤로
10	운전석 쪽 두 번째 창문	사입구/사출구	옆으로 통과
11	운전석 쪽 두 번째 창문	사입구/사출구	옆으로 통과
12	운전석 쪽 세 번째 창문	사입구	옆으로 통과
13	뒷 창문	사입구/사출구	뒤에서 앞으로
14	뒷 창문	사입구/사출구	뒤에서 앞으로
15	짐칸 문	사입구	안에서 밖으로
16	천정	사출구	뒤에서 앞으로
17	천정	사출구	뒤에서 앞으로

4. 현장의 도로에서는 총 18개의 9 mm 탄피가 다른 세 군데에서 발견되었음. 아래 표는 탄피의 위치를 정리한 것임.

탄피 번호	위치	유형	탄피 번호	위치	위치
1	운전석 방향	9mm	2	운전석 방향	9mm
3	운전석 방향	9mm	4	운전석 방향	9mm
5	운전석 방향	9mm	6	운전석 방향	9mm
7	van의 전방	9mm	8	van의 전방	9mm
9	van의 전방	9mm	10	van의 전방	9mm

탄피 번호	위치	유형	탄피 번호	위치	위치
11	van의 전방	9mm	12	van의 전방	9mm
13	van의 전방	9mm	42	van의 뒷문 안쪽	9mm
43	van의 뒷문 안쪽	9mm	45	van의 뒷문 안쪽	9mm
46	van의 뒷문 안쪽	9mm	63	van의 뒷문 바깥쪽	9mm

* 탄피 번호는 경찰이 붙인 태그 번호에 따름

5. 이들 9 mm 탄피에 대한 공이흔(firing pin impression) 검사 결과는 아래의 표와 같음.

번호	발견 위치	발사체 번호	번호	발견 위치	발사체 번호
1	운전석 방향	113	2	운전석 방향	113
3	운전석 방향	113	4	운전석 방향	113
5	운전석 방향	113	6	운전석 방향	114
7	van의 전방	109	8	van의 전방	109
9	van의 전방	INC	10	van의 전방	109
11	van의 전방	109	12	van의 전방	109
13	van의 전방	109	42	van의 뒷문 안쪽	117
43	van의 뒷문 안쪽	117	45	van의 뒷문 안쪽	117
46	van의 뒷문 안쪽	117	63	van의 뒷문 바깥쪽	117

6. van의 오른편과 가드레일 사이에 사망자가 있었음. 시체는 바닥에 반듯하게 누운 상태로 발견됨. 법의학 보고서에 따르면 사인은 총상임. 다음 표는 사망자의 총상에 대해서 설명하고 있음.

총상 번호	타입	위치	탄도
1	피부 까짐	왼쪽 이마	오른쪽에서 왼쪽으로 상방향으로 진행
2	사입부	왼쪽 가슴의 뒤 겨드랑선	왼쪽에서 오른쪽으로 앞에서 뒤로 약간 상방향
3	사입부	목 뒤쪽	왼쪽에서 오른쪽으로 뒤에서 앞으로 약간 상방향
4	사입부	오른쪽 등 상부	피하에 잠복

7. 22구경 칼리버가 van의 1열 벤치 오른쪽 밑에서 발견되었음. 이 총기에 대한 검사 결과 4개의 발사된 탄피와 발사되지 않은 두 발의 총알이 확인되었음. 또한, van의 안쪽과 주변의 검사 결과 총 21발의 발사된 탄피가 발견되었고 3발의 22구경 탄두가 발견되었음. 아래의 표는 이 증거물들이 발견된 위치를 설명하고 있음.

증거물 번호	위치	증거물 번호	위치
15	짐칸 문아래	19	짐칸 문 스텝
21	1열 좌석 위	22	1열 좌석 위
23	1열 좌석 위	24	조수석 뒤 바닥
25	조수석 바로 아래	26	운전석과 조수석 사이 바닥
27	운전석과 조수석 사이 바닥	28	운전석과 조수석 사이 바닥
29	운전석과 조수석 사이 바닥	30	가속 페달 아래 바닥
33	운전석 아래 바닥	34	운전석 아래 바닥
35	조수석 아래 바닥	36	조수석 아래 바닥
37	조수석 옆 바닥	38	조수석 옆 바닥
39	운전석 뒤 바닥	40	운전석 뒤 바닥
47	조수석 쪽 뒷바퀴 아래 바닥	48	조수석 쪽 바퀴 아래 바닥
49	3열 좌석 아래 바닥	137	조수석 아래 바닥

8. 혈흔으로 보이는 흔적들이 앞 조수석에서 발견됨. 혈청학적 검사 결과 이 혈흔들은 사람의 것이었고 O형이었음. 이 혈흔은 접촉에 의해서 전이된 것임.
9. 혈액과 조직처럼 보이는 물질들도 van의 뒷문 안쪽에서 발견되었는데, 이 물질은 고속의 충격에 의해서 생겨난 것으로 판단됨. 이 패턴은 총격에 의해서 주로 생겨남. 혈청학적 검사 결과 이 물질들은 사람의 것이며 혈액형은 A형이었음.
10. 이 사건과 관련된 총기에 대한 분석 결과와 현장 재구성 결과는 경찰에 의해서 18발의 총탄이 발사되었음을 보여주고 있음. 아래 표는 각 총기가 발사된 것을 정리한 것임.

총기	확인된 탄피의 숫자
#1(증거물 번호 #109) 시리얼 번호 #B73982Z	6
#2(증거물 번호 #113) 시리얼 번호 #D01997Z	5
#3(증거물 번호 #114) 시리얼 번호 #B74448Z	1
#4(증거물 번호 #117) 시리얼 번호 #B78614Z	5

* 하나의 탄피는 출처가 확인되지 않았다.

11. 위에서 언급된 총기들은 지문 분석을 위해서 지문 실험실로 보내졌음. 그러나 총기에서는 식별 가능한 지문이 검출되지는 않음.
12. 탄환 구멍에 대한 현미경적 검사, 탄도학적 검사 등을 통해서 아래의 표와 같이 탄도를 정리할 수 있었음.

위치	탄도
앞 유리	구멍 #1 → 안쪽에서 바깥쪽으로, 탄환은 발견되지 않음
	구멍 #2 → 안쪽에서 바깥쪽으로, 탄환은 발견되지 않음
	구멍 #3 → 안쪽에서 바깥쪽으로, 탄환은 발견되지 않음
	구멍 #4 → 대시보드 안쪽
	구멍 #5A → #5 → van의 뒤쪽 안쪽
	구멍 #6 → 대시보드 안쪽
	구멍 #7 → 바깥쪽에서 안쪽으로, 탄환은 발견되지 않음
	구멍 #8 → #32
	구멍 #9 → 엔진 블록
운전석 쪽 두 번째 창문	창문 → #9 → #9A
운전석 쪽 세 번째 창문	창문 → #19 → #18 → #15 → #14, 탄환은 발견되지 않음
뒤쪽 창문	창문 → 앞쪽 내부
	창문 → #28 → #27 → #23
	창문 → #24
	창문 → #25 → #21→ #16 → #12 → #10 → #8
	창문 → #26 → #22 → #17 → #13

13. 위의 표를 참고하면 총격 당시 경찰관의 위치를 알 수 있음. 첨부 D를 참고.
14. 8개의 탄환 구멍이 van의 앞 유리에서 발견되었는데, 이 구멍들에 대한 검사 결과 5개의 구멍은 van을 향해서 발사된 것이고, 3개의 구멍은 van에서 밖을 향해서 발사된 것임. 아래의 표는 이 8개의 탄환 구멍을 정리한 것임.

탄환 구멍 번호	위치	방향	탄환 구멍 번호	위치	방향
1	앞 유리	사출	2	앞 유리	사출
3	앞 유리	사출	4	앞 유리	사입
5	앞 유리	사입	6	앞 유리	사입
7	앞 유리	사입	8	앞 유리	사입

15. 채널 8 WTNH의 비디오테이프를 리뷰한 결과 앞 유리의 두발의 탄환 구멍은 van이 최종적으로 멈추기 전에 만들어진 것임. 또한 비디오테이프는 차가 멈춰서기 전에 뒤쪽 창문이 부서지고 왼쪽 탑승자 창문이 깨져나간 것을 보여주고 있음.
16. van의 앞 유리와 관련하여 위의 자료에 따르면 앞 유리의 8개의 탄환 구멍 중에서 6개만이 마지막 총격에 의해서 생겨났다는 점을 알 수 있음. 또한 6개의 탄환 구멍 중에서 하나의 구멍만이 밖으로 향하는 총격에 의한 것이고, 나머지 5개의 구멍은 차량 내부로 향하는 외부의 총격에 의한 것임이 확인됨.
17. 수사하는 과정에서 발견된 탄피의 숫자는 사망자에 의해서 최소한 25발이 발사되었다는 것을 보여줌. 그러나 제한적인 정보 수집으로 인하여 이 총격이 있던 순간에 얼마나 많은 총격이 왼쪽 창문, 뒤쪽 창문을 통해 발사 되었는지는 정확하게 확인할 수 없음.

첨부

1993년 11월 10일, 주의 법과학 연구소에서는 이 사건과 관련한 회의가 있었다. 이 회의에는 Henry Lee 박사, Robert Mills 경관, Michael

Foley 형사, Daniel Tramontozzi가 참석했다.
회의를 하는 동안 추가적인 정보가 제공되었고, 또한 이전까지 실험실로 보내지지 않았던 4개의 증거들이 보내졌다.
이 새로운 정보들과 물적 증거들에 따라서 5발의 탄도는 van의 뒤쪽으로부터 초래된 것임이 확인되었다. 보고된 탄도 D는 2개의 시나리오가 가능하다. 정확한 탄도가 확인되지 않았지만 2개의 가능한 시나리오 상의 탄도의 일반적인 방향은 모두 동일하다.

사례연구 3

물적증거의 위치를 중심으로 한 부분적 재구성

때때로 관련 증거물에 대한 불충분한 인식과 수집에 관련된 불완전한 범죄 현장의 기록은 현장 재구성을 완벽하게 하지 못하게 할 수도 있다. 그리고 어느 범죄 수사에서든지 기본적인 육하원칙: "누가, 무엇을, 언제, 어디서, 왜, 어떻게"를 완벽하게 알아낼 수 없을 것이다. 하지만 만약에 충분한 현장 기록이 있다면, 한정된 현장 재구성을 가능하게 할 수도 있다. 이러한 형태의 재구성은 현장과 관련된 의문이나 문제점에 답을 제공할 수 있다. Nicole Brown Simpson과 Ronald Goldman의 사망에 대한 수사가 그러한 사건이다. 사건을 완벽하게 재구성하고 사건의 순서나 사건 당시 일어난 행동을 정확하게 추정하거나 배제할 수는 없지만, 제한된 재구성은 가능하다. 제한된 재구성은 이 살인사건과 관련된 몇 가지 의문점에 의미 있는 해답을 줄 수 있다.

1994년 6월 12일, Nicole Brown Simpson과 Ronal Goldman이 Nicole의 Bundy Drive 자택에서 무참히 살해당했다. 오전 12시 10분경 Bundy 단지를 걷고 있던 두 명의 사람이 Nicole의 집 계단 발치에 쓰러져 있는 Nicole의 시체를 목격했고 Ronal Goldman의 시체는 초동경찰관이 발견하였다. Nicole과 Ron은 칼에 여러 차례 찔려 있었고, 이들 각각의 시체 주변과 아래에서 고여 있는 혈흔이 있었으며 통로에서도 혈흔이 흘러내리고 있었다. 게다가 통로와 시체 주변에 여러 개의 혈흔 족적이 남아 있었는데, 눈에 보이는 대부분의 혈흔 족적들은 기록되고 수집되어 보관되었다.

하지만 안타깝게도 혈흔 족적 패턴을 보기 위한 화학적 증강 시약들을 사용하지 않았기 때문에 잠재 족적 패턴의 일부는 기록되거나 보관되지 않았다.

O.J. Simpson 사건 수사 초기에는 Nicole의 전남편이 주 용의자였다. 수사 동안 증거물이 있을 것으로 예상되는 구역이 세 군데로 지정되었다. 1차 범행 현장인 Bundy에 위치한 Nicole Simpson의 콘도와 O.J Simpson의 포드 Bronco 자동차와 2차 현장인 Rockingham 주택이다.

이전에 언급한 것처럼 수사에서 확인된 주요 문제점들은 불완전한 현장 수색과 기록, 증거 수집과 보관 때문에 발생할 수 있다. Simpson과 Goldman의 살인사건 수사에서도 몇 가지 문제점들이 있다. 이 사건은 현장에서 모든 물적 증거와 패턴 증거를 인식하고 기록, 보관하는 데 실패하였다. 게다가 수사와 재판을 하는 동안 O.J. Simpson의 양말에 설명되지 않는 혈흔이 있었는데, 재판을 하는 동안 현장에서 없어지거나 변형된 증거에 대해서는 한 번도 거론되거나 설명되지 않았다.

현장 수사와 관련된 많은 의문점과 문제들이 야기되었다. 비록 재판에서 이러한 문제점들의 일부는 사소한 것처럼 보였지만, 이는 매우 중요한 쟁점이 되었다. 제한된 재구성을 하였고 이 쟁점들 중 일부는 밝혀졌다. 완벽한 현장 기록과 비디오 녹화의 부족으로 다른 문제점들은 절대 밝혀지지 않을 것이다.

1. 현장 수색동안 물적 증거들이 조작되었는지 아닌지
2. Bundy 현장에 두 번째 형태의 발바닥이 있었는지 아닌지
3. Rockingham의 현장이 기록 전에 조작되었는지 아닌지
4. Bundy 현장에서 발견한 DNA 증거가 실제로 O.J. Simpson의 것인지 아니면 오염된 것인지
5. O.J. Simpson의 양말에 Nicole의 DNA가 어떻게 전이되었는지

첫 번째 쟁점

모든 관련 증거물의 인식과 수집, 보관은 어느 수사에서든 필수적이지만 아직도 수사 요원들은 몇 개의 중요한 증거물을 처리하고 확인하는 데 실패한다. Ron Goldman은 흰색 봉투에 담긴 Nicole의 어머니, Juditha Brown의 안경을 돌려주기 위해 Nicole의 집에 갔었다. 그 흰색 봉투는 Bundy 현장에 있었고 혈흔이 묻어 있었는데, 두 장의 현장 사진에서 서로 다른 위치에 놓인 채 찍혀 있었다. 봉투에 평행한 선으로 혈흔이 전이된 패턴이 있기 때문에 봉투의 정확한 원래 위치가 어디인지 알 수 없다는 것이 문제가 되었다. 사진 1과 2는 서로 다른 위치에서 찍힌 봉투를 보여준다. 이 봉투의 위치는 명확하게 봉투가 한 번 집어졌다가 다른 곳에 놓인 것을 말해주고 있다. 비록 수사에서 이 문제는 중요하지 않지만 현장을 수색하는 데 사용된 절차들에 대해서는 몇 가지 의문점이 제기되었다.

심지어 렌즈 중 하나는 잃어버렸지만, 잃어버린 렌즈에 대해서 그것을 찾으려는 어떠한 노력이나 설명조차 없었다. 사진 3은 혈흔이 묻은 안경 봉투이다. 사진 4는 단 한 개의 렌즈로만 찍은 안경의 근접 사진이다.

사진 1

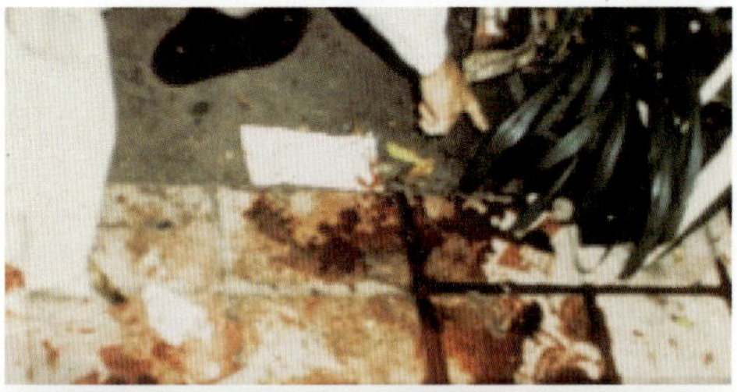

사진 2

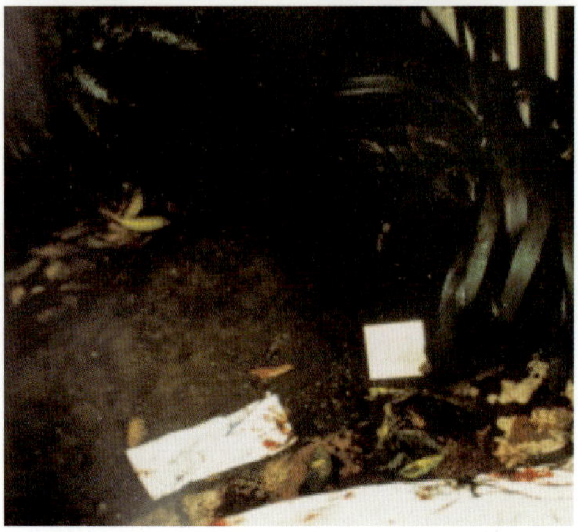

두 번째 쟁점

범죄 현장 수사관들은 $12\frac{1}{2}$ 사이즈의 Bruno Magli 신발로 생긴 혈흔 족적을 발견하고 기록했다. O.J. Simpson이 이 족적과 같은 신발을 신고 있었다고 보고되었지만 수사관들은 Bundy 현장에서 발견된 두 번째 혈흔 족적 패턴에 대한 어떠한 기록도 하지 않았다. 피고인 측이 현장 조사를 하면서 Bundy의 통로에서 '수평선' 신발 바닥 패턴을 발견했다. 이러한 족적 패턴들은 10사이즈의 스니커즈나 수평선 신발 바닥 패턴을 갖는 보트슈즈의 것이었다. 혈흔 족적 일부를 면봉으로 닦아 혈액 예비검사를 한 결과 양성반응이 나왔다. 혈흔 족적 증강 시약은 사용하지 않았다. 만약 최초 현장 수색에서 혈흔 족적 증강 시약을 사용했더라면 수많은 형태의 다른 족적들, 각각의 족적들이 이동한 방향, '수평선' 패턴의 혈흔 족적이 원래부터 현장에 있었는지 아니면 나중에 찍힌 것인지와 같은 것들에 대해서 더욱 완벽한 사진을 보여주었을 것이다. 혈흔 족적 증거와 관련된 사건의 부분적인 순서는 재구성할 수 있었다. 사진 5는 Bundy 현장의 통로 전체 사진이다. 사진 6은 통로에서 발견된 Bruno Magli 족적 중 하나의 근접 사진

사진 3

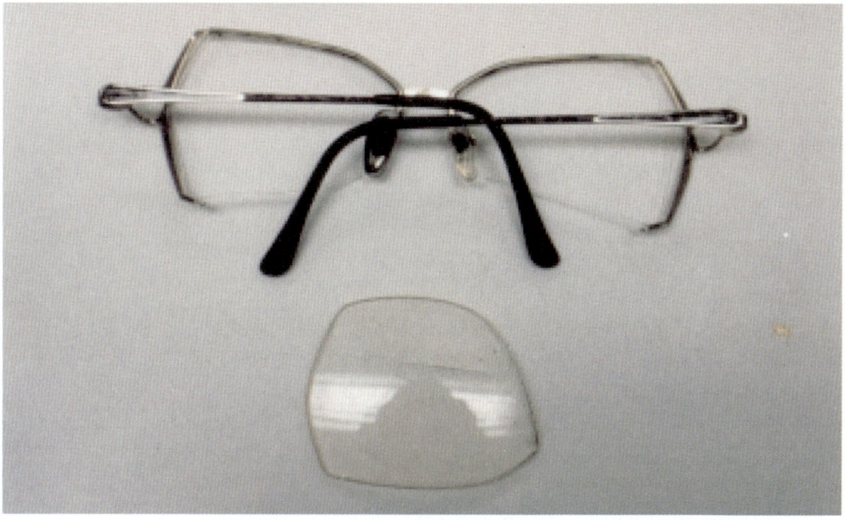
사진 4

사진 5

사진 6

사진 7

사진 8

이다. 사진 7은 통로에서 발견된 '수평선' 형태의 족적 사진이다. 사진 8은 혈액 예비검사 결과를 보여주고 있다.

이 족적 증거의 인식과 수집, 보관의 실패는 Bundy에서 일어난 사건과 행동의 순서를 완벽하게 재구성하기 위한 능력을 제한하고, 이런 무참한 살인사건과 관련된 모든 부분들을 확인하기 어렵게 만들 수 있다.

세 번째 쟁점

Rockingham에 있는 O.J. Simpson의 침실에 있던 양말에 묻은 혈흔과 관련된 문제점 외에도 현장의 무결성에 관해서도 다른 문제점들이 있다. 침실에서 발견된 멜빵은 다양한 위치에서 여러 사진에 걸쳐 찍혀 있다. 그리고 혈흔이 스며든 가죽 장갑 중 하나는 손님방 쪽에 있는 옥외 통로의 울타리 옆에서 발견되었다.

사진 9와 10은 O.J. Simpson의 침실 사진이다. 밑의 사진은 멜빵이 완벽하게 침대 위에 있는 반면, 위의 사진은 멜빵이 침대 끝 쪽에 걸쳐 내려와 있다. 다시 한 번 말하지만 이러한 문제들이 전반적인 수사에 영향을 미치지는 않지만 현장 무결성의 중요성을 보여준다.

네 번째 쟁점

수색 요원들은 Bundy의 통로에서 5개의 핏방울을 발견하였다. 이 핏방

사진 9, 10

사진 11

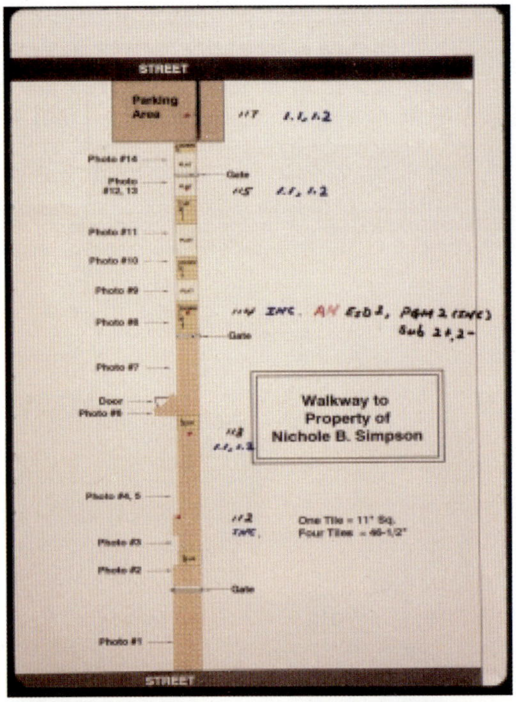

사진 12

울로 DNA 분석을 하기로 하였고 사진 11은 핏방울의 도표이다. 사진 12는 각 방울의 근접 사진이다.

LA에 있는 Cellmark Diagnostic Laboratory와 the Department of Justice Laboratory에서 보내온 DNA 분석 결과는 Bundy 현장의 DNA가 O.J. Simpson의 DNA와 일치한다고 나왔다. 피고측 전문가들은 실험실

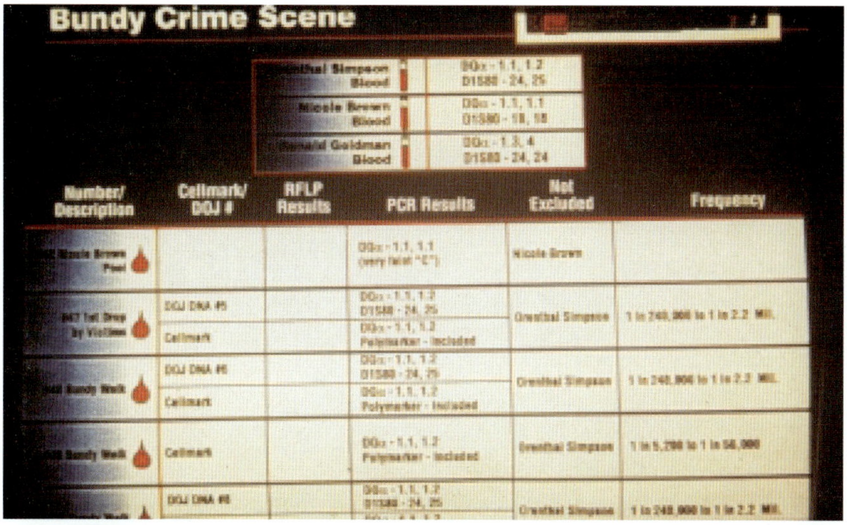

사진 13

TRIAL OF THE CENTURY/DAY 144

Defense shoots itself with own DNA top gun

By ANN V. BOLLINGER in Los Angeles and BILL HOFFMANN in New York

O.J. Simpson prosecutors turned the defense's big gun into their own witness yesterday.

World-renowned criminalist Henry Lee conceded under cross-examination that his lab uses a type of DNA test that another defense scientist has blasted as unreliable.

"Dr. Lee, are you using

stains, but when the defense arranged only a weekday inspection last August, he couldn't leave his job with the Connecticut State Police.

"The situation disallowed me," he explained. "I only can work in my spare time — on weekends."

Prosecution witnesses have said they found blood similar to that of Simpson and both murder victims in the Bronco.

사진 14

에서 보내온 DNA 분석 결과와 추가적인 혈청학적, DNA 검사 결과를 검토하고 Bundy에서 나온 DNA가 O.J. Simpson으로부터 나온 것이라고 확인하였다. 사진 13은 DNA typing 결과를 보여주고, 사진 14는 변호인이 DNA 결과에 동의한다는 신문 스크랩 사진이다. 하지만 그 혈흔들을 수집하기 위해 행해진 절차에 대해서는 의문스럽다. 수사관에 따르면 증거물 번호 48, 50, 52번의 혈흔들은 6월 13일에 수집되었고 사진 15에서와 같이 건조되었다고 한다. 증거물 조사에서 이 혈흔들은 주장한 바와 같이 건조되지 않은 것으로 밝혀졌다. 사진 16은 종이 위에 혈흔이 젖어있었을 때 전이된 것을 보여준다.

사진 15

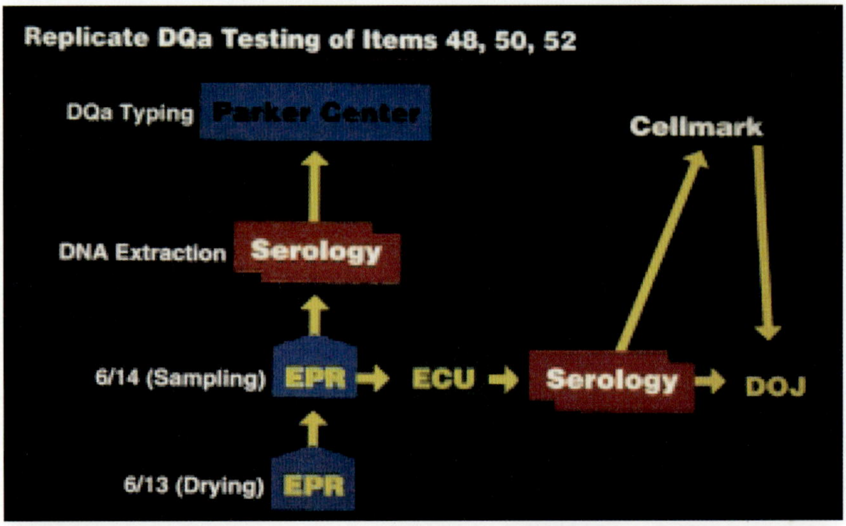

사진 16

다섯 번째 쟁점

수사관들은 Rackingham의 O.J. Simpson 자택을 수색했고 침실 바닥에서 양말 한 켤레를 압수하였다. 수색 몇 개월 후에 실험실 직원은 압수한 양말에 있는 혈흔을 기록했고 양말이 어디에 위치했었는지를 정확하게 알기 위해 현장 기록을 검토하던 중 중요한 차이점을 발견하였다. 수집한 양말이 찍혀 있는 침실 사진에서는 양말에 혈흔이 있지만, Nicole과 Ron Goldman의 시체가 발견되고 난 후 24시간 안에 촬영한 비디오에서는 침실 안에서 양말이 보이지 않았다. 이 문제점은 양말의 혈흔에서 일반적으

사진 17

로 전혈액을 보존하기 위한 항응고제 EDTA가 포함된 것이 밝혀진 이후에 더욱 복잡해졌다.

게다가 양말의 혈흔을 정밀 검사한 결과, 혈흔이 양말의 한쪽 면을 통해 안쪽으로 흡수되고 안쪽으로 흡수된 혈흔은 인접한 반대쪽 면으로 흡수된 것을 알 수 있었다. 이 혈흔은 누군가가 양말을 신고 있었을 때 혈액이 양말에 묻었을 경우에는 생길 수 없는 압박 전이 혈흔과 일치하는 것으로 밝혀졌다. 사진 17은 O.J. Simpson의 침실 바닥에서 발견된 양말 한 켤레의 위치를 보여주고 있고, 피에 젖은 양말 아래에 있는 카펫에서 아무런 전이 혈흔도 발견되지 않았다.

찾아보기

역자 소개

장윤식

현 순천향대학교 법과학대학원 교수

미국 FBI National Academy 수료
미국 University of New Haven 방문연구원
고려대 정보보호대학원 공학박사
고려대 법무대학원 법학석사
국립경찰대학교 행정학과 졸업

주요경력
경찰청 근무(경정)
국립경찰대학교 경찰학과 교수
국립경찰대학교 국제사이버범죄 연구센터장
경찰청 사이버테러대응센터 수사팀장
한국디지털포렌식학회 이사
한국국제협력단 방글라데시 사이버범죄수사 역량강화사업 프로젝트 리더
UN 사이버범죄 가상포럼 자문위원
국가기록원 기록보존기술 연구개발사업위원회 위원

유제설

현 순천향대학교 법과학대학원 교수

호주 Rofin社 분광 이미징 과정 수료
경기대학교 범죄학과 박사과정 수료
경북대학교 수사과학대학원 과학수사학석사
국립경찰대학교 법학과 졸업

주요경력
경찰청 근무
국립경찰대학교 경찰학과 교수
한국혈흔형태분석학회 상임이사
경찰청 과학수사자문위원
치안정책연구소 연구자문위원

홍성욱

현 순천향대학교 법과학대학원 교수

미국 FBI Academy Post Blast Investigation 과정 수료
미국 University of New Mexico 방문연구원
인하대학교 화학과 이학박사

주요경력
국립과학수사연구원 화학분석과장 역임
(음주알코올, 총기, 폭발, 교통사고, 살인사건 등 감정 담당)
Asian Forensic Science Network Trace Evidence Work Group Vice-Chair
한국미세증거물연구 Workgroup 회장

정진성

현 순천향대학교 법과학대학원 교수

미시간주립대학교 형사사법 박사
플로리다주립대학교 범죄학 석사
국립경찰대학교 행정학과 졸업

주요경력
경찰청 근무
국립경찰대학교 교수요원
한국셉테드학회 아시아이사
한국경찰연구학회 홍보이사
한국경찰이론과실무학회 이사

헨리 리의 과학수사 핸드북

지은이 | Henry C. Lee · Timothy M. Palmbach · Marilyn T. Miller
옮긴이 | 장윤식 · 유제설 · 홍성욱 · 정진성
펴낸이 | 조승식
펴낸곳 | (주)도서출판 북스힐

등록 | 제22-457호
주소 | 142-877 서울 강북구 한천로 153길 17
홈페이지 | www.bookshill.com
전자우편 | bookswin@unitel.co.kr
전화 | (02)994-0071(代)
팩스 | (02)994-0073

2014년 12월 1일 1판 1쇄 인쇄
2014년 12월 5일 1판 1쇄 발행

값 36,000원

ISBN 978-89-5526-746-4